项目成果

教育部人文社会科学研究“南洋华裔族群谱牒资料整理与研究（批准号：16YJA870007）项目资助

出版资助

福建省高校特色新型智库“海丝文化传承发展研究院”（泉州师范学院）资助出版

海丝文献整理与研究丛书

【王万盈 主编】

闽粤下南洋家族族谱资料选编

苏黎明 吴绮云 主编
陈彬强 张惠萍 副主编

厦门大学出版社
XIAMEN UNIVERSITY PRESS
国家一级出版社
全国百佳图书出版单位

图书在版编目(CIP)数据

闽粤下南洋家族族谱资料选编/苏黎明,吴绮云主编.—厦门:厦门大学出版社,2020.12

(海丝文献整理与研究丛书)

ISBN 978-7-5615-7429-4

Ⅰ.①闽… Ⅱ.①苏… ②吴… Ⅲ.①氏族谱系—福建、广东 Ⅳ.①K820.9

中国版本图书馆 CIP 数据核字(2019)第 141916 号

出 版 人 郑文礼
责任编辑 薛鹏志

出版发行 厦门大学出版社
社 址 厦门市软件园二期望海路 39 号
邮政编码 361008
总 机 0592-2181111 0592-2181406(传真)
营销中心 0592-2184458 0592-2181365
网 址 http://www.xmupress.com
邮 箱 xmup@xmupress.com
印 刷 厦门市青友数字印刷科技有限公司

开本 720 mm×1000 mm 1/16
印张 33
插页 2
字数 550 千字
版次 2020 年 12 月第 1 版
印次 2020 年 12 月第 1 次印刷
定价 128.00 元

厦门大学出版社
微信二维码

厦门大学出版社
微博二维码

闽粤下南洋家族族谱资料选编

主　编：苏黎明　吴绮云

副主编：陈彬强　张惠萍

编辑说明

一、本书主要摘录闽粤两省下南洋家族的族谱资料，以福建族谱为主，共收谱 68 种。

二、本书摘编的族谱分为两部分，第一部分为族谱内容简介，第二部分为族人迁居南洋记录。

三、本书收录的人物为族谱记载的在南洋出生、居住，或者短期工作居住过。

四、本书所称“南洋”包括马来群岛、菲律宾群岛、印度尼西亚群岛，也包括中南半岛沿海、马来半岛等地。主要为新加坡、印尼、菲律宾、马来西亚、泰国、越南、缅甸、柬埔寨等地。

五、尽量保持族谱的原样，对于南洋国家的古称、旧称、别称、俗称、简称，在旁边标注说明，如“叻（新加坡）”、“安南（越南）”、“暹罗（泰国）”、“印（印尼）”。对于较不熟悉的南洋国家城市/属地进行标注，如“吉兰丹（马来西亚吉兰丹）”、“棉（印尼棉兰）”。

六、原谱地名可能错别字，在旁边加注予以说明，如“是叻（实叻）”、“实力（实叻）”、“是力（实叻）”。

七、由于闽粤将南洋称为“番”“洋”，故如原谱没有明确指出具体国家或地区，对于“过番”“出洋”等描述，均予以摘录。

八、原谱中迁居记录偶有缺漏，用××、□□等符号表示，保持族谱的原样。

九、每条记录均附上原谱的页码，方便读者翻查原文。如果族谱信息在原谱有多处记载的，标出各处页码，并对有出入的地方予以说明。

十、本书资料由编者分头搜集、摘录。

目　录

导言：闽粤与南洋关系族谱资料分析

族谱，或称宗谱、世谱、家谱、房谱、家乘，名称繁多，乃是同宗共祖的血亲集团专载本姓本族先人事迹与世系发展的历史文献，是一种以特殊形式记载的家族发展史，是中国历史文化遗产的重要组成部分。族谱亦如祠堂一样，乃是中国民间家族组织静态结构中的重要部分，是家族组织强调血缘关系的又一项重要措施，族谱的编纂为家族组织的活动建立了档案材料。如果说国家修正史，州县纂方志，家族编谱牒构成宗法社会历史大厦三大支柱的话，那么，就数量之多、时间之久、影响之广而言，当首推族谱。

宋元时期，闽粤民间一些大家族，亦如中国许多地方的大家族一样，开始修纂族谱。进入明代以后，闽粤各个家族的修谱之风愈益盛行，这从各个家族族谱记载中可以得到很好的说明。明清时期，闽粤民间各个家族不仅纷纷修谱，而且还定期进行续修。各个家族都把修谱和续谱作为后代子孙的某种责任和义务写进族规，以保证族谱续修能够相沿不断。正因如此，续修族谱成了闽粤家族组织的一项永久性事业。

千百年来，闽粤民间家族高度重视修谱，基本动机，既是为了“溯渊源分疏戚序尊卑”，亦是为了颂扬祖德宗功，宣扬伦理道德，施行家族教化，借以增强木本水源、敬宗睦族的思想感情。这从各个家族族谱的“谱序”中可以得到明确的反映。安溪《太原王氏鹏雏族谱》“谱序”云：“窃闻能敬其祖，姬周见称于当代，不认其先，狄青贻讥于后人，甚矣，世系不可不明也！夫世系别长幼之分，明亲疏之辨，其于统绪之所相承，源流之所承久，皆所以了然知其所自矣。”泉州《延陵黄龙吴氏族谱》“谱序”云：“木有本，水有源，族有谱，似国有史，县有志。吾族谱牒者，上可溯世系之由来，下则联子孙之一体。”泉州《印塘杨氏族谱》“谱序”云：“自家谱一登，一脉之本支可溯矣，一派一源流可推矣，并累世之家官，懿行科甲仕宦与夫生卒葬娶祭期祀业也，无不可按谱而明焉。此家之有谱可宜亟也。”闽南《紫云黄氏宗谱》“序”云：“昔苏眉山有言，观于谱而孝悌之心油然而生。良世人道亲亲也，亲亲故尊祖，尊祖故敬宗，敬宗故睦族，萃之以谱而世系昭焉，支派缀焉，功德言行彰焉，基址祠宇坟茔遗像悉识不惑焉。无非体一脉之传，绵万年之泽。”南安《梅溪吴氏族谱》“序”则云：“水有源，木有本，溯源寻根，以避忘本，宗有功，祖有德，歌功颂德，以鞭后昆，兄友弟恭，睦亲睦族。”家族修谱的目的，由此可以看得很清楚。

毋庸讳言，作为根植于宗法社会之上的族谱，显然亦有某些封建糟粕。然而，闽粤家族谱牒，作为闽粤各个家族生成生长的文字见证，家族支分派衍的历史记录，不仅是构成闽粤传统文化的一个重要部分，而且这份历史遗产也有不可否认的现实价值。首先是史料价值。族谱中蕴藏着大量有关人口学、社会学、民族学、民俗学、经济史、家族制度以及有关地方历史和人物的资料，对研究闽粤家族制度、婚姻制度、人口兴替、经济变化、社会民俗、古代教育等，有着较高的资料价值。其次是教化功能。族谱中一般都有“家训”“族规”“家法”之类内容，固然有不少封建主义思想，但其中如敬长者、孝父母、尊师长、崇检仆、戒奢侈、禁赌博等伦理规范，对促进现代文明建设也有积极的作用。最后，为寻根认祖提供重要资料。寻根认祖是中华民族慎终追远的传统情怀，是中华民族具有强大凝聚力的重要表现，族谱则为寻根谒祖提供了保证，具有其他资料所不能替代的重要作用。

闽粤两省是中国最著名的侨乡，是南洋华裔族群最主要的祖籍地。历史上的闽粤地区，尤其是明清时期以来，许多家族都有不少族人前往南洋谋生，许多族裔最终定居于南洋，在南洋各地繁衍生息。这些迁移南洋的族裔，在族谱中多有记载。这是由族谱的性质所决定的。闽粤民间族谱的内容，尽管格式不大一致，详略有较大差别，但是，总的看来，最主要内容乃是家族的世系和血缘关系图表，往往占据很大部分的篇幅。世系图表中详细记载着全族男子的名讳、字号、派行、生卒年月、葬地、配偶姓氏及生卒年月等，以及生了几子，子何名等。每一代每一个人都这样详细记录，不嫌啰嗦。世系图的基本表现形式是图式，即把全家族的世系绘成简图，把主要内容注于图中，使人一目了然。一部族谱的世系，少则几百人，多则几千人，支分派衍，源远流长。因此，闽粤洋洋大观的族谱中，随处可见族裔在南洋的记载。这对于南洋族裔寻根谒祖，弘扬慎终追远的传统情怀，无疑很有现实意义。随着改革开放的进一步发展，南洋华侨华人过去梦想的寻根谒祖，早已成为现实。四十年来，闽粤各家族在南洋的后裔，不少正是通过族谱寻到了自己的根，从南洋各地回到祖地进行认祖谒祖活动，生动地说明了族谱对开展寻根认祖，增强华侨华人的爱国爱乡情感方面确实具有重要意义。

最近几年来，我们致力于闽粤族谱的收集，经过不懈努力，收集到几百部族谱，其中不少涉及闽粤地区与南洋华侨华人的关系，而以移民资料为最多。尽管，这只是闽粤蔚为大观的族谱中的一部分，不过，这些族谱所记录的各种真确而又具体的史实，不仅为南洋华裔族群的寻根认祖，提供了难能可贵的第一手资料，而且对于华侨华人史的研究，尤其是闽粤移民南洋问题的研究，具有极为重要的特殊价值。这主要表现在四个方面：

首先，闽粤族谱记载了族裔向南洋迁移的历史情况。历史上闽粤各个家族的裔孙，何时开始向南洋迁移，迁移主要集中在哪些时段，迁移的人数，迁移的原因，迁移的成分，迁移到南洋后主要分布在哪些地方，迁移的某些特点以及形成的原因等等，所有这些，在闽粤族谱中有较为具体的记载。

从闽粤民间社会的家族谱牒中，可以清晰地看出，闽粤地区家族裔孙出洋谋生的历史源远流长，且主要指向南洋地区。闽粤家族裔孙向南洋地区迁移，从时间上看，跨度很长，至少从唐五代就已经开始。宋代，闽粤族裔漂洋过海到南洋经商者日多，侨居者亦不少。诸如，南宋后期，暹罗国王曾慕名招徕中国工匠。据晋江《磁灶吴氏族谱》载，当时，磁灶吴氏族裔，曾有多人“泛海传艺”。元朝，闽粤族裔前往南洋群岛继续增加。诸如，晋江温陵董氏家族，据《温陵沙堤分派永宁宗谱》载：宋末元初，“十四世，柳轩，开族吕宋大明街。”明朝，闽粤各个家族的裔孙前往南洋地区不断增多，不仅有沿海各县的家族裔孙，而且有内地山区各县的家族裔孙。闽粤各地的许多族谱，都有族裔前往南洋的记载。而从前往南洋的地点看，主要是菲律宾、印尼、马来亚、暹罗等地。清代，闽粤族裔迁移南洋者更多，并在乾隆年间逐渐形成了高潮。这波迁移浪潮，持续时间甚长，直到鸦片战争前夕，依然没有退潮。近现代以来，闽粤族裔迁移南洋的仍然很多。

从闽粤民间社会的家族谱牒中，还可以看出，闽粤族裔迁移南洋的历史过程中，呈现出诸多颇为突出的特点，这些特点的形成，亦有诸多的历史和社会现实因素。主要表现在：一是绵延千年，因素甚多。闽粤族裔前往南洋，历史悠久，时间跨度很长，上下越千年。这有多种因素作用：家族人口压力太大，土地兼并十分严重，吏治腐败社会黑暗，剧烈的社会动荡，天灾频繁肆虐，较为便捷的交通。二是人数众多，男多女少。从整个闽粤地区看，几乎所有的家族，历史上都有族裔迁移南洋，因而数量相当可观。不过，基本上以男性为主，女性不多。主要因素是：前往南洋困难甚多，需要照顾家中亲属，传统观念的作用，不少男性出洋时尚未婚娶。三是职业广泛，成分复杂。前往南洋的闽粤族裔，所从事的职业范围甚为广泛，成分也颇为复杂，既有大量的以农业为生的农民，亦有许多的商人、手工业者，还有不少的渔民，以及知识分子、僧人，甚至无业游民等。这个特点的形成，主要基于闽粤族裔谋生的需要以及南洋社会的需要。四是路途艰辛，海难迭出。闽粤族裔往南洋，路途甚为遥远，也是个充满艰险的历程。族裔漂洋过海过程中，沉船丧生之事，屡屡发生。五是牵亲引戚，相互照应。族裔迁移南洋，牵亲引戚是非常普遍的现象，这既在于往往具有大体相似的迁移背景，皆把南洋作为新的生存和发展的基地，亦在于到南洋后，亲戚仍是极为重要的依靠对象，可以相互照应，相互扶持。

其次，闽粤族谱记载了族裔在南洋的拼搏情况。闽粤各个家族的裔孙，迁移到南洋各地后，如何仍然遭遇种种的苦难，族裔们在南洋恶劣的自然环境和社会环境中，为了求得生存和发展，又是如何忍受各种苦难，顽强拼搏，这些方面，闽粤的族谱中，亦有大量的记载。

从闽粤民间社会的家族谱牒中，可以清晰地看出，前往南洋的闽粤族裔，不仅在迁移过程中历尽艰辛，而且即使到了南洋后，仍然充满凶险和不测，历尽种种艰难困苦。南洋特殊的自然环境，乃是闽粤族裔们首先要面对的挑战，他们经常要遭遇异常气候的困扰以及各种自然灾害的侵袭，许多人因水土不服或染上流行性疾病而丧命。南洋恶劣的社会环境更是充满了凶险，尤其是在西方殖民者登陆南洋并在南洋建立殖民统治后，更是闽粤族裔们必须面对的险恶现实。族裔们遭受西方殖民者的肆意欺凌，遭受外部侵略者的疯狂杀戮。所有这些，闽粤族谱记载甚多。可以说，闽粤族裔迁移南洋的历史，也是一部苦难的历史，充满辛酸和血泪的历史。

从闽粤民间社会的家族谱牒中，可以清晰地看出，迁移南洋的闽粤族裔，在迁移过程中及到了南洋后遭遇的各种艰难困苦，使他们自觉地承继了闽粤祖家历来竭力倡导的“守望相助，患难相恤”的家族守望精神。族裔们在南洋开基创业的过程中，在生活和生产的许多方面，诸如生老病死、天灾人祸、重大变故等，相互帮助，相互扶持，表现出浓浓的宗亲之情。最为突出的表现，就是组成地缘性社团和血缘性社团，以祖籍地缘关系为纽带建立起同乡会，以血缘关系为纽带建立起宗亲会，加强团结，联合起来，形成某种合力，共同克服和战胜各种困难和挑战。这些行为，无疑增强了宗亲群体凝聚力，增强了在南洋的生存和发展能力，使之能在竞争激烈的社会中占有一席之地。

从闽粤民间社会的家族谱牒中，可以清晰地看出，数百年来，迁移南洋的闽粤族裔，在南洋各地开基创业的过程中，尽管充满了艰难困苦，饱含着辛酸和血泪，付出了巨大而沉重的代价，然而，族裔们为了求得生存和发展，不畏艰辛，不惧苦难，以锲而不舍的精神，不折不挠的意志，克勤克俭，奋力开拓，顽强拼搏，谱写了许许多多感人至深的创业故事。族裔们不懈的努力得到了应有的回报，许多人取得了不凡的业绩，在南洋站稳了脚跟，不但自己的命运得以改变，还为祖地家族争得了荣耀。闽粤族谱中，对于这些在南洋顽强拼搏业有所成的族裔，同样不惜笔墨予以记录，作为激励族人自强不息奋发向上的特殊教材，作为子孙后代学习的榜样。翻阅闽粤的族谱，随处可见关于这方面的记载。

再次，闽粤族谱记载了族裔对南洋社会的贡献。闽粤族裔迁移南洋后，如何逐渐融入南洋当地社会，并与居留地各个民族一道，共同开发和建设南洋，对南洋诸国社会的各个方面做出了巨大贡献，产生了广泛而深刻的社会影响，赢得南洋社会各界普遍的尊重，这一切在闽粤族谱中同样有许多记载。

通过族谱可以发现，闽粤族裔前往南洋，在南洋艰难拼搏的过程中，前期带有较大不稳定性，很多族裔比较频繁地往返于闽粤和南洋之间，这是一种颇为突出的现象。随着时间的推移，各种相关因素的嬗变，迁移的不稳定性逐渐发生变化，他们开始逐渐融入南洋居留地社会中。这种变化的发生，从根本上说，乃是求得长远的生存和发展的需要。这种融入的过程并非是外力所强加，而是自然发生的一种进程，也是族裔们在自愿选择中完成的。而且，这也有利于族裔们在南洋事业的进一步发展。

通过族谱可以发现，闽粤族裔们在南洋艰苦奋斗的过程中，对南洋社会政治、经济、公益事业诸方面，均做出了巨大贡献。政治方面的贡献，最为突出的体现，乃是关心南洋居留国的命运和前途。在居留国人民反抗西方殖民主义统治争取民族独立的斗争中，以及反抗日本法西斯侵略的斗争中，他们义无反顾挺身而出，自觉地同居留地各族人民一道，并肩战斗，不畏强暴，不怕牺牲，谱写了许多壮怀激烈的故事。经济方面的贡献，更是突出。闽粤族裔在南洋开基创业，所创造的辉煌业绩本身，对于居留国经济的繁荣和发展，无疑亦是巨大的贡献。而且，族裔们在自身事业发展的同时，对于居留国经济的发展同样非常关心。他们对于如何促进居留国经济繁荣发展，提高居留国人民的生活水平，用心良多，费力不少，做出了许许多多的贡献，也得到居留国社会各界的充分肯定。迁移南洋的闽粤族裔，在南洋创业发展的同时，对于南洋居留地各种社会公益事业，诸如教育、文化、卫生、慈善、公共设施等等，也都甚为热心，热情推动，积极促成，慷慨解囊，做出了诸多无私的奉献，同样也得到居留地社会各界的高度赞誉，获得了不少的殊荣，也为闽粤祖地家族争光争气。

最后，闽粤族谱记载了族裔如何始终与祖家保持密切的关系。闽粤族裔们迁移南洋并在南洋定居繁衍后，如何始终心系闽粤故土家园，热爱桑梓，在南洋热情传承祖地传统文化，并始终与闽粤祖家保持密切联系，几百年来这种密切联系的种种具体表现，以及族裔们对祖国始终怀有的深厚感情，并以各种方式积极支持祖国的革命和建设事业，等等，闽粤族谱中亦有大量记载。

从闽粤族谱的记载可以看出，移居南洋的闽粤族裔，对于祖家的深厚感情，首先体现在对祖地传统文化的态度。族裔们尽管身居异国他乡，亦很尊重南洋居留国各族的文化，然而，仍然保持故土的语言和风俗习惯，热情传承故土家园的文化，尤其是家族文化。迁移南洋的闽粤族裔，大都把祖地家族的某些特殊标识带到南洋，同样作为自己在南洋的特殊标识。族裔们认同祖地家族那些维持家族内部秩序的依据，承袭祖地家族的血缘辈分制度。族裔们仿效祖地家族的做法编修族谱或者编写家族发展史，建造了许多的家族祠堂作为供奉祖先神主牌位和举行集体祭祖的场所。这些行为，使中华传统文化在南洋得以薪传和弘扬，也成为他们与祖家保持密切关系无形的重要纽带。

从闽粤族谱的记载可以看出，前往南洋的闽粤族裔，几百年来，传统的尊宗敬祖敦亲睦族观念，强烈的根的意识，使族裔们始终与闽粤祖家保持极为密切的关系，突出表现在三个方面：一是关心祖地宗亲的生活和生产，从各个方面积极帮助祖家的亲属。二是关心祖地家族涉及祖宗的各种事务，祖家造祠堂修祖墓编族谱设祭田，以及祠堂祭祖等等事情，他们无不非常热心，表现出浓浓的慎终追远情怀。三是积极支持祖地家族各种社会公益事业，诸如捐资兴办族塾以及新式学校、医院、修桥造路等，往往亦甚为关心，同样慷慨解囊，做出了许多奉献。这种行为，从明代后期开始，就已经有所体现。迨至清代，已显得颇为突出，直到当代，仍在继续发扬光大。

从闽粤族谱的记载，还可以看出，迁移南洋的闽粤族裔，身居异国他乡，然而不仅对于祖家始终怀有深厚感情，而且对于祖国同样怀有深厚的热爱之情。他们同样关心祖国的前途和命运，在祖国反帝反封建的斗争中，同祖国人民并肩作战，谱写了许多可歌可泣的动人故事。他们同样关心祖国的经济繁荣和社会进步，并以种种方式给予支持和帮助，做出了大量的贡献。

总之，通过对闽粤地区大量族谱中所记载的极为丰富的南洋族裔信息进行系统梳理，深入研究族裔迁移南洋的过程以及到南洋后的各种活动情况，可以清晰地看到，历史上，闽粤各个家族的大批裔孙，为何背井离乡前往南洋，他们是怎样迁移南洋的，他们到了南洋后如何历经磨难，他们在南洋又是如何顽强拼搏，他们在南洋所取得的不凡成就，他们对南洋社会各方面所做出的巨大贡献，尤其他们如何始终保持对故土家园的深厚感情，为祖家所做出的种种贡献，等等。同时，可以从中得出许多重要的启示，可以很好地借助家族血缘关系，有针对性地采取各种有效的措施，弘扬族裔们慎终追远的传统情怀，凝聚广大南洋族裔的心力，充分利用族裔对入籍国家的政策、语言、风俗、民情、舆论等的熟悉优势，引导其为我国与海丝沿线国家的交流合作服务，积极牵线搭桥，发挥重要的沟通桥梁作用，共同推进“一带一路”建设，共同携手为实现中华民族伟大复兴的中国梦做出新贡献。

最近几年来，谱牒文献作为重要的民间史料，越来越受到各级政府和专家学者的重视，某些地方政府已将族谱列为非物质文化遗产保护项目。可是，迄今为止，国内外关于南洋华裔族群谱牒文献的相关研究仍然相当稀少，尤其在闽粤地区南洋华裔族群谱牒资料的系统发掘与研究上，鲜少涉及，也未见较有分量的成果。因此，2016年，我们向国家教育部申报了“南洋华裔族群谱牒资料整理与研究”课题，并获得批准。作为课题的一项成果，我们选择了闽粤的六十多部族谱中的族裔移民南洋的资料，编辑了这本书，目的在于为研究南洋华侨华人历史提供一份资料，进一步推动这方面研究的深入，也希望此书的出版能够抛砖引玉，吸引更多学人从事涉侨族谱文献的整理开发，为海外侨亲寻根问祖和侨史研究提供足够文献信息支持。

01

泉州《汾阳龙山谱》

龙山，是前郭与刘厝头两个自然村的统称，位于泉州市泉港区。龙山的开基始祖为德仪公。唐僖宗光启元年，中原战乱，德仪公与王潮、王审知兄弟随王绪率光州、寿州5000个士兵及其家属，自河南固始迁徙入闽。德仪公几经周折，定居惠北塔山东南麓，以姓命村，名称“上郭”，堂号汾阳。后来随时光流动和语音演变，“上郭”也叫“前郭”。第二十一世栋候公移居刘厝头。该族人为谋生计漂洋过海下南洋，以马来西亚、新加坡居多，目前已有数百人。

泉州泉港《汾阳龙山谱》由汾阳龙山谱编委会编纂，香港天马图书有限公司2007年出版。

迁居南洋记录

一、长 房

1. 第三十世，永顺，秋梅长子，20世纪30年代末谋生择居于新加坡（原谱第58、187页）。

2. 第三十一世，材桂，永顺长子，随其父迁居新加坡（原谱第58、187页）。

3. 第三十一世，材源，永顺次子，迁居新加坡（原谱第58、187页）。

4. 第三十一世，玉娘，永顺长女，随其父迁居于新加坡（原谱第187页）。

5. 第三十一世，玉琴、玉叶、玉华，永顺之女，生于新加坡（原谱第187页）。

6. 第三十一世，育康，永钦三子，1978年谋生迁居于新加坡（原谱第59、187页）。

7. 第三十二世，汉聪，育康长子，生于新加坡（原谱第59、187页）。

8. 第三十二世，美欣，育康长女，生于新加坡（原谱第59、187页）。

9. 第二十九世，艮法，德春二子，1955年谋生择居于马来西亚（原谱第65、187页）。

10. 第二十九世，文凤，德春三子，1955年谋生择居于马来西亚（原谱第65、187页）。

11. 第二十九世，园头、广脚，万顺之子，迁居南洋（原谱第66、194页）。

12. 第二十九世，贼成、笑笑、虎兄，桃生之子，迁居南洋（原谱第66、194页）。

二、次　房

1. 第三十一世，玉才，细顺长子，谋生择居于马来西亚（原谱第89、194页）。

2. 第三十二世，文辉、文福，玉才之子，生于马来西亚（原谱第89、194页）。

3. 第三十二世，文娟、文英、文妮，玉才之女，生于马来西亚（原谱第89、194页）。

4. 第三十三世，俊凯，文福之女，生于马来西亚（原谱第89、266页）。

5. 第三十世，金辉，马发二子，谋生择居于新加坡直落布兰雅通道（原谱第110、192页）。

6. 第三十一世，水兴、龙顺、龙贵，金辉之子，新加坡直落布兰雅通道（原谱第110、192页）。

7. 第三十一世，龙华、龙琴、龙美，金辉之女，新加坡直落布兰雅通道（原谱第111、192、193页）。

8. 第三十二世，俊言，水兴长子，新加坡直落布兰雅通道（原谱第110、192页）。

9. 第三十二世，芷嫣，水兴长女，新加坡直落布兰雅通道（原谱第110、192页）。

10. 第三十二世，峻齐，龙顺长子，新加坡直落布兰雅通道（原谱第110、192页）。

11. 第三十二世，芷昀，龙顺次女，新加坡直落布兰雅通道（原谱第110、192页）。

12. 第三十二世，俊宇、俊扬，龙贵之子，新加坡直落布兰雅通道（原谱第110、192页）。

13. 第二十九世，炳英，石蛋五子，谋生择居于马来西亚（原谱第113、192页）。

14. 第三十世，荣泉、金泉、玉泉、银泉，炳英之子，马来西亚（原谱第113、192页）。

15. 第二十九世，荣贵，1937年谋生择居于马来西亚（原谱第130、191页）。

16. 第三十世，亚才，荣贵长子，居马来西亚（原谱第113、192页）。

17. 第二十八世，文吓，长伏之子，移居新加坡（原谱第114、194页）。

18. 第二十八世，成贵，长鼻二子，20世纪30年代谋生择居于马来西亚吉隆坡（原谱第126、190页）。

19. 第二十八世，洪吓，长道四子，20世纪30年代谋生择居于马来西亚吉隆坡（原谱第127、190页）。

20. 第二十九世，水吉、水清、水山、水荣，成贵之子，生于马来西亚吉隆坡（原谱第126、190页）。

21. 第二十九世，玉丝、玉和，成贵之女，生于马来西亚吉隆坡（原谱第126、190页）。

22. 第三十世，明福，水吉长子，生于马来西亚吉隆坡（原谱第126、190页）。

23. 第三十世，亚顺，水清长子，生于马来西亚吉隆坡（原谱第126、190页）。

24. 第二十九世，荣贵，1937年谋生择居于马来西亚吧生（原谱第130、191页）。

25. 第三十世，庆法、金福、庆南、庆泉、庆兴，荣贵之子，居马来西亚（原谱第130、191、192页）。

26. 第三十一世，国财，庆法长子，随其父迁居于吉隆坡（原谱第130、91页）。

27. 第三十一世，诚俊，金福长子，生于马来西亚（原谱第130、192页）。

28. 第三十一世，诚天，金福次子，生于马来西亚（原谱第130、192页）。

29. 第三十一世，精棋，庆泉长子，生于马来西亚（原谱第130、192页）。

30. 第三十一世，益棋、新棋，庆泉之子，生于马来西亚吧生（原谱第130、192页）。

31. 第三十一世，溶芳、溶芬，庆兴之女，生于马来西亚吧生（原谱第130、192页）。

32. 第三十二世，培章、培平，国财之子，随其父迁居于吉隆坡（原谱第130、191页）。

33. 第三十世，金柳、金玲、金莲、金月，荣贵之女，生于马来西亚吧生（原谱第130、131、192页）。

34. 第二十八世，探谟，生山三子，20世纪30年代末谋生择居于马来西亚吧生（原谱第137、190页）。

35. 第二十九世，梅发、财发、荣法，探谟之子，生于马来西亚吧生（原谱第137、138、190页）。

36. 第三十世，庆良，梅发长子，生于马来西亚吧生（原谱第137、190页）。

37. 第三十世，庆源，财发长子，生于马来西亚吧生（原谱第137、190页）。

38. 第三十世，庆文，荣法长子，生于马来西亚吧生（原谱第138、190页）。

39. 第二十九世，玉坤，1941年谋生择居于新加坡（原谱第143、186页）。

40. 第三十世，顺源、顺礼，玉坤之子，随其父玉坤迁居于新加坡（原谱第143、186页）。

41. 第三十世，美珍，玉坤次女，随其父迁居于新加坡（原谱第143、

186 页）。

42. 第三十一世，荣发、荣华，顺源之子，迁居新加坡（原谱第 143、186 页）。

43. 第三十一世，荣忠，顺礼之子，迁居新加坡（原谱第 143、186 页）。

三、三　房

1. 第二十九世，财法，光成三子，迁居新加坡（原谱第 153、194 页）。

2. 第三十世，朝连，成桂之子，迁居新加坡（原谱第 161 页）。

3. 第三十世，金泉，成榜之子，1940 年迁居新加坡（原谱第 162、189 页）。

4. 第三十一世，云龙、次龙，金泉之子，1956 年随其父迁居于新加坡（原谱第 162、189、190 页）。

5. 第三十一世，赞龙、福龙、伍龙，金泉之子，生于新加坡（原谱第 162、190 页）。

6. 第三十一世，亚英、亚凤、亚丽，金泉之女，生于新加坡（原谱第 163、190 页）。

7. 第三十世，乌仔、兴水，大英之子，迁居新加坡（原谱第 168、195 页）。

8. 第二十八世，秋花，九生三子，1926 年谋生择居马来西亚（原谱第 171、185 页）。

9. 第二十九世，荣玉、荣文，秋花之子，迁居马来西亚（原谱第 172、185 页）。

10. 第二十九世，玉荷、玉叶，秋花之女，生于马来西亚（原谱第 173、186 页）。

11. 第三十世，顺福、顺华、顺良、顺兴、顺发、顺丰，荣玉之子，生于马来西亚新山（原谱第 172、185 页）。

12. 第三十世，娇英、美莲，荣玉之女，生于马来西亚新山（原谱第 172、185 页）。

13. 第三十世，建华、建生、建兴、建安、建发，荣文之子，生于马来西亚新山（原谱第 172、185 页）。

14. 第三十世，珍珍、玲玲、美美，荣文之女，生于马来西亚（原谱第 173、186 页）。

15. 第三十一世，俊宏，顺华长子，生于马来西亚（原谱第 172、185 页）。

16. 第三十一世，思秀、思佩、思慧，顺华之女，生于马来西亚（原谱第 172、185 页）。

17. 第三十一世，俊维，顺良长子，生于马来西亚新山（原谱第 172、185 页）。

18. 第三十一世，仁杰，顺兴长子，生于马来西亚新山（原谱第 172、185 页）。

19. 第三十一世，如敏，顺兴长女，生于马来西亚新山（原谱第 172、185 页）。

20. 第三十一世，俊贤，顺发长子，生于马来西亚新山（原谱第 172、185 页）。

21. 第三十一世，俊豪，顺丰长子，生于马来西亚新山（原谱第 172、185 页）。

22. 第三十一世，栗杉，顺丰长女，生于马来西亚新山（原谱第 172、185 页）。

23. 第三十一世，佳韵、佳怡，建华之女，生于马来西亚新山（原谱第 172、185 页）。

24. 第三十一世，力维，建生长子，生于马来西亚新山（原谱第 172、185 页）。

25. 第三十一世，子绮、恩廷，建生之女，生于马来西亚新山（原谱第 172、185 页）。

26. 第三十一世，哲瑄、镇瑄、洛瑄，建兴之子，生于马来西亚新山（原谱第 172、185、186 页）。

27. 第三十一世，羽萦、康燕，建安之女，生于马来西亚新山（原谱第 172、186 页）。

28. 第三十一世，定康，建发长子，生于马来西亚（原谱第 172、186 页）。

29. 第三十一世，美好，建发长女，生于马来西亚（原谱第172、186页）。

30. 第二十八世，歪吓，金坤长子，迁居新加坡（原谱第174页）。

31. 第二十九世，阿波，粿砸长子，迁居新加坡（原谱第176页）。

32. 第二十八世，胞水，鸠吓二子，迁居新加坡（原谱第176页）。

33. 第三十世，泉顺，迁居新加坡（原谱第190页）。

02

泉州《福建省安溪县榜头白氏族谱》

白氏远祖，世居陕晋，旋徙豫赣一带，至元代有一系由江西迁入福建，自明代永乐二十二年（公元1424年）逸宇公带着温泉、华泉并孙辉生（月溪）、训生（柳溪）、训初（碧溪）、耀生（雪溪）等一家大小十余口从福建同安迁至安溪榜头，奋发开拓，生聚繁衍。安溪榜头白氏族人，于清代道光年间南渡新加坡、马来西亚一带，谱载最早下南洋的是寮头石皮十五世的白天注（1853年往缅甸），寮头山十六世的白旁白宣（往印尼），赤岭山十六世的白新衙、白进宗（往槟城）等，距今亦有一百多年历史，初步估计南洋各属有一万多人。

泉州《福建省安溪县榜头白氏族谱》由新加坡白氏公会编修，主编白清泉、白春晖，地利土印刷私营有限公司承印，1989年12月出版。

迁居南洋记录

一、大长房月溪头派下、养湛公之裔、行齐公世系（简称赤岭山脚）

1. 第十七世，沛泉，生二子：丙丁、丙壬，在叻（新加坡）（原谱第185页）。

2. 第十七世，录，生二子：佛、固，在叻（新加坡）（原谱第185页）。

3. 第十七世，誉，填之子，往缅甸（原谱第187页）。

4. 第十八世，德建，生二子：能通、能波，在叻（新加坡）（原谱第187页）。

5. 第十八世，有土，抛之子，在叻（新加坡）（原谱第187页）。

6. 第十七世，双宾，传芳之子，往槟城（原谱第189页）。

65. 第十八世，文北，汫之子，在缅甸（原谱第 264 页）。

66. 第十七世，狮高，两元之子，在缅甸（原谱第 265 页）。

67. 第十八世，文港，庚申之子，生四子：广磅、木荣、水炮、悳书，在缅甸（原谱第 265 页）。

68. 第十八世，慈仁，文水之子，在缅甸（原谱第 265 页）。

69. 第十九世，海庭，粮生之子，在缅甸（原谱第 265 页）。

70. 第十八世，文英，卯之子，在缅甸（原谱第 266 页）。

71. 第十八世，长法，照之子，在缅甸（原谱第 266 页）。

72. 第十八世，文泰，万之子，在缅甸（原谱第 266 页）。

73. 第十八世，文色，福之子，在缅甸（原谱第 266 页）。

74. 第十八世，文尚，灯之子，在叻（新加坡）（原谱第 266 页）。

75. 第十八世，军思，泼之子，生二子：温奈、温开，在缅甸（原谱第 266 页）。

76. 第十八世，中土，辉之子，生三子：柏杰、柏青、柏林，在棉（印尼棉兰）（原谱第 266 页）。

77. 第十九世，柏杰，中土之子，生二子：俊萤、俊达，在棉（印尼棉兰）（原谱第 266 页）。

78. 第十九世，柏青，中土之子，生二子：俊发、俊国，在棉（印尼棉兰）（原谱第 266 页）。

79. 第十九世，柏林，中土之子，生二子：俊民、俊雄，在棉（印尼棉兰）（原谱第 266 页）。

80. 第十八世，燕思，妙报之子，在缅甸（原谱第 267 页）。

81. 第十七世，旺蚋，阳之子，在仰光（原谱第 268 页）。

82. 第十七世，文的，阳之子，在仰光（原谱第 268 页）。

83. 第十七世，文保，阳之子，在仰光（原谱第 268 页）。

84. 第十七世，文国，阳之子，在仰光（原谱第 268 页）。

85. 第十八世，文凤，癸之子，在仰光（原谱第 268 页）。

86. 第十八世，达胜，癸之子，在仰光（原谱第 268 页）。

87. 第十八世，文流，里之子，在仰光（原谱第 268 页）。

88. 第十八世，文有，里之子，在仰光（原谱第 268 页）。

89. 第十八世，文八，林之子，在仰光（原谱第 269 页）。

90. 第十八世，文力，在仰光（原谱第 269 页）。

91. 第十八世，开元，新保之子，在仰光（原谱第 269 页）。

92. 第十八世，天送，水生之子，在仰光（原谱第 269 页）。

93. 第十八世，乌羊，水生之子，在仰光（原谱第 269 页）。

93. 第十八世，有胜，犁之子，在仰光（原谱第 269 页）。

94. 第十八世，文逞，汉之子，在仰光（原谱第 269 页）。

95. 第十八世，文气，泉之子，在仰光（原谱第 269 页）。

96. 第十六世，破吞，天注之子，生三子：苇七、必得、先帕，在缅甸（原谱第 270 页）。

97. 第十六世，进德，天注之子，生二子：乌籴、文买，在缅甸（原谱第 270 页）。

98. 第十五世，天注，伐之子，生七子：温平、苇盼、苇赞、安薯、苇根、破吞、进德，在缅甸（原谱第 271 页）。

99. 第十六世，安薯，排之子，生三子：荣宗、喃饼、青明，在缅甸（原谱第 271 页）。

100. 第十六世，苇盼，天注之子，生一子水应，在缅甸（原谱第 271 页）。

101. 第十六世，苇赞，天注之子，生二子：连捷、文竹，在缅甸（原谱第 271 页）。

102. 第十六世，苇根，天注之子，生二子：文求、新开，在缅甸（原谱第 271 页）。

103. 第十八世，榜，文玉之子，在缅甸（原谱第 271 页）。

104. 第十八世，涂，文兴之子，在缅甸（原谱第 271 页）。

105. 第十六世，世，得力之子，在缅甸（原谱第 272 页）。

106. 第十七世，新富仔，炎之子，在缅甸（原谱第 272 页）。

107. 第十七世，清淡，查某之子，后裔在南洋（原谱第 279 页）。

108. 第十七世，印，雁之子，在叻（新加坡）（原谱第 279 页）。

109. 第十七世，洋，在之子，在叻（新加坡）（原谱第 279 页）。

110. 第十七世，伶，在之子，在叻（新加坡）（原谱第 279 页）。

111. 第十八世，文教，江汉之子，在叻（新加坡）（原谱第 279 页）。

112. 第十六世，扁，海森之子，在叻（新加坡）（原谱第 282 页）。

113. 第十六世，简，海森之子，在叻（新加坡）（原谱第 282 页）。

114. 第十六世，泉来，呈之子，在叻（新加坡）（原谱第 282 页）。

115. 第十八世，文钦，埔之子，生七子：亚通、清莲、桂林、清山、清海、忠良、阿彬，在叻（新加坡）（原谱第 283 页）。

116. 第十八世，宝元，埔之子，生三子：金兴、金善、金福，在叻（新加坡）（原谱第 283 页）。

117. 第十八世，文汉，泉之子，生三子：敬贤、敬德、敬平，在叻（新加坡）（原谱第 284 页）。

118. 第十八世，乾，番之子，生三子：五强、五龙、五谷，在叻（新加坡）（原谱第 284 页）。

119. 第十七世，朝，渠之子，有一子庭顺，在叻（新加坡）（原谱第 285 页）。

120. 第十七世，清英，渠之子，有三子：庭顺、庭华、庭源，在叻（新加坡）（原谱第 285 页）。

121. 第十七世，兰，渠之子，有一子庭华，在叻（新加坡）（原谱第 285 页）。

122. 第十七世，明锦，渠之子，生六子：再福、水性、铭才、金顺、火木、胜发，在叻（新加坡）（原谱第 285 页）。

123. 第十七世，泽，为之子，在叻（新加坡）（原谱第 286 页）。

124. 第十八世，坑，全盛之子，生一子春田，在叻（新加坡）（原谱第 287 页）。

125. 第十八世，灶，楚之子，生一子春芳，在叻（新加坡）（原谱第 287 页）。

126. 第十八世，宝加，髻之子，生三子：仲万、仲富、仲辉，在吉隆坡（原谱第 287 页）。

127. 第十八世，宝仁，髻之子，生五子：仲义、仲兴、仲匡、仲文、仲达，在吉隆坡（原谱第 287 页）。

128. 第十八世，宝树，髻之子，生二子：镜光、镜旭，在吉隆坡（原谱第 287 页）。

129. 第十八世，宝玉，髻之子，生一子来福，在叻（新加坡）（原谱第 287 页）。

130. 第十八世，天福，全盛之子，生二子：光荣、光明，在叻（新加坡）（原谱第 288 页）。

131. 第十六世，国清，清瑜之子，生三子：火墙、火钳、火土，在吉隆坡（原谱第 289 页）。

132. 第十八世，树枫，遣之子，生五子：源财、源德、金龙、金木、源和，在叻（新加坡）（原谱第 290 页）。

133. 第十九世，栋梁，心富仔之子，生一子振元，在叻（新加坡）（原谱第 290 页）。

134. 第十九世，水宾，心富仔之子，生五子：振来、振强、振文、振利、振顺，在叻（新加坡）（原谱第 290 页）。

135. 第十九世，成家，心富仔之子，生五子：荣光、荣辉、荣朝、荣春、荣丰，在叻（新加坡）（原谱第 290 页）。

136. 第十八世，讴，秦之子，生四子：养房、海潮、海福、木金，在叻（新加坡）（原谱第 291 页）。

137. 第十八世，文良，生一子洪培，在叻（新加坡）（原谱第 291 页）。

138. 第十九世，海福，讴之子，生三子：振川、振汉、振坤，在叻（新加坡）（原谱第 291 页）。

139. 第十九世，木金，讴之子，生八子：振昌、振基、振杰、振豪、振荣、振发、振德、振升，在叻（新加坡）（原谱第 291 页）。

140. 第十九世，海潮，讴之子，生三子：振展、振财、振火，在叻（新加坡）（原谱第 292 页）。

141. 第十八世，金德，心正之子，生二子：和生、和忠，在叻（新加坡）（原谱第 292 页）。

142. 第十八世，天福，心正之子，生一子和祥，在叻（新加坡）（原谱第 292 页）。

143. 第十八世，兴南，心正之子，生四子：凤良、凤城、春德、天德，在叻（新加坡）（原谱第 292 页）。

144. 第十八世，古铣，心正之子，生二子：阿庆、阿买，在叻（新加坡）（原谱第 292 页）。

145. 第十七世，国，洋之子，生一子阿明，在南洋（原谱第 293 页）。

146. 第十七世，金龙，百之子，在马来西亚（原谱第 293 页）。

147. 第十七世，金钟，百之子，在马来西亚（原谱第 293 页）。

148. 第十六世，文兰，天之子，生一子水源，在叻（新加坡）（原谱第 295 页）。

149. 第十七世，水源，文兰之子，生二子：书豪、书雄，在叻（新加坡）（原谱第 295 页）。

150. 第十六世，清海，梅文之子，生七子：汉强、汉业、汉平、汉川、汉庆、汉峰、汉洲，在叻（新加坡）（原谱第 295 页）。

151. 第十五世，梅文，文深之子，生八子：锦云、锦璨、锦炎、锦荣、锦顺、锦河、清江、清海，在叻（新加坡）（原谱第 296 页）。

150. 第十六世，清江，梅文之子，生六子：明逸、明遂、明迭、明远、明达、明连，在叻（新加坡）（原谱第 296 页）。

151. 第十六世，锦河，梅文之子，生五子：福东、福祥、福裕、福寿、福财，在叻（新加坡）（原谱第 296 页）。

152. 第十六世，锦顺，梅文之子，生二子：圻泉、圻铭，在叻（新加坡）（原谱第 296 页）。

153. 第十六世，锦荣，梅文之子，生二子：圻鑫、烈志，在叻（新加坡）（原谱第 296 页）。

154. 第十六世，锦炎，梅文之子，生二子：永焕、永添，在叻（新加坡）（原谱第 296 页）。

155. 第十六世，锦璨，梅文之子，生三子：烈志、烈锐、烈铮，在叻（新加坡）（原谱第 296 页）。

156. 第十六世，锦云，梅文之子，生三子：圻鑫、圻斌、圻伟，在叻（新加坡）（原谱第 297 页）。

三、大长房月溪头派下、岐山公之裔世系（简称崎头脚）

1. 第十六世，绿竹，毓敦之子，往泰国（原谱第 310 页）。

2. 第十八世，远治，文铣之子，生二子：加祥、加辉，在叻（新加坡）（原谱第 311 页）。

3. 第十九世，加祥，远治之子，在叻（新加坡）（原谱第 311 页）。

4. 第十九世，开典，文钦之子，在叻（新加坡）（原谱第 312 页）。

5. 第十九世，木英，金准之子，在叻（新加坡）（原谱第313页）。

6. 第十九世，文木，文性之子，生七子：南记、南荣、南福、南光、南发、金才、雪村，在叻（新加坡）（原谱第313页）。

7. 第十九世，坧地，文性之子，生三子：瑞和、瑞德、瑞林，在叻（新加坡）（原谱第313页）。

8. 第二十世，亚南，玉传之子，在叻（新加坡）（原谱第314页）。

9. 第十八世，永昌，荣老之子，生三子：能加、亚福、福才，在叻（新加坡）（原谱第315页）。

10. 第十八世，清秀，荣老之子，生六子：裕丰、裕福、裕成、裕兴、裕荣、裕发，在叻（新加坡）（原谱第315页）。

11. 第十九世，木华，成渠之子，生五子：植庆、植国、植立、植群、植为，在叻（新加坡）（原谱第317页）。

12. 第十八世，文加，青有之子，往菲律宾（原谱第318页）。

13. 第十八世，置业，金声之子，往菲律宾（原谱第320页）。

14. 第十八世，牡丹，满港之子，生四子：清贵、连福、福气、福发，在叻（新加坡）（原谱第320页）。

15. 第十七世，文良，钤之子，在叻（新加坡）（原谱第323页）。

16. 第十六世，民，瑞出之子，生二子：丕承、文良，在叻（新加坡）（原谱第324页）。

17. 第十九世，文英，雨水之子，生四子：添顺、添成、添才、添丁，在叻（新加坡）（原谱第326页）。

18. 第十七世，有才，新诰之子，在叻（新加坡）（原谱第330页）。

19. 第十八世，位道，文杰之子，在仰光（原谱第330页）。

20. 第十七世，文富，茶之子，在叻（新加坡）（原谱第331页）。

21. 第十八世，水，向之子，往南洋（原谱第331页）。

22. 第十六世，雁塔，德玉之子，在仰光（原谱第335页）。

23. 第十七世，麟材，水勇之子，往马来西亚（原谱第339页）。

24. 第十七世，坚固，水浸之子，往马来西亚（原谱第339页）。

25. 第十七世，水返，添生之子，在叻（新加坡）（原谱第342页）。

26. 第十七世，绸龙，叶之子，在印尼（原谱第343页）。

27. 第十七世，绸壬，叶之子，在印尼（原谱第343页）。

28. 第十八世，淑贤，连贵之子，在印尼（原谱第 343 页）。

29. 第十八世，淑三，连贵之子，在印尼（原谱第 343 页）。

30. 第十八世，淑川，连贵之子，在印尼（原谱第 343 页）。

31. 第十八世，淑霖，连贵之子，在印尼（原谱第 343 页）。

32. 第十八世，淑滨，连贵之子，在印尼（原谱第 343 页）。

33. 第十八世，瑞隆，悟骑之子，生五子：木池、木胜、木荣、添福、添土，在叻（新加坡）（原谱第 344 页）。

34. 第十八世，文葱，悟骑之子，生一子添来，在叻（新加坡）（原谱第 344 页）。

35. 第十七世，螺，田之子，在仰光（原谱第 345 页）。

36. 第十七世，洋，田之子，在仰光（原谱第 345 页）。

37. 第十七世，锣，赐之子，在仰光（原谱第 346 页）。

38. 第十七世，挺，标之子，在叻（新加坡）（原谱第 346 页）。

39. 第十八世，文湿，宝树之子，生一子耀堂，在印尼（原谱第 348 页）。

40. 第十九世，国苑，清溪之子，在印尼（原谱第 348 页）。

41. 第十九世，国能，清溪之子，在印尼（原谱第 348 页）。

42. 第十五世，光璦，硕遗之子，在印尼（原谱第 350 页）。

43. 第十五世，光必，硕遗之子，在印尼（原谱第 350 页）。

44. 第十五世，光润，硕遗之子，在印尼（原谱第 350 页）。

45. 第十五世，光沛，硕遗之子，在印尼（原谱第 350 页）。

46. 第十八世，清泉，水莲之子，生二子：财民、财喜，在泰国（原谱第 352 页）。

47. 第十八世，丙丁，梅香之子，生三子：福星、光辉、光华，在缅甸（原谱第 352 页）。

48. 第十八世，根本，梅香之子，在缅甸（原谱第 352 页）。

49. 第十八世，水坑，宽裕之子，在印尼（原谱第 352 页）。

50. 第十八世，金抱，宽裕之子，生二子：锦义、锦潮，在叻（新加坡）（原谱第 352 页）。

51. 第十九世，锦义，金抱之子，生一子依汉，在叻（新加坡）（原谱第 352 页）。

52. 第十九世，锦潮，金抱之子，生一子志祥，在叻（新加坡）（原谱第 352 页）。

53. 第十八世，庆云，文洽之子，生三子：南添、南进、南成，在泰国（原谱第 353 页）。

54. 第十八世，明坤，文卜之子，生四子：清全、清扬、清辉、清松，在泰国（原谱第 353 页）。

55. 第十八世，万来，文卜之子，生四子：福年、福光、福炳、福气，在印尼（原谱第 353 页）。

56. 第十九世，南添，庆云之子，生五子：木来、木材、木光、木顺、木兴，在泰国（原谱第 353 页）。

57. 第十九世，南进，庆云之子，生四子：金河、银河、景春、世丁，在叻（新加坡）（原谱第 353 页）。

58. 第十九世，福炳，万来之子，生三子：文雄、文伟、文华，在印尼（原谱第 353 页）。

59. 第十八世，振昌，藤之子，在叻（新加坡）（原谱第 354 页）。

60. 第十八世，含笑，简之子，生四子：和纯、和治、和平、扁注，在泰国（原谱第 354 页）。

61. 第十八世，奴才，简之子，在泰国（原谱第 354 页）。

62. 第十八世，海澄，玉瑞之子，生二子：清溪、蓝溪，在泰国（原谱第 354 页）。

63. 第十六世，俾，富之子，在叻（新加坡）（原谱第 355 页）。

64. 第十六世，豆，富之子，在叻（新加坡）（原谱第 355 页）。

65. 第十六世，宣，富之子，在叻（新加坡）（原谱第 355 页）。

66. 第十七世，德兴，再添之子，生二子：秋香、秋水，在叻（新加坡）（原谱第 355 页）。

67. 第十八世，秋香，德兴之子，生三子：阿福、福顺、福才，在叻（新加坡）（原谱第 355 页）。

68. 第十八世，秋水，德兴之子，生一子阿和，在叻（新加坡）（原谱第 355 页）。

69. 第十八世，振昌，藤之子，在叻（新加坡）（原谱第 356 页）。

四、大三房碧溪公派下、坪山公之裔世系（简称三房长）

1. 第十七世，润，光定之子，生二子：亚春、文福，在叻（新加坡）（原谱第 391 页）。

2. 第十八世，亚春，润之子，生三子：根孝、根良、根忠，在叻（新加坡）（原谱第 391 页）。

3. 第十七世，狮，天向之子，生一子连城，在叻（新加坡）（原谱第 392 页）。

4. 第十七世，角，天色之子，在叻（新加坡）（原谱第 392 页）。

5. 第十七世，梧桐，天色之子，在叻（新加坡）（原谱第 392 页）。

6. 第十八世，潘，萼之子，生五子：金志、金宝、顺成、顺发、顺清，在叻（新加坡）（原谱第 395 页）。

7. 第十九世，金志，潘之子，生四子：振发、振忠、振德、振兴，在叻（新加坡）（原谱第 395 页）。

8. 第十九世，金宝，潘之子，生一子荣杰，在叻（新加坡）（原谱第 395 页）。

9. 第十九世，顺成，潘之子，生四子：福山、福炎、福养、福才，在叻（新加坡）（原谱第 395 页）。

10. 第十九世，顺发，潘之子，生五子：和利、和泰、和祥、森美、和盛，在叻（新加坡）（原谱第 395 页）。

11. 第十九世，顺清，潘之子，生六子：福明、福泉、福友、福德、福华、福利，在叻（新加坡）（原谱第 395 页）。

12. 第十八世，丙丁，盒之子，在叻（新加坡）（原谱第 401 页）。

13. 第二十世，振世，浴铁之子，在叻（新加坡）（原谱第 401 页）。

14. 第十七世，九塔，连之子，生一子良辉，在叻（新加坡）（原谱第 402 页）。

15. 第十七世，太山，朝今之子，生三子：添英、志荣、聪赐，在叻（新加坡）（原谱第 403 页）。

16. 第十七世，标，桃之子，在叻（新加坡）（原谱第 404 页）。

17. 第十九世，玉玺，文扁之子，在叻（新加坡）（原谱第 410 页）。

18. 第十九世，贵德，瑞安之子，在叻（新加坡）（原谱第 412 页）。

19. 第十九世，萌芽，瑞安之子，在菲律宾（原谱第 412 页）。

20. 第十七世，景，千之子，生二子：乌、庆，在叻（新加坡）（原谱第 413 页）。

21. 第十七世，安，合之子，生一子亚察，在叻（新加坡）（原谱第 413 页）。

22. 第十八世，乌，景之子，生三子：海春、清海、进财，在叻（新加坡）（原谱第 413 页）。

23. 第十八世，庆，景之子，生一子火盛，在叻（新加坡）（原谱第 413 页）。

24. 第十九世，火盛，庆之子，生四子：坤土、坤福、坤火、坤生，在叻（新加坡）（原谱第 413 页）。

25. 第十七世，能，城之子，生一子博厚，在叻（新加坡）（原谱第 414 页）。

26. 第十八世，博厚，能之子，生五子：锦发、再发、继发、再成、丁炎，在叻（新加坡）（原谱第 414 页）。

27. 第十八世，水木，金增之子，生四子：阿四、双喜、来金、来福，在叻（新加坡）（原谱第 414 页）。

28. 第十八世，亚千，金增之子，生三子：阿福、金枝、金铸，在叻（新加坡）（原谱第 415 页）。

29. 第十七世，建生，吝之子，生二子：水来、瑞金，在叻（新加坡）（原谱第 415 页）。

30. 第十八世，金吉，坛之子，生六子：北成、南成、友成、良成、南瑶、新成，在叻（新加坡）（原谱第 415 页）。

31. 第十八世，天送，坛之子，生三子：福地、水永、水返，在叻（新加坡）（原谱第 415 页）。

32. 第十九世，庚碹，重荣之子，生四子：进吉、进祥、进展、进兴，在叻（新加坡）（原谱第 416 页）。

33. 第十九世，忠来，赏之子，生一子振福，在叻（新加坡）（原谱第 416 页）。

34. 第十七世，国猴，声彩之子，生七子：挺秀、扶西、四柳、清槐、清泉、清标、罗民，在印尼（原谱第 418 页）。

35. 第十七世，廷凤，国庆之子，生二子：江井、江河，在印尼（原谱第 418 页）。

36. 第十九世，文矮，文星之子，生三子：永吉、黄国、福荫，在印尼（原谱第 418 页）。

37. 第十八世，图，国专之子，在菲律宾（原谱第 418 页）。

38. 第十九世，清枝，进之子，在菲律宾（原谱第 418 页）。

39. 第十九世，清溪，最之子，在菲律宾（原谱第 420 页）。

40. 第二十世，得救，扁之子，生三子：财发、财福、财源，在叻（新加坡）（原谱第 420 页）。

41. 第十九世，清标，尔之子，生二子：应荣、应心，在印尼（原谱第 421 页）。

42. 第二十世，万对，美之子，生一子启寿，在菲律宾（原谱第 421 页）。

43. 第二十世，成枝，天楼之子，生七子：泉发、泉丰、泉赐、泉和、泉武、泉龙、泉兴，在叻（新加坡）（原谱第 423 页）。

44. 第二十世，心地，福令之子，生四子：炳立、炳兴、炳洲、炳新，在叻（新加坡）（原谱第 424 页）。

45. 第二十一世，沧成，金华之子，在菲律宾（原谱第 424 页）。

46. 第二十一世，沧洪，金华之子，在菲律宾（原谱第 424 页）。

45. 第十八世，朝番，新插之子，生二子：金树、金玉，在菲律宾（原谱第 425 页）。

46. 第十八世，朝石，新插之子，生二子：西乳、金玉，在菲律宾（原谱第 425 页）。

47. 第十八世，西乳，朝石之子，生一子广进，在菲律宾（原谱第 425 页）。

48. 第十八世，毕栳，金攀之子，在菲律宾（原谱第 430 页）。

49. 第十八世，弥漏，金攀之子，在菲律宾（原谱第 430 页）。

50. 第十八世，稟寿，金攀之子，在菲律宾（原谱第 430 页）。

51. 第十六世，清红，火之子，生二子：交、琴，在叻（新加坡）（原谱第 431 页）。

52. 第十八世，亚买，琴之子，生五子：永泰、达宏、炳炎、全强、文达，在叻（新加坡）（原谱第431页）。

53. 第十七世，麟趾，天富之子，生二子：志兴、志诚，在印尼（原谱第435页）。

54. 第十七世，麟瑞，天富之子，生四子：志华、志猛、志青、志义，在印尼（原谱第435页）。

55. 第十八世，火旺，水清之子，生五子：瑞贤、瑞华、瑞荣、瑞兴、瑞隆，在叻（新加坡）（原谱第435页）。

56. 第十六世，泉祥，报答之子，生三子：朝川、金源、永昌，在叻（新加坡）（原谱第436页）。

57. 第十七世，朝川，泉祥之子，生六子：国云、天云、清云、腾云、日云、辉云，在叻（新加坡）（原谱第436页）。

58. 第十七世，金源，泉祥之子，生四子：德和、德顺、德成、金标，在叻（新加坡）（原谱第436页）。

59. 第十七世，永昌，泉祥之子，生一子锦涛，在叻（新加坡）（原谱第436页）。

60. 第十八世，锦涛，永昌之子，生四子：庆平、庆万、庆文、庆南，在叻（新加坡）（原谱第436页）。

61. 第十八世，春桂，蛟龙之子，生四子：德兴、德才、木胜、瑞发，在叻（新加坡）（原谱第436页）。

62. 第十八世，壬癸，蛟龙之子，生一子亚牛，在叻（新加坡）（原谱第436页）。

63. 第十六世，泉创，报答之子，生二子：启华、启诗，在叻（新加坡）（原谱第437页）。

64. 第十七世，启诗，泉创之子，生三子：益、荣、树，在叻（新加坡）（原谱第437页）。

65. 第十八世，麟球，烈之子，生四子：玉发、玉江、玉海、玉山，在叻（新加坡）（原谱第437页）。

66. 第十七世，憓，永耀之子，生三子：振国、文成、永吉，在叻（新加坡）（原谱第438页）。

67. 第十七世，沙，永耀之子，生四子：玉霖、玉溪、玉树、乌檀，在叻（新加坡）（原谱第438页）。

68. 第十八世，玉树，沙之子，生四子：添顺、添福、添富、添发，在叻（新加坡）（原谱第 438 页）。

69. 第十八世，乌檀，沙之子，生三子：添来、添才、添辉，在叻（新加坡）（原谱第 438 页）。

70. 第十六世，泉成，有土之子，生一子金欲，在叻（新加坡）（原谱第 438 页）。

71. 第十八世，炳树，金欲之子，生六子：瑞通、瑞振、瑞添、瑞美、瑞春、瑞明，在叻（新加坡）（原谱第 438 页）。

72. 第十八世，炳南，金欲之子，生三子：得胜、得强、得利，在叻（新加坡）（原谱第 438 页）。

73. 第十六世，士包，有土之子，生三子：金池、金让、金水，在叻（新加坡）（原谱第 439 页）。

74. 第十七世，金池，士包之子，生六子：添泉、添国、添庆、添盛、添发、添兴，在叻（新加坡）（原谱第 439 页）。

75. 第十七世，金让，上包之子，生五子：米添、福来、添流、添联、添才，在叻（新加坡）（原谱第 439 页）。

76. 第十七世，金水，士包之子，生六子：泰山、木林、添明、添象、添孟、添吉，在叻（新加坡）（原谱第 439 页）。

77. 第十六世，泉福，有土之子，生三子：春德、春清、春安，在叻（新加坡）（原谱第 440 页）。

78. 第十七世，春安，泉福之子，生五子：永发、永利、永结、永木、永添，在叻（新加坡）（原谱第 440 页）。

79. 第十七世，地龙，看之子，生三子：瑞通、金波、火瓶、清山，在叻（新加坡）（原谱第 440 页）。

80. 第十八世，火瓶，地龙之子，生一子启超，在叻（新加坡）（原谱第 440 页）。

81. 第十八世，清山，地龙之子，生一子谦益，在叻（新加坡）（原谱第 440 页）。

82. 第十八世，金波，地龙之子，生六子：荣芳、荣建、荣发、国盛、阿春、赐福，在叻（新加坡）（原谱第 441 页）。

83. 第十八世，瑞通，地龙之子，生二子：启坤、启祥，在叻（新加坡）（原谱第441页）。

84. 第十七世，木笔，增之子，生三子：进来、进福、进生，在叻（新加坡）（原谱第441页）。

85. 第十七世，清涂，增之子，生六子：国全、国邦、国家、国定、国安、亚九，在叻（新加坡）（原谱第441页）。

86. 第十七世，箧，往菲律宾（原谱第442页）。

87. 第十七世，万顷，往菲律宾（原谱第442页）。

89. 第十七世，清桃，佛之子，生四子：进荣、进宝、进盛、进德，在叻（新加坡）（原谱第442页）。

90. 第十七世，清凯，心求之子，生五子：本胜、本章、本成、本初、双五，在叻（新加坡）（原谱第444页）。

91. 第十七世，火定，心求之子，生三子：金权、金振、金交，在棉（印尼棉兰）（原谱第444页）。

92. 第十七世，金钗，新出之子，生六子：志江、志华、志源、志明、志成、碧川，在印尼（原谱第445页）。

93. 第十六世，兵秧，英之子，生三子：廷杰、廷璨、廷寮，在棉兰（原谱第446页）。

94. 第十七世，火炮，秫秧之子，生二子：毅诚、毅怀，在棉（印尼棉兰）（原谱第446页）。

95. 第十八世，泰山，钟渊之子，生四子：金明、金木、金华、金江，在棉（印尼棉兰）（原谱第446页）。

96. 第十八世，萍云，金铁之子，生四子：庆辉、庆鸣、庆源、庆泉，在棉（印尼棉兰）（原谱第446页）。

97. 第十八世，铭才，约之子，生三子：进国、进和、进成，在棉（印尼棉兰）（原谱第447页）。

98. 第十七世，万，清微之子，在叻（新加坡）（原谱第447页）。

99. 第十七世，甘眼，光暖之子，生二子：炳秋、炳清，在叻（新加坡）（原谱第448页）。

100. 第十八世，炳秋，甘眼之子，生二子：坤凯、坤琦，在叻（新加坡）（原谱第448页）。

101. 第十八世，炳清，甘眼之子，生二子：志伟、志刚、志良，在叻

（新加坡）（原谱第 448 页）。

102. 第十六世，云，牛之子，生一子水仙，在叻（新加坡）（原谱第 448 页）。

103. 第十七世，玉金，烧之子，生三子：瑞珠、德兴、文荣，在叻（新加坡）（原谱第 448 页）。

104. 第十七世，金菊，烧之子，生一子德荣，在叻（新加坡）（原谱第 448 页）。

105. 第十六世，烧，牛之子，生三子：金成、玉金、金菊，在叻（新加坡）（原谱第 449 页）。

106. 第十六世，法，牛之子，生四子：天送、石根、长庚、天来，在叻（新加坡）（原谱第 449 页）。

107. 第十七世，天送，法之子，生五子：福添、福平、福利、福兴、福强，在叻（新加坡）（原谱第 449 页）。

108. 第十七世，金成，烧之子，生四子：永全、永元、永山、永治，在叻（新加坡）（原谱第 449 页）。

109. 第十六世，江印，溢之子，生二子：伏望、伏潜，在叻（新加坡）（原谱第 449 页）。

110. 第十七世，伏望，江印之子，生四子：亚才、亚华、亚元、番次，在叻（新加坡）（原谱第 449 页）。

111. 第十七世，伏潜，江印之子，生二子：亚呆、亚和，在叻（新加坡）（原谱第 449 页）。

112. 第十六世，江货，溢之子，生四子：金丁、永波、树龙、火凤，在叻（新加坡）（原谱第 450 页）。

113. 第十七世，金丁，江货之子，生四子：礼文、礼丰、礼明、礼顺，在叻（新加坡）（原谱第 450 页）。

114. 第十七世，永波，江货之子，生五子：文崇、植平、双和、双美、营中，在叻（新加坡）（原谱第 450 页）。

115. 第十七世，树龙，江货之子，生四子：友华、阿荣、连顺、连生，在叻（新加坡）（原谱第 450 页）。

116. 第十七世，火凤，江货之子，生五子：天水、天顺、天明、清桃、天生，在叻（新加坡）（原谱第 450 页）。

117. 第十七世，碧坤，江蟳之子，生四子：顺吉、顺益、顺利、顺铭，在叻（新加坡）（原谱第450页）。

118. 第十七世，成枝，江蟳之子，生二子：顺清、顺安，在叻（新加坡）（原谱第451页）。

119. 第十七世，成金，江蟳之子，生三子：振兴、德南、德鸿，在叻（新加坡）（原谱第451页）。

120. 第十七世，永滨，江蟳之子，生四子：清发、清合、清泉、清华，在叻（新加坡）（原谱第451页）。

121. 第十七世，永昌，江蟳之子，生一子忠山，在叻（新加坡）（原谱第451页）。

122. 第十六世，江蟳，溢之子，生五子：永昌、永滨、成金、成枝、碧坤，在叻（新加坡）（原谱第451页）。

123. 第十七世，木荣，吉之子，生四子：毅明、毅宝、毅坤、毅华，在叻（新加坡）（原谱第452页）。

124. 第十六世，添才，载之子，生五子：春林、春华、春裕、春桂、春成，在叻（新加坡）（原谱第453页）。

125. 第十六世，金黎，场之子，生三子：江河、河心、河中，在叻（新加坡）（原谱第453页）。

126. 第十六世，玉廪，铨之子，生八子：成发、成龙、深合、深藤、深露、深梶、深渊、成器，在叻（新加坡）（原谱第455页）。

126. 第十七世，成器，玉廪之子，生三子：玉绣、文得、文生，在叻（新加坡）（原谱第455页）。

127. 第十七世，深渊，玉廪之子，生二子：振和、福寿，在叻（新加坡）（原谱第455页）。

128. 第十七世，深梶，玉廪之子，生五子：金德、文坤、银豹、石虎、文金，在叻（新加坡）（原谱第455页）。

129. 第十七世，深露，玉廪之子，生五子：清美、清福、清水、清华、清能，在叻（新加坡）（原谱第456页）。

130. 第十七世，深藤，玉廪之子，生四子：金来、金练、添水、金赐，在叻（新加坡）（原谱第456页）。

131. 第十七世，深合，玉廪之子，生三子：水宝、金池、水池，在叻

（新加坡）（原谱第 456 页）。

132. 第十七世，成龙，玉廪之子，生六子：添忠、添兴、添才、木纪、木水、木荣，在叻（新加坡）（原谱第 457 页）。

五、大三房碧溪公派下、梧山公之裔、裕齐公世系（简称尾厝派）

1. 第十九世，训，定之子，生四子：长裕、长振、长枝、长业，在叻（新加坡）（原谱第 470 页）。

2. 第二十世，得志，生七子：侨和、侨庆、侨源、侨美、侨通、侨清、侨联，在叻（新加坡）（原谱第 470 页）。

3. 第十九世，笔文，骑之子，在叻（新加坡）（原谱第 471 页）。

4. 第十九世，文拔，骑之子，生一子荣吉，在叻（新加坡）（原谱第 471 页）。

5. 第十九世，文斗，主之子，生二子：才枝、才本，在叻（新加坡）（原谱第 471 页）。

6. 第二十世，兜，橼之子，生一子国安，在叻（新加坡）（原谱第 471 页）。

7. 第二十世，文节，洋之子，生四子：华民、华平、华基、华联，在叻（新加坡）（原谱第 471 页）。

8. 第十九世，洋，贞之子，生四子：得荣、超群、良才、文节，在叻（新加坡）（原谱第 472 页）。

9. 第二十世，超群，洋之子，生二子：清辉、清源，在叻（新加坡）（原谱第 472 页）。

10. 第二十世，良才，洋之子，生八子：国泰、国焕、国朝、国仁、国栋、国安、国强、国华，在叻（新加坡）（原谱第 472 页）。

11. 第二十世，倭，星之子，在叻（新加坡）（原谱第 472 页）。

12. 第十八世，树兰，两之子，生五子：其谅、其恷、水乞、培、慨然，在叻（新加坡）（原谱第 473 页）。

13. 第十九世，其谅，树兰之子，生二子：永来、永福，在叻（新加坡）（原谱第 473 页）。

14. 第十九世，其恷，树兰之子，生一子永标，在叻（新加坡）（原谱第 473 页）。

15. 第十九世，水乞，树兰之子，生四子：永治、永国、永溪、永炎，在叻（新加坡）（原谱第473页）。

16. 第十九世，培，树兰之子，生四子：永田、永山、永和、永源，在叻（新加坡）（原谱第473页）。

17. 第十九世，慨然，树兰之子，生二子：永丰、永顺，在叻（新加坡）（原谱第473页）。

18. 第十七世，廷，猪之子，生二子：棣、兵，在叻（新加坡）（原谱第474页）。

19. 第十七世，兵，廷之子，生一子镇邦，在叻（新加坡）（原谱第474页）。

20. 第二十世，金福，文接之子，生五子：瑞滨、瑞源、瑞李、瑞钿、瑞堂，在叻（新加坡）（原谱第474页）。

21. 第二十世，红毛，廉之子，生六子：亚福、金火、金洲、金顺、亚宗、炳梅，在叻（新加坡）（原谱第474页）。

22. 第十九世，福气，传之子，生五子：金兴、瑞来、瑞杏、瑞德、瑞珠，在叻（新加坡）（原谱第475页）。

23. 第二十世，连财，乌之子，生三子：亚梅、宝福、亚华，在叻（新加坡）（原谱第475页）。

23. 第二十世，连登，乌之子，生三子：福春、福顺、福源，在叻（新加坡）（原谱第475页）。

24. 第十九世，三传，达之子，生三子：振诸、振荣、振章，在叻（新加坡）（原谱第476页）。

25. 第二十世，顺天，甘之子，生一子春水，在叻（新加坡）（原谱第476页）。

26. 第十九世，甘，那之子，生五子：家和、家安、家增、云腾、顺天，在叻（新加坡）（原谱第477页）。

27. 第二十世，云腾，甘之子，生五子：意忠、精猛、精虎、精强、运来，在叻（新加坡）（原谱第477页）。

28. 第二十世，家增，甘之子，生二子：东阳、东明，在叻（新加坡）（原谱第477页）。

29. 第二十世，家安，甘之了，生 ·子祥光，在叻（新加坡）（原谱第

477 页)。

30. 第二十世，家和，甘之子，生二子：建才、建兴，在叻（新加坡）（原谱第 477 页）。

31. 第十九世，友，那之子，生三子：宗荣、宗枝、成赞，在叻（新加坡）（原谱第 477 页）。

32. 第二十世，成赞，友之子，生三子：南山、南泉、南生，在叻（新加坡）（原谱第 477 页）。

33. 第十九世，日葵，那之子，生六子：荣溪、四海、荣谦、荣基、荣德、源头，在叻（新加坡）（原谱第 477 页）。

34. 第二十世，源头，日葵之子，生六子：火炎、锦坤、锦泉、锦成、锦顺、锦生，在叻（新加坡）（原谱第 477 页）。

35. 第二十世，荣德，日葵之子，生二子：振安、振源，在叻（新加坡）（原谱第 478 页）。

36. 第二十世，荣基，日葵之子，生一子钦辉，在叻（新加坡）（原谱第 478 页）。

37. 第二十世，荣谦，日葵之子，生一子达文，在叻（新加坡）（原谱第 478 页）。

38. 第二十世，四海，日葵之子，生二子炳贤、维恩，在叻（新加坡）（原谱第 478 页）。

39. 第二十世，荣溪，日葵之子，生二子：炳福、炳华，在叻（新加坡）（原谱第 478 页）。

40. 第十九世，灶，答之子，在叻（新加坡）（原谱第 478 页）。

41. 第十九世，国珍，答之子，在叻（新加坡）（原谱第 478 页）。

42. 第十九世，洪琳，答之子，生一子阿九，在叻（新加坡）（原谱第 478 页）。

43. 第十九世，宙，生一子来成，在叻（新加坡）（原谱第 478 页）。

44. 第十九世，凤发，生二子：德胜、水胜，在叻（新加坡）（原谱第 478 页）。

45. 第十九世，金福，九英之子，生四子：成华、成利、成海、成坤，在叻（新加坡）（原谱第 478 页）。

46. 第十八世，金波，谨之子，在叻（新加坡）（原谱第 481 页）。

47. 第十八世，金吉，第之子，在叻（新加坡）（原谱第 481 页）。

48. 第十八世，文扁，连理之子，生四子：思发、铁、洪河、叠，在叻（新加坡）（原谱第 481 页）。

49. 第十九世，思发，文扁之子，生二子：国强、国辉，在叻（新加坡）（原谱第 482 页）。

50. 第十八世，信番，克菊之子，生三子：生财、洪协、洪合，在叻（新加坡）（原谱第 482 页）。

51. 第十九世，生财，信番之子，生四子：振清、德林、德来、德成，在叻（新加坡）（原谱第 482 页）。

52. 第十九世，洪协，信番之子，生三子：振顺、振添、振国，在叻（新加坡）（原谱第 482 页）。

53. 第十九世，洪合，信番之子，生六子：振兴、振坤、振华、振福、振荣、振祥，在叻（新加坡）（原谱第 482 页）。

54. 第十九世，洪平，金来之子，生九子：长顺、长成、长水、扁头、长秋、长桂、长生、长治、长基，在叻（新加坡）（原谱第 484 页）。

55. 第十九世，春水，金来之子，生五子：长团、长石、长吉、长财、长福，在叻（新加坡）（原谱第 485 页）。

56. 第十九世，连理，金来之子，生二子：长泰、长发，在叻（新加坡）（原谱第 485 页）。

57. 第十八世，金来，圻川之子，生三子：连理、春水、洪平，在叻（新加坡）（原谱第 485 页）。

58. 第十八世，金泉，圻川之子，生二子：武王、武力，在叻（新加坡）（原谱第 485 页）。

59. 第十八世，金龙，圻川之子，生二子：文东、文明，在叻（新加坡）（原谱第 485 页）。

60. 第十八世，金叩，圻川之子，在叻（新加坡）（原谱第 486 页）。

61. 第十八世，金火，圻川之子，生二子：德鸿、德胜，在叻（新加坡）（原谱第 486 页）。

62. 第十九世，文火，禄之子，生一子红毛，在叻（新加坡）（原谱第 486 页）。

63. 第十九世，北，敏纲之子，生三子：进发、阿南、阿龙，在叻

（新加坡）（原谱第488页）。

64. 第二十世，青年，忠之子，在印尼（原谱第488页）。

65. 第二十世，建置，忠之子，在印尼（原谱第488页）。

66. 第二十世，建生，忠之子，在印尼（原谱第488页）。

67. 第十七世，文德，双科之子，出洋（原谱第492页）。

68. 第十七世，文带，双科之子，出洋（原谱第492页）。

69. 第十七世，文普，双科之子，出洋（原谱第492页）。

70. 第十八世，加橧，文约之子，生四子：洪溪、洪山、洪海、洪和，在菲律宾（原谱第493页）。

71. 第十九世，玉梅，文约之子，生五子：成发、安成、金水、金福、水泉，在叻（新加坡）（原谱第493页）。

72. 第十九世，文元，揖之子，生二子：进松、进利，在叻（新加坡）（原谱第493页）。

73. 第十九世，加田，文约之子，生四子：水德、水成、水明、水来，在叻（新加坡）（原谱第494页）。

74. 第十八世，青云，寅之子，在叻（新加坡）（原谱第494页）。

75. 第十九世，祖愿，万山之子，在叻（新加坡）（原谱第494页）。

76. 第十七世，圻安，藩之子，生二子：枝棕、开生，在叻（新加坡）（原谱第495页）。

77. 第十七世，文好，藩之子，生三子：泗海、水兰、益发，在叻（新加坡）（原谱第495页）。

78. 第十八世，宗汉，俊极之子，在叻（新加坡）（原谱第495页）。

79. 第十九世，洪发，义生之子，生二子：光辉、光明，在叻（新加坡）（原谱第495页）。

80. 第十九世，添丁，义生之子，在叻（新加坡）（原谱第495页）。

81. 第十八世，再发，仁之子，在叻（新加坡）（原谱第496页）。

82. 第十八世，金星，赤之子，在叻（新加坡）（原谱第496页）。

83. 第十八世，根旺，赤之子，在叻（新加坡）（原谱第496页）。

84. 第十八世，源，文濑之子，在叻（新加坡）（原谱第496页）。

85. 第十八世，皮，贞之子，在叻（新加坡）（原谱第496页）。

86. 第十八世，福地，金吉之子，生六子：伟明、鸿钧、鸿恩、鸿禧、鸿祺、庭兰，在叻（新加坡）（原谱第 496 页）。

87. 第十八世，姑成，建之子，生一子清波，在叻（新加坡）（原谱第 498 页）。

88. 第十八世，添吉，杂之子，生七子：爱群、爱顺、爱仁、爱财、爱同、爱治、爱华，在叻（新加坡）（原谱第 498 页）。

89. 第十八世，成通，杂之子，生二子：锦文、荣基，在叻（新加坡）（原谱第 498 页）。

90. 第十九世，红，水之子，生三子：福气、福生、福元，在叻（新加坡）（原谱第 498 页）。

91. 第十八世，熟义，文讲之子，生三子：永乐、永茂、永昌，在缅甸（原谱第 500 页）。

92. 第十八世，熟言，文讲之子，生一子永茂，在缅甸（原谱第 500 页）。

93. 第十九世，锦纯，在缅甸（原谱第 500 页）。

94. 第十九世，炳华，在缅甸（原谱第 500 页）。

95. 第十九世，桂生，在缅甸（原谱第 500 页）。

96. 第十九世，文婢，熟中之子，生四子：俊华、俊明、俊修、俊勇，在叻（新加坡）（原谱第 500 页）。

97. 第十八世，熟清，文篮之子，生六子：钟灵、钟尧、胜利、硕资、硕玲、春庭，在叻（新加坡）（原谱第 501 页）。

98. 第十九世，钟灵，熟清之子，在叻（新加坡）（原谱第 501 页）。

99. 第十九世，钟尧，熟清之子，生三子：世洋、世辉、世耀，在叻（新加坡）（原谱第 501 页）。

100. 第十九世，胜利，熟清之子，在叻（新加坡）（原谱第 501 页）。

101. 第十九世，硕资，熟清之子，生一子志成，在叻（新加坡）（原谱第 501 页）。

102. 第十九世，硕玲，熟清之子，生二子：明杰、明豪，在叻（新加坡）（原谱第 501 页）。

103. 第十九世，春庭，熟清之子，生二子：惠华、惠民，在叻（新加坡）（原谱第 501 页）。

104. 第十八世，清昧，自明之子，生二子：宗裕、宗辉，在叻（新加坡）（原谱第 502 页）。

105. 第十八世，福锐，文石之子，生三子：宗顺、宗尧、宗根，在印尼（原谱第 502 页）。

106. 第十九世，宗顺，福锐之子，生一子振气，在印尼（原谱第 502 页）。

107. 第十九世，宗尧，福锐之子，生三子：振强、振盛、振伟，在印尼（原谱第 502 页）。

108. 第十九世，宗根，福锐之子，生二子：伟胜、伟明，在印尼（原谱第 502 页）。

109. 第十八世，天宝，在缅甸（原谱第 503 页）。

110. 第十八世，焕，金痞之子，生三子：金木、土木、火凤，在叻（新加坡）（原谱第 504 页）。

111. 第十八世，添丁，金水之子，在叻（新加坡）（原谱第 504 页）。

112. 第十八世，毕，金水之子，生二子：朝君、马亮，在叻（新加坡）（原谱第 504 页）。

112. 第十九世，朝君，毕之子，生四子：海炎、海进、木泉、源发，在叻（新加坡）（原谱第 504 页）。

113. 第十九世，马亮，毕之子，生四子：源明、源福、文和、海成，在叻（新加坡）（原谱第 504 页）。

114. 第十八世，斗，柿之子，在叻（新加坡）（原谱第 504 页）。

115. 第十九世，文杭，彪之子，生六子：友源、水清、源兴、海成、利丰、亚木，在叻（新加坡）（原谱第 504 页）。

116. 第十八世，乌，壬之子，生一子阿搭，在叻（新加坡）（原谱第 505 页）。

117. 第十八世，针，壬之子，生一子贤德，在叻（新加坡）（原谱第 505 页）。

118. 第十九世，贤德，针之子，生六子：志伟、志源、志福、志明、志勇、志才，在叻（新加坡）（原谱第 505 页）。

119. 第十八世，洱，壬之子，生四子：亚拔、亚友、亚蚵、亚猪，在叻（新加坡）（原谱第 505 页）。

120. 第十九世，亚友，洱之子，生三子：明杰、财福、福成，在叻

(新加坡)(原谱第505页)。

121. 第十八世，贻笃，罗通之子，生五子：鸿安、鸿庆、鸿熙、鸿夷、鸿□，在菲(原谱第505页)。

122. 第十九世，醉，灶之子，在印尼(原谱第506页)。

123. 第十九世，鹏，灶之子，在印尼(原谱第506页)。

124. 第十八世，金彩，愚之子，在印尼(原谱第507页)。

125. 第十八世，金宝，愚之子，在印尼(原谱第507页)。

126. 第十九世，天才，兴之子，在印尼(原谱第507页)。

127. 第十八世，恒，耨之子，生三子：鸿、义成、义森，在吉隆坡(原谱第508页)。

128. 第十八世，能飞，噜之子，在叻(新加坡)(原谱第508页)。

129. 第十八世，福气，噜之子，在叻(新加坡)(原谱第508页)。

130. 第十八世，炎，旁之子，在吉隆坡(原谱第508页)。

131. 第十七世，富，党之子，生四子：火返、资本、联对、通时，在叻(新加坡)(原谱第505页)。

132. 第十八世，通时，富之子，生七子：金福、金狮、添丁、成山、阿禄、火炎、水甲，在叻(新加坡)(原谱第509页)。

133. 第十八世，联对，富之子，生二子：顺隆、顺利，在叻(新加坡)(原谱第509页)。

134. 第十八世，资本，富之子，生四子：添强、添益、木金、金荣，在叻(新加坡)(原谱第509页)。

135. 第十九世，加拿，火返之子，在马来西亚(原谱第509页)。

136. 第十九世，长珠，火返之子，在马来西亚(原谱第509页)。

137. 第十九世，万知，火返之子，在马来西亚(原谱第509页)。

138. 第十八世，艺，文泵之子，双承，生五子：顺士、玖财、清渊、清祥、顺安，在叻(新加坡)(原谱第510页)。

139. 第十九世，巨富，文转之子，生三子：祯芳、祯祥、祯荣，在吉隆坡(原谱第510页)。

140. 第十九世，成继，文转之子，生二子：祯霄、祯云，在吉隆坡(原谱第510页)。

141. 第十八世，文添，生七子：财裕、联川、友贤、金能、海滨、仲宗、清奇，在叻（新加坡）（原谱第 510 页）。

142. 第十九世，财裕，文添之子，生八子：忠达、瑞发、瑞春、瑞志、瑞生、植义、瑞坤，在叻（新加坡）（原谱第 510 页）。

143. 第十九世，联川，文添之子，生四子：同钦、俊钦、华钦、英钦，在叻（新加坡）（原谱第 510 页）。

144. 第十九世，友贤，文添之子，生五子：振福、振安、振发、振业、振吾，在叻（新加坡）（原谱第 510 页）。

145. 第十九世，金能，文添之子，生三子：敏江、敏聪、敏捷，在叻（新加坡）（原谱第 512 页）。

146. 第十九世，仲宗，文添之子，生三子：生春、阿欲、植匾，在叻（新加坡）（原谱第 512 页）。

147. 第十九世，清奇，文添之子，生三子：资男、资兴、资源，在叻（新加坡）（原谱第 512 页）。

148. 第十八世，东只，生五子：水城、秀全、两匏、两国、两元，在叻（新加坡）（原谱第 512 页）。

149. 第十九世，水城，东只之子，在叻（新加坡）（原谱第 512 页）。

150. 第十九世，秀全，东只之子，生一子呈豪，在叻（新加坡）（原谱第 512 页）。

151. 第十九世，两匏，东只之子，生二子：祥生、祥福，在叻（新加坡）（原谱第 512 页）。

152. 第十九世，两国，东只之子，生三子：秋高、秋信、秋华，在叻（新加坡）（原谱第 512 页）。

153. 第十九世，两元，东只之子，生三子：阿典、阿友、阿明，在叻（新加坡）（原谱第 512 页）。

154. 第十八世，春福，火之子，生三子：加理、加万、加元，在叻（新加坡）（原谱第 512 页）。

155. 第十八世，成竹，鸿之子，生四子：英华、英俊、英泉、英辉，在叻（新加坡）（原谱第 512 页）。

156. 第十八世，上，老之子，生七子：培智、亚安、亚泉、亚福、亚礼、亚明、亚由，在叻（新加坡）（原谱第 513 页）。

157. 第十八世，贵金，粮之子，生一子亚国，在叻（新加坡）（原谱第 513 页）。

158. 第十八世，建宁，粮之子，生三子：福气、春枝、山河，在叻（新加坡）（原谱第 513 页）。

159. 第十九世，山河，建宁之子，生二子：文华、文发，在叻（新加坡）（原谱第 513 页）。

160. 第十七世，对，然之子，生三子：水、悫、精，在叻（新加坡）（原谱第 515 页）。

161. 第十八世，水，对之子，生三子：亚鼻、阿九、来发，在叻（新加坡）（原谱第 515 页）。

162. 第十七世，虾，晋之子，生二子：喜、顶，在叻（新加坡）（原谱第 515 页）。

163. 第十九世，文和，喜之子，生四子：顺福、炳丁、江发、友发，在叻（新加坡）（原谱第 515 页）。

164. 第十八世，四池，诲之子，生二子：有福、水福，在叻（新加坡）（原谱第 516 页）。

165. 第十八世，有性，诲之子，生三子：荣坤、猪仔、水元，在叻（新加坡）（原谱第 516 页）。

166. 第十八世，大本，诲之子，生三子：金成、清标、清辉，在叻（新加坡）（原谱第 516 页）。

167. 第十八世，坂，圆之子，在叻（新加坡）（原谱第 516 页）。

168. 第十八世，鱼，圆之子，在叻（新加坡）（原谱第 516 页）。

169. 第十八世，彩，篮之子，在叻（新加坡）（原谱第 516 页）。

170. 第十八世，凤，篮之子，在叻（新加坡）（原谱第 516 页）。

171. 第十八世，文笼，篮之子，生二子：文炎、清水，在叻（新加坡）（原谱第 516 页）。

172. 第十九世，清水，文笼之子，生四子：万来、万春、福来、万都，在叻（新加坡）（原谱第 516 页）。

171. 第十八世，文钦，金濑之子，生八子：金楚、炳森、炳辉、明地、亚德、亚九、潮荣、潮淙，在叻（新加坡）（原谱第 517 页）。

172. 第十八世，出生，金铭之子，在吉隆坡（原谱第 517 页）。

173. 第十八世，荐生，金尾之子，生六子：金水、友成、友福、友兴、来发、友才，在马来西亚（原谱第517页）。

174. 第十八世，新道，泮水之子，在吉隆坡（原谱第518页）。

175. 第十八世，泵，泮水之子，在吉隆坡（原谱第518页）。

176. 第十九世，墙，热之子，在吉隆坡（原谱第518页）。

177. 第十九世，渉，热之子，在吉隆坡（原谱第518页）。

178. 第十八世，学斯，念兹之子，生四子：振玉、振德、振成、德意，在吉隆坡（原谱第518页）。

178. 第十八世，社火，晃生之子，在吉隆坡（原谱第519页）。

179. 第十八世，贵，海之子，生四子：和昌、和水、和合、和能，在叻（新加坡）（原谱第520页）。

180. 第十七世，恼，他之子，生一子安溪，在叻（新加坡）（原谱第520页）。

181. 第十七世，治，他之子，生一子水德，在叻（新加坡）（原谱第520页）。

182. 第十八世，安溪，恼之子，生二了：国兴、国成，在叻（新加坡）（原谱第520页）。

182. 第十八世，水德，治之子，生二子：阿砖、阿桶，在叻（新加坡）（原谱第520页）。

183. 第十八世，角，对之子，生一子或炎，在吉隆坡（原谱第521页）。

184. 第十七世，忠，才之子，生四子：添福、添发、添丁、溪水，在叻（新加坡）（原谱第520页）。

185. 第十六世，杭，源兴之子，生一子玉串，在叻（新加坡）（原谱第521页）。

186. 第十八世，有富，通之子，在叻（新加坡）（原谱第523页）。

187. 第十八世，清辉，宇宙之子，生二子：隆兴、锦祥，在叻（新加坡）（原谱第523页）。

188. 第十九世，隆兴，清辉之子，生六子：国安、国南、国成、国全、国华、国庆，在叻（新加坡）（原谱第523页）。

189. 第十九世，锦祥，清辉之子，生五子：水胜、水银、水金、水明、水木，在叻（新加坡）（原谱第523页）。

190. 第十六世，宗琴，清复之子，在槟城（原谱第523页）。

191. 第十六世，贵重，清柔之子，在槟城（原谱第523页）。

192. 第十六世，宗望，清程之子，在槟城（原谱第523页）。

193. 第十六世，贵重，清程之子，在槟城（原谱第523页）。

194. 第十八世，文笼，姜之子，生四子：洪兴、洪喜、土发、文垂，在叻（新加坡）（原谱第524页）。

195. 第十八世，洪喜，文笼之子，生一子炳文，在叻（新加坡）（原谱第524页）。

196. 第十八世，猴，汀之子，生二子：福成、洪英，在叻（新加坡）（原谱第525页）。

197. 第十八世，造，汀之子，生三子：金狮、金钟、金仓，在叻（新加坡）（原谱第525页）。

198. 第十八世，钧，节之子，生二子：戆、呆，在叻（新加坡）（原谱第525页）。

199. 第十八世，世，包之子，生四子：有返、有冬、有来、有进，在叻（新加坡）（原谱第525页）。

200. 第十九世，有返，世之子，在叻（新加坡）（原谱第525页）。

201. 第十九世，有冬，世之子，生四子：金端、金火、金成、金生，在叻（新加坡）（原谱第525页）。

202. 第十九世，有来，世之子，生二子：祯祥、国华，在叻（新加坡）（原谱第525页）。

203. 第十九世，清贤，檬之子，生二子：云深、民生，在叻（新加坡）（原谱第526页）。

204. 第十九世，清隐，檬之子，生三子：树仁、树平、美生，在印（印尼）（原谱第526页）。

205. 第十九世，木，檬之子，生六子：树德、树盛、树新、树阵、树国、天生，在印（印尼）（原谱第526页）。

206. 第十九世，炎，檬之子，生五子：树发、金明、春生、树川、江滨，在印（印尼）（原谱第526页）。

207. 第二十世，德明，玉建之子，生二子：瑞峰、瑞祥，在印（印尼）（原谱第527页）。

208. 第二十世，鼎盛，玉建之子，生二子：瑞生、瑞麟，在印（印尼）（原谱第 528 页）。

209. 第二十世，鼎隆，玉建之子，生三子：瑞阳、瑞南、瑞堂，在印（印尼）（原谱第 528 页）。

210. 第二十世，鼎元，玉建之子，在印（印尼）（原谱第 528 页）。

211. 第十九世，玉建，须之子，生四子：鼎元、鼎隆、鼎盛、德明，在印（印尼）（原谱第 528 页）。

212. 第十九世，玉政，贻之子，在印尼（原谱第 528 页）。

213. 第十九世，玉昭，贻之子，在印尼（原谱第 528 页）。

214. 第十九世，春田，垣之子，生二子：元林、元章，在叻（新加坡）（原谱第 528 页）。

215. 第十九世，水甲，垣之子，生二子：天发、天元，在叻（新加坡）（原谱第 528 页）。

216. 第十九世，芋，垣之子，生一子琼林，在叻（新加坡）（原谱第 528 页）。

217. 第十九世，锦树，秦之子，生二子：亚香、东成，在叻（新加坡）（原谱第 528 页）。

218. 第二十世，东成，锦树之子，生二子：景波、景辉，在叻（新加坡）（原谱第 528 页）。

219. 第十九世，鸿雄，枫之子，生五子：祥坤、火璨、天龙、木龙、金龙，在叻（新加坡）（原谱第 529 页）。

220. 第十八世，简，海之子，在叻（新加坡）（原谱第 529 页）。

221. 第十九世，端，吝之子，在叻（新加坡）（原谱第 529 页）。

222. 第十九世，辉，吝之子，在叻（新加坡）（原谱第 529 页）。

223. 第十九世，土，民之子，生二子：炳生、水生，在叻（新加坡）（原谱第 529 页）。

224. 第十九世，桃，民之子，生四子：修伟、修德、修明、修治，在叻（新加坡）（原谱第 529 页）。

225. 第十八世，有辉，咏之子，在叻（新加坡）（原谱第 530 页）。

226. 第十八世，狸，咏之子，在叻（新加坡）（原谱第 530 页）。

227. 第十八世，皮，咏之子，在叻（新加坡）（原谱第 530 页）。

228. 第十八世，迎，咏之子，在叻（新加坡）（原谱第530页）。

229. 第十八世，低，咏之子，在叻（新加坡）（原谱第530页）。

230. 第十九世，芙蓉，杞之子，生六子：清福、清泉、清城、清和、清炎、清发，在叻（新加坡）（原谱第530页）。

231. 第十九世，有财，杞之子，生四子：木金、亚德、清火、亚良，在叻（新加坡）（原谱第530页）。

232. 第十九世，双春，谈之子，生三子：炳生、水生、阿贵，在叻（新加坡）（原谱第530页）。

233. 第十九世，闯，沓之子，生六子：玉贵、天送、玉富、玉明、玉水、玉荣，在叻（新加坡）（原谱第530页）。

231. 第十八世，宝，尼姑之子，生四子：江益、文生、江福、文讲，在叻（新加坡）（原谱第531页）。

232. 第十九世，江益，宝之子，在叻（新加坡）（原谱第531页）。

233. 第十九世，文生，宝之子，生三子：德良、孝盛、孝明，在叻（新加坡）（原谱第531页）。

234. 第十九世，江福，宝之子，在叻（新加坡）（原谱第531页）。

235. 第十九世，文讲，宝之子，生一子孝先，在叻（新加坡）（原谱第531页）。

236. 第二十世，添发，田之子，生二子：宗耀、宗喜，在叻（新加坡）（原谱第531页）。

237. 第十九世，国栋，生四子：生才、生德、生钦、生培，在印尼（原谱第533页）。

238. 第十九世，文景，撰之子，在印尼（原谱第533页）。

239. 第十九世，椿，天赐之子，在印尼（原谱第534页）。

240. 第十九世，万，定华之子，在印尼（原谱第535页）。

241. 第十九世，双财，定华之子，在印尼（原谱第535页）。

242. 第十九世，双春，定华之子，在印尼（原谱第535页）。

243. 第十九世，双喜，定华之子，在印尼（原谱第535页）。

244. 第十九世，秉庭，有惠之子，在印尼（原谱第536页）。

245. 第十九世，秉玉，有惠之子，在印尼（原谱第536页）。

246. 第十九世，秉木，有庆之子，在印尼（原谱第536页）。

247. 第十九世，瑶德，良神之子，在印尼（原谱第 536 页）。

248. 第十九世，两权，范转之子，在叻（新加坡）（原谱第 537 页）。

249. 第十七世，茉莉，金井之子，生一子木春，在叻（新加坡）（原谱第 537 页）。

六、大三房碧溪公派下、梧山公之裔、敦齐——沉轩公世系(简称观山派)

1. 第十八世，川，槐之子，生二子：水河、金来，在叻（新加坡）（原谱第 541 页）。

2. 第十八世，寿，槐之子，生二子：金法、金塔，在叻（新加坡）（原谱第 541 页）。

3. 第十九世，金法，寿之子，生二子：玉成、玉山，在叻（新加坡）（原谱第 541 页）。

4. 第十九世，文依，连之子，生一子明仁，在印尼（原谱第 541 页）。

5. 第十八世，注，达之子，在印尼（原谱第 541 页）。

6. 第十八世，泉，达之子，在印尼（原谱第 541 页）。

7. 第十八世，玉，达之子，在印尼（原谱第 541 页）。

8. 第十九世，金梧，文雄之子，在印尼（原谱第 542 页）。

9. 第十九世，郁，朒之子，生一子阿贵，在叻（新加坡） （原谱第 542 页）。

10. 第十七世，火炭，权之子，生七子：德财、德昂、德明、德友、德庆、德元、文雄，在印尼（原谱第 543 页）。

11. 第十九世，承业，文雄之子，生三子：志坚、志强、志刚，在印尼（原谱第 543 页）。

12. 第十九世，福安，文虎之子，生四子：福生、福安、福全、福元，在印尼（原谱第 543 页）。

12. 第十九世，江源，清魁之子，生七子：光贵、光富、光平、光和、光前、光耀、光荣，在印尼（原谱第 544 页）。

13. 第十八世，清魁，文六之子，生七子：东升、振发、兴安、友志、友谅、友豪、江源，在印尼（原谱第 545 页）。

14. 第二十世，健强，振发之子，在印尼（原谱第 545 页）。

15. 第二十世，健康，振发之子，在印尼（原谱第545页）。

16. 第二十世，正德，友志之子，在印尼（原谱第545页）。

17. 第二十世，瑞清，友谅之子，在印尼（原谱第545页）。

18. 第十八世，文双，文不之子，生一子文庵，在叻（新加坡）（原谱第545页）。

19. 第十八世，文仁，文不之子，生一子金福，在叻（新加坡）（原谱第545页）。

20. 第二十世，再福，金福之子，生二子：亚明、亚建，在叻（新加坡）（原谱第545页）。

21. 第二十世，再兴，金福之子，生五子：美龙、亚祝、亚山、亚海、发先，在叻（新加坡）（原谱第545页）。

22. 第十八世，虑，文糠之子，生三子：天文、张、敬地，在叻（新加坡）（原谱第547页）。

23. 第二十世，振贵，水永之子，在印尼（原谱第547页）。

24. 第二十世，贵铭，水永之子，在印尼（原谱第547页）。

25. 第二十世，进国，钦维之子，在印尼（原谱第548页）。

26. 第二十世，进平，钦维之子，在印尼（原谱第548页）。

27. 第二十世，福源，瑶之子，生一子成发，在叻（新加坡）（原谱第548页）。

28. 第二十世，文乌，深之子，生五子：松全、松梅、松发、松兴、松林，在叻（新加坡）（原谱第549页）。

29. 第二十世，文烧，深之子，生五子：全南、全成、全远、全和、全发，在叻（新加坡）（原谱第549页）。

30. 第十九世，踏，员之子，生六子：火炭、永发、天助、阿成、水宝、金盾，在叻（新加坡）（原谱第550页）。

31. 第二十世，朝坤，水宝之子，生三子：建源、建全、建益，在叻（新加坡）（原谱第550页）。

32. 第十九世，长美，坤之子，生二子：明泉、温国，在叻（新加坡）（原谱第550页）。

33. 第二十世，明泉，长美之子，生二子：志龙、志明，在叻（新加坡）（原谱第550页）。

34. 第十九世，棕，达之子，生三子：延明、延依、延庆，在叻（新加坡）（原谱第552页）。

35. 第二十世，荣贤，檣之子，在印尼（原谱第553页）。

36. 第二十世，钦华，聪明之子，生一子知鲁，在印尼（原谱第553页）。

37. 第二十世，钦忠，聪明之子，在印尼（原谱第553页）。

38. 第二十世，亚木，渊士之子，生五子：福忠、明华、明吉、明扬、明发，在叻（新加坡）（原谱第555页）。

39. 第二十世，金樽，玉却之子，生四子：华梁、华栋、华国、华南，在叻（新加坡）（原谱第557页）。

40. 第二十世，新秧，玉却之子，生六子：华清、华庆、华龙、华平、华建、华安，在叻（新加坡）（原谱第557页）。

41. 第二十世，葛，从之子，生三子：老虎、青山、亚金，在叻（新加坡）（原谱第559页）。

42. 第二十世，添，从之子，在叻（新加坡）（原谱第559页）。

43. 第二十世，青山，葛之子，在叻（新加坡）（原谱第559页）。

44. 第二十世，文保，建轩之子，生八子：振宁、振才、振扬、振新、振南、振泰、振顺、振华，在叻（新加坡）（原谱第560页）。

45. 第十九世，贵子，乐之子，生六子：国川、国胜、国平、国运、国华、天兴，在印（原谱第560页）。

46. 第二十世，国川，贵子之子，生一子炳来，在印（印尼）（原谱第560页）。

47. 第二十世，国胜，贵子之子，生二子：炳会、炳璨，在印（印尼）（原谱第560页）。

48. 第二十世，国平，贵子之子，生三子：炳海、炳泉、炳源，在印（印尼）（原谱第560页）。

49. 第二十世，天兴，贵子之子，生一子新建，在印（印尼）（原谱第560页）。

50. 第二十世，衡山，在印尼（原谱第561页）。

51. 第二十世，泰山，在印尼（原谱第561页）。

52. 第二十世，嵩山，在印尼（原谱第561页）。

53. 第二十世，树连，新炭之子，在叻（新加坡）（原谱第 562 页）。

54. 第二十世，文练，阳之子，生五子：水炳、水深、水杰、水隆、水泉，在叻（新加坡）（原谱第 562 页）。

55. 第二十世，再贤，文培之子，在印尼（原谱第 562 页）。

56. 第二十世，再添，文培之子，在印尼（原谱第 562 页）。

57. 第二十世，再河，文培之子，在印尼（原谱第 562 页）。

58. 第二十世，再成，文培之子，在印尼（原谱第 562 页）。

59. 第二十二世，清海，新民之子，在印尼（原谱第 563 页）。

60. 第二十二世，清安，新民之子，在印尼（原谱第 563 页）。

61. 第二十二世，清山，新民之子，在印尼（原谱第 563 页）。

62. 第二十二世，清华，新民之子，在印尼（原谱第 563 页）。

63. 第二十世，新禄，庆隆之子，在印尼（原谱第 564 页）。

64. 第二十世，清潭，水透之子，生一子玉宝，在印尼（原谱第 566 页）。

65. 第二十世，玉宝，清潭之子，在叻（新加坡）（原谱第 566 页）。

66. 第二十世，来兴，本之子，连金、连发、旦发、三德、得利、池，在叻（新加坡）（原谱第 566 页）。

67. 第十八世，本欣，陟之子，生三子：本兴、本源、本欣，在叻（新加坡）（原谱第 568 页）。

68. 第十八世，本兴，陟之子，生二子：文清、芳扬，在叻（新加坡）（原谱第 568 页）。

69. 第十九世，文清，本兴之子，生一子：水生，在叻（新加坡）（原谱第 568 页）。

70. 第十九世，芳扬，本兴之子，生二子：光辉、明福，在叻（新加坡）（原谱第 568 页）。

71. 第十九世，美德，本欣之子，生三子：有西、有利、有成，在叻（新加坡）（原谱第 568 页）。

七、大三房碧溪公派下、梧山公之裔、敦齐——简轩公世系（简称后沟派）

1. 第十九世，洪彦，晟梯之子，生四子：植进、植忠、植达、植佳，在叻（新加坡）（原谱第 586 页）。

2. 第十九世，洪好，晟梯之子，生二子：植庆、植添，在叻（新加坡）（原谱第 586 页）。

3. 第十九世，洪渐，晟梯之子，生五子：植运、植信、植仁、植宝、植吉，在叻（新加坡）（原谱第 586 页）。

4. 第十九世，洪志，晟梯之子，生四子：植发、植良、植建、植伟，在叻（新加坡）（原谱第 587 页）。

5. 第十九世，洪华，晟梯之子，生二子：植光、植富，在叻（新加坡）（原谱第 587 页）。

6. 第十九世，昂，千之子，生三子：清元、江泉、丙丁，在叻（新加坡）（原谱第 588 页）。

7. 第十九世，江海，文有之子，生九子：添万、添胡、添进、添益、添明、添德、添成、添福、添源，在叻（新加坡）（原谱第 590 页）。

8. 第十九世，赤，文有之子，生三子：水池、秀全、树枝，在叻（新加坡）（原谱第 590 页）。

9. 第十九世，金流，文有之子，生三子：荣利、荣顺、荣芳，在叻（新加坡）（原谱第 590 页）。

10. 第十九世，维海，绒之子，生二子：旺、振发，在叻（新加坡）（原谱第 592 页）。

11. 第十九世，文楼，交乞之子，生四子：志扬、志华、连枝、连春，在叻（新加坡）（原谱第 592 页）。

12. 第十九世，水池，交乞之子，生二子：丰发、添丁，在叻（新加坡）（原谱第 593 页）。

13. 第十九世，水锦，交乞之子，生六子：宝来、宝成、宝山、木全、福寿、寥福，在叻（新加坡）（原谱第 593 页）。

14. 第十九世，荣源，交乞之子，生二子：添兴、添才，在叻（新加坡）（原谱第 593 页）。

15. 第十九世，水龙，交乞之子，生二子：火旺、南兴，在叻（新加坡）（原谱第 593 页）。

16. 第十八世，交乞，盼之子，生五子：水龙、荣源、水锦、水池、文楼，在叻（新加坡）（原谱第 593 页）。

17. 第十七世，鍊，金钗之子，生三子：火盛、水佳、贵生，在叻（新加坡）（原谱第593页）。

18. 第十八世，火盛，鍊之子，生二子：经义、经田，在叻（新加坡）（原谱第593页）。

19. 第十八世，水佳，鍊之子，生三子：锦山、锦顺、锦钟，在叻（新加坡）（原谱第593页）。

20. 第十八世，贵生，鍊之子，生五子：清木、清来、阿枝、清理、金招，在叻（新加坡）（原谱第594页）。

21. 第十七世，亦，金钗之子，生二子：文石、水深，在叻（新加坡）（原谱第594页）。

22. 第十八世，文石，亦之子，生三子：宗成、文芳、文成，在叻（新加坡）（原谱第594页）。

23. 第十八世，水深，亦之子，生一子贤才，在叻（新加坡）（原谱第594页）。

24. 第十七世，成宗，粮之子，在叻（新加坡）（原谱第595页）。

25. 第十九世，豆查，新黎之子，生四子：亚木、屋、乌番、木笑，在叻（新加坡）（原谱第598页）。

26. 第二十世，亚木，豆查之子，生四子：春兴、春福、春发、春成，在叻（新加坡）（原谱第598页）。

27. 第二十世，屋，豆查之子，生三子：土成、宝明、添泉，在叻（新加坡）（原谱第598页）。

28. 第二十世，乌番，豆查之子，生一子阿拄：春兴、春福、春发、春成，在叻（新加坡）（原谱第598页）。

29. 第二十世，木笑，豆查之子，生三子：天河、天泉、全美，在叻（新加坡）（原谱第598页）。

30. 第二十世，大川，共乳之子，生一子俊德，在印尼（原谱第599页）。

31. 第二十世，文荣，共乳之子，在印尼（原谱第599页）。

32. 第十七世，拱槐，缀之子，往南洋（原谱第602页）。

33. 第二十世，培成，清溪之子，在印尼亚沙汗（原谱第603页）。

34. 第二十世，培田，清溪之子，在印尼亚沙汗（原谱第603页）。

35. 第十九世，坏，维罴之子，生二子：水木、振添，在叻（新加坡）（原谱第 603 页）。

36. 第十八世，苏秦，贤之子，往印尼（原谱第 606 页）。

37. 第十八世，润泽，贤之子，往印尼（原谱第 606 页）。

38. 第十八世，若仁，贤之子，往印尼（原谱第 606 页）。

39. 第十九世，添水，先之子，生五子：泉兴、连兴、春发、明发、兴发，在叻（新加坡）（原谱第 608 页）。

40. 第十九世，能春，荣之子，生一子礼彬，在叻（新加坡）（原谱第 608 页）。

41. 第十九世，能宽，荣之子，生三子：进华、进成、进吉，在叻（新加坡）（原谱第 608 页）。

42. 第二十世，生，金随之子，在叻（新加坡）（原谱第 609 页）。

43. 第二十二世，江河，永生之子，生一子国良，在叻（新加坡）（原谱第 619 页）。

44. 第二十二世，阿铿，永生之子，生二了：福强、福才，在叻（新加坡）（原谱第 619 页）。

45. 第二十世，建置，使之子，生三子火库、木春、水生，在叻（新加坡）（原谱第 620 页）。

46. 第十九世，正，生四子：金顺、金荣、新火、调和，在叻（新加坡）（原谱第 622 页）。

47. 第二十世，芙蓉，奇之子，在印尼（原谱第 624 页）。

48. 第二十世，斧，奇之子，在印尼（原谱第 624 页）。

49. 第十九世，振贵，秋来之子，生二子：坑波、梅树，在叻（新加坡）（原谱第 624 页）。

50. 第二十世，坑波，振贵之子，生六子：炳明、炳华、炳福、炳源、炳煌、炳良，在叻（新加坡）（原谱第 624 页）。

51. 第二十世，梅树，振贵之子，生四子：成丰、成吉、荣昌、炳成，在叻（新加坡）（原谱第 624 页）。

52. 第十九世，水烈，秋来之子，生三子：国良、国钟、泉盆，在叻（新加坡）（原谱第 625 页）。

53. 第二十一世，敬德，弯之子，在印尼（原谱第 625 页）。

54. 第二十世，长流，梯之子，生四子：良美、良喜、良性、阿买，在叻（新加坡）（原谱第627页）。

55. 第二十一世，助成，水冷之子，生一子长存，在叻（新加坡）（原谱第627页）。

56. 第二十世，来，宽之子，在印尼（原谱第628页）。

57. 第十八世，慈，罗通之子，在菲律宾（原谱第630页）。

58. 第十八世，璨，男儿之子，在菲律宾（原谱第630页）。

59. 第十八世，驾，祖之子，在菲律宾（原谱第631页）。

56. 第十八世，浸，骑之子，在印尼（原谱第634页）。

57. 第十九世，松柏，汉之子，在印尼（原谱第634页）。

58. 第十九世，振昌，引伸之子，生二子：建全、建美，在叻（新加坡）（原谱第635页）。

59. 第二十世，建美，振昌之子，生一子伟材，在叻（新加坡）（原谱第635页）。

60. 第十九世，越，锦之子，在吉隆坡（原谱第635页）。

61. 第十九世，海鱼，系之子，生四子：成国、成川、万发、文奄，在叻（新加坡）（原谱第636页）。

62. 第二十世，涵，毛之子，在叻（新加坡）（原谱第636页）。

63. 第二十世，犬首，炎之子，在印尼（原谱第637页）。

64. 第二十世，坝，炎之子，在印尼（原谱第637页）。

65. 第十九世，山林，江河之子，生四子：福水、梅根、水生、梅贵，在叻（新加坡）（原谱第638页）。

66. 第十九世，印，堆之子，生一子桂复，在叻（新加坡） （原谱第638页）。

67. 第十九世，涂，场之子，生五子：进南、进桂、进池、进礼、进宝，在叻（新加坡）（原谱第638页）。

68. 第二十世，金土，兔之子，生六子：锦坤、锦耀、锦芳、锦生、锦裕、锦全，在叻（新加坡）（原谱第639页）。

69. 第十八世，何，省之子，生四子：连络、连营、四枝、金水，在叻（新加坡）（原谱第640页）。

70. 第十九世，连络，何之子，在叻（新加坡）（原谱第640页）。

71. 第十九世，连营，何之子，生三子：池、阿来、合送，在叻（新加坡）（原谱第640页）。

72. 第十九世，四枝，何之子，生五子：建财、文义、建友、森贵、森隆，在叻（新加坡）（原谱第640页）。

73. 第十九世，金水，何之子，在叻（新加坡）（原谱第640页）。

74. 第十八世，火，伍之子，生四子：万田、万钧、万玉、万紫，在叻（新加坡）（原谱第641页）。

75. 第十九世，添送，明珠之子，生二子：在发、春兴，在叻（新加坡）（原谱第641页）。

76. 第十八世，泵，晓之子，在叻（新加坡）（原谱第641页）。

77. 第十八世，降，老之子，在叻（新加坡）（原谱第642页）。

78. 第十九世，文浩，如谵之子，生四子：清吉、金水、溪添、溪濑，在叻（新加坡）（原谱第648页）。

79. 第十七世，丙，连柿之子，在菲律宾（原谱第655页）。

80. 第十七世，欃，连柿之子，在菲律宾（原谱第655页）。

81. 第二十世，红毛，火切之子，生三子：聪权、聪群、聪月，在叻（新加坡）（原谱第655页）。

82. 第二十世，植生，五南之子，生六子：德华、荣权、荣龙、荣良、丰春、维新，在叻（新加坡）（原谱第655页）。

83. 第十八世，北海，蕉之子，在菲律宾（原谱第656页）。

84. 第十九世，良贼，尧之子，在叻（新加坡）（原谱第656页）。

85. 第十八世，磷敏，光镇之子，在马来西亚（原谱第658页）。

86. 第十九世，太清，麟瑞之子，在印尼（原谱第658页）。

87. 第十九世，太充，麟瑞之子，在印尼（原谱第658页）。

88. 第十九世，百锟，麟瑞之子，在印尼（原谱第658页）。

89. 第十九世，太湖，麟瑞之子，生二子：志成、志贤，在印尼（原谱第658页）。

90. 第十九世，百坤，麟书之子，生二子：志义、志信，在印尼（原谱第658页）。

91. 第十八世，天星，文簪之子，生一子进达，在印尼（原谱第659页）。

86. 第十八世，福临，标之子，生九子俱在马来西亚（原谱第660页）。

87. 第十九世，辉鹏，丕扬之子，生二子：木仁、贵仁，在叻（新加坡）（原谱第660页）。

88. 第十九世，墙，金练之子，生五子：振辉、振旺、振美、振华、振强，在叻（新加坡）（原谱第660页）。

89. 第十八世，金相，文挽之子，生五子：维厥、维德、维藩、维志、维新，在叻（新加坡）（原谱第661页）。

90. 第二十世，植绒，洪琳之子，在缅甸（原谱第661页）。

91. 第十九世，洪炮，嘉添之子，在叻（新加坡）（原谱第662页）。

92. 第十九世，洪钧，嘉添之子，在印尼（原谱第662页）。

93. 第十九世，旺来，润泽之子，生二子：金清、金水，在叻（新加坡）（原谱第662页）。

94. 第十九世，万兴，佛之子，在印尼（原谱第662页）。

95. 第十九世，万宝，佛之子，在印尼（原谱第662页）。

96. 第十九世，万泰，佛之子，在印尼（原谱第662页）。

97. 第十九世，万安，佛之子，在印尼（原谱第662页）。

98. 第十八世，文树，千之子，生三子：金发、金城、洪彬，在叻（新加坡）（原谱第663页）。

99. 第十九世，金发，文树之子，生四子：永发、永辉、永利、永福，在叻（新加坡）（原谱第663页）。

100. 第十九世，金城，文树之子，生五子：振龙、振能、振兴、振华、振载，在叻（新加坡）（原谱第663页）。

101. 第十九世，洪彬，文树之子，生五子：永生、永山、永吉、湧泉、阿礼，在叻（新加坡）（原谱第663页）。

102. 第十八世，办，笋之子，生三子：亚培、甲乙、鍊，在叻（新加坡）（原谱第664页）。

103. 第十八世，烧，笋之子，生四子：加荣、加辉、加成、乌，在叻（新加坡）（原谱第664页）。

104. 第十八世，劳，笋之子，在叻（新加坡）（原谱第664页）。

105. 第十九世，乌，烧之子，生二子：瑞德、瑞发，在叻（新加坡）

（原谱第 664 页）。

106. 第十九世，加成，烧之子，生五子：永望、永源、永和、永来、永发，在叻（新加坡）（原谱第 664 页）。

107. 第十九世，加辉，烧之子，生三子：永泉、永义、永南，在叻（新加坡）（原谱第 664 页）。

108. 第十九世，加荣，烧之子，生二子：水建、水强，在叻（新加坡）（原谱第 664 页）。

109. 第十八世，塔，水之子，在印尼（原谱第 664 页）。

110. 第十九世，玉串，分之子，在印尼（原谱第 664 页）。

111. 第十九世，星木，盆之子，在印尼（原谱第 664 页）。

112. 第十八世，摇，摸之子，在叻（新加坡）（原谱第 668 页）。

113. 第十八世，蚌，摸之子，在叻（新加坡）（原谱第 668 页）。

114. 第十九世，清坚，凡之子，生三子：木华、胜福、胜利在叻（新加坡）（原谱第 668 页）。

115. 第十七世，橡，儒之子，生二子：志仲、志华，在叻（新加坡）（原谱第 669 页）。

116. 第十八世，志仲，橡之子，在叻（新加坡）（原谱第 669 页）。

117. 第十八世，志华，橡之子，生三子：金元、金生、金福，在叻（新加坡）（原谱第 669 页）。

118. 第二十世，永祥，渊英之子，生六子：添文、添生、添良、添财、添蓬、金龙，在吉隆坡（原谱第 670 页）。

119. 第十九世，福星，东洋之子，在吉隆坡（原谱第 672 页）。

120. 第十八世，坛，水之子，在叻（新加坡）（原谱第 673 页）。

121. 第十八世，杨，乙之子，生四子：清美、金锡、清蛏、清友，在叻（新加坡）（原谱第 673 页）。

122. 第十八世，金溪，金叶之子，生三子：鸿龙、鸿飞、狮鼻，在叻（新加坡）（原谱第 674 页）。

123. 第十九世，鸿飞，金溪之子，在叻（新加坡）（原谱第 674 页）。

124. 第十八世，弄，金铜之子，生三子：猪、荣、贡，在叻（新加坡）（原谱第 674 页）。

125. 第十八世，活，金铜之子，生一子清土，在叻（新加坡）（原谱第 674 页)。

126. 第十八世，秉锦，田岸之子，在印尼(原谱第 675 页)。

127. 第十七世，玉明，水奢之子，在叻(新加坡)(原谱第 677 页)。

128. 第十七世，泮，铁之子，生二子：金莲、金法，在叻(新加坡)(原谱第 678 页)。

129. 第十八世，金法，泮之子，生一子阿辉，在叻(新加坡)(原谱第 678 页)。

130. 第十七世，玉生，越之子，在叻(新加坡)(原谱第 680 页)。

131. 第十八世，万河，清兴之子，在印尼(原谱第 680 页)。

132. 第十八世，万江，清兴之子，在印尼(原谱第 680 页)。

133. 第十八世，万泉，清兴之子，在印尼(原谱第 680 页)。

134. 第十八世，万水，清兴之子，在印尼(原谱第 680 页)。

135. 第十七世，样，春之子，生三子：沛然、源泉、活，在叻(新加坡)(原谱第 681 页)。

136. 第十八世，富，辽之子，生一子秀，在叻(新加坡) (原谱第 681 页)。

137. 第十九世，秀，富之子，生二子：永利、永德，在叻(新加坡)(原谱第 681 页)。

138. 第十八世，洋，美之子，生四子：鸿文、鸿玉、鸿春、鸿地，在叻(新加坡)(原谱第 682 页)。

139. 第十九世，鸿文，洋之子，生一子政熙，在叻(新加坡)(原谱第 682 页)。

140. 第十九世，鸿玉，洋之子，生一子荣基，在叻(新加坡)(原谱第 682 页)。

141. 第十九世，鸿春，洋之子，生二子：忠义、忠贤，在叻(新加坡)(原谱第 682 页)。

142. 第十九世，鸿地，洋之子，生三子：莲明、莲才、莲根，在叻(新加坡)(原谱第 682 页)。

143. 第十七世，石，卜之子，生三子：木水、溪水、文固，在叻(新加坡)(原谱第 682 页)。

144. 第十八世，木水，石之子，生五子：宝华、宝端、宝宽、宝胜、宝辉，在叻（新加坡）（原谱第 682 页）。

145. 第十八世，溪水，石之子，生二子：荣祥、荣才，在叻（新加坡）（原谱第 682 页）。

146. 第十八世，文固，石之子，生四子：阿椰、阿春、阿燉、清华，在叻（新加坡）（原谱第 682 页）。

144. 第十八世，皆在，熊狮之子，生二子：金木、清吉，在叻（新加坡）（原谱第 683 页）。

144. 第十八世，慷慨，熊狮之子，生二子：头、悥，在叻（新加坡）（原谱第 683 页）。

145. 第十九世，金木，皆在之子，生二子：阿池、火星，在叻（新加坡）（原谱第 683 页）。

146. 第十九世，清吉，皆在之子，生二子：振辉、振修、振发、振忠，在叻（新加坡）（原谱第 683 页）。

147. 第十九世，头，慷慨之子，生二子：阿红、火生，在叻（新加坡）（原谱第 683 页）。

148. 第十九世，悥，慷慨之子，生四子：振辉、振中、振发、振秋，在叻（新加坡）（原谱第 683 页）。

149. 第十七世，朝为，琼之子，在缅甸（原谱第 683 页）。

150. 第十六世，亲，新佑之子，生二子：星来、来发，在叻（新加坡）（原谱第 686 页）。

151. 第十七世，星来，亲之子，生四子：春利、春金、春成、春福，在叻（新加坡）（原谱第 686 页）。

152. 第十七世，来发，亲之子，生三子：用权、状元、才喜，在叻（新加坡）（原谱第 686 页）。

153. 第十七世，金梓，文之子，生五子：联平、联利、联福、联均、联海，在叻（新加坡）（原谱第 688 页）。

八、大三房碧溪公派下、梧山公之裔、敦齐——爱田公世系(简称下寨脚)

1. 第十八世，团，通之子，在南洋（原谱第 707 页）。

2. 第十七世，金蛏，俊之子，在叻（新加坡）（原谱第 708 页）。

3. 第十八世，根全，金钗之子，在叻（新加坡）（原谱第708页）。

4. 第十八世，根枝，金钗之子，在叻（新加坡）（原谱第708页）。

5. 第十九世，清泉，雅前之子，在叻（新加坡）（原谱第709页）。

6. 第十八世，清潭，新城之子，生二子：和根、和尚，在叻（新加坡）（原谱第709页）。

7. 第十九世，和根，清潭之子，生四子：春兴、春财、春生、金春，在叻（新加坡）（原谱第709页）。

8. 第十九世，和尚，清潭之子，生三子：南顺、南清、南兴，在叻（新加坡）（原谱第709页）。

9. 第十九世，华玉，仕池之子，生一子国平，在叻（新加坡）（原谱第709页）。

10. 第十九世，华和，仕池之子，生五子：振添、振明、振光、振利、振忠，在叻（新加坡）（原谱第709页）。

11. 第十八世，水锦，新城之子，生四子：联福、联修、联定、联登，在叻（新加坡）（原谱第710页）。

12. 第十八世，清木，新城之子，生三子：玉成、金山、年池，在叻（新加坡）（原谱第710页）。

13. 第十九世，联福，水锦之子，生二子：铭川、铭森，在叻（新加坡）（原谱第710页）。

14. 第十九世，联修，水锦之子，生三子：明春、明艺、明恩，在叻（新加坡）（原谱第710页）。

15. 第十九世，联定，水锦之子，生二子：圣源、光辉，在叻（新加坡）（原谱第710页）。

16. 第十九世，联登，水锦之子，生七子：庆春、庆丰、庆总、庆扬、安庆、庆文、庆初，在叻（新加坡）（原谱第710页）。

17. 第十九世，玉成，清木之子，在叻（新加坡）（原谱第710页）。

18. 第十九世，金山，清木之子，在叻（新加坡）（原谱第710页）。

19. 第十九世，年池，清木之子，在叻（新加坡）（原谱第710页）。

20. 第十九世，庆团，天注之子，在菲律宾（原谱第711页）。

21. 第十八世，全成，新练之子，在槟城（原谱第711页）。

22. 第十七世，新章，文沙之子，在叻（新加坡）（原谱第712页）。

23. 第十八世，全富，新镇之子，生三子：德建、德根、德明，在叻（新加坡）（原谱第712页）。

24. 第十八世，全发，新镇之子，生一子全德，在叻（新加坡）（原谱第712页）。

25. 第十八世，秀攀，新炳之子，生五子：美发、桂洲、荣和、桂生、桂铭，在叻（新加坡）（原谱第712页）。

26. 第十八世，坤珠，新炳之子，生三子：华民、春生、桂川，在叻（新加坡）（原谱第712页）。

27. 第十八世，雅瑞，新炳之子，生六子：桂南、桂洋、桂清、桂池、桂标、桂成，在叻（新加坡）（原谱第712页）。

28. 第十九世，桂南，雅瑞之子，在叻（新加坡）（原谱第712页）。

29. 第十九世，桂洋，雅瑞之子，生一子成业，在叻（新加坡）（原谱第712页）。

30. 第十九世，桂清，雅瑞之子，生二子宏温、德温，在叻（新加坡）（原谱第712页）。

31. 第十九世，桂池，雅瑞之子，生二子：宏志、大卫，在叻（新加坡）（原谱第712页）。

32. 第十九世，桂标，雅瑞之子，生二子：建顺、建德，在叻（新加坡）（原谱第712页）。

33. 第十七世，闽，水之子，生五子：来添、来全、来春、来发、来成，在叻（新加坡）（原谱第713页）。

33. 第十八世，来发，闽之子，生一子见喜，在叻（新加坡）（原谱第713页）。

34. 第十八世，来成，闽之子，生一子志强，在叻（新加坡）（原谱第713页）。

35. 第十七世，于才，盾之子，生四子：添来、添真、添发、添兴，在叻（新加坡）（原谱第713页）。

36. 第十八世，添来，于才之子，生一子志良，在叻（新加坡）（原谱第713页）。

37. 第十八世，添真，于才之子，在叻（新加坡）（原谱第713页）。

38. 第十八世，添发，于才之子，生三子：炳祥、炳成、建成，在叻

（新加坡）（原谱第 713 页）。

39. 第十八世，添兴，于才之子，生六子：松记、松标、明强、明福、明成、阿明，在叻（新加坡）（原谱第 713 页）。

40. 第十七世，文富，金田之子，在缅甸（原谱第 714 页）。

41. 第十七世，扁性，玉书之子，在缅甸（原谱第 714 页）。

42. 第十八世，春国，波之子，在叻（新加坡）（原谱第 715 页）。

43. 第十七世，宙春，真珠之子，生三子：有土、裁荣、裁瑶，在叻（新加坡）（原谱第 717 页）。

44. 第十七世，春长，真珠之子，生五子：通成、通木、水生、华成、水发，在叻（新加坡）（原谱第 717 页）。

45. 第十九世，福气，文买之子，在叻（新加坡）（原谱第 718 页）。

46. 第十九世，树水，海之子，生六子：桂福、桂钦、桂枝、桂林、桂松、清城，在叻（新加坡）（原谱第 719 页）。

47. 第十九世，树头，海之子，生四子：聪可、振裕、振发、振成，在叻（新加坡）（原谱第 719 页）。

48. 第十八世，水龙，燕兵之子，生一子金生，在叻（新加坡）（原谱第 720 页）。

49. 第十九世，忠诚，金送之子，生五子：志刚、志谦、志群、志强、志气，在叻（新加坡）（原谱第 720 页）。

50. 第十九世，福来，金送之子，生三子：民庆、民德、民贵，在叻（新加坡）（原谱第 721 页）。

51. 第十八世，金送，意之子，生六子：忠发、忠平、忠和、福财、福来、忠诚，在叻（新加坡）（原谱第 721 页）。

52. 第十九世，谦梅，流之子，生四子：福发、荣坤、荣盛、荣发，在叻（新加坡）（原谱第 721 页）。

53. 第十八世，炮，钳之子，生三子：树眉、树为、树林，在叻（新加坡）（原谱第 721 页）。

54. 第十九世，树眉，炮之子，生五子：国兴、国良、坤华、坤兴、仪礼，在叻（新加坡）（原谱第 721 页）。

55. 第十九世，树为，井之子，生三子：亚胜、亚分、亚利，在叻（新加坡）（原谱第 722 页）。

56. 第十八世，支宗，江汉之子，在叻（新加坡）（原谱第723页）。

57. 第十八世，朝觐，裔之子，在叻（新加坡）（原谱第723页）。

58. 第十八世，春发，炎德之子，生二子：天注、泗海，在叻（新加坡）（原谱第726页）。

59. 第十八世，春凸，炎德之子，生五子：泗才、振芳、泗池、泗河、泗山，在叻（新加坡）（原谱第726页）。

60. 第十七世，溢，玉衷之子，在叻（新加坡）（原谱第726页）。

61. 第十七世，镇，玉厥之子，生一子怀泽，在印尼（原谱第727页）。

62. 第十八世，国治，淼之子，在印尼（原谱第727页）。

63. 第十八世，传凤，南之子，在印尼（原谱第727页）。

64. 第十八世，传龙，南之子，生一子益华，在印尼（原谱第727页）。

65. 第十八世，振楚，禄之子，生一子鸿照，在印尼（原谱第728页）。

66. 第十八世，振添，禄之子，生四子：应贞、应页、应璋、绵瑞，在印尼（原谱第728页）。

67. 第十八世，赞成，树之子，生二子：志达、志敏，在印尼（原谱第728页）。

68. 第十八世，荣闹，串之子，生二子：忠胜、忠源，在印尼（原谱第728页）。

69. 第十八世，荣华，串之子，在印尼（原谱第728页）。

70. 第十八世，资基，悦之子，在印尼（原谱第729页）。

71. 第十七世，景嵩，水性之子，生四子：建东、建西、建南、建北，在印尼（原谱第729页）。

72. 第十七世，萍洲，水性之子，生二子：怀明、怀清，在印尼（原谱第730页）。

73. 第十七世，协，博之子，生三子：清福、清赞、炎义，在印尼（原谱第730页）。

74. 第十七世，宗保，得利之子，在叻（新加坡）（原谱第731页）。

75. 第十九世，水连，悟之子，在印尼（原谱第735页）。

76. 第十八世，六，出之子，在马来西亚（原谱第735页）。

77. 第十九世，文藤，土之子，生三子：阿华、阿撻、贵枝，在马来西亚（原谱第733页）。

78. 第二十世，阿华，文藤之子，在吉隆坡（原谱第733页）。

79. 第十九世，联登，郎之子，生三子：顶敦、石城、顶忠，在缅甸（原谱第733页）。

80. 第十九世，埔，牡丹之子，生一子荣南，在吉隆坡（原谱第734页）。

81. 第十九世，枝，及之子，生二子：坊墉、坊塔，在印尼（原谱第734页）。

82. 第二十世，坊墉，枝之子，生二子：锦标、锦州，在吉隆坡（原谱第734页）。

83. 第二十世，坊塔，枝之子，生一子重庆，在叻（新加坡）（原谱第734页）。

84. 第十八世，瑞，兆福之子，在叻（新加坡）（原谱第735页）。

85. 第十八世，秋冬，良之子，在印尼（原谱第737页）。

86. 第十八世，珠球，义之子，在叻（新加坡）（原谱第738页）。

87. 第十七世，福生，显之子，生一子德法，在叻（新加坡）（原谱第739页）。

88. 第十八世，来兴，田之子，生五子：进发、亚礼、亚珠、亚玖、亚金，在叻（新加坡）（原谱第740页）。

89. 第十七世，环，明之子，在印尼（原谱第740页）。

90. 第十七世，清辉，猴之子，在印尼（原谱第741页）。

91. 第十九世，来成，千之子，生一子水吉，在叻（新加坡）（原谱第741页）。

92. 第二十世，水吉，来成之子，生三子：鉀、清德、坤明，在叻（新加坡）（原谱第741页）。

93. 第十八世，千，文广之子，生三子：琴、过枝、来成，在叻（新加坡）（原谱第742页）。

94. 第十九世，过枝，千之子，生五子：亚铁、亚礼、和全、岸、挺，在叻（新加坡）（原谱第742页）。

95. 第二十世，根旺，琴之子，生三子：春年、春利、春成，在叻（新加坡）（原谱第742页）。

96. 第十八世，吝，乌洋之子，生三子：福连、福火、福志，在吉隆坡（原谱第745页）。

97. 第十八世，红毛，文琴之子，生五子：建业、建兴、建发、建德、建国，在吉隆坡（原谱第745页）。

98. 第十八世，青龙，文琴之子，生五子：阿成、江林、建中、建利、建元，在叻（新加坡）（原谱第745页）。

99. 第十八世，潭，真之子，生二子：金发、金俊，在叻（新加坡）（原谱第747页）。

100. 第十八世，成勤，添丁之子，生三子：朝荣、朝福、朝升，在叻（新加坡）（原谱第748页）。

101. 第十八世，火煅，添丁之子，生四子：连源、连发、连枝、连贵，在叻（新加坡）（原谱第748页）。

102. 第十八世，营丰，添丁之子，生三子：先友、先合、先知，在叻（新加坡）（原谱第748页）。

103. 第十八世，团兴，添丁之子，生六子：承业、坚明、承春、承美、草生、草籐，在叻（新加坡）（原谱第748页）。

104. 第十八世，瑞宝，得意之子，生二子：湖成、火城，在叻（新加坡）（原谱第748页）。

105. 第十八世，炳团，得意之了，生一子养成，在叻（新加坡）（原谱第748页）。

106. 第十九世，德建，炳煌之子，在吉隆坡（原谱第749页）。

107. 第十八世，金塔，参之子，生四子：阿铅、草成、清稻、清火，在叻（新加坡）（原谱第749页）。

108. 第十七世，参，文必之子，生三子：金成、金福、金塔，在叻（新加坡）（原谱第750页）。

109. 第十七世，莉，文必之子，在吉隆坡（原谱第750页）。

110. 第十七世，四川，文剑之子，生五子：永辉、永才、永协、永泉、永昌，在印尼（原谱第750页）。

111. 第十七世，文圆，文仁之子，生二子：金才、金土，在叻（新加坡）（原谱第751页）。

112. 第十八世，清参，有德之子，在叻（新加坡）（原谱第752页）。

113. 第十八世，振坤，有德之子，在叻（新加坡）（原谱第752页）。

114. 第十八世，福林，有德之子，在叻（新加坡）（原谱第752页）。

115. 第十七世，镇，文浩之子，在叻（新加坡）（原谱第752页）。

116. 第十七世，城，文浩之子，在叻（新加坡）（原谱第752页）。

117. 第十七世，柏，文浩之子，在叻（新加坡）（原谱第752页）。

118. 第十七世，金炉，分之子，在印尼（原谱第753页）。

119. 第十七世，金火，分之子，在印尼（原谱第753页）。

120. 第十七世，金钟，宗之子，在印尼（原谱第753页）。

121. 第十七世，金圆，宗之子，在印尼（原谱第753页）。

122. 第十七世，溪泉，福元之子，在叻（新加坡）（原谱第754页）。

123. 第十七世，加添，默之子，在叻（新加坡）（原谱第754页）。

124. 第十七世，水南，默之子，在叻（新加坡）（原谱第754页）。

125. 第十五世，永，密之子，生一子祥瑞，在叻（新加坡）（原谱第755页）。

126. 第十六世，祥瑞，永之子，生四子：清土、清合、南生、海水，在叻（新加坡）（原谱第755页）。

127. 第十七世，清土，祥瑞之子，生一子添河，在叻（新加坡）（原谱第755页）。

128. 第十七世，清合，祥瑞之子，生六子：文青、文发、江龙、江河、文忠、江源，在叻（新加坡）（原谱第755页）。

129. 第十七世，南生，祥瑞之子，生五子：木才、木贵、木池、木钦、木泉，在叻（新加坡）（原谱第755页）。

130. 第十七世，海水，祥瑞之子，生二子：福发、福泉，在叻（新加坡）（原谱第755页）。

131. 第十六世，水源，剥之子，生四子：金赐、赐金、金交、金墙，在叻（新加坡）（原谱第756页）。

132. 第十七世，金赐，水源之子，生一子耽杰，在叻（新加坡）（原谱第756页）。

133. 第十七世，金交，水源之子，生六子：合泉、海泉、春兴、泉益、通泉、通益，在叻（新加坡）（原谱第756页）。

134. 第十七世，金墙，水源之子，生五子：万发、万和、万兴、通河、通兴，在叻（新加坡）（原谱第756页）。

135. 第十六世，宗庚，水莉之子，生二子：清泉、清枝，在缅甸（原谱第756页）。

136. 第十六世，玉和，劫之子，在叻（新加坡）（原谱第757页）。

137. 第十六世，水源，剥之子，在叻（新加坡）（原谱第757页）。

138. 第十八世，送，让之子，在叻（新加坡）（原谱第757页）。

139. 第十九世，同，寅之子，往泰国（原谱第758页）。

140. 第十八世，贱，三之子，生三子：财丁、生财、玉进，在叻（新加坡）（原谱第761页）。

142. 第十九世，财丁，贱之子，生四子：宝海、宝川、宝兴、水金，在叻（新加坡）（原谱第761页）。

143. 第十九世，生财，贱之子，生八子：国义、国联、国盛、国安、宝兴、宝丰、宝良、宝山，在叻（新加坡）（原谱第761页）。

144. 第十九世，玉进，贱之子，生五子：宝成、宝南、宝华、宝利、宝顺，在叻（新加坡）（原谱第761页）。

145. 第十八世，玉聪，侃之子，生一子田，在叻（新加坡）（原谱第763页）。

146. 第十九世，田，玉聪之子，生三子：亚水、爱莲、金九，在叻（新加坡）（原谱第763页）。

147. 第十八世，阔咀，边之子，生二子：聚发、亚龙，在叻（新加坡）（原谱第768页）。

148. 第十八世，潭，边之子，生二子：德兴、德和，在叻（新加坡）（原谱第768页）。

149. 第十八世，悦，边之子，生一子金吉，在叻（新加坡）（原谱第768页）。

150. 第十九世，金吉，悦之子，在叻（新加坡）（原谱第768页）。

151. 第十八世，有亮，居之子，在叻（新加坡）（原谱第770页）。

152. 第十七世，川流，胜之子，在叻（新加坡）（原谱第772页）。

153. 第十八世，来传，清河之子，在印尼（原谱第772页）。

154. 第十九世，鸿武，坂镇之子，在印尼（原谱第 772 页）。

155. 第十九世，鸿文，坂镇之子，在印尼（原谱第 772 页）。

156. 第十九世，鸿元，坂镇之子，在印尼（原谱第 772 页）。

157. 第十九世，鸿照，坂镇之子，在印尼（原谱第 772 页）。

158. 第十八世，坂雀，觅之子，在叻（新加坡）（原谱第 772 页）。

160. 第十八世，玉宝，进之子，生三子：建宁、建中、建业，在叻（新加坡）（原谱第 775 页）。

161. 第十七世，春铁，从之子，生二子：永兴、永成，在叻（新加坡）（原谱第 775 页）。

162. 第十七世，泉，老之子，在叻（新加坡）（原谱第 776 页）。

163. 第十七世，战，余之子，生三子：锦顺、锦春、锦章，在叻（新加坡）（原谱第 778 页）。

164. 第十七世，江，引之子，在叻（新加坡）（原谱第 779 页）。

165. 第十七世，滩，宗之子，生一子水树，在叻（新加坡）（原谱第 782 页）。

166. 第十七世，铁，宗之子，生一子：挞狮，在叻（新加坡）（原谱第 782 页）。

167. 第十七世，动，宗之子，生二子：碑、火星，在叻（新加坡）（原谱第 782 页）。

168. 第十八世，碑，动之子，生一子燕山，在叻（新加坡）（原谱第 782 页）。

169. 第十八世，火星，动之子，生六子：国华、国发、国庆、国南、国泰、福来，在叻（新加坡）（原谱第 782 页）。

170. 第十八世，屋，钫之子，在南洋（原谱第 782 页）。

171. 第十七世，简，夷之子，在南洋（原谱第 782 页）。

172. 第十八世，宗华，文好之子，生二子：洪祥、洪智，在缅甸（原谱第 783 页）。

173. 第十八世，汉成，文好之子，生一子和清，在缅甸（原谱第 783 页）。

174. 第十八世，来发，毛蜅之子，生四子：志良、志扬、志庆、志林，在叻（新加坡）（原谱第 783 页）。

175. 第十七世，新发，光奋之子，在缅甸（原谱第783页）。

176. 第十六世，水，战之子，生三子：什记、养、橹，在叻（新加坡）（原谱第784页）。

177. 第十七世，什记，水之子，生三子：金木、建发、建财，在叻（新加坡）（原谱第784页）。

178. 第十七世，养，水之子，生二子：建宁、森慈，在叻（新加坡）（原谱第784页）。

179. 第十六世，裕，设之子，生三子：来木、来春、春田，在叻（新加坡）（原谱第785页）。

180. 第十六世，有福，星之子，在叻（新加坡）（原谱第785页）。

181. 第十七世，来木，裕之子，生二子：阿添、振才，在叻（新加坡）（原谱第785页）。

182. 第十七世，来春，裕之子，生二子：明成、鸿忠，在叻（新加坡）（原谱第785页）。

183. 第十七世，春田，裕之子，生八子：明和、明才、明源、明兴、明琼、明海、明福、明贵，在叻（新加坡）（原谱第785页）。

184. 第十七世，春木，悥之子，生一子加发，在叻（新加坡）（原谱第786页）。

185. 第十七世，亚荣，悥之子，生四子：丽林（女）、进忠、进春、进来，在叻（新加坡）（原谱第786页）。

186. 第十七世，坂，四美之子，生二子：德生、火来，在叻（新加坡）（原谱第786页）。

187. 第十八世，金福，坂之子，生一子国兴，在叻（新加坡）（原谱第786页）。

185. 第十七世，水橼，文强之子，在叻（新加坡）（原谱第787页）。

185. 第十七世，锅，文皆之子，生五子：福文、福明、福山、福盛、义森，在吉隆坡（原谱第788页）。

186. 第十六世，文金，火财之子，在叻（新加坡）（原谱第788页）。

187. 第十五世，毛，在叻（新加坡）（原谱第789页）。

188. 第十五世，情，朝之子，生四子：金木、文城、文治、文八，在叻（新加坡）（原谱第791页）。

189. 第十七世，三福，文治之子，生二子：亚来、亚万，在叻（新加坡）（原谱第 791 页）。

190. 第十七世，文诸，文八之子，生二子：亚良、亚来，在叻（新加坡）（原谱第 791 页）。

191. 第十七世，文贡，文八之子，生二子：哑子、蕃次、阿科、阿?，在叻（新加坡）（原谱第 791 页）。

192. 第十七世，圻王，金紫之子，生二子：国兴、国泰，在叻（新加坡）（原谱第 791 页）。

193. 第十六世，西河，楼之子，生四子：本吉、本忠、本盛、树在，在叻（新加坡）（原谱第 791 页）。

194. 第十六世，金宝，琵之子，生四子：贤安、贤文、贤平、贤生，在叻（新加坡）（原谱第 791 页）。

195. 第十六世，水润，泵之子，生四子：友成、成添、成业、成发，在叻（新加坡）（原谱第 792 页）。

196. 第十六世，火财，给之子，生三子：春来、春泉、春林，在叻（新加坡）（原谱第 792 页）。

197. 第十六世，文有，给之子，生四子：得法、秀文、文丰、文安，在叻（新加坡）（原谱第 792 页）。

198. 第十七世，琼资，莲花之子，生九子：兆平、兆兴、兆辉、兆福、兆基、兆庆、兆荣、兆丰、兆祥，在越南（原谱第 793 页）。

199. 第十七世，琼林，莲花之子，生三子：学良、学进、学成，在越南（原谱第 793 页）。

200. 第十七世，琼琪，莲花之子，在加拿大（原谱第 794 页）。

201. 第十七世，琼致，莲花之子，在加拿大（原谱第 794 页）。

202. 第十六世，莲花，土之子，生七子：尚德、尚志、琼致、琼琪、琼麟、琼林、琼资，在叻（新加坡）（原谱第 794 页）。

203. 第十五世，算，篆之子，在缅甸（原谱第 795 页）。

204. 第十七世，洋，嘱之子，在越南（原谱第 796 页）。

205. 第十九世，深海，池之子，在叻（新加坡）（原谱第 796 页）。

206. 第十九世，深渊，文之子，在越南（原谱第 796 页）。

207. 第十七世，槎，赤九之子，生三子：永华、荣山、荣土，在叻

（新加坡）（原谱第 798 页）。

208. 第十七世，龙，赤九之子，在缅甸（原谱第 798 页）。

209. 第十九世，锦祥，连招之子，生四子：成中、成发、成志、成业，在叻（新加坡）（原谱第 799 页）。

210. 第十九世，锦成，连招之子，生二子：忠和、忠平，在叻（新加坡）（原谱第 799 页）。

211. 第十七世，兰，杰之子，生三子：金田、金城、祥飞，在叻（新加坡）（原谱第 800 页）。

212. 第十七世，赤，焕之子，生一子水锦，在叻（新加坡）（原谱第 804 页）。

213. 第十九世，清池，水锦之子，生二子：福隆、福泉，在叻（新加坡）（原谱第 804 页）。

214. 第十九世，清吉，水锦之子，生七子：金福、水波、泰昌、泰安、泰钦、泰明、泰山，在叻（新加坡）（原谱第 804 页）。

215. 第十九世，清梅，水锦之子，生二子：天平、天送，在叻（新加坡）（原谱第 804 页）。

216. 第十八世，喃，赐之子，生三子：洪川、水治、雪娘（女），在叻（新加坡）（原谱第 804 页）。

217. 第十八世，土，赐之子，生三子：振在、振利、振华，在叻（新加坡）（原谱第 804 页）。

218. 第十八世，灶，赐之子，生三子：阿慈、本拙、电贵，在叻（新加坡）（原谱第 805 页）。

219. 第十八世，党，赐之子，生四子：坤记、坤任、木荣、水芋，在叻（新加坡）（原谱第 805 页）。

220. 第十七世，赐，焕之子，生五子：党、灶、土、喃、甚，在叻（新加坡）（原谱第 805 页）。

221. 第十八世，渊泉，堂之子，生二子：松柏、洪钩，在叻（新加坡）（原谱第 805 页）。

222. 第十八世，松柏，渊泉之子，生二子：亚桐、亚添，在叻（新加坡）（原谱第 805 页）。

223. 第十八世，洪钩，渊泉之子，生八子：联发、安平、金杯、荣洲、金琳、金柱、金淼、有溪，在叻（新加坡）（原谱第 805 页）。

224. 第十八世，能，堂之子，生七子：振春、清泉、成兴、清富、清金、丁益、丁贵，在叻（新加坡）（原谱第 805 页）。

225. 第十八世，墙，堂之子，生三子：金宽、成兴、成枝，在叻（新加坡）（原谱第 806 页）。

226. 第十九世，金宽，墙之子，生六子：德添、德发、德福、德源、德荣、德坤，在叻（新加坡）（原谱第 806 页）。

227. 第十九世，成枝，墙之子，生八子：文春、文理、文流、文城、友贵、福贵、文章、文定，在叻（新加坡）（原谱第 806 页）。

228. 第十八世，注，堂之子，生四子：聪明、海藤、淮水、海水，在叻（新加坡）（原谱第 807 页）。

229. 第十九世，聪明，注之子，生一子金保，在叻（新加坡）（原谱第 807 页）。

230. 第十九世，海藤，注之子，生三子：振福、振隆、振南，在叻（新加坡）（原谱第 807 页）。

231. 第十九世，淮水，注之子，生五子：德华、舌它、得乐、志源、志强，在叻（新加坡）（原谱第 807 页）。

232. 第十九世，海水，注之子，生三子：利章、植传、植端，在叻（新加坡）（原谱第 807 页）。

233. 第十八世，钟凯，堂之子，生六子：登山、登联、登涼、登侯、登凤、登雁、海水，在叻（新加坡）（原谱第 807 页）。

234. 第十九世，登山，钟凯之子，生三子：维福、维发、淮兴，在叻（新加坡）（原谱第 807 页）。

235. 第十九世，登联，钟凯之子，生五子：维祝、维添、淮顺、维振、维来，在叻（新加坡）（原谱第 807 页）。

236. 第十九世，登涼，钟凯之子，生三子：维炎、维坤、淮耀，在叻（新加坡）（原谱第 807 页）。

237. 第十九世，登侯，钟凯之子，生三子：剑强、剑平、镇保，在叻（新加坡）（原谱第 807 页）。

238. 第十九世，登凤，钟凯之子，生三子：建南、建荣、建业，在叻（新加坡）（原谱第 808 页）。

239. 第十九世，登雁，钟凯之子，生二子：维成、维强，在叻（新加坡）（原谱第 808 页）。

240. 第十八世，清河，欢之子，生三子：南星、洪全、洪盛，在叻（新加坡）（原谱第 808 页）。

241. 第十九世，南星，清河之子，生三子：庆礼、庆裕、庆福，在叻（新加坡）（原谱第 808 页）。

242. 第十九世，洪全，清河之子，生二子：木荣、金进，在叻（新加坡）（原谱第 808 页）。

243. 第十九世，洪盛，清河之子，生五子：海土、海山、自池、自才、自来，在叻（新加坡）（原谱第 808 页）。

244. 第十八世，铜，麟之子，生二子：衍溢、玉田，在叻（新加坡）（原谱第 808 页）。

245. 第十八世，朝升，麟之子，生四子：玉波、衍溢、玉振、玉田，在叻（新加坡）（原谱第 809 页）。

246. 第十八世，浸玉，远之子，生三子：阿明、洪进、才鹏，在叻（新加坡）（原谱第 808 页）。

247. 第十九世，阿明，浸玉之子，生一子顺和，在叻（新加坡）（原谱第 808 页）。

248. 第十九世，洪进，浸玉之子，生四子：福星、福文、福良、福来，在叻（新加坡）（原谱第 808 页）。

249. 第十九世，才鹏，浸玉之子，生二子：水怀、水福，在叻（新加坡）（原谱第 808 页）。

250. 第十七世，江河，锦治之子，在缅甸（原谱第 811 页）。

251. 第十七世，碧，不之子，在缅甸（原谱第 811 页）。

252. 第十七世，泉，不之子，在缅甸（原谱第 811 页）。

253. 第十七世，尼姑，不之子，在缅甸（原谱第 811 页）。

254. 第十七世，宗，金得之子，在缅甸（原谱第 811 页）。

255. 第十八世，深板，普南之子，在缅甸（原谱第 811 页）。

256. 第十八世，炳笑，普南之子，在缅甸（原谱第 811 页）。

257. 第十八世，春英，普南之子，在缅甸（原谱第 811 页）。

258. 第十八世，春土，普南之子，在缅甸（原谱第 811 页）。

259. 第十六世，再添，幼之子，在缅甸（原谱第 811 页）。

260. 第十六世，强，幼之子，生一子玉宝，在缅甸（原谱第 811 页）。

261. 第十七世，宽宏，某之子，在缅甸（原谱第 812 页）。

262. 第十七世，云亭，某之子，生一子简，在缅甸（原谱第 812 页）。

263. 第十七世，拨，雪之子，在缅甸（原谱第 812 页）。

264. 第十七世，辉腾，棕之子，在叻（新加坡）（原谱第 812 页）。

265. 第十六世，金标，麒麟之子，在叻（新加坡）（原谱第 816 页）。

九、大三房碧溪公派下、梧山公之裔、敦齐——松崖公世系(简称松崖脚或石空口平派)

1. 第十八世，基宗，生一子坤辉，在叻（新加坡）（原谱第 821 页）。

2. 第十九世，坤辉，基宗之子，在叻（新加坡）（原谱第 821 页）。

3. 第十八世，同林，金平之子，生一子洪鹏，在叻（新加坡）（原谱第 823 页）。

4. 第十七世，番椒，新宙之子，在叻（新加坡）（原谱第 823 页）。

5. 第十七世，清池，宗汉之子，生三子：庆顺、庆华、振华，在叻（新加坡）（原谱第 824 页）。

6. 第十八世，庆顺，清池之子，生三子：俊利、俊兴、阿俊，在叻（新加坡）（原谱第 824 页）。

7. 第十八世，庆华，清池之子，生三子：木吉、文良、楚水，在叻（新加坡）（原谱第 824 页）。

8. 第十八世，振华，清池之子，生八子：荣荣、阿成、添明、木成、添赐、添才、添丁、木桂，在叻（新加坡）（原谱第 824 页）。

9. 第十七世，水城，宗汉之子，生七子：福泉、福元、国良、华国、火龙、加丁、楚桁，在叻（新加坡）（原谱第 825 页）。

10. 第十六世，宗汉，奇楠之子，生二子：水城、清池，在叻（新加坡）（原谱第 825 页）。

11. 第十七世，狮，宽成之子，往南洋（原谱第 826 页）。

12. 第十六世，文潘，忠烈之子，在叻（新加坡）（原谱第 826 页）。

13. 第十六世，新奇，文省之子，生一子溪水，在叻（新加坡）（原谱第 827 页）。

14. 第十七世，金庆，山湖之子，在叻（新加坡）（原谱第 828 页）。

15. 第十七世，金春，山湖之子，在叻（新加坡）（原谱第 828 页）。

十、大三房碧溪公派下、仁山公之裔世系（简称福海脚）

1. 第十七世，保，明之子，往南洋（原谱第 832 页）。

2. 第十八世，顶，淡之子，生一子蛇，在叻（新加坡）（原谱第 832 页）。

3. 第十九世，但，禁之子，生二子：德顺、德成，在叻（新加坡）（原谱第 832 页）。

4. 第十九世，泵，禁之子，生三子：成志、成发、成吉，在叻（新加坡）（原谱第 832 页）。

5. 第十八世，树指，雨之子，生四子：阿猪、阿悥、阿黎、木成，在叻（新加坡）（原谱第 833 页）。

6. 第十九世，盛挑，雄黄之子，生三子：亚万、水龙、亚水，在马来西亚（原谱第 833 页）。

7. 第十九世，水成，雄黄之子，生六子：清富、清民、清国、清业、清建、清丁，在叻（新加坡）（原谱第 833 页）。

8. 第十九世，谦成，雄黄之子，生三子：玉贤、天祥、天躬，在叻（新加坡）（原谱第 833 页）。

9. 第十九世，谦财，雄黄之子，生二子：天文、天玉，在叻（新加坡）（原谱第 833 页）。

10. 第十九世，谦求，雄黄之子，生三子：天固、天强、天注，在叻（新加坡）（原谱第 833 页）。

11. 第二十世，丕谟，苍之子，生三子：海腾、海丁、海涂，在叻（新加坡）（原谱第 834 页）。

12. 第二十世，添山，金安之子，生四子：福元、福昌、福田、福基，在叻（新加坡）（原谱第 834 页）。

13. 第二十世，汉兴，金安之子，生三子：志?、志伟、志高，在叻（新加坡）（原谱第 834 页）。

14. 第二十世，丕福，金安之子，生三子：甲新、长青、章灵，在叻（新加坡）（原谱第 834 页）。

15. 第十九世，水金，匏之子，生五子：进添、进生、进昌、进镒、进玉，在叻（新加坡）（原谱第 834 页）。

16. 第十七世，虾，于之子，在叻（新加坡）（原谱第 834 页）。

17. 第十八世，章，鳅之子，生三子：德胜、连根、松根，在叻（新加坡）（原谱第 835 页）。

18. 第十八世，池，鳅之子，生三子：万来、进德、进财，在叻（新加坡）（原谱第 835 页）。

19. 第十九世，坤全，福气之子，在叻（新加坡）（原谱第 835 页）。

20. 第十八世，溪，扁之子，生五子：进元、进来、进兴、进生、进福，在叻（新加坡）（原谱第 835 页）。

21. 第十七世，玉加，延平之子，生四子：赐美、丰盛、丰全、丰源，在叻（新加坡）（原谱第 837 页）。

22. 第十七世，玉裕，延平之子，生一子文彩，在叻（新加坡）（原谱第 837 页）。

23. 第十七世，文河，文尚之子，生四子：金兴、金志、金德、金火，在叻（新加坡）（原谱第 837 页）。

24. 第十七世，春来，文尚之子，生五子：永治、永尊、永顺、永瑔、永枝，在叻（新加坡）（原谱第 838 页）。

25. 第十七世，丁元，文尚之子，生二子：水论、水泉，在叻（新加坡）（原谱第 838 页）。

26. 第十七世，廷城，文教之子，生四子：亚恭、矮、金目、红枣，在叻（新加坡）（原谱第 839 页）。

27. 第十七世，美珠，文花之子，生二子：国安、国忠，在叻（新加坡）（原谱第 839 页）。

28. 第十八世，国德，文柿之子，生三子：水泉、水霜、水池，在叻（新加坡）（原谱第 839 页）。

29. 第十七世，文柿，文花之子，生五子：文君、金友、黎明、吉腾、国德，在叻（新加坡）（原谱第 840 页）。

30. 第十七世，玉成，文花之子，生一子国祥，在叻（新加坡）（原谱第 840 页）。

31. 第十七世，玉兰，文花之子，生四子：国弟、国庆、国民、国清，在叻（新加坡）（原谱第 840 页）。

32. 第十七世，玉发，文花之子，生二子：东元、东坡，在叻（新加坡）（原谱第 841 页）。

33. 第十七世，玉琳，文木之子，生一子添泗，在叻（新加坡）（原谱第 841 页）。

34. 第十七世，全海，淡之子，生一子阿林，在叻（新加坡）（原谱第 841 页）。

35. 第十七世，湿润，番之子，生五子：金耀、金春、金龙、金发、金泉，在叻（新加坡）（原谱第 841 页）。

36. 第十八世，流，玉炳之子，生三子：阿里、阿福、搓举，在叻（新加坡）（原谱第 842 页）。

37. 第十九世，金宝，在叻（新加坡）（原谱第 843 页）。

38. 第十九世，得福，生三子：文乞、文买、生枝，在叻（新加坡）（原谱第 843 页）。

39. 第十八世，乾，从之子，在叻（新加坡）（原谱第 844 页）。

40. 第十八世，锥，从之子，在叻（新加坡）（原谱第 844 页）。

41. 第十八世，玉英，清潭之子，在叻（新加坡）（原谱第 844 页）。

42. 第二十世，良，刊之子，在叻（新加坡）（原谱第 845 页）。

43. 第十八世，万章，佃之子，生五子：昆情、临泽、鉴卿、清海、朝，在叻（新加坡）（原谱第 846 页）。

44. 第十九世，昆情，万章之子，在印尼（原谱第 846 页）。

45. 第十八世，木，竖之子，在叻（新加坡）（原谱第 846 页）。

46. 第十八世，否，闩之子，在叻（新加坡）（原谱第 846 页）。

47. 第十八世，铁，闩之子，在叻（新加坡）（原谱第 846 页）。

48. 第十八世，论，猫之子，在叻（新加坡）（原谱第 846 页）。

49. 第十八世，福春，乌之子，在叻（新加坡）（原谱第 846 页）。

50. 第十八世，水生，乌之子，生二子：清源、清河在叻（新加坡）（原谱第 846 页）。

十一、大三房碧溪公派下、福山公之裔世系（简称宫兜脚）

1. 第二十世，福寿，华视之子，在吉隆坡（原谱第 867 页）。

2. 第二十世，福禄，华视之子，在吉隆坡（原谱第 867 页）。

3. 第十九世，友朋，春秧之子，生四子：永清、永金、永锡、永福，在吉隆坡（原谱第 867 页）。

4. 第十七世，文爰，亶之子，生三子：奋镇、奋成、奋生，在叻（新加坡）（原谱第 868 页）。

5. 第十七世，荣松，合之子，在马来西亚（原谱第 867 页）。

6. 第十八世，启文，云腾之子，生四子：邦英、邦俊、邦安、邦能，在印尼（原谱第 870 页）。

7. 第十八世，启源，云腾之子，生二子：邦庆、邦建，在印尼（原谱第 870 页）。

8. 第十六世，拔，彬梯之子，生五子：万居、天来、文棋、文发、文祥，在叻（新加坡）（原谱第 873 页）。

9. 第十七世，文棋，拔之子，生二子：振成、振德，在叻（新加坡）（原谱第 873 页）。

10. 第十七世，文祥，拔之子，生四子：振来、振春、振泰、振和，在叻（新加坡）（原谱第 874 页）。

11. 第十六世，西，红之子，生一子庇祐，在叻（新加坡）（原谱第 874 页）。

12. 第二十世，乌编，长纯之子，生一子志勇，在印尼（原谱第 875 页）。

13. 第十九世，花生，诧之子，在印尼（原谱第 875 页）。

14. 第十八世，庆泉，蚶之子，生三子：洪福、永德、坤山，在马来西亚（原谱第 878 页）。

15. 第十七世，乙未，玉彼之子，生四子：英杰、俊杰、庆云、剑云，在叻（新加坡）（原谱第 878 页）。

16. 第十七世，国栋，玉钩之子，在叻（新加坡）（原谱第 880 页）。

17. 第十七世，国培，养添之子，在叻（新加坡）（原谱第 880 页）。

18. 第十七世，国涛，堂来之子，生二子：忠盛、忠兴，在吉隆坡（原谱第 880 页）。

19. 第十六世，春魁，廷琨之子，在马来西亚（原谱第 881 页）。

20. 第十七世，坚石，壬水之子，在槟城（原谱第 882 页）。

21. 第十七世，彦质，玉池之子，在菲律宾（原谱第 882 页）。
22. 第十七世，彦盛，玉池之子，在菲律宾（原谱第 882 页）。
23. 第十七世，彦福，玉池之子，在马来西亚（原谱第 882 页）。
24. 第十七世，金泉，呈祥之子，在菲律宾（原谱第 882 页）。
25. 第十七世，益年，玉攀之子，在菲律宾（原谱第 882 页）。
26. 第十七世，塘水，玉攀之子，在菲律宾（原谱第 882 页）。
27. 第十七世，甘露，玉攀之子，在菲律宾（原谱第 882 页）。
28. 第十七世，甘英，玉攀之子，在菲律宾（原谱第 882 页）。
29. 第十七世，其真，捷元之子，在菲律宾（原谱第 883 页）。
30. 第十七世，水金，捷兴之子，在菲律宾（原谱第 883 页）。
31. 第十八世，阿河，北海之子，在菲律宾（原谱第 885 页）。
32. 第十八世，建昌，北海之子，在菲律宾（原谱第 885 页）。
33. 第十七世，良寿，新堆之子，在菲律宾（原谱第 885 页）。
34. 第十七世，蝉滩，新堆之子，在菲律宾（原谱第 885 页）。
35. 第十七世，扶西，新堆之子，在菲律宾（原谱第 885 页）。
36. 第十七世，瑞源，新堆之子，在菲律宾（原谱第 885 页）。
37. 第十七世，山番，新咸之子，在菲律宾（原谱第 885 页）。
38. 第十七世，罗镭，新咸之子，在菲律宾（原谱第 885 页）。
39. 第十七世，碧范，新咸之子，在菲律宾（原谱第 885 页）。
40. 第十七世，如意，新咸之子，在菲律宾（原谱第 885 页）。
41. 第十七世，可续，新咸之子，在菲律宾（原谱第 885 页）。
42. 第十七世，可宝，新咸之子，在菲律宾（原谱第 885 页）。
43. 第十七世，志炳，友赐之子，在菲律宾（原谱第 886 页）。
44. 第十七世，志廉，友赐之子，在菲律宾（原谱第 886 页）。
45. 第十七世，志城，友赐之子，在菲律宾（原谱第 886 页）。
46. 第十七世，珍国，友育之子，在菲律宾（原谱第 886 页）。
47. 第十七世，珍茂，友育之子，在菲律宾（原谱第 886 页）。
48. 第十七世，珍陵，友育之子，在菲律宾（原谱第 886 页）。
49. 第十八世，扬木，天培之子，在菲律宾（原谱第 886 页）。
50. 第十八世，金山，天福之子，在菲律宾（原谱第 886 页）。
51. 第十八世，森安，天怀之子，在菲律宾（原谱第 886 页）。

52. 第十八世，森强，天怀之子，在菲律宾（原谱第 886 页）。

53. 第十六世，金树，廷塘之子，生二子：紫光、紫云，在菲律宾（原谱第 886 页）。

54. 第十六世，深根，廷引之子，在菲律宾（原谱第 886 页）。

55. 第十六世，水会，廷引之子，生一子宝田，在菲律宾（原谱第 886 页）。

56. 第十六世，武烈，廷引之子，在菲律宾（原谱第 887 页）。

57. 第十六世，武建，廷庆之子，在菲律宾（原谱第 887 页）。

58. 第十六世，武育，廷庆之子，在菲律宾（原谱第 887 页）。

59. 第十六世，武得，廷庆之子，在菲律宾（原谱第 887 页）。

60. 第十七世，金为，超之子，在叻（新加坡）（原谱第 888 页）。

61. 第十七世，金耳，超之子，在叻（新加坡）（原谱第 888 页）。

62. 第十七世，金简，超之子，在叻（新加坡）（原谱第 888 页）。

63. 第十八世，双海，榜之子，生一子湖浮，在叻（新加坡）（原谱第 889 页）。

64. 第十八世，双河，美之子，生五子：亚吉、清水、清江、清德、清波，在叻（新加坡）（原谱第 889 页）。

65. 第十八世，双福，美之子，生四子：清熙、清财、清来、清池，在叻（新加坡）（原谱第 889 页）。

66. 第十八世，双全，美之子，生二子：亚宝、亚銮，在叻（新加坡）（原谱第 889 页）。

67. 第十九世，玉火，元之子，生四子：亚添、亚成、亚发、亚美（女），在叻（新加坡）（原谱第 889 页）。

68. 第十八世，花，升之子，生三子：海平、海瑞、海莲，在叻（新加坡）（原谱第 889 页）。

69. 第十八世，金丹，升之子，生二子：海瑞、海兴，在叻（新加坡）（原谱第 889 页）。

70. 第十七世，糖，塔之子，在叻（新加坡）（原谱第 890 页）。

71. 第十七世，水正，塔之子，生一子新火，在叻（新加坡）（原谱第 890 页）。

72. 第十八世，汉泉，金吉之了，生五了：永铭、永德、永煌、永辉、永强，在叻（新加坡）（原谱第 890 页）。

73. 第十七世，得喜，妈令之子，在叻（新加坡）（原谱第 891 页）。

74. 第十六世，木笔，黎之子，生三子：圻德、水来、水锦，在叻（新加坡）（原谱第 891 页）。

75. 第十七世，圻德，木笔之子，生三子：美清、美国、美华，在叻（新加坡）（原谱第 891 页）。

76. 第十七世，水来，木笔之子，生一子美清，在叻（新加坡）（原谱第 891 页）。

77. 第十九世，金点，瑞发之子，生三子：建利、水俊、帆仔，在叻（新加坡）（原谱第 893 页）。

78. 第二十世，建利，金点之子，在叻（新加坡）（原谱第 893 页）。

79. 第十九世，挫起，瑞发之子，生六子：建成、建明、建国、永福、建兴，在叻（新加坡）（原谱第 894 页）。

80. 第十九世，祯祺，烈之子，在叻（新加坡）（原谱第 894 页）。

81. 第十八世，佑昌，桑梓之子，生三子：明志、明立、明新，在叻（新加坡）（原谱第 895 页）。

82. 第十八世，文出，某之子，生一子志超，在菲律宾（原谱第 896 页）。

83. 第十八世，玉印，元和之子，生五子：启宏、启成、青伟、青汉、青龙，在叻（新加坡）（原谱第 897 页）。

84. 第十六世，庆贺，记之子，生二子：欣、山来，在叻（新加坡）（原谱第 899 页）。

85. 第十七世，欣，庆贺之子，生三子：敬聪、炳南、建德，在叻（新加坡）（原谱第 899 页）。

86. 第十七世，由来，庆贺之子，生五子：敬仲、炳源、敬伍、敬成、丰平，在叻（新加坡）（原谱第 899 页）。

87. 第十八世，丰平，由来之子，生二子：东明、东埔，在叻（新加坡）（原谱第 899 页）。

88. 第十八世，敬仲，由来之子，生七子：东洋、东波、东溪、东升、东和、东山、东川，在叻（新加坡）（原谱第 899 页）。

89. 第十八世，建德，欣之子，生一子虎璨，在叻（新加坡）（原谱第

899页）。

90. 第十八世，炳南，欣之子，生五子：国扬、国林、国泰、国文、国华，在叻（新加坡）（原谱第899页）。

91. 第十八世，敬聪，欣之子，生二子：国第、国瑞，在叻（新加坡）（原谱第899页）。

92. 第十八世，新彦，靴之子，生三子：国荣、国英、国庆，在叻（新加坡）（原谱第900页）。

93. 第十八世，新彦，靴之子，生三子：国荣、国英、国庆，在叻（新加坡）（原谱第900页）。

94. 第十八世，新锭，靴之子，生五子：明隆、明发、明华、明兴、德能，在叻（新加坡）（原谱第900页）。

95. 第十八世，水性，生六子：金宝、金福、金坤、金枝、金梅、金树，在叻（新加坡）（原谱第901页）。

96. 第十八世，盛狮，生三子：土炎、锦旺、锦财，在叻（新加坡）（原谱第901页）。

97. 第十八世，山河，坑之子，生六子：福生、连辉、连兴、连元、连生、连德，在叻（新加坡）（原谱第901页）。

98. 第十七世，贯，油之子，生一子文南，在叻（新加坡）（原谱第901页）。

99. 第十七世，国政，立之子，在叻（新加坡）（原谱第901页）。

100. 第十七世，能赖，义之子，生四子：福来、文北、锡评、锡盘，在叻（新加坡）（原谱第902页）。

101. 第十七世，圻銮，义之子，生六子：有焕、山川、进展、有耀、有派、有荣，在叻（新加坡）（原谱第902页）。

102. 第十七世，苟愈，冶之子，生四子：财、践、来、水龙，在叻（新加坡）（原谱第902页）。

103. 第十七世，辉煌，芽之子，生三子：荣旭、荣宗、荣合，在叻（新加坡）（原谱第902页）。

104. 第十七世，戊己，芽之子，生四子：文庆、文振、文德、文彬，在叻（新加坡）（原谱第903页）。

105. 第十七世，肭，盖之子，生二子：有荇、有土，在叻（新加坡）

（原谱第 903 页）。

106. 第十七世，甲，盖之子，生五子：树林、有才、庭福东南、保友，在叻（新加坡）（原谱第 903 页）。

107. 第十七世，琛，育之子，在叻（新加坡）（原谱第 904 页）。

108. 第十七世，乞，水之子，在印尼（原谱第 906 页）。

109. 第十七世，金锴，水之子，在叻（新加坡）（原谱第 906 页）。

110. 第十七世，水清，在叻（新加坡）（原谱第 907 页）。

111. 第十七世，乃梦，谅之子，在叻（新加坡）（原谱第 911 页）。

112. 第十七世，必赐，龟之子，在叻（新加坡）（原谱第 912 页）。

113. 第十七世，坑，热之子，生三子：豹良、豹成、仁生，在叻（新加坡）（原谱第 912 页）。

114. 第十八世，仁生，坑之子，生四子：庆发、阿昌、庆成、天福，在叻（新加坡）（原谱第 912 页）。

115. 第十八世，豹成，坑之子，生三子：秋、福、牙，在叻（新加坡）（原谱第 912 页）。

116. 第十八世，豹良，坑之子，生五子：福南、福清、福土、福海、福来，在叻（新加坡）（原谱第 912 页）。

117. 第十六世，水石，旺之子，往马来西亚（原谱第 913 页）。

118. 第十六世，水柳，旺之子，往马来西亚（原谱第 913 页）。

119. 第十六世，水锦，旺之子，往马来西亚（原谱第 913 页）。

120. 第十六世，东来，旺之子，往马来西亚（原谱第 913 页）。

121. 第十七世，辛乙，金石之子，生三子：育华、昆华、炯华，在叻（新加坡）（原谱第 914 页）。

十二、世系不明者

1. 第二十一世，文仁，治平之子，在菲律宾（原谱第 920 页）。

2. 第二十一世，文智，治平之子，在菲律宾（原谱第 920 页）。

3. 第二十一世，文利，治安之子，在菲律宾（原谱第 920 页）。

4. 第二十一世，文志，治安之子，在菲律宾（原谱第 920 页）。

5. 第二十一世，文妥，治安之子，在菲律宾（原谱第 920 页）。

6. 第二十一世，文佑，治安之子，在菲律宾（原谱第 920 页）。

7. 第十八世，玉波，清云之子，在叻（新加坡）（原谱第 922 页）。

8. 第十八世，奕仁，天厚之子，在吉隆坡（原谱第 923 页）。

十三、世系及辈序不明者

1. 东海，水生之子，在叻（新加坡）（原谱第 925 页）。

2. 鹤龄，玉昆之子，在菲律宾（原谱第 925 页）。

3. 如玉，再来之子，在菲律宾（原谱第 927 页）。

4. 文英，连捷之子，在菲律宾（原谱第 930 页）。

5. 标，生八子：金发、金华、中兴、金福、文民、三弟、文日、文明，在叻（新加坡）（原谱第 931 页）。

6. 隆，生三子：能财、亚礼、清吉，在叻（新加坡）（原谱第 931 页）。

7. 清吉，生四子：金春、金福、金龙、金狮，在叻（新加坡）（原谱第 931 页）。

03

泉州《侯安侯氏族谱》

侯安侯氏入闽开基始祖名讳情，字洪孚，号宗贵，系东汉大司徒、关内侯侯霸公之后裔，世居河南省光州府固始县。宋末，为避元乱，宗贵公与九子扶宋幼主入闽，驻泉州西街古榕境万厚铺旧馆驿（今西街旧馆驿巷35号）。宋亡后，公令五子复回原籍，与四子华资、华岳、华美、华和同留武荣，卜居南安县十八都丰年里后头境（今罗东镇维新村），地以公之侯姓为名，曰侯安。于是择吉地建祠堂而开基焉。后四子分为四房，各自立宗。自此子孙繁衍兴盛，成为一望族。

泉州《侯安侯氏族谱》共分两册，为统谱（一）、统谱（二），精装本，侯安侯氏宗亲理事会编印，2004年10月出版。

迁居南洋记录

一、侯安九甲侯氏长房石头尾支派

1. 第十六世，有成，章典之子，往马来西亚（原谱第62页）。
2. 第十七世，侯接，荣和之女，居马来西亚（原谱第69页）。

二、侯安九甲分支莆田涵江码头支派

1. 第七世，吓元，居印尼（原谱第86页）。
2. 第七世，吓毛，文泉之子，居印尼（原谱第87页）。
3. 第八世，侯金土（顺福），武宗之子，居印尼（原谱第97、133页）。
4. 第九世，侯财发，金土（顺福）之子，居印尼（原谱第153页）。
5. 第九世，侯财水，金土（顺福）之子，居印尼（原谱第153页）。

6. 第九世，侯元泉，进英之子，居印尼（原谱第146页）。

7. 第十世，侯金春，元泉之子，居印尼（原谱第179页）。

8. 第十一世，亚九，金春之子，居印尼（原谱第94页）。

三、侯安九甲分支仙游钟山麦斜支派

1. 第八世，家溪，国登之子，居南洋（原谱第304页）。

四、侯安九甲侯氏二房华岳公派下

1. 第十六世，奕球，子孙居南洋（原谱第395页）。

五、侯安九甲二房华岳公派

（一）克斋公派：厝仔支派

1. 第十七世，嗅吓、世内，奕章之子，居南洋（原谱第425页）。

2. 第十七世，莉官，和英之子，居南洋（原谱第440页）。

3. 第十七世，世秧，奕象之子，居马来亚（原谱第447页）。

4. 第十七世，意来，有儒之子，居缅（原谱第453页）。

5. 第十七世，意亚美，奕炋之子，子孙甚多居马来西亚（原谱第459页）。

6. 第十八世，亚美、亚定、长发，世奎之子，居马来亚（原谱第461页）。

7. 第十八世，王成，世目之子，居马来亚（原谱第461页）。

8. 第十六世，奕球，章添之子，配偶黄伦娟，移居南洋，子孙移居南洋（原谱第500、501页）。

9. 第十六世，奕林，章进之子，居马来西亚（原谱第505页）。

10. 第十七世，世虾（配偶陈金凤）、世苏（配偶黄丽珍），奕对之子，居菲律宾（原谱第518页）。

11. 第十七世，世琴（配偶谢素珍），奕对之子，居马来西亚（原谱第519页）。

12. 第十七世，乌纱，奕益之子，居新加坡（原谱第524页）。

13. 第十七世，世金、炳煌、连捷、连珠、明珠、碧珠，奕林之子女，居马来西亚（原谱第525、526页）。

14. 第十八世，全珍（配偶陈金蓉），世虾之子，居马来亚（原谱第547、548页）。

15. 第十八世，全生、全安、全和、全益、全伟、美玲，世虾之子女，居菲律宾（原谱第548、549页）。

（二）朴斋公派：仓头支派

1. 第十六世，侯鹏水（配偶廖亚英），伐山之子，居马来西亚（原谱第615页）。

2. 第十七世，侯云英，奕成之子，居马来西亚（原谱第627页）。

3. 第十七世，侯世秀（配偶黄千娟）、侯红霞，奕蚕之子女，居马来西亚（原谱第628页）。

4. 第十七世，侯瑞保（配偶傅亚缎）、侯瑞金（配偶林秀玉）、侯瑞意、侯再生（配偶谢淑贞），鹏水之子，居马来西亚（原谱第629页）。

5. 第十八世，侯益群（配偶林秀娟）、侯超群（配偶李燕娜）、侯逸群（配偶陈月香）、侯佩群、侯黛群，瑞保之子，居马来西亚（原谱第653、654页）。

6. 第十八世，侯耀群（配偶陈秋英），瑞金之子，居马来西亚（原谱第654页）。

7. 第十八世，侯国志（配偶张宝叶）、侯国基（配偶陈美莲）、侯国泰（配偶赖春兰）、侯国庆（配偶王秀琼）、侯宝华、侯玉华、侯爱华，再生之子女，居马来西亚（原谱第654、655页）。

8. 第十九世，侯汉鸿、侯汉豪，益群之子，居马来西亚（原谱第707页）。

9. 第十九世，侯嘉昆、侯嘉丽、侯嘉雯，超群之子女，居马来西亚（原谱第707、708页）。

10. 第十九世，侯景元、侯景云，逸群之子，居马来西亚（原谱第708页）。

11. 第十九世，侯伟杰（配偶王凯妃）、侯振毅、侯剑峰（配偶黄燕玲）、侯碧莹，国志之子女，居马来西亚（原谱第708、709页）。

12. 第十九世，侯汉伦、侯汉龙、侯汉权，国基之子，居马来西亚（原谱第709页）。

13. 第十九世，侯思苇、侯思宇、侯芃卉，国泰之子女，居马来西亚

(原谱第709页)。

14. 第十九世，侯雯诗、侯薇雯、侯雯荔、侯雯靖，国庆之子女，居马来西亚（原谱第710页）。

(三) 朴斋公派：田当尾支派

1. 第十六世，奕瑾（配偶腰娟），章固之子，往南洋（原谱第784页）。

2. 第十六世，侯奕赏（配偶黄杭），章沃之养子，居马来西亚（原谱第815页）。

3. 第十六世，侯槐树，章探之子，居马来西亚（原谱第816页）。

4. 第十九世，侯丽芸，锡头之女，居菲律宾（原谱第847页）。

(四) 朴斋公派：后坝支派

1. 第十八世，侯汶治，世盘之子，居马来西亚（原谱第927页）。

2. 第十八世，侯木水、侯阿进、侯春明，世呆之子，居马来西亚（原谱第931页）。

(五) 朴斋公派：三落支派

1. 第十六世，侯有欢，章令之子，居马来西亚（原谱第1049页）。

2. 第十七世，侯世目，奕把之子，兼承奕放，居马来西亚吉隆坡（原谱第1057页）。

3. 第十八世，侯亚美、侯亚定、侯长发，世奎之子，居马（马来西亚）(原谱第1085页)。

4. 第二十世，侯云青，挺进之女，嫁新加坡（原谱第1157页）。

六、侯安九甲分支仓口侯氏漳州派

1. 第十一世，翰峰、翰昌，园丹之子，旅马来西亚（原谱第1204、1241页）。

2. 第十一世，启洪、启琛，园长之子，旅菲（菲律宾）（原谱第1204页）。

七、侯安九甲分支仓口侯氏元良公派

1. 第十世，金钗，西笔之子，旅居菲律宾（原谱第1361页）。

2. 第十一世，翰源、翰明、翰州、翰进、秀真、燕燕、秀琼，金钗

（园钗）之子女，定居菲律宾（原谱第 1290、1363、1364 页）。

八、侯安九甲分支仓口侯氏聚丰公派

1. 第十二世，金敏，林春之女，适晋江，居菲岛（原谱第 1479 页）。

2. 第十二世，源泉、源凯（配偶蔡瑜省），翰两之子，居菲岛（原谱第 1480 页）。

3. 第十二世，玉树，金灿之子，居菲岛（原谱第 1481 页）。

4. 第十三世，照昭，源凯之子，居菲岛（原谱第 1484 页）。

5. 第十二世，玉英，翰降之女，旅居印尼（原谱第 1547 页）。

6. 第十二世，道佛，翰降之子，旅居印尼苏北勿拉湾（原谱第 1548 页）。

九、侯安九甲分支格林侯氏浚哲公派长房

1. 第二十世，报水、来团，前瑙之子，往居马（原谱第 1599 页）。

2. 第十七世，孝悌（盛涕），在马（原谱第 1604 页）。

3. 第十七世，姜怡（盛怡），居马（原谱第 1604 页）。

4. 第十八世，光品、光韭、光呈，孝悌之子，在马（原谱第 1604 页）。

5. 第十八世，日畜、马焰、抱好、光谕，姜怡之子，居马（原谱第 1604 页）。

6. 第二十一世，株秀，业恭之子，往马（原谱第 1609、1927 页）。

7. 第二十一世，兴盾，应得之子，往马（原谱第 1612 页）。

8. 第二十世，甫柴，前晏之子，往印尼（原谱第 1618 页）。

9. 第二十世，甫坂、甫焕、金童（入承），前交之子，在马来西亚（原谱第 1619 页）。

10. 第二十世，玉魁、玉珍、甫海、甫山，前择之子，在马来西亚（原谱第 1619 页）。

11. 第二十世，金龙、金童（出承）、金总，前贴之子，在马（原谱第 1619 页）。

12. 第二十世，甫砌、甫泵，前叠之子，在马来（原谱第 1619 页）。

13. 第二十世，甫掌、甫进（养），招财之子，在马（原谱第 1619

页)。

14. 第二十世，甫圈，乌为之子，在马（原谱第 1619 页）。

15. 第十七世，侯盛同，隆分之子，往安南（越南）（原谱第 1761 页）。

16. 第二十世，侯业晏、侯业鲍（业匏）、侯业宙，侯前瞻之子，居马来西亚马六甲（原谱第 1866、1867 页）。

17. 第二十世，侯业羽、侯叶苎，前杂之子，居马来西亚（原谱第 1868 页）。

18. 第二十世，侯甫沓、侯甫烧、侯甫查、侯甫玖，前奢之子，往马来西亚（原谱第 1905、1906 页）。

19. 第二十世，侯甫添（配偶卓亚瑞），水浪之子，往马来西亚（原谱第 1907 页）。

20. 第二十世，侯亚捷、侯冬瓜，金钟之子，往马来西亚（原谱第 1907 页）。

21. 第二十世，侯良顺（配偶陈阿妹）、侯尚和（配偶洪美英）、侯良达（配偶陈阿云）、侯建河（配偶陈秀结）、侯克勤（配偶许水清）、侯良记（配偶蔡德心）、侯远记，炮书之子，往马来西亚（原谱第 1907～1909 页）。

22. 第二十一世，侯天赐、侯时钟，业晏之子，居马来西亚马六甲（原谱第 1916 页）。

23. 第二十一世，侯金连、侯金兴，业晏之子，居马来西亚柔佛冷金（原谱第 1917 页）。

24. 第二十一世，侯慷慨，业羽之子，居马来西亚（原谱第 1918 页）。

25. 第二十一世，侯西员，业苎之子，居马来西亚（原谱第 1918 页）。

26. 第二十一世，侯西蛏，业先之子，居马来西亚（原谱第 1919 页）。

27. 第二十一世，侯西挺，业慈之子，居马来西亚（原谱第 1920 页）。

28. 第二十一世，侯西装，甫烧之子，往马来西亚（原谱第 1948 页）。

29. 第二十一世，侯西信、侯西财、侯西源、侯西友，甫绵之子，往马来西亚（原谱第 1948 页）。

30. 第二十一世，侯西兴、侯西忠，甫清之子，往马来西亚（原谱第 1949 页）。

31. 第二十一世，侯西铭（配偶黄木兰）、侯西庆、侯西良，甫坤之子，往马来西亚（原谱第 1949 页）。

32. 第二十一世，侯西发、侯西进，甫添之子，往马来西亚（原谱第 1949、1950 页）。

33. 第二十二世，侯炳煌、侯园景，天赐之子，居马来西亚柔佛冷金（原谱第 1955 页）。

34. 第二十二世，侯添财，时钟之子，居马来西亚马六甲（原谱第 1955 页）。

35. 第二十二世，侯圆万，时钟之子，居马来西亚柔佛冷金（原谱第 1955 页）。

36. 第二十二世，侯园成、侯园胜、侯政明、侯园美、侯园吉、侯园时、侯园培、侯园宝、侯园祥，金连之子，居马来西亚柔佛冷金（原谱第 1956～1958 页）。

37. 第二十二世，侯树荣，金连之子，居马来西亚柔佛居銮（原谱第 1957 页）。

38. 第二十二世，侯清海，金兴之子，居马来西亚柔佛居銮（原谱第 1958 页）。

39. 第二十二世，侯园枝、侯松林、侯园顺、侯园池、侯园丰，金兴之子，居马来西亚柔佛冷金（原谱第 1958、1959 页）。

40. 第二十三世，侯木生、侯亚坤、侯亚火，炳煌之子，居马来西亚柔佛冷金（原谱第 1626、2009、2010 页）。

41. 第二十三世，侯亚源，炳煌之子，居马来西亚马株（原谱第 1626、2010 页）。

42. 第二十三世，侯玟光、侯文水、侯文辉，园景之子，居马来西亚柔佛冷金（原谱第 2010、2011 页）。

43. 第二十三世，侯春福，侯添财，居马来西亚马六甲（原谱第 2011 页）。

44. 第二十三世，侯春生、侯春华、侯春锦、侯春安，园万之子，居马来西亚柔佛冷金（原谱第 2011 页）。

45. 第二十三世，侯翰宏、侯翰龙、侯翰林，园成之子，居马来西亚柔佛冷金（原谱第 2012、2013 页）。

46. 第二十三世，侯贵祥，树荣之子，居马来西亚居銮（原谱第2013页）。

47. 第二十三世，侯志忠、侯志丰、侯志明，清海之子，居马来西亚居銮（原谱第2013页）。

48. 第二十三世，侯伟仪，园枝之子，居马来西亚柔佛冷金（原谱第2013页）。

49. 第二十三世，侯志康、侯康伟、侯志强，松林之子，居马来西亚柔佛冷金（原谱第2014页）。

50. 第二十三世，侯宇亮，园顺之子，居马来西亚柔佛冷金（原谱第2014页）。

51. 第二十三世，侯翰文，园池之子，居马来西亚柔佛冷金（原谱第2014页）。

52. 第二十三世，侯金良、侯金财、侯金城、侯金和，壬忠之子，往马来西亚（原谱第2031页）。

53. 第二十三世，侯瑞德、侯瑞金、侯瑞核，宣忠之子，往马来西亚（原谱第2031页）。

54. 第二十三世，侯进谦、侯志扬、侯志贤、侯志杰，集忠之子，往马来西亚（原谱第2032页）。

55. 第二十三世，侯明珠、侯明水、侯明金、侯明来，亚成之子，居马来西亚（原谱第1632、2045、2046页）。

十、侯安九甲分支格林侯氏浚哲公派二房

1. 第二十二世，完忠（配偶叶兰莉）、完辉（配偶陈莉金）、完和，西俊之子，居印尼（原谱第2107、2285页）。

2. 第二十一世，清机、彩基、赞机，甫亿之子，居印尼（原谱第2112页）。

3. 第二十一世，慕凯、少贤、少白、慕辉、少化，励生之子，居印尼（原谱第2115页）。

4. 第二十一世，耀年、耀星，励钦之子，居印尼（原谱第2115页）。

5. 第二十一世，少栋、少卿、少伟，励源之子，居印尼（原谱第2115页）。

6. 第十七世，侯听，蕴英之子，往吕宋（原谱第 2195 页）。

7. 第十九世，侯舟，侯敲之子，往吕宋身亡（原谱第 2219 页）。

8. 第二十世，鞍，侯书拿之子，往马来西亚身亡（原谱第 2238 页）。

9. 第二十世，侯例烈，坤成之子，兼承坤良，居马来西亚（原谱第 2244 页）。

10. 第二十一世，侯再发，侯甫场之子，在马来西亚（原谱第 2246、2264 页）。

11. 第二十世，侯万泉、侯万成，书卑之子，居印尼（原谱第 2258 页）。

12. 第二十世，侯甫鞍，书拿之子，于马来西亚身亡（原谱第 2259 页）。

13. 第二十一世，侯西俊，甫回之子，在印尼（原谱第 2263 页）。

14. 第二十二世，侯远清，西海之子，往菲律宾（原谱第 2283 页）。

15. 第二十三世，侯汉庆，完忠之子，往印尼（原谱第 2308 页）。

16. 第二十三世，侯汉胖，完辉之子，往印尼（原谱第 2308 页）。

17. 第二十三世，侯汉明，完和之子，往印尼（原谱第 2308 页）。

十一、侯安九甲分支格林侯氏浚哲公派三房

1. 第十五世，侯钩、侯銍、侯锭，诰之子，往暹罗（泰国）（原谱第 2326、2414 页）。

2. 第十七世，只，晔之子，往吉隆坡（原谱第 2333 页）。

3. 第十九世，乌羊、书菊，七之子，往马（原谱第 2347 页）。

4. 第十三世，侯彭，老公之子，亡于南洋（原谱第 2383 页）。

5. 第十三世，侯睢，慨公之子，亡在南洋（原谱第 2386 页）。

6. 第十四世，侯从，侯捷之子，亡在番邦（原谱第 2391 页）。

7. 第十四世，侯兴，侯盖之子，往南洋亡（原谱第 2404 页）。

8. 第十四世，侯机，侯辉之子，往番（原谱第 2405 页）。

9. 第十四世，侯任，侯南之子，往番亡（原谱第 2405 页）。

10. 第十四世，侯翁，侯阁之子，往番亡（原谱第 2407 页）。

11. 第十五世，侯铢，侯欣之子，居南洋（原谱第 2413 页）。

12. 第十六世，侯通，侯波之子，往南洋吧城亡（原谱第 2456 页）。

13. 第十七世，侯琰，侯景之子，往暹罗（泰国）亡（原谱第2458页）。

14. 第十七世，侯春成，万连之子，在仰光红营终（原谱第2468页）。

15. 第十七世，侯炎辉，井源之子，在吉隆亡（原谱第2469页）。

16. 第十七世，侯当，侯晔之子，往吉隆文良港亡（原谱第2470页）。

17. 第十八世，侯辣强、侯洗听，文章之子，往南洋（原谱第2479页）。

18. 第十八世，侯守顾，六律之子，居南洋（原谱第2479页）。

19. 第十八世，侯图姑，侯穆之子，旅居吉隆坡（原谱第2487页）。

20. 第十八世，侯偶才，侯别之子，旅居吉隆坡（原谱第2488页）。

21. 第十八世，侯图七，侯邻之子，旅居马来亚吉隆坡（原谱第2489页）。

22. 第十九世，侯庆魁，图火之子，往番亡（原谱第2498页）。

23. 第十九世，侯偕益、侯顺直，再详之子，在马来西亚（原谱第2506、2507页）。

24. 第十九世，侯垂造，彩暖之子，在马来西亚（原谱第2509页）。

25. 第二十世，侯生财、侯眼生，雨水之子，往南洋（原谱第2533页）。

26. 第二十世，侯辉煌，荣华之子，住马来西亚（原谱第2535页）。

27. 第二十世，侯文英，顺直之子，往马来西亚（原谱第2536页）。

28. 第二十世，侯西龙、侯南福、侯北星、侯国联，所箱之子，居南洋（原谱第2537页）。

29. 第二十世，侯保长、侯格物，便豆之子，居南洋（原谱第2538页）。

30. 第二十世，侯盖贤、侯盖赓，垂统之子，居南洋（原谱第2539页）。

31. 第二十一世，侯西板，淑之子，南渡马来西亚（原谱第2553页）。

32. 第二十一世，侯乜册，魁之子，南渡马来西亚（原谱第2553页）。

33. 第二十一世，侯西策，宋之子，南渡马来西亚（原谱第2554页）。

34. 第二十一世，侯西脉，瑞之子，南渡马来西亚（原谱第2554页）。

35. 第二十一世，侯胜利、侯西林（配偶玉叶）、侯志强，甫枝之子，住马来西亚（原谱第 2568、2569 页）。

36. 第二十一世，侯德发，西龙之子，住马来西亚（原谱第 2571 页）。

37. 第二十一世，侯康威，西福之子，住马来西亚（原谱第 2571 页）。

38. 第二十一世，侯家俊、侯建辉、侯康廷，国联之子，自幼生在马来西亚（原谱第 2571 页）。

39. 第二十二世，侯有成、侯有文、侯有喜、侯有水、侯亚金（女）、侯亚莲（女），西板之子女，旅居新加坡（原谱第 2592 页）。

40. 第二十二世，侯玉芬（女）、侯玉花（女），西策之女，旅居马来西亚（原谱第 2594 页）。

十二、九甲分支前厝侯氏汝成公派

1. 第二十五世，侯捷雄（配偶傅美美），福仁之子，居菲律宾（原谱第 2713 页）。

2. 第二十五世，侯茂雄（配偶叶莉娜），福安之子，居菲律宾（原谱第 2717 页）。

3. 第二十六世，侯永隆、侯国伟，捷雄之子，居菲律宾（原谱第 2721 页）。

4. 第二十六世，侯志伟，茂雄之子，居菲律宾（原谱第 2725 页）。

十三、侯安九甲侯氏四房华和公派

(一) 贤良公派下：泰元公派 (田墘支派)

1. 第十七世，侯志钗，有苔之子，居马来西亚太平十八丁（原谱第 2860 页）。

2. 第十七世，侯庵扁，有新之女，嫁梅山灯埔石目头后往马来西亚（原谱第 2863 页）。

3. 第十八世，侯敷都，世荦之子，居马来西亚吉隆坡（原谱第 2865 页）。

4. 第十八世，侯金德、侯亚龙、侯富泉，世姝之子，居马来西亚太平十八丁（原谱第 2866、2867 页）。

5. 第十九世，侯福盛、侯福来、侯观莲、侯莲花、侯连枝、侯玉梅、侯来英，敷都之子女，居马来西亚吉隆坡（原谱第 2875、2876 页）。

(二) 贤良公派下：石津公派（宙庭六柱公支派之五柱溪西厝、金蕉中厝及霞宫）

1. 第十四世，侯振燕，居马来西亚（原谱第 2987 页）。

2. 第十五世，侯章薯，振燕之子，居马来西亚（原谱第 2990 页）。

3. 第十五世，侯海瑞，振珠之子，居马来西亚（原谱第 2995 页）。

4. 第十五世，曼娟，居马来西亚（原谱第 2995 页）。

5. 第十五世，侯章红，振生之子，居马来西亚（原谱第 2995 页）。

6. 第十六世，侯奕通，章螺之子，居马来西亚（原谱第 3004 页）。

7. 第十六世，侯奕朋（配偶苏秀添）、侯奕番、侯敬忠，海瑞之子，居马来西亚（原谱第 3005 页）。

8. 第十六世，侯奕富（配偶林三妹、潘荣华），章红之子，居马来西亚（原谱第 3006 页）。

9. 第十六世，侯奕富，章红之子，居马来西亚（原谱第 3006 页）。

10. 第十七世，侯世华、侯世英、侯世杰、侯桂英、侯桂凤、侯锦凤，奕通之子女，居马来西亚（原谱第 3023 页）。

11. 第十七世，侯世昌、侯世显、侯世辉、侯世雷、侯世阳、侯世卿，奕朋之子，居马来西亚（原谱第 3024、3025 页）。

12. 第十七世，侯世发、侯世文，奕番之子，居马来西亚（原谱第 3025 页）。

13. 第十七世，侯世清（配偶梁赛燕）、侯世兴（配偶黄和湄）、侯世强（配偶陈莲姻）、侯贤福、侯月娟，敬忠之子女，居马来西亚（原谱第 3025、3026 页）。

14. 第十七世，侯元成（配偶陈佩英）、侯金成（配偶郭秀云）、侯梅梅、侯亚妹、侯玉真、侯玉婉、侯玉莲、侯玉梨，奕富之子女，居马来西亚（原谱第 3026、3027、3028 页）。

15. 第十八世，侯田俊、侯甜诗，世清之子女，居马来西亚（原谱第 3054、3055 页）。

16. 第十八世，侯田爵、侯田韵，世兴之子女，居马来西亚（原谱第 3055 页）。

17. 第十八世，侯健伟（配偶余蔼然）、侯健基（配偶吴莉娴）、侯健智、侯碧丝、侯莉丝，元成之子女，居马来西亚（原谱第 3056 页）。

18. 第十八世，侯德良（配偶彭雪莉）、侯德汶、侯宝玲，金成之子女，居马来西亚（原谱第 3057 页）。

19. 第十八世，侯俊宏、侯怡伶、侯韦伶、侯妍伶，桂成之子女，居马来西亚（原谱第 3057 页）。

20. 第十九世，侯宪阳、侯宪明、侯璐珉，健伟之子女，居马来西亚（原谱第 3078、3079 页）。

21. 第十九世，侯祉阳、侯祉妍、侯祉盈，健基之子女，居马来西亚（原谱第 3078、3079 页）。

22. 第十五世，侯耀云（配偶李果），振秒之子，居马来西亚吉隆坡（原谱第 3089 页）。

23. 第十五世，耀一、耀嗯，振仁之子，居马来西亚（原谱第 3089 页）。

24. 第十六世，侯来春，耀云之子，居马来西亚吉隆坡（原谱第 3096 页）。

25. 第十六世，侯奕在（配偶黄骞娟），耀一之子，居马来西亚（原谱第 3096 页）。

26. 第十六世，侯奕肥，耀嗯之子，居马来西亚（原谱第 3096 页）。

27. 第十六世，侯永顺（配偶褚顺）、侯珍治，耀摸之子女，居马来西亚（原谱第 3096、3097 页）。

28. 第十六世，侯奕婆，旅居马来西亚（原谱第 3100 页）。

29. 第十六世，侯奕安（配偶戴尉娟），耀风之子，居马来西亚（原谱第 3102 页）。

30. 第十六世，侯奕嫌（配偶廖娇、林云英），耀满之子，居马来西亚（原谱第 3103、3104 页）。

31. 第十六世，侯奕哎，耀叱之子，旅居马来西亚（原谱第 3105 页）。

32. 第十六世，侯奕圆，章勤之子，居越南河内（原谱第 3105 页）。

33. 第十七世，侯世祖（配偶黄出吓），奕在之子，旅居马来西亚（原谱第 3109 页）。

34. 第十七世，黄梅吓，居马来西亚（原谱第 3109 页）。

35. 第十七世，侯意发、侯意福、侯成宗、侯意甫、侯成兴，永顺之子，居马来西亚（原谱第 3110 页）。

36. 第十七世，侯世巡，奕旭之子，居马来西亚（原谱第3115页）。

37. 第十七世，侯再成、侯啊梅，奕演之子女，居马来西亚（原谱第3117页）。

38. 第十七世，侯亚罔、侯来发（配偶叶宝玉）、侯珍、侯桂珠、侯文生（配偶郑来凤），奕安之子女，居马来西亚（原谱第3121、3122页）。

39. 第十七世，侯水生（配偶陈宝琴）、侯世昌（配偶李秀花）、侯晚才（配偶谢秀英）、侯平仔（配偶苏春香）、侯观凤，奕嫌之子女，居马来西亚（原谱第3124、3125页）。

40. 第十七世，侯世春、侯世秋，奕圆之子，居越南河内（原谱第3127页）。

41. 第十八世，侯敷键、侯敷钦、侯淑萍、侯淑铃、侯淑燕、侯淑铧，来发之子女，居马来西亚（原谱第3147、3148页）。

42. 第十八世，侯添丁（配偶林美珍）、侯添友（配偶黄木珠）、侯添成（配偶吴碧丝）、侯添锦（配偶周绣琼），文生之子，居马来西亚（原谱第3148、3149页）。

43. 第十八世，侯锦铨（配偶陈玉萍）、侯淑铃，水生之子女，居马来西亚（原谱第3152页）。

44. 第十八世，侯金发（配偶刘秀云）、侯金福（配偶林素伶）、侯均沾（配偶黄琬楸）、侯金汉（配偶黄金凤）、侯金庭（配偶刘丽香）、侯丽珍，世昌之子女，居马来西亚（原谱第3152～3154页）。

45. 第十八世，侯伟伦、侯伟俊、侯森鸿、侯丽燕，晚才之子女，居马来西亚（原谱第3154页）。

46. 第十八世，侯金宝（配偶黄丽芬）、侯金贵（配偶吴芩晴）、侯金川（配偶许铭珠）、侯金辉，平仔之子，居马来西亚（原谱第3154、3155页）。

47. 第十九世，侯智钧、侯智敏、侯智沁，添丁之子，居马来西亚（原谱第3172页）。

48. 第十九世，侯智贤、侯智燊、侯淑云、侯淑钰、侯淑微，添友之子女，居马来西亚（原谱第3172页）。

49. 第十九世，侯智永、侯智烩，添成之子，居马来西亚（原谱第3173页）。

50. 第十九世，侯智杰、侯智锌，添锦之子，居马来西亚（原谱第3173页）。

51. 第十九世，侯舒恒、侯舒逸，锦铨之子，居马来西亚（原谱第3175页）。

52. 第十九世，侯秋仪、侯雪慧、侯雪炜，金发之子女，居马来西亚（原谱第3175页）。

53. 第十九世，侯凯翔、侯雪协，金福之子女，居马来西亚（原谱第3175页）。

54. 第十九世，侯采晏，均沾之子，居马来西亚（原谱第3175页）。

55. 第十九世，侯胜尧、侯胜杰，金汉之子，居马来西亚（原谱第3176页）。

56. 第十九世，侯俊宏、侯佩妁，金庭之子女，居马来西亚（原谱第3176页）。

57. 第十九世，侯志斌、侯志聪，金宝之子，居马来西亚（原谱第3176页）。

58. 第十九世，侯芊彤，金川之女，居马来西亚（原谱第3176页）。

（三）贤良公派下：石津公派（宙庭六柱公支派之六柱溪西厝）

1. 第十六世，侯奕招（配偶晋德）、侯奕开，章贝之子，居马来西亚（原谱第3233页）。

2. 第十六世，侯奕壹（配偶黄抄娟）、侯奕忍（配偶洪金娟），章羔之子，居马来西亚（原谱第3233页）。

3. 第十七世，侯世明（配偶陈改娟）、侯世贵（配偶雷莲英）、侯美玉、侯美月、侯美英、侯亚珠、侯美凉、侯美燕，奕招之子女，居马来西亚（原谱第3235、3236页）。

4. 第十七世，侯蜘蛛、侯木兰、侯月娥，奕壹之子女，居马来西亚（原谱第3236页）。

5. 第十七世，侯新阿、侯固阿、侯哈厘，奕忍之子，居马来西亚（原谱第3236页）。

6. 第十七世，侯富长、侯富元，世明之子，居马来西亚（原谱第3238页）。

7. 第十七世，侯富顺，世贵之子，居马来西亚（原谱第3238页）。

（四）贤良公派下：石津公派（宙庭布房公支派）

1. 第十六世，侯德成（配偶黄赶治），耀顶之子，居马来西亚（原谱第 3244 页）。

2. 第十七世，侯原谅（配偶刘玉萍）、侯世清、侯美莲、侯美丽，德成之子女，居马来西亚（原谱第 3248 页）。

3. 第十八世，侯竞峰、侯盈、侯盈盈，原谅之子女，居马来西亚（原谱第 3255 页）。

04

泉州《泉州市郊石堆邱氏家谱》

石堆为泉州市丰泽区北峰街道群峰社区石堆。西晋永嘉年间，中原动荡，邱夷公携眷偕同衣冠八大姓（林陈黄郑詹丘何胡）入闽，为邱氏入闽开基始祖。而石堆邱氏肇基祖，乃以送、以登、以助三兄弟由南安四都邱厝尾迁入玉井村，于清末民初向石堆周氏购买房屋，随迁石堆村居住。后因山贼匪患、民不安生，三代公兄弟辈金标、金陵、秀情、赞成先后涉洋印尼谋生。

泉州《泉州市郊石堆邱氏家谱》由泉州市郊石堆邱氏修谱理事会编印，2002年印刷。

迁居南洋记录

1. 第四世，长民，金陵长子，侨居印尼（原谱第16页）。

2. 第四世，福民，金陵次子，侨居印尼（原谱第16页）。

3. 第二世，太昌，以登二子，侨居印尼，妣吴氏，侨居印尼（原谱第14页）。

4. 第二世，再兴，以登四子，少年南渡印尼，青年回国（原谱第14页）。

5. 第三世，金标，德成长子，侨居印尼（原谱第15页）。

6. 第三世，万美，德成三子，侨居印尼（原谱第16页）。

7. 第三世，志高，德成四子，侨居印尼（原谱第16页）。

8. 第三世，金忠，德土次子，侨居印尼（原谱第17页）。

9. 第三世，黄菊，德土三子，侨居印尼（原谱第18页）。

10. 第四世，长寿，金标长子，生于印尼爪哇玛琅，青年回国（原谱第20页）。

11. 第四世，长庆，金标次子，侨居印尼（原谱第21页）。
12. 第四世，忠善，赞成长子，侨居印尼（原谱第23页）。
13. 第四世，忠义，赞成次子，侨居印尼（原谱第23页）。
14. 第四世，忠海，赞成三子，侨居印尼（原谱第24页）。
15. 第四世，国地，金忠长子，侨居印尼（原谱第24页）。
16. 第四世，国雄，金忠次子，侨居印尼（原谱第24页）。
17. 第五世，福林，长庆长子，侨居印尼（原谱第27页）。
18. 第五世，福英，长庆次子，侨居印尼（原谱第28页）。

05

泉州《桃源锦绣山腰庄氏族谱》

山腰位于福建泉州市原惠安县北部（称惠北），今为泉州市泉港区山腰街道。福建庄氏开基始祖庄森，原籍河南光州固始，唐朝末年，中原扳荡，庄森随王潮、王审知入闽，择居永春桃源里（今湖洋镇），成为福建庄氏的开基始祖。其后代耒公迁居惠安前蔡（山腰旧称），期间人丁旺盛、人才辈出。清代中期，尤其清末，由于政治腐败、社会动荡不安、民不聊生，庄氏族人纷纷南渡至东南亚各地。

泉州《桃源锦绣山腰庄氏族谱》分上下两册，由泉州锦绣庄文物修复保护委员会山腰分会、桃源锦绣山腰庄氏族谱编纂委员会编纂，黑龙江人民出版社 2016 年出版。

迁居南洋记录

1. 第十九世，碧麟、碧良，玉辉之子，居马来西亚（原谱第 41 页）。

2. 第十九世，其勇，玉成之子，居马来西亚（原谱第 41 页）。

3. 第十九世，忆明，玉清之子，居马来西亚（原谱第 41 页）。

4. 第二十一世，兴来、亚福、亚全、亚顺、兴利、兴源、亚源、亚成，文富之子，居新加坡（原谱第 42 页）。

5. 第二十一世，钦隆、庭贵、志隆、兴隆、顺隆，银发之子，居新加坡（原谱第 42 页）。

6. 第二十一世，福清、福锦、福荣、福兴、福跃、福隆、福志，奇发之子，居新加坡（原谱第 42 页）。

7. 第二十一世，福龙、福平、福安、福顺、福序、福添、福麟，奇德之子，居新马（原谱第 43 页）。

8. 第十九世，××，绊水长子，居新加坡（原谱第 43 页）。

9. 第二十一世，宗成、宗南，财文之子，居南洋（原谱第 48 页）。

10. 第二十一世，秀礼、秀全、秀发，华玉之子，居南洋（原谱第 48 页）。

11. 第二十一世，顺株，阿鳅之子，马来西亚（原谱第 48 页）。

12. 第十八世，泉水，风炳之子，居南洋（原谱第 49 页）。

13. 第二十世，贵才，汪哥之子，新加坡（原谱第 50 页）。

14. 第二十一世，宝法、宝金，贵才之子，居马来亚（原谱第 50 页）。

15. 第二十一世，惠林、惠鸿，锦华之子，居马来西亚（原谱第 57 页）。

16. 第二十一世，添来、添进、添顺，锦源之子，居马来西亚（原谱第 57 页）。

17. 第十九世，秀兴，准生之子，居南洋（原谱第 58 页）。

18. 第十九世，贤贵，运生之子，居南洋（原谱第 60 页）。

19. 第二十世，其明、其华、其达、其利、其金、其成，志兴之子，居南洋（原谱第 61 页）。

20. 第二十一世，纯金，马玉长子，居新加坡（原谱第 63 页）。

21. 第二十一世，纯津，马玉之子，居马来西亚（原谱第 63 页）。

22. 第二十一世，赐强、赐佳、赐发、赐志、赐韦，财宝之子，居马来西亚（原谱第 64 页）。

23. 第二十一世，惠刚、惠强、惠忠，成宝之子，居马来西亚（原谱第 64 页）。

24. 第二十一世，惠吉，有宝之子，居马来西亚（原谱第 64 页）。

25. 第二十一世，俊贤，顺宝之子，居马来西亚（原谱第 64 页）。

26. 第二十一世，志源、志德、志顺、志达，添福之子，居马来西亚（原谱第 64 页）。

27. 第二十一世，志发、志财，添促之子，居南洋（原谱第 65 页）。

28. 第二十一世，其山、伙宝，细桑之子，居马来西亚（原谱第 65 页）。

29. 第二十一世，佳财、佳木、佳福、佳奥，细成之子，居马来西亚（原谱第 65 页）。

30. 第二十一世，志忠、志良，金星之子，居马来西亚（原谱第 65

页）。

31. 第二十一世，文开、文华，金秀之子，居马来西亚（原谱第 65 页）。

32. 第二十一世，青峰、青峦、青原，杰介之子，居马来西亚（原谱第 66 页）。

33. 第二十一世，伟山、伟林、伟前，衡杰之子，居马来西亚（原谱第 66 页）。

34. 第二十一世，岳泉、岳潮，尚杰之子，居马来西亚（原谱第 66 页）。

35. 第二十一世，威廉、威政，卓杰之子，居马来西亚（原谱第 66 页）。

36. 第二十一世，凯文，智杰之子，居马来西亚（原谱第 66 页）。

37. 第二十一世，文春、文兴、文辉、文发、文福、文成，良金之子，居马来西亚（原谱第 68 页）。

38. 第十九世，戆亚，荣阿之子，居马来西亚（原谱第 69 页）。

39. 第二十一世，纪彦，顺福之子，居马来西亚（原谱第 71 页）。

40. 第二十一世，隆为，顺成长子，居马来西亚（原谱第 71 页）。

41. 第二十一世，志告，德珍之子，居马来西亚（原谱第 71 页）。

42. 第二十一世，宝法，义珍之子，居马来西亚（原谱第 71 页）。

43. 第二十一世，锦龙，铭吉之子，居马来西亚（原谱第 72 页）。

44. 第二十一世，剑明，古春之子，居马来西亚（原谱第 72 页）。

45. 第二十一世，进良、汉良、友良、伟良，添盛之子，居马来西亚（原谱第 73 页）。

46. 第二十一世，敏玮、敏彬，惠华之子，居马来西亚（原谱第 74 页）。

47. 第二十世，惠隆、惠成，贻礼之子，居马来西亚（原谱第 74 页）。

48. 第二十一世，庆纯、庆顺，应阿之子，居马来西亚（原谱第 75 页）。

49. 第二十一世，泉辉、金辉，早法之子，居马来西亚（原谱第 75 页）。

50. 第二十一世，清丰、清顺，惠明之子，居马来亚（原谱第 76 页）。

51. 第二十一世，金能，惠富之子，居马来亚（原谱第 76 页）。

52. 第二十一世，瑞发、瑞宝，添文之子，居马来西亚（原谱第 78 页）。

53. 第二十一世，再传、再成、再强，添进之子，居马来西亚（原谱第 78 页）。

54. 第二十一世，瑞华、荣华，添福之子，居马来西亚（原谱第 78 页）。

55. 第二十一世，瑞兴、瑞才、瑞胜，添寿之子，居马来西亚（原谱第 79 页）。

56. 第二十一世，家和，其桂之子，居新加坡（原谱第 80 页）。

57. 第二十世，东龙、文龙，德木之子，居马来亚（原谱第 80 页）。

58. 第二十一世，明辉、明详、明兴，祝贵之子，居马来亚（原谱第 81 页）。

59. 第十九世，宝兴、宝宗，其福之子，居新加坡（原谱第 81 页）。

60. 第二十一世，祥伟，添贵之子，居新加坡（原谱第 82 页）。

61. 第二十一世，祥安、祥吉，添富之子，居新加坡（原谱第 82 页）。

62. 第二十一世，祥仁、祥温，添荣之子，居新加坡（原谱第 82 页）。

63. 第二十一世，顺华、顺强、福森、福城、志贤、志文，清德之子，居马来西亚（原谱第 82 页）。

64. 第二十一世，来发、来财，少斌之子，居马来西亚（原谱第 83 页）。

65. 第十九世，奇才，泉法之子，居马来西亚（原谱第 83 页）。

66. 第二十一世，伟仁，雅顺之子，居马来西亚（原谱第 84 页）。

67. 第二十一世，学龙、学明、学成，超仁之子，居马来西亚（原谱第 84 页）。

68. 第二十一世，正达、正荣，小平之子，居马来西亚（原谱第 85 页）。

69. 第二十一世，进伟、进强，小安之子，居马来西亚（原谱第 85 页）。

70. 第二十世，荣顺，瑞财之子，居马来西亚（原谱第 86 页）。

71. 第二十世，运鸿、运鹏，家成之子，居马来西亚（原谱第 87 页）。

72. 第二十一世，崇亚、崇光，家添之子，居马来西亚（原谱第 87 页）。

73. 第十九世，三水，细兰之子，居马来西亚（原谱第 87 页）。

74. 第十九世，厚财，细树之子，居新加坡（原谱第 91 页）。

75. 第二十世，清添、××、××、××、××，论法之子，居新加坡（原谱第 91 页）。

76. 第二十一世，荣源、荣庆、荣跃、荣信，龙基之子，居马来西亚（原谱第 93 页）。

77. 第二十一世，荣楷，龙财之子，居马来西亚（原谱第 93 页）。

78. 第二十一世，荣顺、荣泉、荣国，龙珍之子，居马来西亚（原谱第 93 页）。

79. 第二十一世，秀春、国春、国安、国华，兴财之子，居马来西亚（原谱第 93 页）。

80. 第二十一世，庆明、学明，福金之子，居新加坡（原谱第 99 页）。

81. 第十九世，荣华、荣芳、荣彬、子彬，金元之子，居新加坡（原谱第 100 页）。

82. 第十八世，××、××、××，合法之子，居南洋（原谱第 100 页）。

83. 第十七世，文金，永春之子，居新加坡（原谱第 104 页）。

84. 第十七世，龙九，永妙之子，居新加坡（原谱第 105 页）。

85. 第十八世，进枝，槌慈之子，居新加坡（原谱第 106 页）。

86. 第十八世，松芳、松春，三英之子，居新加坡（原谱第 106 页）。

87. 第十九世，新惠，松山之子，居新加坡（原谱第 106 页）。

88. 第十八世，亚玲，三福之子，居新加坡（原谱第 107 页）。

89. 第十七世，文水，细广之子，居新加坡（原谱第 107 页）。

90. 第十七世，×生，马之子，居新加坡（原谱第 111 页）。

91. 第十九世，秀春、秀金，荣春之子，居新加坡（原谱第 113 页）。

92. 第十七世，刺亚，产丁之子，新加坡（原谱第 115 页）。

93. 第十七世，来奇，红嘴之子，居新加坡（原谱第 115 页）。

94. 第十八世，清来，来春之子，居新加坡（原谱第 115 页）。

95. 第二十世，如兴，其能之子，居南洋（原谱第 117 页）。

96. 第二十一世，国富、国强、国民、国财、国宝，邵华之子，居新加坡（原谱第119页）。

97. 第二十一世，智轩、智斌，庆华之子，居新加坡（原谱第119页）。

98. 第二十一世，建国，绍金之子，居新加坡（原谱第119页）。

99. 第十九世，阿义，金来之子，居南洋（原谱第122页）。

100. 第二十世，蚶目，麦痴之子，居南洋（原谱第122页）。

101. 第二十一世，忠成、忠复、忠锦，永贵之子，居南洋（原谱第123页）。

102. 第十九世，德法，××之子，居新加坡（原谱第123页）。

103. 第二十世，细其福，茂成之子，居南洋（原谱第125页）。

104. 第二十一世，志忠，德庆之子，居南洋（原谱第125页）。

105. 第二十世，如昆，其顺之子，居南洋（原谱第128页）。

106. 第二十一世，学渊、学琪、学谦、学宝、学喜，居新加坡（原谱第133页）。

107. 第二十一世，学麟、学平、学享、学贤、学富、学贵、学恒、学益，新培之子，居马来西亚（原谱第134页）。

108. 第二十世，绍裘、绍锦，永章之子，居南洋（原谱第135页）。

109. 第十八世，乌阿，贺礼之子，居南洋（原谱第142页）。

110. 第十九世，志荣，泉金之子，居南洋（原谱第145页）。

111. 第十九世，志成、志龙、志腾，顺吉之子，居南洋（原谱第148页）。

112. 第二十世，德明、德富、德来、德成，贵法之子，居新加坡（原谱第149页）。

113. 第二十世，顺宗、顺玉、荣宗、荣约、顺兴、顺富，绍鄙之子，居新加坡（原谱第149页）。

114. 第二十世，其才，××之子，居南洋（原谱第150页）。

115. 第十八世，政举、政腾，善亮之子，居新加坡（原谱第155页）。

116. 第十八世，佳煬，善添之子，居新加坡（原谱第156页）。

117. 第十八世，劲×，善财之子，居新加坡（原谱第156页）。

118. 第丨七世，日昆、日旭、日政，清四之子，居新加坡（原谱第161页）。

119. 第十八世，乌仔、英福，第五之子，居马来西亚（原谱第162页）。

120. 第十八世，秀泉，玉顺长子，居马来西亚（原谱第164页）。

121. 第十九世，仫阿，妹九之子，居南洋（原谱第173页）。

122. 第十八世，细清，粗阿之子，居新加坡（原谱第174页）。

123. 第十九世，志古，友法之子，居新加坡（原谱第175页）。

124. 第二十世，金祥，双贵之子，居新加坡（原谱第175页）。

125. 第十七世，日笑，马阿之子，居新加坡（原谱第177页）。

126. 第十九世，志祥，友兴之子，居新加坡（原谱第177页）。

127. 第十八世，友文、友栋、友招，永山之子，居新加坡（原谱第179页）。

128. 第十九世，志勇，永春之子，居新加坡（原谱第179页）。

129. 第二十一世，竞翔，国忠之子，居马来亚（原谱第180页）。

130. 第十九世，清凤，友德之子，居南洋（原谱第183页）。

131. 第二十一世，荣来、荣福、荣成、荣兴、雅合、约翰、荣法、荣才、荣龙、荣贵，德枝之子，居马来西亚（原谱第184页）。

132. 第十九世，梅其，友水之子，居马来西亚（原谱第184页）。

133. 第十九世，春福，金标之子，居新加坡（原谱第196页）。

134. 第十八世，清言，××之子，居南洋（原谱第222页）。

135. 第十八世，清世、清柱，××之子，居印尼（原谱第222页）。

136. 第十九世，亚顺，奄奄长子，居新加坡（原谱第223页）。

137. 第十八世，能顺，扣妹之子，居南洋（原谱第229页）。

138. 第十八世，山戆，玉桂之子，居新加坡（原谱第236页）。

139. 第二十世，绍春，志仁之子，居新加坡（原谱第241页）。

140. 第二十世，绍福，志礼之子，居新加坡（原谱第241页）。

141. 第十九世，纪金，约定之子，居新加坡（原谱第251页）。

142. 第十九世，金元、金联、兴联、兴旺、兴嘉，耶西之子，居新加坡（原谱第253页）。

143. 第二十一世，世昌，生×之子，居新加坡（原谱第254页）。

144. 第二十一世，劭仁、劭伟，忠×之子，居新加坡（原谱第254

页）。

145. 第二十一世，丹尼、乃承，美×之子，居新加坡（原谱第 254 页）。

146. 第二十一世，健辉，福×之子，居新加坡（原谱第 254 页）。

147. 第二十世，庆东、庆义、庆辉，和杰之子，居新加坡（原谱第 254 页）。

148. 第二十世，福明，和进之子，居新加坡（原谱第 254 页）。

149. 第二十一世，孙×，福安之子，居新加坡（原谱第 254 页）。

150. 第二十一世，旺盛，永远之子，居新加坡（原谱第 254 页）。

151. 第二十一世，杰民，永义之子，居新加坡（原谱第 254 页）。

152. 第二十一世，丽玲（女），永富之女，居新加坡（原谱第 254 页）。

153. 第二十一世，丽萍（女），永森之女，居新加坡（原谱第 254 页）。

154. 第二十一世，世伟、世跃，锦辉之子，居新加坡（原谱第 254 页）。

155. 第二十一世，立邦，永羽之子，居新加坡（原谱第 254 页）。

156. 第二十世，健伟、永洁，民章之子，居新加坡（原谱第 254 页）。

157. 第二十世，永盛、永竣，居新加坡（原谱第 254 页）。

158. 第十八世，清标，逐尾之子，居南洋（原谱第 262 页）。

159. 第二十世，家隆、家平、家淮，荣福之子，居马来西亚（原谱第 263 页）。

160. 第十九世，金法，柳生之子，居南洋（原谱第 265 页）。

161. 第二十一世，灯国、汗真、国真、国庆、灯河，清泉之子，居新加坡（原谱第 273 页）。

162. 第二十世，荣枝，硼阿，木生之子，居新加坡（原谱第 276 页）。

163. 第十九世，水法、水宗、水枝，秋贵之子，居新加坡（原谱第 282 页）。

164. 第十九世，乌鼻，细道口之子，居新加坡（原谱第 285 页）。

165. 第二十世，伟德、伟敏、伟鸿，智发之子，居新加坡（原谱第 286 页）。

166. 第二十世，绍堂、绍光，宇枝之子，居新加坡（原谱第290页）。

167. 第二十一世，国祥、国锋、国盛，福枝之子，居马来西亚（原谱第293页）。

168. 第二十一世，国盛（承嗣），福宝之子，居马来西亚（原谱第293页）。

169. 第二十一世，伟俊、瑞忠之子，居马来西亚（原谱第294页）。

170. 第二十一世，一女、瑞恩之子，居马来西亚（原谱第294页）。

171. 第二十一世，伟智、伟雄、伟豪，瑞志之子，居马来西亚（原谱第294页）。

172. 第二十一世，伟祥，瑞懋之子，居马来西亚（原谱第294页）。

173. 第十九世，其生，查某之子，居南洋（原谱第297页）。

174. 第二十世，能福，金顺之子，居南洋（原谱第299页）。

175. 第二十世，建发，秋贵之子，居新加坡（原谱第305页）。

176. 第十九世，今兴，矮古之子，居南洋（原谱第321页）。

177. 第十九世，布雷、布金、布源、布惠、布松、布成、布明，良枝之子，居新加坡（原谱第323页）。

178. 第十九世，平平、平安、××、××、××、××，良春之子，居新加坡（原谱第323页）。

179. 第十九世，兴桂（承嗣），九法之子，居新加坡（原谱第323页）。

180. 第十九世，秋元，阿财之了，居新加坡（原谱第323页）。

181. 第十九世，扣英，金春之子，居新加坡（原谱第325页）。

182. 第二十世，秀泰、秀仁、秀明、秀德，扣英之子，居新加坡（原谱第325页）。

183. 第十八世，盘菜，公良之子，居新加坡（原谱第325页）。

184. 第十九世，志环，盘菜之子，居新加坡（原谱第325页）。

185. 第二十世，长青、树新，志桂之子，居新加坡（原谱第326页）。

186. 第十九世，主赐、主福，记恩之子，居新加坡（原谱第329页）。

187. 第十九世，粗宝，记东之子，居新加坡（原谱第329页）。

188. 第十八世，记芳、记成，燕水之子，居新加坡（原谱第329页）。

189. 第二十世，志华、志伟，主安之子，居新加坡（原谱第329页）。

190. 第十八世，泉发、记元，盛兴之子，居新加坡（原谱第 331 页）。

191. 第十七世，夏兰、祥兰，青哟之子，居新加坡（原谱第 332 页）。

192. 第十八世，荣金、春金，财发之子，居新加坡（原谱第 332 页）。

193. 第十八世，柒金，财发之子，居新加坡（原谱第 333 页）。

194. 第十九世，水枝，顺德之子，居新加坡（原谱第 333 页）。

195. 第十九世，志能，顺法之子，居新加坡（原谱第 333 页）。

196. 第十九世，志礼，泉福之子，居新加坡（原谱第 334 页）。

197. 第十九世，清良，泉宝之子，居马来西亚（原谱第 334 页）。

198. 第十八世，来宝、来鸿，春生之子，居新加坡（原谱第 335 页）。

199. 第二十世，委勲、委霖、委鑫，志贤之子，居新加坡（原谱第 335 页）。

200. 第二十世，朝明，志俊之子，居新加坡（原谱第 335 页）。

201. 第十九世，志强、志庆、志文，文球之子，居新加坡（原谱第 335 页）。

202. 第十九世，志华、志明、志英，球来之子，居新加坡（原谱第 335 页）。

203. 第十九世，庆国、建海、建忠、建华，细球之子，居新加坡（原谱第 335 页）。

204. 第十八世，兴来，×阿之子，居新加坡（原谱第 335 页）。

205. 第十七世，乌春，四两之子，居新加坡（原谱第 336 页）。

206. 第十九世，志发、志忠、志安、志宗、志肯、志宝，细辈之子，居新加坡（原谱第 336 页）。

207. 第十九世，志能、志其，三×之子，居新加坡（原谱第 337 页）。

208. 第十八世，××、金星，财龙之子，居新加坡（原谱第 339 页）。

209. 第十七世，反仔，带致之子，居新加坡（原谱第 340 页）。

210. 第十九世，志良，亚来之子，居印尼（原谱第 340 页）。

211. 第十八世，友祥、友财、友宝、友开，晏成之子，居印尼（原谱第 340 页）。

212. 第二十世，阿招、阿辉，宝强之子，居印尼（原谱第 341 页）。

213. 第二十世，阿雄、阿辉，宝山之子，居印尼（原谱第 341 页）。

214. 第十九世，志强、志宏、志贤、志雄，兴良之子，居新加坡（原谱第 350 页)。

215. 第十七世，玉水，顺士之子，居新加坡(原谱第 354 页)。

216. 第十六世，老世，早田之子，居吉隆坡(原谱第 355 页)

217. 第十七世，泉福，生坯之子，居南洋(原谱第 356 页)。

218. 第十八世，华德，顺元之子，居新加坡(原谱第 357 页)。

219. 第十七世，顺来，美玉之子，居新加坡(原谱第 358 页)。

220. 第十八世，文法、文进，阿脑之子，居新加坡(原谱第 362 页)。

221. 第十七世，次阿，国清之子，居新加坡(原谱第 362 页)。

222. 第十七世，春送，乌阿之子，居新加坡(原谱第 366 页)。

223. 第十八世，友华，春燕之子，居印尼(原谱第 366 页)。

224. 第十八世，阿九，顺宝之子，居新加坡(原谱第 366 页)。

225. 第十七世，顺荣，阿发之子，居新加坡(原谱第 366 页)。

226. 第十七世，国明、国信，阿蚶之子，居新加坡(原谱第 368 页)。

227. 第十八世，江水，欢喜之子，居新加坡(原谱第 371 页)。

228. 第十九世，荣全、荣吉，石古之子，居新加坡(原谱第 372 页)。

229. 第十七世，马招，坤生之子，居新加坡(原谱第 372 页)。

230. 第十七世，马水，其生之子，居新加坡(原谱第 372 页)。

231. 第二十世，振亮、振明，欠法之子，居新加坡(原谱第 388 页)。

232. 第二十一世，××、××，能官之子，居新加坡(原谱第 389 页)。

233. 第二十世，炳章，乌猴之子，居马来西亚(原谱第 393 页)。

234. 第二十世，金全，细春之子，居马来西亚(原谱第 398 页)。

235. 第二十一世，剑峰、剑涛，绍毅之子，居印尼(原谱第 400 页)。

236. 第二十一世，思芬、思芳，绍周之子，居新加坡(原谱第 400 页)。

237. 第十九世，大展，扁阿之子，居新加坡(原谱第 403 页)。

238. 第十八世，良枝、良富，少兴之子，居新加坡(原谱第 404 页)。

239. 第二十世，耀腾，志民之子，居新加坡(原谱第 406 页)。

240. 第二十世，耀宗、耀辉，志强之子，居新加坡(原谱第 406 页)。

241. 第二十世，友仁、恩哪，志国之子，居新加坡(原谱第 406 页)。

242. 第二十世，耀良、耀坚，志富之子，居新加坡(原谱第 406 页)。

243. 第二十世，基典，志全之子，居新加坡（原谱第 406 页）。

244. 第二十世，益伟，志家之子，居新加坡（原谱第 407 页）。

245. 第二十一世，嘉彬、嘉壤、嘉英，绍荣之子，居新加坡（原谱第 408 页）。

246. 第二十一世，金宏、金龙，绍森之子，居新加坡（原谱第 408 页）。

247. 第二十一世，嘉祥，绍宏之子，居新加坡（原谱第 408 页）。

248. 第十八世，顶阿，世傅之子，居南洋（原谱第 411 页）。

249. 第十九世，屁阿，应玉之子，居南洋（原谱第 414 页）。

250. 第十五世，××，光侗之子，居新加坡（原谱第 415 页）。

251. 第二十世，长辉，梅春之子，居马来西亚（原谱第 415 页）。

252. 第二十世，进兴、进财、进桂，荣水之子，居新加坡（原谱第 420 页）。

253. 第十九世，三、四，马量之子，居新加坡（原谱第 421 页）。

254. 第二十世，永宗，瘦阿之子，居新加坡（原谱第 425 页）。

255. 第二十一世，忠成、学能、阿九，荣泉之子，居马来西亚（原谱第 433 页）。

256. 第二十一世，银顺，金桂之子，居马来西亚（原谱第 434 页）。

257. 第二十一世，勇汉、勇威，木来之子，居马来西亚（原谱第 435 页）。

258. 第二十一世，××，国安长子，居马来西亚（原谱第 442 页）。

259. 第二十一世，××、××，朱福之子，居马来西亚（原谱第 442 页）。

260. 第二十一世，宝春，金龙之子，居马来西亚（原谱第 442 页）。

261. 第二十一世，学宝，象桐之子，居马来西亚（原谱第 443 页）。

262. 第二十一世，荣坤，春法长子，居马来西亚（原谱第 443 页）。

263. 第二十一世，荣超，兴成长子，居马来西亚（原谱第 443 页）。

264. 第二十世，良荣，志水长子，居马来西亚（原谱第 445 页）。

265. 第二十世，乌财，成进长子，居马来西亚（原谱第 445 页）。

266. 第二十世，崇龙，兴发之子，居马来西亚（原谱第 448 页）。

267. 第二十一世，顺来，崇龙之子，居马来西亚（原谱第 448 页）。

268. 第二十一世，培民、培强、培峰，容桂之子，居马来西亚（原谱第 448 页）。

269. 第二十一世，顺平、顺利，崇荣之子，居马来西亚（原谱第 448 页）。

270. 第二十一世，顺达，崇德之子，居马来西亚（原谱第 448 页）。

271. 第二十一世，顺添、顺安、顺平，崇华之子，居马来西亚（原谱第 448 页）。

272. 第二十一世，顺泰、顺庆，崇福之子，居马来西亚（原谱第 448 页）。

273. 第二十一世，顺吉、顺盛，崇宝之子，居马来西亚（原谱第 448 页）。

274. 第二十一世，顺烈、顺益，崇水之子，居马来西亚（原谱第 449 页）。

275. 第二十一世，顺隆、顺伟，崇贵之子，居马来西亚（原谱第 449 页）。

276. 第二十一世，顺国，崇明之子，居马来西亚（原谱第 449 页）。

277. 第二十一世，顺威、顺进，庆铭之子，居马来西亚（原谱第 450 页）。

278. 第二十一世，仁杰，庆德之子，居马来西亚（原谱第 450 页）。

279. 第二十一世，景顺，庆和之子，居马来西亚（原谱第 450 页）。

280. 第二十一世，有强、有宗，庆城之子，居马来西亚（原谱第 450 页）。

281. 第二十一世，国伟、国威，天赐之子，居马来西亚（原谱第 450 页）。

282. 第二十一世，国祥、国荣，福财之子，居马来西亚（原谱第 450 页）。

283. 第二十一世，国明，赐来之子，居马来西亚（原谱第 450 页）。

284. 第二十一世，国伦、国顺，赐桂之子，居马来西亚（原谱第 450 页）。

285. 第二十一世，国添，赐强之子，居马来西亚（原谱第 450 页）。

286. 第十九世，永顺、永法，悉来之子，居印尼（原谱第 451 页）。

287. 第二十世，添兴，志荣之子，居马来西亚（原谱第454页）。

288. 第二十世，文山、文海、文福、文财、文彬、文国、文来，居马来西亚（原谱第454页）。

289、你二十一世，学安，绍川之子，居新加坡（原谱第456页）。

290. 第二十一世，学进，绍懿之子，居新加坡（原谱第456页）。

291. 第二十一世，学衡、哲泉，绍平之子，居新加坡（原谱第456页）。

292. 第二十一世，学谦，绍文之子，居新加坡（原谱第456页）。

293. 第二十一世，学宏，绍震之子，居新加坡（原谱第456页）。

294. 第二十一世，学平，瑞文之子，居马来西亚（原谱第457页）。

295. 第二十世，绍福、绍龄、绍鹏、绍德，泉金之子，居马来西亚（原谱第457页）。

296. 第十九世，大汉，金益之子，居新加坡（原谱第460页）。

297. 第二十世，文金、文国、文龙、文强、文斌、文发，厨阿之子，居马来西亚（原谱第466页）。

298. 第二十世，宗金，南婆之子，居马来西亚（原谱第475页）。

299. 第二十世，绍宗，细球之子，居马来西亚（原谱第485页）。

300. 第十九世，顺德，有庆之子，居马来西亚（原谱第486页）。

301. 第十八世，阿箪，时薰之子，居南洋（原谱第491页）。

302. 第二十世，阿金、金福、金发，居新加坡（原谱第492页）。

303. 第十九世，福桂，延铿之子，居新加坡（原谱第503页）。

304. 第十九世，文进，脱克之子，居马来西亚（原谱第520页）。

305. 第二十世，树仁，进水之子，居新加坡（原谱第528页）。

306. 第二十世，阿河、阿源、锦莲，居马来西亚（原谱第528页）。

307. 第二十一世，子杰、杰圣、若圣，逸宏之子，居马来西亚（原谱第532页）。

308. 第二十一世，祈山、祈圣，逸俊之子，居马来西亚（原谱第532页）。

309. 第二十一世，祈川、祈魁，逸发之子，居马来西亚（原谱第532页）。

310. 第二十 世，则亮、则信，逸庭之子，居马来西亚（原谱第 532 页)。

311. 第二十一世，凯文，逸敏之子，居马来西亚（原谱第 532 页)。

312. 第十九世，顺利、顺来、顺民，德宗之子，居马来西亚（原谱第 535 页)。

313. 第十八世，竹林，三贵之子，居新加坡（原谱第 538 页)。

314. 第十九世，鹏林，来法之子，居南洋（原谱第 551 页)。

315. 第十九世，乌才，明水之子，居南洋（原谱第 551 页)。

316. 第十九世，斗金，二泉之子，居新加坡（原谱第 552 页)。

317. 第二十十三世，木生、木水，盘阿之子，居新加坡（原谱第 562 页)。

318. 第二十十三世，锦辉、锦忠，谋进之子，居新加坡（原谱第 564 页)。

06

泉州《霞美黄氏族谱》

霞美为泉州市惠安张坂镇霞美村，今泉州市台商投资区张坂镇霞美村。霞美黄氏，系仁德公（自复公次子，岩荪公五世孙）于明洪武九年(1377年)，自惠安县锦田村迁来泉开基，历经六百余年。霞美黄氏发源于惠安锦田黄氏，锦田黄氏又发源于泉州紫云黄氏，紫云黄氏的远祖可上溯至东汉道隆。

泉州《霞美黄氏族谱》由霞美黄氏修谱委员会编印，黄逸亭、黄汉光、黄太源监修，黄磐石主编，分上下两册。漳州市东盛印刷厂印刷，1996年12月出版。

迁居南洋记录

一、二十世长房世美公世系表

1. 第二十二世，迈里窦，鼎铭次子，居菲律宾怡朗市（原谱第317页）。

2. 第二十世，世美，继碧长子，葬于菲律宾怡朗市华侨公墓（原谱第318页）。

3. 第二十一世，算来，世美养长子，少年渡菲（原谱第318页）。

4. 第二十二世，�垣，算来长子，旅居菲律宾怡朗市（原谱第318页）。

5. 第二十二世，爱琳，康安次女，居菲律宾描戈洛市（原谱第317页）。

6. 第二十四世，黄旻，照庭之子，居菲律宾怡朗市（原谱第319页）。

7. 第二十二世，昆宗，成来养子，少年渡菲（原谱第319页）。

8. 第二十一世，鼎铭，世美三子，早年渡菲，葬于菲律宾怡朗市（原谱第 319 页）。

9. 第二十一世，康安，世美四子，随父渡菲，后居菲律宾描戈朗市（原谱第 320 页）。

二、二十世二房世豪公世系表

1. 第二十一世，金来，世豪养长子，居菲律宾描戈朗市（原谱第 321 页）。

2. 第二十二世，则华，金来养长子，居菲律宾描戈朗市（原谱第 322 页）。

3. 第二十二世，春元，火来养长子，居菲律宾（原谱第 322 页）。

4. 第二十一世，炳来，世豪三子，早年居菲律宾怡朗市，后病回国（原谱第 323 页）。

三、十八世仲深公世系总表

1. 第二十一世，借基，金姑三子，居菲律宾（原谱第 352 页）。

四、二十世三房世鸣公世系表

1. 第二十一世，成发，世鸣长子，早年随伯父渡菲（原谱第 324 页）。

2. 第二十一世，辉德，世鸣次子，居菲律宾描戈朗市（原谱第 325 页）。第二十一世，银发，世鸣三子，早年随伯父渡菲，后回国（原谱第 325 页）。

3. 第二十一世，哺咀，世鸣四子，早年居菲律宾（原谱第 325 页）。

五、十九世三房继谦公所传世系

1. 第二十一世，元魁，世甸长子，旅菲华侨（原谱第 329 页）。

2. 第二十三世，黄勇，炳荣之子，往菲律宾民里拉市学商（原谱第 329 页）。

3. 第二十一世，祥来，世甸次子，旅菲华侨（原谱第 329 页）。

4. 第二十一世，燕成，世甸四子，旅菲华侨（原谱第 331 页）。

六、二十世长房世暖公世系

1. 第二十一世，火生，世暖长子，旅菲侨商（原谱第 336 页）。

2. 第二十一世，魁来，世暖次子，旅菲侨商（原谱第 337 页）。

七、二十世四房世仙公世系

1. 第二十世，世仙，仲锐继孙，少年渡菲（原谱第 339 页）。

2. 第二十一世，来水，世仙次子，葬于菲律宾怡朗华侨公墓（原谱第 341 页）。

3. 第二十二世，光安，来水长子，旅居菲律宾（原谱第 341 页）。

八、十九世继粪公兄弟世系

1. 第二十世，银水，继只长子，旅菲华侨（原谱第 345 页）。

九、二十一世水成公世系

1. 第二十一世，水成，世╳养子，早年渡菲，居菲律宾描戈朗市（原谱第 348 页）。

十、十八世仲琴公及仲审公世系

1. 第二十世，传授，世凹养长子，旅菲学商（原谱第 350 页）。

2. 第二十二世，奕金，传授长子，现居菲律宾怡朗市（原谱第 350 页）。

3. 第二十一世，传春，世凹养次子，居菲经商（原谱第 350 页）。

4. 第二十一世，玛法，银水养长子，旅菲谋生（原谱第 351 页）。

十一、二十世长房二金姑公世系表

1. 第二十二世，素莲，借基长女，居菲律宾（原谱 354 页）。

2. 第二十二世，素珍，借基三女，居菲律宾（原谱第 354 页）。

十二、十八世仲深公所传长房继产公世系

1. 第二十一世，天忠，金姑长子，旅居菲律宾（原谱第 354 页）。

2. 第二十二世，程然，天忠四子，菲律宾大学肄业（原谱第 355 页）。

3. 第二十二世，程远，天忠五子，菲律宾大学毕业（原谱第 356 页）。

4. 第二十二世，程键，天忠七子，菲律宾大学毕业（原谱第 356 页）。

5. 第二十二世，子反，天忠八子，菲律宾描戈律华明中学毕业（原谱第 356 页）。

6. 第二十二世，剑平，天忠九子，菲律宾毕业（原谱第 356 页）。

7. 第二十一世，借基，金姑三子，旅居菲律宾描戈律市（原谱第 357 页）。

8. 第二十二世，玉辉，借基之子，菲律宾描戈律市那刹大学毕业（原谱第 357 页）。

十三、二十世世抄公派下长房及二房世系

1. 第二十二世，德成，欠水之子，旅居马来西亚，后回乡定居（原谱第 360 页）。

2. 第二十一世，必葛，世抄次子，旅居菲律宾（原谱第 361 页）。

3. 第二十二世，锦玉，必葛长女，旅菲定居（原谱第 361 页）。

4. 第二十二世，书生，必葛长子，少年渡菲（原谱第 362 页）。

5. 第二十三世，扬华，书生长子，居菲经商（原谱第 362 页）。

6. 第二十二世，扶生，必葛次子，旅菲谋生（原谱第 362 页）。

7. 第二十二世，发生，文戆长子，少年渡菲（原谱第 363 页）。

8. 第二十三世，添华，发生嫡子，居菲律宾描戈律（原谱第 363 页）。

9. 第二十三世，省华，发生嫡次子，生于菲律宾（原谱第 363 页）。

10. 第二十二世，宝生，文戆次子，少年渡菲（原谱第 363 页）。

11. 第二十二世，赞生，文戆三子，少年渡菲（原谱第 364 页）。

12. 第二十三世，华民，华汉，赞生之子，生于菲律宾（原谱第 364 页）。

十四、二十一世清水公世系

1. 第二十一世，清水，世╳次子，旅菲律宾（原谱第 371 页）。

十五、二十世世辉公世系

1. 第二十一世，细乞，世辉次子，逝于菲律宾（原谱第 372 页）。

十六、二十一世必戆公及长安公世系

1. 第二十二世，仁爱，必戆长子，旅菲谋生（原谱第 375 页）。

2. 第二十一世，长安，世╳次子，旅菲谋生，晚年回乡（原谱第 376 页）。

3. 第二十二世，碧明，长安长子，旅菲谋生（原谱第 376 页）。

十七、二十世二房世╳公世系

1. 第二十一世，长发，世╳独子，旅菲谋生（原谱第 377 页）。

十八、二十世三房世矮公世系

1. 第二十一世，春发，世矮之子，旅菲谋生（原谱第 378 页）。

十九、二十世世壁公世系

1. 第二十一世，烟生，世壁长子，旅菲谋生（原谱第 379 页）。

二十、四传十九世继╳公世系

1. 第二十一世，瓦生，猴葱长子，旅菲谋生（原谱第 387 页）。

07

泉州《玉湖陈氏家庙族谱》

西晋太尉润公于永嘉二年（公元 308 年）由河南光州固始县渡江入闽，居福州乌石山，为开闽始祖。唐都尉迈公于武德二年（公元 620 年）居莆阳刺桐巷，为开莆始祖，传至宋康定庚辰年（公元 1040 年）道行公止有 420 年十四世。宋太师沂国仁公于庆历元年（公元 1041 年）择莆阳浦边胜地，似“溪海汇源”“白湖映堂”“玉笏朝天”，故称“玉湖陈”，为开湖奠居发族之始祖。南宋节公卜居惠安北海澳浦东张，为玉湖陈氏家庙始祖。节公抚育九子，以秀为名，一秀福州延蔓岸，二秀莆田吉廖，三秀莆田吉江，四秀莆田外梧桐，五秀定居东亭，六秀莆田城南宫边，七秀留居东张，八秀南安县山头斜，九秀泉州南门外。

泉州《玉湖陈氏家庙族谱》由玉湖陈氏家庙侨乡重建宗祠整谱办、董事会编，主编陈庆星，1992 年编订，1996 年出版。

迁居南洋记录

一、长、二、三、四、五公房谱册

1. 第二十一世，元富，恭赐公次子，配蔡氏，生四子，长瑞春，次瑞鑫，三瑞文，四瑞麟，旅居马来西亚（原谱第 435 页）。

2. 第二十一世，元福，恭赐公三子，生二子，长瑞金，次瑞财，旅居马来西亚（原谱第 435 页）。

3. 第二十一世，无齿吓，恭志公之子，旅居马来西亚（原谱第 439 页）。

4. 第二十二世，瑞泉九，从夙公三子，配吴氏，生二子，长子金财，次子金发，居马来西亚（原谱第 440 页）。

5. 第二十二世，瑞禄公，从禄公四子，配林氏，生二子，长子长宗，次子长全，旅居马来西亚（原谱第441页）。

6. 第二十二世，瑞荣，从常公长子，配潘氏续谢氏，生七子，长子成泉，次子成业，三子成贤，四子成财，五子成富，六子成兴，七子成章，居马来西亚（原谱第442页）。

7. 第二十二世，瑞春，从丰公长子，配吴氏桂清，生二子，长子金安，次子金成，居马来西亚（原谱第442页）。

8. 第二十二世，瑞鑫，从丰公次子，配李氏翠燕，生二子，长子俊良，次子俊仁，居马来西亚（原谱第442页）。

9. 第二十二世，瑞文，从丰公三子，居马来西亚（原谱第442页）。

10. 第二十二世，瑞麟，从丰公四子，居马来西亚（原谱第442页）。

11. 第二十二世，瑞金，从元福公长子，配木娇氏，生二子，长子剑明、次子剑清，居马来西亚（原谱第442页）。

12. 第二十二世，瑞财，从元福公次子，居马来西亚（原谱第442页）。

13. 第二十二世，友贵，从言公四子，配林氏续肖氏，生七子，长子寿荣、次子寿华、三子寿富、四子寿仁、五子寿瑞、六子寿明、七子寿桂，旅居马来西亚（原谱第443页）。

14. 第二十二世，屈吓，从瑞公嗣子，配钟氏，生三子，长子春华、次子春发、三子春景，旅居马来西亚（原谱第443页）。

15. 第二十二世，左贵，从暖公长子，配施氏，生四子，长子文福、次子文禄、三子文秀、四子春堂入嗣，居马来西亚（原谱第443页）。

16. 第二十二世，大发，从景公嗣子，配柯氏，入嗣二子，长子春兴、次子春坤，旅居马来西亚（原谱第444页）。

17. 第二十二世，宗发，从能公长子，配林氏，生三子，长子怡祥娶赘，次子顺来、三子顺安，居马来西亚（原谱第444页）。

18. 第二十二世，隆发，从岱公长子，配薛氏与詹家两顾，生二子，长子瑞福、次子瑞禄，居马来西亚（原谱第444页）。

19. 第二十二世，宗兴，从泽公长子，配朱氏，生二子，长子顺泉，次子顺中，旅居马来西亚（原谱第444页）。

20. 第二十二世，冒嘴，从泽公次子，配杨氏早亡，止居马来西亚

（原谱第445页）。

21. 第二十二世，国良，从泽公三子，配沈氏玉莲，生五子，长子明华，次子明光，三子明强，四子明福，五子明俊，居马来西亚（原谱第445页）。

22. 第二十二世，国富，从泽公四子，旅居马来西亚（原谱第445页）。

23. 第二十二世，宗炳，从琳公六子，配林氏续黄氏再续林氏，生三子，长子顺桦，次子顺民，三子顺复，旅居马来西亚（原谱第445页）。

24. 第二十二世，宗连，从斐公六子，配林氏，生三子，长子顺庆，次子顺福入嗣，三子顺玉，旅居马来西亚（原谱第445页）。

25. 第二十二世，宗贵，从琬公嗣长子，配林氏亚慧，生三子，长子志平，次子志华，三子志祥，居马来西亚（原谱第445页）。

26. 第二十二世，宗武，从琬公嗣次子，配林氏妹仔，生三子，长子志财，次子志安，三子志乐，居马来西亚（原谱第445页）。

27. 第二十二世，宗泽，从琬公嗣三子，居马来西亚（原谱第445页）。

28. 第二十二世，宗焕，从宿公长子，配林氏，生八子，长子顺全，次子顺良，三子顺添，四子顺通，五子顺秋，六子顺忠，七子顺坤，八子顺和，旅居马来西亚（原谱第445页）。

29. 第二十二世，宗祥，从宿公次子，配许氏，生四子，长子顺礼，次子顺太，三子顺国，四子顺基，旅居马来西亚（原谱第445页）。

30. 第二十二世，良宝，从阳公嗣长子，配林氏，生六子，长子来荣，次子来华，三子来黄，四子来福，五子金顺，六子金美，旅居马来西亚（原谱第446页）。

31. 第二十二世，玉春，从益公嗣子，配施氏，生二子，长子清华，次子荣华，旅居马来西亚（原谱第446页）。

32. 第二十二世，建春，从裕公长子，配郑氏金花，生子俊良，居马来西亚（原谱第446页）。

33. 第二十二世，建明，从裕公次子，配金氏慧思，生子俊霖，居马来西亚（原谱第446、447页）。

34. 第二十二世，建忠，从裕公三子，居马来西亚（原谱第447页）。

35. 第二十三世，金财，瑞泉九公长子，配赵氏秀兰，生二子，长子文祥，次子顺华，旅居马来西亚（原谱第448页）。

36. 第二十三世，金发，瑞泉九公次子，配陈氏，生一子伟杰，居马来西亚（原谱第448页）。

37. 第二十三世，荣坤，明利公三子，配林氏，生一子秀财，旅居马来西亚（原谱第448页）。

38. 第二十三世，荣辉，明里公长子，配林氏，生四子，长子金良，次子金华，三子金祥，四子金顺，居马来西亚（原谱第448页）。

39. 第二十三世，荣基，明禄公长子，配林氏续张氏，生四子，长子森辉，次子汉良，三子添良，四子汇良，居马来西亚（原谱第448页）。

40. 第二十三世，玉春，明光公次子，配林氏，生三子，长子顺来入嗣，次子顺良，三子顺发早亡，居马来西亚（原谱第449页）。

41. 第二十三世，玉福，明光公三子，配刘氏，生二子，长子顺华，次子顺枝，居马来西亚（原谱第449页）。

42. 第二十三世，玉梅，明德公长子，配林氏续余氏梁氏，生五子，长子春芳娶赘后脱离关系，长子春霖，次子金辉止，三子培祥，四子志森，五子志华，旅居马来西亚（原谱第449页）。

43. 第二十三世，草士，明镜公长子，配林氏，生四子，长子福忠，次子福财，三子福盛，四子福庆，居马来西亚（原谱第449页）。

44. 第二十三世，朝金，明仁公嗣长子，配柳氏，生一子金华，居马来西亚（原谱第449页）。

45. 第二十三世，良贵，明永公次子，配许氏，生四子，长子凤华入嗣，次子美成，三子美财，四子美发，居马来西亚（原谱第450页）。

46. 第二十三世，大目，明泽公长子，配王氏续洪氏，生五子，长子东春，次子东发，三子东荣，四子东良，五子东兴，居马来西亚（原谱第450页）。

47. 第二十三世，亚保，明良公长子，配林氏，生四子，长子金业，次子金璧，三子金鹤，四子金忠，居马来西亚（原谱第450页）。

48. 第二十三世，长福，明云公嗣子，配叶氏，生二子，长子德华，次子琨明，居马来西亚（原谱第450页）。

49. 第二十三世，长宗，明寿公长子，居马来西亚（原谱第450页）。

50. 第二十三世，长全，明寿公次子，居马来西亚（原谱第 450 页）。

51. 第二十三世，成泉，明宗公长子，配刘氏玉娇，生二子，长子伟杰，次子俊杰，旅居马来西亚（原谱第 450 页）。

52. 第二十三世，成业，明宗公次子，配万氏家骅，旅居马来西亚（原谱第 450～451 页）。

53. 第二十三世，成贤，明宗公三子，配王氏美莲，旅居马来西亚（原谱第 451 页）。

54. 第二十三世，成富，明宗公五子，配古氏燕玲，生子文杰，旅居马来西亚（原谱第 451 页）。

55. 第二十三世，成兴，明宗公六子，旅居马来西亚（原谱第 451 页）。

56. 第二十三世，成章，明宗公七子，旅居马来西亚（原谱第 451 页）。

57. 第二十三世，金安，明瑞春公长子，旅居马来西亚（原谱第 451 页）。

58. 第二十三世，金成，明瑞春公次子，旅居马来西亚（原谱第 451 页）。

59. 第二十三世，俊良，明瑞鑫公长子，旅居马来西亚（原谱第 451 页）。

60. 第二十三世，俊仁，明瑞鑫公次子，旅居马来西亚（原谱第 451 页）。

61. 第二十三世，剑明，明瑞金公长子，旅居马来西亚（原谱第 451 页）。

62. 第二十三世，剑清，明瑞金公次子，旅居马来西亚（原谱第 451 页）。

63. 第二十三世，春发，明遐公次子，配潘氏续王氏，生四子，长子进芳，次子进霖，三子进棋，四子进财，居马来西亚（原谱第 451 页）。

64. 第二十三世，福添，明蕉公长子，配刘氏银姐，生四子，长子友明，次子友聪，三子友华，四子友文，居马来西亚（原谱第 451 页）。

65. 第二十三世，寿棋，明种公次子，配邹氏景端，生四子，长子昌萍入嗣，次子昌盛，三子昌宏，四子昌延，旅居马来西亚（原谱第 452

页）。

66. 第二十三世，寿银，明惠公长子，配林氏良珠，生一子昌铭，旅居马来西亚（原谱第452页）。

67. 第二十三世，寿福，明惠公四子，配林氏金英，生三子，长子昌喜，次子昌芳，三子昌良，居马来西亚（原谱第452页）。

68. 第二十三世，寿荣，明高公长子，配马氏，生二子，长子嘉强，次子嘉良居马来西亚（原谱第453页）。

69. 第二十三世，寿华，明高公次子，配赖氏美莲，生子伟杰，居马来西亚（原谱第453页）。

70. 第二十三世，寿富，明高公三子，居马来西亚（原谱第453页）。

71. 第二十三世，寿仁，明高公四子，居马来西亚（原谱第453页）。

72. 第二十三世，寿瑞，明高公五子，配赖氏美芳，生二子，长子俊森，次子俊源居马来西亚（原谱第453页）。

73. 第二十三世，寿明，明高公六子，居马来西亚（原谱第453页）。

74. 第二十三世，寿桂，明高公七子，居马来西亚（原谱第453页）。

75. 第二十三世，春华，明信公嗣长子，配方氏细婵，生一子宗财，居马来西亚（原谱第453页）。

76. 第二十三世，春发，明信公嗣次子，配柯氏金妹，生五子，长子来发，次子来财，三子来福，四子来泉，五子国强，居马来西亚（原谱第453～454页）。

77. 第二十三世，春景，明信公嗣三子，配施氏玉英，生五子，长子来文，次子来明，三子来祥，四子来辉，五子来全，居马来西亚（原谱第454页）。

78. 第二十三世，文福，明长公长子，配施氏秀莲生二子，长子金财，次子金兴，居马来西亚（原谱第454页）。

79. 第二十三世，文禄，明长公次子，配许氏富娘，生二子，长子金良，次子金发，居马来西亚（原谱第454页）。

80. 第二十三世，文秀，明长公三子，配施氏金叶，生一子金华，居马来西亚（原谱第454页）。

81. 第二十三世，春兴，明昌公嗣长子，配林氏秀妹，生二子，长金鸿，次金祥，居马来西亚（原谱第454页）。

82. 第二十三世，春坤，明昌公嗣次子，配许氏金凤，生二子，长金源，次金临，居马来西亚（原谱第454页）。

83. 第二十三世，顺荣，明团公娶赘长子，配薛锦姐，生五子，长子善镇，次子善铢，三子善铸，四子善铨，五子善镗，居马来西亚（原谱第454页）。

84. 第二十三世，怡祥，明从公娶赘长子，配黄氏顺妹，生五子，长子月隆，次子月明，三子月春，四子月华，五子月兴，居马来西亚（原谱第455页）。

85. 第二十三世，顺来，明从公次子，配黄氏桂英，生四子，长子友泉，次子友华，三子友祥，四子友强，居马来西亚（原谱第455页）。

86. 第二十三世，瑞福，明展公长子，配陈氏淑燕，居马来西亚（原谱第455页）。

87. 第二十三世，瑞禄，明展公次子，配陈氏秀凤，生一子仕雅，居马来西亚（原谱第455页）。

88. 第二十三世，顺泉，明隆公长子，配李氏凤君，生子玉民，居马来西亚（原谱第455页）。

89. 第二十三世，顺中，明隆公次子，配张氏美凤，生子家良，居马来西亚（原谱第455页）。

90. 第二十三世，明华，明国良公长子，配谭氏青霞，生子文吉，居马来西亚（原谱第455页）。

91. 第二十三世，明福，明国良公四了，配谢氏玉兰，生子永赞，居马来西亚（原谱第455页）。

92. 第二十三世，明俊，明国良公五子，生子文汉，居马来西亚（原谱第455页）。

93. 第二十三世，顺富，明灿公嗣子，配林氏美玉，生二子，长子宝财，次子宝成，居马来西亚（原谱第456页）。

94. 第二十三世，顺隆，明潮公长子，配许氏月莲，生二子，长子耀强，次子肴福，居马来西亚（原谱第456页）。

95. 第二十三世，顺桦，明翔公长子，配林梅氏，生子志华，居马来西亚（原谱第456页）。

96. 第二十三世，顺民，明翔公次子，配林氏梅兰，生子子辉，居马来西亚（原谱第456页）。

97. 第二十三世，顺复，明翔公三子，居马来西亚（原谱第456页）。

98. 第二十三世，顺福，明城公次子，配周氏玉蓉，居马来西亚（原谱第456页）。

99. 第二十三世，顺玉，明城公三子，配林氏秀全，生子瑞凌，居马来西亚（原谱第456页）。

100. 第二十三世，志平，明宗贵公长子，配柯氏金兰，生子柏强，居马来西亚（原谱第456页）。

101. 第二十三世，志华，明宗贵公次子，配番仔妹，生子番仔，居马来西亚（原谱第456页）。

102. 第二十三世，志祥，明宗贵公三子，居马来西亚（原谱第456页）。

103. 第二十三世，志财，明宗武公长子，居马来西亚（原谱第456页）。

104. 第二十三世，志安，明宗武公次子，居马来西亚（原谱第456页）。

105. 第二十三世，志乐，明宗武公三子，居马来西亚（原谱第456页）。

106. 第二十三世，顺进，明兰公嗣长子，配刘氏素珍，生三子，长子永兴，次子永明，三子永强，居马来西亚（原谱第457页）。

107. 第二十三世，顺全，明章公长子，配林氏国琼，入嗣一子庆城，居马来西亚（原谱第457页）。

108. 第二十三世，顺良，明章公次子，配龙氏翠萍，生二子，长子庆峰，次子庆城出嗣顺全公为子，居马来西亚（原谱第457页）。

109. 第二十三世，顺添，明章公三子，配林氏玉珠，生二子，长子庆福，次子金旺，居马来西亚（原谱第457页）。

110. 第二十三世，顺通，明章公四子，配潘氏莉莉，生子明桦，居马来西亚（原谱第457页）。

111. 第二十三世，顺秋，明章公五子，配张氏玉兰，生子庆发，居马来西亚（原谱第457页）。

112. 第二十二世，顺忠，明章公六子，配陈月娥，生二子，长子庆铨，次子庆贤，居马来西亚（原谱第 457 页）。

113. 第二十三世，顺坤，明章公七子，配盛氏蔓莉，生二子，长子庆梁，次子庆艳，居马来西亚（原谱第 457 页）。

114. 第二十三世，顺和，明章公八子，配王氏丽珍，生二子，长子庆汉，次子庆玉，居马来西亚（原谱第 457 页）。

115. 第二十三世，顺礼，明福公长子，配林氏玉妹，生三子，长子添泉，次子添金，三子添发，居马来西亚（原谱第 457 页）。

116. 第二十三世，顺泰，明福公次子，配张氏翠兰，生一子添华，居马来西亚（原谱第 457 页）。

117. 第二十三世，顺国，明福公三子，配胡氏德美，生一子添龙，居马来西亚（原谱第 457 页）。

118. 第二十三世，顺基，明福公四子，配刘氏韵金，居马来西亚（原谱第 457 页）。

119. 第二十三世，来荣，明藏公长子，配李氏美蓉，居马来西亚（原谱第 458 页）。

120. 第二十三世，来华，明藏公次子，居马来西亚（原谱第 458 页）。

121. 第二十三世，来鸿，明藏公三子，居马来西亚（原谱第 458 页）。

122. 第二十三世，来福，明藏公四子，居马来西亚（原谱第 458 页）。

123. 第二十三世，金顺，明藏公五子，居马来西亚（原谱第 458 页）。

124. 第二十三世，金美，明藏公六子，居马来西亚（原谱第 458 页）。

125. 第二十三世，荣华，明玉春公长子，配刘氏美玲，居马来西亚（原谱第 459 页）。

126. 第二十三世，清华，明玉春公次子，居马来西亚（原谱第 459 页）。

127. 第二十三世，俊良，明楦公之子，居马来西亚（原谱第 459 页）。

128. 第二十三世，俊霖，明辉公长子，居马来西亚（原谱第 459 页）。

129. 第二十四世，文祥，睿金财公长子，居马来西亚（原谱第 460 页）。

130. 第二十四世，顺华，睿金财公次子，居马来西亚（原谱第 460 页）。

131. 第二十四世，伟杰，睿金发公之子，居马来西亚（原谱第 460

页）。

132. 第二十四世，秀财，睿成公之子，居马来西亚（原谱第 461 页）。

133. 第二十四世，金良，睿曜公长子，居马来西亚（原谱第 461 页）。

134. 第二十四世，金华，睿曜公次子，配李氏亚良续刘氏爱利，生二子，长子伟杰，次子思源，居马来西亚（原谱第 461 页）。

135. 第二十四世，金福，睿曜公三子，居马来西亚（原谱第 461 页）。

136. 第二十四世，金顺，睿曜公四子，配蔡氏爱珠，居马来西亚（原谱第 461 页）。

137. 第二十四世，森辉，睿奠公长子，居马来西亚（原谱第 461 页）。

138. 第二十四世，汉龙，睿奠公次子，配吴氏丹凤，居马来西亚（原谱第 461 页）。

139. 第二十四世，添龙，睿奠公三子，居马来西亚（原谱第 461 页）。

140. 第二十四世，汇龙，睿奠公四子，居马来西亚（原谱第 461 页）。

141. 第二十四世，金清，睿连公长子，配吴氏明哥，生五子，长子玉顺，次子玉平，三子玉成，四子玉春，五子玉贵，居马来西亚（原谱第 461 页）。

142. 第二十四世，顺来，睿喟公长子，配蔡氏亚妹续张氏碧香，生二子，长子金良，次子金虎，居马来西亚（原谱第 462 页）。

143. 第二十四世，顺良，睿喟公次子，配吴氏清环，生子志强，居马来西亚（原谱第 462 页）。

144. 第二十四世，顺发，睿喟公三子，早亡，居马来西亚（原谱第 462 页）。

145. 第二十四世，顺华，睿禄公长子，居马来西亚（原谱第 462 页）。

146. 第二十四世，顺枝，睿禄公次子，居马来西亚（原谱第 462 页）。

147. 第二十四世，春芳，与睿杏公脱离父子关系娶赘配朱氏顺兰，生六子，长秀清，次秀源，三秀坤，四秀铭，五秀河，六秀鸿，居马来西亚（原谱第 462 页）。

148. 第二十四世，春霖，睿杏公长子，配林氏宝莲，生子南渊，居马来西亚（原谱第 462 页）。

149. 第二十四世，金辉，睿杏公次子，早亡，居马来西亚（原谱第 462 页）。

150. 第二十四世，培祥，睿杏公三子，居马来西亚（原谱第462页）。

151. 第二十四世，志森，睿杏公四子，配谭氏亚英，生一子汉荣，居马来西亚（原谱第462页）。

152. 第二十四世，志华，睿杏公五子，居马来西亚（原谱第462页）。

153. 第二十四世，福忠，睿任公长子，配张氏新悌，生四子，长子尚地入嗣，次子志聪，三子志祺，四子志文，居马来西亚（原谱第463页）。

154. 第二十四世，福财，睿任公次子，配张氏美珍，生二子，长子耀辉，次子耀文，居马来西亚（原谱第463页）。

155. 第二十四世，福盛，睿任公三子，配钟氏月清，生子威桐，居马来西亚（原谱第463页）。

156. 第二十四世，福金，睿任公四子，居马来西亚（原谱第463页）。

157. 第二十四世，金华，睿堂公嗣子，配翁氏兰英，生六子，长宝庆，次宝发，三宝明，四宝煌，五宝祥，六宝全，居马来西亚（原谱第463页）。

158. 第二十四世，美成，睿丁公次子，配赖氏丽清，居马来西亚（原谱第463页）。

159. 第二十四世，美发，睿丁公三子，居马来西亚（原谱第463页）。

160. 第二十四世，美财，睿丁公四子，居马来西亚（原谱第463页）。

161. 第二十四世，东春，睿德公长子，配许氏玉妹，生四子，长子秀文，次子秀平，三子秀华，四子秀德，居马来西亚（原谱第463页）。

162. 第二十四世，东发，睿德公次子，配林氏福妹，生五子，长子秀龙，次子秀强，三子秀雄，四子秀全，五子秀锦，居马来西亚（原谱第463页）。

163. 第二十四世，东良，睿德公三子，配梁氏福莲，生子志伟，居马来西亚（原谱第463页）。

164. 第二十四世，东荣，睿德公四子，配林氏蓉妹，生子志勇，居马来西亚（原谱第463页）。

165. 第二十四世，东兴，睿德公五子，居马来西亚（原谱第463页）。

166. 第二十四世，金叶，睿通公长子，配林氏福姐，生五子，长子中辉，次子中旗，三子中平，四子中和，五子中光，居马来西亚（原谱第464页）。

167. 第二十四世，金璧，睿通公次子，配徐氏红英续郑氏，生六子，长子伟勤，次子伟诚，三子伟强，四子国良，五子国威，六子国顺，居马来西亚（原谱第464页）。

168. 第二十四世，金鹤，睿通公三子，配卢氏玉莲，生子子杰，居马来西亚（原谱第463页）。

169. 第二十四世，金忠，睿通公四子，配马氏美丽，生二子，长子伟泉，次子伟汉，居马来西亚（原谱第463页）。

170. 第二十四世，德华，睿建公长子，居马来西亚（原谱第463页）。

171. 第二十四世，琨明，睿建公次子，居马来西亚（原谱第463页）。

172. 第二十四世，伟杰，睿成泉公长子，居马来西亚（原谱第463页）。

173. 第二十四世，俊杰，睿成泉公次子，居马来西亚（原谱第463页）。

174. 第二十四世，文杰，睿成富公之子，居马来西亚（原谱第463页）。

175. 第二十四世，进芳，睿长公长子，配潘氏亚彩，生一子锦伟，居马来西亚（原谱第465页）。

176. 第二十四世，进霖，睿长公次子，配叶氏凤珍，生四子，长子锦鹏，次子锦彪，三子锦逸，四子锦胜，居马来西亚（原谱第465页）。

177. 第二十四世，进琪，睿长公三子，居马来西亚（原谱第465页）。

178. 第二十四世，进财，睿长公四子，配吴氏美燕，生子金泉，居马来西亚（原谱第465页）。

179. 第二十四世，友明，睿寿公长子，配高氏宝玉，生子楚业，居马来西亚（原谱第465页）。

180. 第二十四世，友聪，睿寿公次子，居马来西亚（原谱第465页）。

181. 第二十四世，友华，睿寿公三子，居马来西亚（原谱第465页）。

182. 第二十四世，友文，睿寿公四子，居马来西亚（原谱第465页）。

183. 第二十四世，玉香，睿春祥公三子，配洪氏维芳，生二子，长子锦明，次子锦强，居马来西亚（原谱第465页）。

184. 第二十四世，昌盛，睿根公次子，居马来西亚（原谱第466页）。

185. 第二十四世，昌宏，睿根公三子，居马来西亚（原谱第466页）。

186. 第二十四世，昌延，睿根公四子，居马来西亚（原谱第 466 页）。

187. 第二十四世，昌铭，睿珠公之子，居马来西亚（原谱第 466 页）。

188. 第二十四世，昌喜，睿富公长子，居马来西亚（原谱第 466 页）。

189. 第二十四世，昌芳，睿富公次子，居马来西亚（原谱第 466 页）。

190. 第二十四世，昌龙，睿富公三子，居马来西亚（原谱第 466 页）。

191. 第二十四世，嘉良，睿寿荣公之子，居马来西亚（原谱第 467 页）。

192. 第二十四世，伟杰，睿寿华公之子，居马来西亚（原谱第 467 页）。

193. 第二十四世，俊源，睿寿瑞公长子，居马来西亚（原谱第 467 页）。

194. 第二十四世，俊森，睿寿瑞公次子，居马来西亚（原谱第 467 页）。

195. 第二十四世，宗财，睿春华公之子，配蔡氏金玉，生三子，长子彦雄，次子彦彪，二子彦修，居马来西亚（原谱第 467、468 页）。

196. 第二十四世，来发，睿春发公长子，配郑氏丽珍，生二子，长子彦顺，次子彦和，居马来西亚（原谱第 468 页）。

197. 第二十四世，来财，睿春发公次子，配郑氏淑香，居马来西亚（原谱第 468 页）。

198. 第二十四世，来福，睿春发公三子，居马来西亚（原谱第 468 页）。

199. 第二十四世，来泉，睿春发公四子，居马来西亚（原谱第 468 页）。

200. 第二十四世，国强，睿春发公五子，居马来西亚（原谱第 468 页）。

201. 第二十四世，来文，睿春景公长子，配郑氏丽珠，居马来西亚（原谱第 468 页）。

202. 第二十四世，来明，睿春景公次子，配刘氏秀娟，生子彦梁，居马来西亚（原谱第 468 页）。

203. 第二十四世，来祥，睿春景公三子，配李氏美珠，生子彦耀，居马来西亚（原谱第 468 页）。

204. 第二十四世，来辉，睿春景公四子，居马来西亚（原谱第 468 页）。

205. 第二十四世，来存，睿春景公五子，居马来西亚（原谱第 468 页）。

206. 第二十四世，金财，睿文福公长子，居马来西亚（原谱第 468 页）。

207. 第二十四世，金兴，睿文福公次子，居马来西亚（原谱第 468 页）。

208. 第二十四世，金龙，睿文禄公长子，居马来西亚（原谱第 468 页）。

209. 第二十四世，金发，睿文禄公次子，居马来西亚（原谱第 468 页）。

210. 第二十四世，金华，睿文秀公长子，居马来西亚（原谱第 468 页）。

211. 第二十四世，金鸿，睿春兴公长子，居马来西亚（原谱第 468 页）。

212. 第二十四世，金祥，睿春兴公次子，居马来西亚（原谱第 468 页）。

213. 第二十四世，金源，睿春坤公长子，居马来西亚（原谱第 468 页）。

214. 第二十四世，金临，睿春坤公次子，居马来西亚（原谱第 468 页）。

215. 第二十四世，善镇，睿耀公长子，配蔡氏玉蓉，生二子，长子庆桥，次子庆桑，居马来西亚（原谱第 469 页）。

216. 第二十四世，善铢，睿耀公次子，配黄氏丽云，生二子，长子庆桦，次子庆桂，居马来西亚（原谱第 469 页）。

217. 第二十四世，善铸，睿耀公三子，配林氏玉娟，生子庆松，居马来西亚（原谱第 469 页）。

218. 第二十四世，善铨，睿耀公四子，居马来西亚（原谱第 469 页）。

219. 第二十四世，善镗，睿耀公五子，居马来西亚（原谱第 469 页）。

220. 第二十四世，月隆，睿怡祥公长子，居马来西亚（原谱第 469

页）。

221. 第二十四世，月明，睿怡祥公次子，配丘氏明珠，居马来西亚（原谱第 469 页）。

222. 第二十四世，月春，睿怡祥公三子，配吴氏碧秀，居马来西亚（原谱第 469 页）。

223. 第二十四世，月华，睿怡祥公四子，居马来西亚（原谱第 469 页）。

224. 第二十四世，月兴，睿怡祥公五子，居马来西亚（原谱第 469 页）。

225. 第二十四世，友泉，睿顺来公长子，配陈桂施氏，生子建辉，居马来西亚（原谱第 469 页）。

226. 第二十四世，友华，睿顺来公次子，配翁氏七妹，居马来西亚（原谱第 469 页）。

227. 第二十四世，友祥，睿顺来公三子，居马来西亚（原谱第 469 页）。

228. 第二十四世，友强，睿顺来公四子，居马来西亚（原谱第 469 页）。

229. 第二十四世，仕雅，睿瑞禄公长子，居马来西亚（原谱第 470 页）。

230. 第二十四世，玉民，睿顺泉公长子，居马来西亚（原谱第 470 页）。

231. 第二十四世，家良，睿顺中公长子，居马来西亚（原谱第 470 页）。

232. 第二十四世，文吉，睿明华公长子，居马来西亚（原谱第 470 页）。

233. 第二十四世，永赞，睿明福公长子，居马来西亚（原谱第 470 页）。

234. 第二十四世，文汉，睿明俊公长子，居马来西亚（原谱第 470 页）。

235. 第二十四世，宝财，睿永公长子，居马来西亚（原谱第 471 页）。

236. 第二十四世，宝成，睿永公次子，居马来西亚（原谱第 471 页）。

237. 第二十四世，耀强，睿琛公长子，居马来西亚（原谱第471页）。

238. 第二十四世，肴福，睿琛公次子，居马来西亚（原谱第471页）。

239. 第二十四世，志华，睿顺桦公长子，居马来西亚（原谱第471页）。

240. 第二十四世，子辉，睿顺民公长子，居马来西亚（原谱第471页）。

241. 第二十四世，瑞凌，睿宝公长子，居马来西亚（原谱第471页）。

242. 第二十四世，柏强，睿志平公长子，居马来西亚（原谱第471页）。

243. 第二十四世，番仔，睿志华长子，居马来西亚（原谱第471页）。

244. 第二十四世，永兴，睿先公长子，居马来西亚（原谱第471页）。

245. 第二十四世，永明，睿先公次子，居马来西亚（原谱第471页）。

246. 第二十四世，永强，睿先公三子，居马来西亚（原谱第471页）。

247. 第二十四世，庆城，睿奇公嗣子，居马来西亚（原谱第472页）。

248. 第二十四世，庆峰，睿相公之子，居马来西亚（原谱第472页）。

249. 第二十四世，庆福，睿财公长子，居马来西亚（原谱第472页）。

250. 第二十四世，金旺，睿财公次子，居马来西亚（原谱第472页）。

251. 第二十四世，明桦，睿天公之子，居马来西亚（原谱第472页）。

252. 第二十四世，庆发，睿季公长子，居马来西亚（原谱第472页）。

253. 第二十四世，庆铨，睿心公长子，居马来西亚（原谱第472页）。

254. 第二十四世，庆贤，睿心公次子，居马来西亚（原谱第472页）。

255. 第二十四世，庆梁，睿乾公长子，居马来西亚（原谱第472页）。

256. 第二十四世，庆艳，睿乾公次子，居马来西亚（原谱第472页）。

257. 第二十四世，庆汉，睿平公长子，居马来西亚（原谱第472页）。

258. 第二十四世，庆玉，睿平公次子，居马来西亚（原谱第472页）。

259. 第二十四世，添泉，睿行公长子，居马来西亚（原谱第472页）。

260. 第二十四世，添金，睿行公次子，居马来西亚（原谱第472页）。

261. 第二十四世，添发，睿行公三子，居马来西亚（原谱第472页）。

262. 第二十四世，添华，睿国公长子，居马来西亚（原谱第472页）。

263. 第二十四世，添龙，睿强公长子，居马来西亚（原谱第472页）。

264. 第二十五世，伟杰，家金华公长子，居马来西亚（原谱第474

页）。

265. 第二十五世，思源，家金华公次子，居马来西亚（原谱第 474 页）。

266. 第二十五世，玉顺，家风公长子，居马来西亚（原谱第 475 页）。

267. 第二十五世，玉平，家风公次子，居马来西亚（原谱第 475 页）。

268. 第二十五世，玉成，家风公三子，居马来西亚（原谱第 475 页）。

269. 第二十五世，玉春，家风公四子，居马来西亚（原谱第 475 页）。

270. 第二十五世，玉贵，家风公五子，居马来西亚（原谱第 475 页）。

271. 第二十五世，金龙，家顺来公长子，居马来西亚（原谱第 475 页）。

272. 第二十五世，金虎，家顺来公次子，居马来西亚（原谱第 475 页）。

273. 第二十五世，志强，家顺良公之子，居马来西亚（原谱第 475 页）。

274. 第二十五世，秀清，春芳之长子，居马来西亚（原谱第 476 页）。

275. 第二十五世，秀源，春芳之次子，居马来西亚（原谱第 476 页）。

276. 第二十五世，秀坤，春芳之三子，居马来西亚（原谱第 476 页）。

277. 第二十五世，秀铭，春芳之四子，居马来西亚（原谱第 476 页）。

278. 第二十五世，秀河，春芳之五子，居马来西亚（原谱第 476 页）。

279. 第二十五世，秀鸿，春芳之六子，居马来西亚（原谱第 476 页）。

280. 第二十五世，南渊，家春霖公长子，居马来西亚（原谱第 476 页）。

281. 第二十五世，汉荣，春志森公长子，居马来西亚（原谱第 476 页）。

282. 第二十五世，志聪，家福忠公次子，居马来西亚（原谱第 476 页）。

283. 第二十五世，志祺，家福忠公三子，居马来西亚（原谱第 476 页）。

284. 第二十五世，志文，家福忠公四子，居马来西亚（原谱第 476 页）。

285. 第二十五世，耀辉，家福财公长子，居马来西亚（原谱第 476

页）。

286. 第二十五世，耀文，家福财公次子，居马来西亚（原谱第476页）。

287. 第二十五世，威桐，家福盛公之子，居马来西亚（原谱第476页）。

288. 第二十五世，宝庆，家金华公长子，居马来西亚（原谱第476页）。

289. 第二十五世，宝发，家金华公次子，居马来西亚（原谱第476页）。

290. 第二十五世，宝明，家金华公三子，居马来西亚（原谱第476页）。

291. 第二十五世，宝煌，家金华公四子，居马来西亚（原谱第476页）。

292. 第二十五世，宝祥，家金华公五子，居马来西亚（原谱第476页）。

293. 第二十五世，宝全，家金华公六子，居马来西亚（原谱第476页）。

294. 第二十五世，秀文，家东春公长子，配施氏丽雅，居马来西亚（原谱第477页）。

295. 第二十五世，秀平，家东春公长子，配黄氏佩璇，居马来西亚（原谱第477页）。

296. 第二十五世，秀华，家东春公三子，配郭氏彩玲，居马来西亚（原谱第477页）。

297. 第二十五世，秀德，家东春公四子，居马来西亚（原谱第477页）。

298. 第二十五世，秀龙，家东发公长子，居马来西亚（原谱第477页）。

299. 第二十五世，秀强，家东发公次子，居马来西亚（原谱第477页）。

300. 第二十五世，秀雄，家东发公三子，居马来西亚（原谱第477页）。

301. 第二十五世，秀全，家东发公四子，居马来西亚（原谱第477页）。

302. 第二十五世，秀锦，家东发公五子，居马来西亚（原谱第477页）。

303. 第二十五世，志伟，家东良公之子，居马来西亚（原谱第477页）。

304. 第二十五世，志勇，家东荣公之子，居马来西亚（原谱第477页）。

305. 第二十五世，中辉，家美公长子，配彭氏宝莲，生一子隆语，居马来西亚（原谱第477页）。

306. 第二十五世，中旗，家美公次子，配冯氏莺鸣，生三子，长子英杰，次子振南，三子东盛，居马来西亚（原谱第477页）。

307. 第二十五世，中平，家美公三子，配林氏金珠，生一子嘉伟，居马来西亚（原谱第477页）。

308. 第二十五世，中和，家美公四子，配黎氏雅梅，生二子，长子伟义，次子伟强，居马来西亚（原谱第477页）。

309. 第二十五世，中光，家美公五子，居马来西亚（原谱第477页）。

310. 第二十五世，伟勤，家合公长子，居马来西亚（原谱第477页）。

311. 第二十五世，伟诚，家合公次子，居马来西亚（原谱第477页）。

312. 第二十五世，伟良，家合公三子，居马来西亚（原谱第477页）。

313. 第二十五世，伟强，家合公四了，居马来西亚（原谱第477页）。

314. 第二十五世，国威，家合公五子，居马来西亚（原谱第477页）。

315. 第二十五世，国顺，家合公六子，居马来西亚（原谱第477页）。

316. 第二十五世，子杰，家仙公之子，居马来西亚（原谱第477页）。

317. 第二十五世，伟泉，家敬公长子，居马来西亚（原谱第478页）。

318. 第二十五世，伟汉，家敬公次子，居马来西亚（原谱第478页）。

319. 第二十五世，锦伟，家名公之子，居马来西亚（原谱第478页）。

320. 第二十五世，锦彪，家春公长子，居马来西亚（原谱第478页）。

321. 第二十五世，锦鹏，家春公次子，居马来西亚（原谱第478页）。

322. 第二十五世，锦逸，家春公三子，居马来西亚（原谱第478页）。

323. 第二十五世，锦胜，家春公四子，居马来西亚（原谱第478页）。

324. 第二十五世，锦泉，家政公长子，居马来西亚（原谱第478页）。

325. 第二十五世，楚业，家友明公之子，居马来西亚（原谱第478页）。

326. 第二十五世，锦明，家桂公长子，配厄氏丽芝，生子志聪，居马来西亚（原谱第478页）。

327. 第二十五世，锦强，家桂公次子，居马来西亚（原谱第478页）。

328. 第二十五世，彦雄，家源公长子，居马来西亚（原谱第479页）。

329. 第二十五世，彦彪，家源公次子，居马来西亚（原谱第479页）。

330. 第二十五世，彦修，家源公三子，居马来西亚（原谱第479页）。

331. 第二十五世，彦顺，家达公长子，居马来西亚（原谱第479页）。

332. 第二十五世，彦和，家达公次子，居马来西亚（原谱第479页）。

333. 第二十五世，彦梁，家天公之子，居马来西亚（原谱第479页）。

334. 第二十五世，彦耀，家云公之子，居马来西亚（原谱第479页）。

335. 第二十五世，庆桥，家威公长子，居马来西亚（原谱第480页）。

336. 第二十五世，庆桑，家威公次子，居马来西亚（原谱第480页）。

337. 第二十五世，庆桦，家金公长子，居马来西亚（原谱第480页）。

338. 第二十五世，庆桂，家金公次子，居马来西亚（原谱第480页）。

339. 第二十五世，庆松，家玉公之子，居马来西亚（原谱第480页）。

340. 第二十五世，建辉，家友泉公长子，居马来西亚（原谱第480页）。

341. 第二十六世，隆语，中辉公之子，居马来西亚（原谱第482页）。

342. 第二十六世，英杰，中旗公长子，居马来西亚（原谱第482页）。

343. 第二十六世，振南，中旗公次子，居马来西亚（原谱第482页）。

344. 第二十六世，东盛，中旗公三子，居马来西亚（原谱第482页）。

345. 第二十六世，嘉伟，中平公之子，居马来西亚（原谱第482页）。

346. 第二十六世，伟义，中和公长子，居马来西亚（原谱第482页）。

347. 第二十六世，伟强，中和公次子，居马来西亚（原谱第482页）。

348. 第二十六世，志聪，锦明公之子，居马来西亚（原谱第483页）。

二、牛头新厝尾、下八祖公房蕃系谱册

1. 第二十一世，玉澡，文进次子，配林氏，生一子国兴，往马来西亚

（原谱第 510 页）。

2. 第二十一世，欺头，士祥三子，出嗣中厝三房屈吓为子，徙马来西亚（原谱第 510 页）。

3. 第二十一世，凤贵，臭头仔长子，徙新加坡，失稽（原谱第 512 页）。

4. 第二十一世，文章，恭乐长子，配林氏，生一子日城，立马来西亚居（原谱第 513 页）。

5. 第二十一世，银发，恭贵之子，配柯氏，生三子，长子荣春，次子荣忠，三子荣义，在马来西亚（原谱第 513 页）。

6. 第二十一世，德兴，三九长子，徙新加坡谋生，查不明（原谱第 513 页）。

7. 第二十二世，国兴，玉藻之子，配黄氏，生四子，长子民强，次子民雄，三子民福，四子民豪，全家在马来西亚谋生（原谱第 514 页）。

8. 第二十二世，亚喜，启水次子，配邱氏，生三子，长子添发，次子炳雄，三子金城，居马来西亚（原谱第 514 页）。

9. 第二十二世，日城，文章之子，配罗氏，生二子，长子丰隆，次子丰顺，立马来西亚（原谱第 518 页）。

10. 第二十二世，荣忠，银发次子，配蔡氏，生二子，长子祖永，次子祖雄，立马来西亚（原谱第 518 页）。

11. 第二十二世，荣义，银发三子，徙新加坡（原谱第 518 页）。

12. 第二十三世，民强，国兴长子，全家立马来西亚（原谱第 519 页）。

13. 第二十三世，民雄，国兴次子，全家立马来西亚（原谱第 519 页）。

14. 第二十三世，民福，国兴三子，全家立马来西亚（原谱第 519 页）。

15. 第二十三世，民豪，国兴四子，全家立马来西亚（原谱第 519 页）。

16. 第二十三世，添发，亚喜长子，配杨氏，生二子，长子国良，次子国荣，全家立马来西亚（原谱第 519 页）。

17. 第二十三世，炳雄，亚喜次子，配亚妙，生一子日强，全家立马来西亚（原谱第519页）。

18. 第二十三世，金城，亚喜三子，配杨氏，生二子，长子建财，次子建豪，全家立马来西亚（原谱第520页）。

19. 第二十三世，南峰，汉文长子，配林氏，生一子荣星，立马来西亚（原谱第522页）。

20. 第二十三世，南章，汉文次子，配林氏，生二子，长子荣景，次子荣昂，立马来西亚（原谱第522页）。

21. 第二十三世，南嶋，汉文三子，配许氏，生四子，长子荣晨，次子荣晃，三子荣昆，四子荣昌，立马来西亚（原谱第522页）。

22. 第二十三世，南城，汉文四子，配蔡氏，生一子荣晏，立马来西亚（原谱第522页）。

23. 第二十三世，南洲，汉文五子，配林氏，生二子，长子荣显，次子荣晋，立马来西亚（原谱第522页）。

24. 第二十三世，南森，汉文七子，配林氏，生二子，长子荣炅，次子荣曼，立马来西亚（原谱第522页）。

25. 第二十三世，祖德，荣春次子，立马来西亚（原谱第524页）。

26. 第二十三世，祖永，荣忠长子，立马来西亚（原谱第524页）。

27. 第二十三世，祖雄，荣忠次子，立马来西亚（原谱第524页）。

28. 第二十四世，金良，兆奎次子，在马来西亚，日本倒被人暗杀死（原谱第524页）。

29. 第二十四世，金芳，兆奎四子，配沈氏，生六子，长子顺才，次子顺贵，三子顺发，四子顺富，五子顺华，六子顺兴，全家立马来西亚（原谱第524页）。

30. 第二十四世，金兴，兆顺长子，配林氏，生五子，长子明发，次子明财，三子明来，四子明富，五子明秋，全家居新加坡（原谱第524页）。

31. 第二十四世，金锁，兆美次子，配何氏，生二子，长子昌树，次子昌贵，立马来西亚（原谱第524页）。

32. 第二十四世，金顺，兆贵次子，配林氏，立马来西亚（原谱第525页）。

33. 第二十四世，福金，春元之子，配林氏，生一子民发，全家在马来西亚（原谱第 525 页）。

34. 第二十四世，国泰，金榜四子，配蔡氏，生四子，长子元发，次子元顺，三子元德，四子元鸿，立马来西亚（原谱第 525 页）。

35. 第二十四世，荣谋，贤宗次子，配肖氏，生二子，长子志强，次子志豪，立马来西亚（原谱第 526 页）。

36. 第二十四世，国良，添发长子，立马来西亚（原谱第 526 页）。

37. 第二十四世，国荣，添发次子，立马来西亚（原谱第 526 页）。

38. 第二十四世，日强，炳雄之子，立马来西亚（原谱第 526 页）。

39. 第二十四世，建财，金城长子，立马来西亚（原谱第 526 页）。

40. 第二十四世，建豪，金城次子，立马来西亚（原谱第 526 页）。

41. 第二十四世，春贵，庆荣长子，配林氏，生一子建德，立马来西亚（原谱第 527 页）。

42. 第二十四世，春财，庆荣次子，配林氏，生一子建文，立马来西亚（原谱第 527 页）。

43. 第二十四世，春兴，庆荣三子，立马来西亚（原谱第 527 页）。

44. 第二十四世，荣星，南峰之子，立马来西亚（原谱第 527 页）。

45. 第二十四世，荣景，南章长子，立马来西亚（原谱第 527 页）。

46. 第二十四世，荣昂，南章次子，立马来西亚（原谱第 527 页）。

47. 第二十四世，荣晨，南嶋长子，立马来西亚（原谱第 527 页）。

48. 第二十四世，荣晃，南嶋次子，立马来西亚（原谱第 527 页）。

49. 第二十四世，荣昆，南嶋三子，立马来西亚（原谱第 527 页）。

50. 第二十四世，荣昌，南嶋四子，立马来西亚（原谱第 527 页）。

51. 第二十四世，荣晏，南城之子，立马来西亚（原谱第 528 页）。

52. 第二十四世，荣显，南洲长子，立马来西亚（原谱第 528 页）。

53. 第二十四世，荣晋，南洲次子，立马来西亚（原谱第 528 页）。

46. 第二十四世，荣昃，南森长子，立马来西亚（原谱第 528 页）。

54. 第二十四世，荣曼，南森次子，立马来西亚（原谱第 528 页）。

55. 第二十五世，顺财，金芳长子，配桂香，生二子，长子嘉祥，次子嘉和，立马来西亚（原谱第 528 页）。

56. 第二十五世，顺贵，金芳次子，配肖氏，生二子，长子嘉荣，次子嘉成，立马来西亚（原谱第 528 页）。

57. 第二十五世，顺发，金芳三子，立马来西亚（原谱第528页）。

58. 第二十五世，顺富，金芳四子，立马来西亚（原谱第528页）。

59. 第二十五世，顺华，金芳五子，立马来西亚（原谱第528页）。

60. 第二十五世，顺兴，金芳六子，立马来西亚（原谱第528页）。

61. 第二十五世，明发，金兴长子，配蔡氏，生一子瑞强，立马来西亚（原谱第528页）。

62. 第二十五世，明才，金兴次子，配日氏，生二子，长子瑞荣，次子瑞金，立新加坡（原谱第529页）。

63. 第二十五世，明富，金兴四子，配黄氏，生一子瑞成，立新加坡（原谱第529页）。

64. 第二十五世，明秋，金兴五子，立新加坡（原谱第529页）。

65. 第二十五世，顺坤，金栋长子，在洋车故（原谱第529页）。

66. 第二十五世，昌贵，金锁次子，全家在马来西亚（原谱第529页）。

67. 第二十五世，民发，福金之子，全家在马来西亚（原谱第529页）。

68. 第二十五世，元发，国泰长子，配黄氏，生一子，立马来西亚（原谱第530页）。

69. 第二十五世，元顺，国泰次子，配叶氏，立马来西亚（原谱第530页）。

70. 第二十五世，元德，国泰三子，立马来西亚（原谱第530页）。

71. 第二十五世，元鸿，国泰四子，立马来西亚（原谱第530页）。

72. 第二十六世，嘉祥，顺贵之子，立马来西亚（原谱第531页）。

73. 第二十六世，嘉和，顺发之子，立马来西亚（原谱第531页）。

74. 第二十六世，嘉荣，顺富之子，立马来西亚（原谱第531页）。

75. 第二十六世，明和，昌树之子，立马来西亚（原谱第531页）。

76. 第二十六世，明泰，昌贵之子，立马来西亚（原谱第531页）。

三、长房六祖四仕裕公为一世祖蕃系谱册

1. 第二十二世，玉富，进贵公次子，配潘氏，生四子，长子秋光，次子秋福，三子秋顺，四子秋明，全家居马来西亚（原谱第567页）。

2. 第二十三世，玉水，发连公长子，配吴氏，生四子，长子宝兴，次子宝财，三子宝安，四子宝清，旅居马来西亚（原谱第 569 页）。

3. 第二十三世，玉顺，发连公次子，配黄氏，生四子，长子宝发，次子宝源，三子宝春，四子宝富，旅居马来西亚（原谱第 569 页）。

4. 第二十三世，秋良，玉春公三子，配李氏，生一子凯伦，旅居马来西亚（原谱第 569 页）。

5. 第二十三世，秋光，玉富公长子，配叶氏，生一子伟康，旅居马来西亚（原谱第 569 页）。

6. 第二十三世，秋福，玉富公次子，旅居马来西亚（原谱第 569 页）。

7. 第二十三世，秋顺，玉富公三子，旅居马来西亚（原谱第 569 页）。

8. 第二十三世，秋明，玉富公四子，旅居马来西亚（原谱第 569 页）。

9. 第二十四世，祖明，寿祥公长子，配许氏，生一子子晖，旅居马来西亚（原谱第 572 页）。

10. 第二十四世，祖顺，寿祥公次子，配李氏，生一子挺峰，旅居马来西亚（原谱第 572 页）。

11. 第二十四世，宝兴，玉水公长子，配张氏，生一子永彬，旅居马来西亚（原谱第 572 页）。

12. 第二十四世，宝财，玉水公次子，配郑氏，生一子冠阳，旅居马来西亚（原谱第 572 页）。

13. 第二十四世，宝安，玉水公三子，旅居马来西亚（原谱第 572 页）。

14. 第二十四世，宝清，玉水公四子，旅居马来西亚（原谱第 572 页）。

15. 第二十四世，宝发，玉顺公长子，旅居马来西亚（原谱第 572 页）。

16. 第二十四世，宝源，玉顺公次子，旅居马来西亚（原谱第 572 页）。

17. 第二十四世，宝春，玉顺公三子，旅居马来西亚（原谱第 572 页）。

18. 第二十四世，宝富，玉顺公四子，旅居马来西亚（原谱第 572 页）。

19. 第二十四世，俊豪，玉胜公长子，旅居马来西亚（原谱第572页）。

20. 第二十四世，子豪，玉胜公次子，旅居马来西亚（原谱第572页）。

21. 第二十四世，良豪，玉胜公三子，旅居马来西亚（原谱第572页）。

22. 第二十四世，伟康，秋光公之子，旅居马来西亚（原谱第573页）。

四、大房竹脚和望公房蕃系

1. 第二十一世，孙崇，得添公长子，配吴氏，生二子，长子金城，次子金敦，居吉隆坡（原谱第597页）。

2. 第二十一世，凤顺，得仪公次子，配黄氏，生四子，长子福春，次子寿春，三子雅春，四子健春，旅居吉隆坡（原谱第597页）。

3. 第二十一世，孙汉，得经公次子，配张氏续配王氏，生三子，长子勇泉，次子勇发，三子勇春，居吉隆坡（原谱第598页）。

4. 第二十二世，善泉，捷兴公长子，配林氏，生一子庆良，旅居马来西亚（原谱第599页）。

5. 第二十二世，善乐，捷兴公次子，配黄氏，生一子庆文，旅居马来西亚（原谱第599页）。

6. 第二十二世，善洪，捷兴公五子，配罗氏，生一子庆福，旅居马来西亚（原谱第599页）。

7. 第二十二世，善池，捷兴公六子，配李氏，生二子，长子庆培，次子庆礼，旅居马来西亚（原谱第599页）。

8. 第二十二世，善清，捷麟公次子，配施氏，生一子庆宝，旅居马来西亚（原谱第600页）。

9. 第二十二世，善耀，捷麟公三子，配黄氏，生一子庆豪，旅居马来西亚（原谱第600页）。

10. 第二十二世，善宗，捷麟公四子，旅居马来西亚（原谱第600页）。

11. 第二十二世，善辉，捷麟公五子，旅居马来西亚（原谱第600

页）。

12. 第二十二世，金敦，孙崇公次子，配邓氏，生二子，长子文理，次子文忠，旅居马来西亚（原谱第600页）。

13. 第二十二世，福春，凤顺公长子，配廖氏，生二子，长子子豪，次子子富，旅居马来西亚（原谱第600页）。

14. 第二十二世，寿春，凤顺公次子，配林氏，生二子，长子子龙，次子子源，旅居马来西亚（原谱第600页）。

15. 第二十二世，雅春，凤顺公三子，配罗氏，旅居马来西亚（原谱第600页）。

16. 第二十二世，健春，凤顺公四子，旅居马来西亚（原谱第600页）。

17. 第二十二世，荣泉，孙汉公长子，配姚氏，生一子稳企，旅居马来西亚（原谱第600页）。

18. 第二十二世，善德，文金公次子，配谭氏，生一子祖杰，旅居马来西亚（原谱第601页）。

五、青枫林白水伟、儆、信、倜、侃公房蕃系谱册

1. 第二十二世，春来，金聪公次子，配胡氏，生三子，长子玉贵，次子玉文，三子玉成，旅居马来西亚（原谱第618页）。

2. 第二十二世，金明，不照公长子，配胡氏，生三子，长子来福，次子来成，三子来发，旅马（原谱第618页）。

3. 第二十二世，金华，不照公次子，生二子，长子来兴，次子来贵，旅马（原谱第618页）。

4. 第二十二世，俊麟，承莪公次子，生一子永伟，旅马（原谱第619页）。

5. 第二十二世，俊龙，承莪公三子，生四子，长子永辉，次子永杰，三子永顺，四子永福，旅居马来西亚（原谱第619页）。

6. 第二十二世，俊凤，承莪公四子，旅马（原谱第619页）。

7. 第二十三世，玉贵，春来公长子，生一子明顺，旅马（原谱第619页）。

8. 第二十三世，玉成，春来公三子，生二子，长子明锦，次子明福，

旅居马来西亚（原谱第 619 页）。

9. 第二十三世，玉麟，金发公长子，配邱氏，生五子，长子明辉，次子明财，三子明兴，四子明良，五子明华，旅居马来西亚（原谱第 620 页）。

10. 第二十三世，玉发，金天公次子，配詹氏，生二子，长子荣强，次子荣杰，旅居马来西亚（原谱第 620 页）。

11. 第二十四世，明辉，玉麟公长子，配江氏，生一子韦延，旅居马来西亚（原谱第 621 页）。

12. 第二十四世，明财，玉麟公次子，配张氏，生一子韦仲，旅居马来西亚（原谱第 621 页）。

13. 第二十四世，明兴，玉麟公三子，配王氏，生一子韦成，旅居马来西亚（原谱第 621 页）。

14. 第二十四世，明良，玉麟公四子，旅居马来西亚（原谱第 621 页）。

15. 第二十四世，明华，玉麟公五子，旅居马来西亚（原谱第 621 页）。

16. 第二十四世，荣强，玉发公长子，旅居马来西亚（原谱第 622 页）。

17. 第二十四世，荣杰，玉发公次子，旅居马来西亚（原谱第 622 页）。

六、顶下房五祖四宪敏、宪恭公房蕃系谱册

1. 第二十一世，鸭子，藏公之子，旅居马来西亚（原谱第 639 页）。

2. 第二十二世，新春，玉荣公长子，配林氏，生一子伟杰，旅居马来西亚（原谱第 641 页）。

3. 第二十二世，新发，玉荣公次子，配林氏，生一子伟伦，旅居马来西亚（原谱第 641 页）。

4. 第二十二世，新财，玉荣公三子，配林氏，生一子伟文，旅居马来西亚（原谱第 641 页）。

5. 第二十二世，鸿福，彩凤公次子，生二子，长子洋来，次子福来出嗣，旅居马来西亚（原谱第 641 页）。

6. 第二十二世，锦宗，周坚公长子，旅居马来西亚（原谱第 641 页）。

7. 第二十二世，锦辉，周坚公次子，旅居马来西亚（原谱第 641 页）。

8. 第二十二世，长云，周武公之子，旅居马来西亚（原谱第 641 页）。

9. 第二十二世，金美，金亚公长子，配林氏，生五子，长子国强，次子国富，三子国泰，四子国兴，五子国明，旅居马来西亚（原谱第 641 页）。

10. 第二十二世，永烈，亚元公之子，配陈氏，生二子，长子成福，次子亚发，旅居马来西亚（原谱第 641 页）。

11. 第二十二世，瑞发，祖印公长子，生二子，长子智华，次子智强，旅居马来西亚（原谱第 642 页）。

12. 第二十二世，瑞鸿，祖印公次子，配潘氏，生二子，长子水来，次子通来，旅居马来西亚（原谱第 642 页）。

13. 第二十二世，玉瑞，金荣公长子，配林氏，生二子，长子永兴，次子永明，旅居马来西亚（原谱第 642 页）。

14. 第二十二世，章富，忠山公长子，配潘氏，生四子，长子贵发，次子瑞发，三子庆华，四子庆良，旅居马来西亚（原谱第 643 页）。

15. 第二十二世，文旺，忠源公次子，配潘氏，生二子，长子金福，次子金财，旅居马来西亚（原谱第 643 页）。

16. 第二十二世，枝德，春发公长子，生五子，长子顺福，次子顺兴，三子顺喜，四子顺荣，五子顺文，旅居马来西亚（原谱第 644 页）。

17. 第二十三世，国兴，金美公四子，旅居马来西亚（原谱第 645 页）。

18. 第二十三世，国民，金美公五子，旅居马来西亚（原谱第 645 页）。

19. 第二十三世，成福，永烈公长子，旅居马来西亚（原谱第 645 页）。

20. 第二十三世，亚发，永烈公次子，旅居马来西亚（原谱第 645 页）。

21. 第二十三世，智华，瑞发公长子，旅居马来西亚（原谱第 645 页）。

22. 第二十三世，智强，瑞发公次子，旅居马来西亚（原谱第 645

页)。

23. 第二十三世，水来，瑞鸿公长子，旅居马来西亚（原谱第645页)。

24. 第二十三世，通来，瑞鸿公次子，旅居马来西亚（原谱第645页)。

25. 第二十三世，永兴，玉瑞公长子，配叶氏，生一子俊杰，旅居马来西亚（原谱第645页)。

26. 第二十三世，永明，玉瑞公次子，旅居马来西亚（原谱第645页)。

27. 第二十三世，祖荣，玉梅公次子，配王氏，生四子，长子万兴，次子万发，三子万祥，四子万能，旅居马来西亚（原谱第646页)。

28. 第二十三世，贵发，章富公长子，旅居马来西亚（原谱第647页)。

29. 第二十三世，瑞发，章富公次子，旅居马来西亚（原谱第647页)。

30. 第二十三世，庆华，章富公三子，配何氏，旅居马来西亚（原谱第647页)。

31. 第二十三世，庆良，章富公四子，旅居马来西亚（原谱第647页)。

32. 第二十三世，金福，文旺公长子，旅居马来西亚（原谱第647页)。

33. 第二十三世，金财，文旺公次子，旅居马来西亚（原谱第647页)。

34. 第二十三世，顺福，技德公长子，生一子铭豪，旅居马来西亚（原谱第648页)。

35. 第二十三世，顺荣，技德公次子，生一子铭杰，旅居马来西亚（原谱第648页)。

36. 第二十三世，顺喜，技德公三子，旅居马来西亚（原谱第648页)。

37. 第二十三世，顺文，技德公四子，旅居马来西亚（原谱第648页)。

38. 第二十三世，顺兴，技德公五子，旅居马来西亚（原谱第 648 页）。

七、仁三公蕃房谱系

1. 第二十世，燎，元冢公次子，配黄氏，身丧番邦，生三子，长春止，次子元，三子荆（原谱第 701 页）。

2. 第二十世，开九，元云公四子，三十二岁身丧番邦（原谱第 701 页）。

3. 第二十二世，元清，行泰公嗣子，居吉隆坡情况不详（原谱第 704 页）。

4. 第二十二世，裕顺，玉荣公次子，居吉隆坡（原谱第 705 页）。

5. 第二十二世，友华，玉荣公三子，配王氏，居吉隆坡（原谱第 705 页）。

6. 第二十二世，志诚，玉荣公四子，配李氏，居吉隆坡（原谱第 705 页）。

7. 第二十二世，玉莲，新章公之子，配潘氏，身丧番邦（原谱第 705 页）。

8. 第二十二世，荣梅，行草公长子，配邱氏，居南洋吉隆坡情况不详（原谱第 706 页）。

9. 第二十三世，明兴，红亚公次子，在南洋吉隆坡（原谱第 707 页）。

10. 第二十三世，明福，红亚公三子，在南洋吉隆坡（原谱第 707 页）。

11. 第二十三世，明财，红亚公四子，在南洋吉隆坡（原谱第 707 页）。

12. 第二十三世，明华，红亚公五子，在南洋吉隆坡（原谱第 707 页）。

13. 第二十三世，金财，南兄公之子，生五子，长子福龙，次子福富，三子福贵，四子福荣，五子福华，旅居马来西亚（原谱第 709 页）。

14. 第二十三世，金坤，世发公之子，配蔡氏，生二子，长子福顺，次子福成，旅居马来西亚（原谱第 709 页）。

15. 第二十三世，金峰，玉华之子，居南洋（原谱第 710 页）。

16. 第二十三世，金山，玉华次子，居南洋（原谱第710页）。

17. 第二十三世，玉水，忠榜长子，配柯氏，生三子，长子美华，次子美双，三子美莲，居南洋吉隆坡（原谱第710页）。

18. 第二十三世，玉顺，忠榜次子，生四子，长子美福，次子美发，三子美光，四子美城，居南洋吉隆坡（原谱第710页）。

19. 第二十三世，玉麟，忠榜三子，生二子，长子俊豪，次子俊杰，居吉隆坡（原谱第710页）。

20. 第二十三世，玉清，忠榜四子，生一子陈胜，居吉隆坡（原谱第710页）。

21. 第二十三世，玉富，忠榜五子，居吉隆坡（原谱第710页）。

八、楼仔下本珎、本润公蕃谱册

1. 第十九世，好生，监礼公次子，配沈氏，生一子，居吉隆坡（原谱第760页）。

2. 第十九世，春富，欲礼公四子，配李氏，夫妇居南洋，生六子，长子清水，次子清桂出嗣，三子清源，四子清吉，五子清泉，六子清亩（原谱第761页）。

3. 第二十世，银火，宗乐公三子，居南洋（原谱第764页）。

4. 第二十世，国顺儿，国顺公长子，在南洋居住（原谱第764页）。

5. 第二十世，粗，明乐公之子，居南洋（原谱第764页）。

6. 第二十世，亚九，顶乐公次子，居南洋（原谱第764页）。

7. 第二十世，狮吓，珍乐公嗣子，配林氏，生一子金城，居南洋（原谱第764页）。

8. 第二十世，加麟，华乐公三子，配吴氏，生三子，长子文安，次子文正，三子文华，居南洋（原谱第765页）。

9. 第二十世，清桂，临乐公嗣子，兄弟随父居住在吉隆坡（原谱第765页）。

10. 第二十世，清水，春富公长子，兄弟随父居住在吉隆坡（原谱第765页）。

11. 第二十世，清源，春富公次子，兄弟随父居住在吉隆坡（原谱第765页）。

12. 第二十世，清桂，春富公三子，临乐出嗣，兄弟随父居住在吉隆坡（原谱第765页）。

13. 第二十世，清吉，春富公四子，兄弟随父居住在吉隆坡（原谱第765页）。

14. 第二十世，清泉，春富公五子，兄弟随父居住在吉隆坡（原谱第765页）。

15. 第二十世，清亩，春富公六子，兄弟随父居住在吉隆坡（原谱第765页）。

16. 第二十一世，成美，伟祥公长子，生一子贵福，居吉隆坡（原谱第769页）。

17. 第二十一世，成通，伟祥公次子，生一子贵华，居吉隆坡（原谱第769页）。

18. 第二十一世，成来，伟祥公三子，居吉隆坡（原谱第769页）。

19. 第二十一世，成龙，伟祥公四子，居吉隆坡（原谱第769页）。

20. 第二十一世，金城，西仁公之子，父子居南洋（原谱第770页）。

21. 第二十一世，文安，德仁公长子，配简氏，生二子，长子祯铭，次子祯龙，居南洋（原谱第770页）。

22. 第二十一世，文正，德仁公次子，居南洋（原谱第770页）。

23. 第二十一世，文华，德仁公三子，居南洋（原谱第770页）。

24. 第二十一世，培华，茂仁公次子，配颜氏，生四子，长子添发，次子添龙出嗣，三子添才，四子添和，居南洋吉隆坡（原谱第771页）。

25. 第二十一世，培荣，兴仁公次子，配林氏，生一子文清，居吉隆坡（原谱第771页）。

26. 第二十一世，培金，碗仁公长子，配石氏，居南洋（原谱第771页）。

27. 第二十一世，培良，碗仁公三子，配林氏，居南洋，生一子联强（原谱第771页）。

28. 第二十一世，国华，碗仁公四子，配周氏，居南洋，生二子，长子联发，次子联顺（原谱第771页）。

29. 第二十一世，培才，碗仁公五子，居南洋（原谱第771页）。

30. 第二十二世，南婆子，逢义公三子，配朱氏，子孙居南洋吉隆坡

（原谱第 773 页）。

31. 第二十二世，蛋亚，宽正公长子，配林氏续配林氏，生三子，金兴、金德兄弟居南洋吉隆坡，立嗣子乌财（原谱第 773 页）。

32. 第二十二世，来顺，份义公长子，居南洋（原谱第 773 页）。

33. 第二十二世，亚礼，元财公长子，配吕氏，生二子，长子汉荣，次子汉龙，居南洋（原谱第 774 页）。

34. 第二十二世，玉来，元财公次子，配王氏，生一子汉达，居南洋（原谱第 774 页）。

35. 第二十二世，玉新，元财公三子，配叶氏，居南洋（原谱第 774 页）。

36. 第二十二世，玉美，元财公四子，生二子，长子汉文，次子汉煌，居南洋（原谱第 774 页）。

37. 第二十二世，玉顺，元财公五子，居南洋（原谱第 774 页）。

38. 第二十二世，祯铭，文安公长子，居南洋（原谱第 776 页）。

39. 第二十二世，祯龙，文安公次子，居南洋（原谱第 776 页）。

40. 第二十二世，添龙，桂义公嗣长子，生一子国伟，居南洋（原谱第 777 页）。

41. 第二十二世，添发，华义公长子，配张氏，生一子国顺，居南洋（原谱第 777 页）。

42. 第二十二世，添财，华义公三子，居南洋吉隆坡（原谱第 777 页）。

43. 第二十二世，添和，华义公四子，居南洋吉隆坡（原谱第 777 页）。

44. 第二十二世，联强，臣义公之子，居南洋吉隆坡（原谱第 777 页）。

45. 第二十二世，联发，芳义公长子，居南洋吉隆坡（原谱第 777 页）。

46. 第二十二世，联顺，芳义公次子，居南洋吉隆坡（原谱第 777 页）。

47. 第二十二世，茂春，旺义公之子，配林氏，生五子，长子财发，次子财宝，三子财贵，四子财荣，嗣子庆文，居吉隆坡（原谱第 778 页）。

48. 第二十二世，宗龙，泉忠公长子，配林氏，生二子，长子华兴，次子华庆，居南洋（原谱第778页）。

49. 第二十二世，宗安，泉忠公三子，配林氏，生一子华雄，居南洋（原谱第778页）。

50. 第二十二世，宗明，泉忠公四子，配黄氏，生三子，长子华荣，次子华龙，三子华祥，居南洋（原谱第778页）。

51. 第二十二世，宗源，泉忠公五子，配郑氏，生一子华彬，居南洋（原谱第778页）。

52. 第二十三世，金兴，蛋亚公长子，居南洋吉隆坡（原谱第780页）。

53. 第二十三世，金德，蛋亚公次子，居南洋吉隆坡（原谱第780页）。

54. 第二十三世，生先，军孝公次子，失亡南洋（原谱第780页）。

55. 第二十三世，国伟，腾孝公之子，居南洋（原谱第783页）。

56. 第二十三世，国顺，芽孝公之子，居南洋（原谱第783页）。

57. 第二十三世，华兴，宗龙公长子，随父同居住在南洋吉隆坡（原谱第783页）。

58. 第二十三世，华庆，宗龙公次子，随父同居住在南洋吉隆坡（原谱第783页）。

59. 第二十三世，华雄，宗安公之子，随父居住在南洋吉隆坡（原谱第783页）。

60. 第二十三世，华荣，宗明公长子，随父居住在南洋吉隆坡（原谱第783页）。

61. 第二十三世，华龙，宗明公次子，随父居住在南洋吉隆坡（原谱第783页）。

62. 第二十三世，华祥，宗明公三子，随父居住在南洋吉隆坡（原谱第783页）。

63. 第二十三世，华杉，宗源公之子，随父居住在南洋吉隆坡（原谱第783页）。

64. 第二十五世，嘉宝，顺良公长子，居南洋（原谱第786页）。

65. 第二十五世，嘉华，顺良公次子，居南洋（原谱第787页）。

66. 第二十五世，嘉强，顺良公三子，居南洋（原谱第787页）。

67. 第二十五世，嘉发，顺良公四子，居南洋（原谱第787页）。

九、厝凉文著、文焕公蕃房谱册

1. 第二十一世，福清，太盛公三子，配吴氏，生三子，长子春付，次子春来，三子春发，居吉隆坡（原谱第806页）。

2. 第二十一世，茂吓，扣九公长子，配林氏，居吉隆坡（原谱第806页）。

3. 第二十一世，金宝，扣九公次子，配林氏续配苏氏续配叶氏，生四子，长子玉番，次子玉荣，三子玉华，四子玉雄，居槟城（原谱第806页）。

4. 第二十一世，天送，春吓公次子，配林氏，生四子，长子红仔，次子玉燕，三子玉升，四子玉财，居吉隆坡（原谱第807页）。

5. 第二十一世，天富，春吓公三子，配吴氏，生三子，长子玉柜，次子玉根，三子玉槟，居吉隆坡（原谱第807页）。

6. 第二十二世，春木，福财公次子，配苏氏，生四子，长子美法，次子美兴，三子美泉，四子美添，居南洋（原谱第808页）。

7. 第二十二世，玉添，金宝公长子，生一子亚郎，居南洋槟城（原谱第808页）。

8. 第二十二世，玉荣，金宝公次子，配林氏，生一子亚芎，居南洋槟城（原谱第808页）。

9. 第二十二世，玉华，金宝公三子，居南洋槟城（原谱第808页）。

10. 第二十二世，玉新，天送公长子，配林氏，生二子，长子文财，次子文贵，居吉隆坡（原谱第809页）。

11. 第二十二世，玉樻，天富公长子，生一子堂鸿，居吉隆坡（原谱第809页）。

12. 第二十二世，玉泉，亚风公长子，生一子元财，居吉隆坡（原谱第809页）。

13. 第二十二世，玉辉，金木公长子，配潘氏，生二子，长子文春，次子文圆，居吉隆坡（原谱第809页）。

14. 第二十二世，玉林，金木公次子，配候氏，生二子，长子文兴，次子文源，居马来西亚（原谱第 809 页）。

15. 第二十二世，玉富，金顺公长子，配毛氏，生一子岩和，居吉隆坡（原谱第 809 页）。

16. 第二十二世，玉忠，金顺公次子，居吉隆坡（原谱第 809 页）。

17. 第二十二世，玉春，金顺公三子，居吉隆坡（原谱第 809 页）。

18. 第二十二世，玉瑞，金顺公养子，配黄氏，生一子锦辉，居吉隆坡（原谱第 809 页）。

19. 第二十三世，鸿恩，文海公长子，配黄氏，生一子志伟，居吉隆坡（原谱第 811 页）。

20. 第二十三世，鸿兴，文海公次子，配黄氏，生二子，长子志杰，次子志铭，居吉隆坡（原谱第 811 页）。

21. 第二十三世，鸿金，文海公三子，配卢氏，生一子志强出嗣文存，居吉隆坡（原谱第 811 页）。

22. 第二十三世，鸿城，文海公四子，居吉隆坡（原谱第 811 页）。

23. 第二十三世，国民，友栋公长子，配谢氏，生四子，长子汉荣，次子汉忠，三子汉源，四子汉祖，居吉隆坡（原谱第 811 页）。

24. 第二十三世，隆泰，友栋公次子，配林氏亚莲，生三子，长子剑兴，次子剑汉，三子剑龙，居吉隆坡（原谱第 811 页）。

25. 第二十三世，国金，友来公长子，配林氏，生三子，长子汉强，次子汉辉，三子汉杰，居吉隆坡（原谱第 811 页）。

26. 第二十三世，国良，友来公次子，生一子汉文，居吉隆坡（原谱第 811 页）。

27. 第二十三世，荣才，亚婆公次子，配肖氏，生二子，长子祖贤，次子祖平，居吉隆坡（原谱第 811 页）。

28. 第二十三世，荣兰，亚婆公三子，生一子祖和，居吉隆坡（原谱第 811 页）。

29. 第二十三世，荣良，亚婆公四子，居吉隆坡（原谱第 811 页）。

30. 第二十三世，荣福，亚婆公五子，生二子，长子祖辉，次子祖安，居吉隆坡（原谱第 811 页）。

31. 第二十三世，添才，亚看公之子，配冯氏，居吉隆坡（原谱第 811 页）。

32. 第二十三世，荣玉，栋法公之子，配郑氏，生三子，长子祖忠，次子祖盛，三子祖益，居吉隆坡（原谱第811页）。

33. 第二十三世，美法，春木公长子，居吉隆坡（原谱第812页）。

34. 第二十三世，美兴，春木公次子，居吉隆坡（原谱第812页）。

35. 第二十三世，美泉，春木公三子，居吉隆坡（原谱第812页）。

36. 第二十三世，美添，春木公四子，居吉隆坡（原谱第812页）。

37. 第二十三世，加成，春富公长子，居吉隆坡（原谱第812页）。

38. 第二十三世，加兴，春富公次子，居吉隆坡（原谱第812页）。

39. 第二十三世，加顺，春富公三子，居吉隆坡（原谱第812页）。

40. 第二十三世，加荣，春来公长子，居吉隆坡（原谱第812页）。

41. 第二十三世，锦兴，春金公长子，居吉隆坡（原谱第812页）。

42. 第二十三世，建辉，春金公次子，居吉隆坡（原谱第812页）。

43. 第二十三世，建荣，春金公三子，居吉隆坡（原谱第812页）。

44. 第二十三世，国梁，春草公之子，居槟城（原谱第812页）。

45. 第二十三世，贵坤，玉添公之子，居槟城（原谱第812页）。

46. 第二十三世，亚郎，玉添公之子，居槟城（原谱第812页）。

47. 第二十三世，文贵，红仔公次子，居吉隆坡（原谱第812页）。

48. 第二十三世，文葱，玉拒公之子，居吉隆坡（原谱第812页）。

49. 第二十三世，堂鸿，玉樌公之子，居吉隆坡（原谱第813页）。

50. 第二十三世，元才，玉泉公之子，居吉隆坡（原谱第813页）。

51. 第二十三世，岩和，玉富公之子，居吉隆坡（原谱第813页）。

52. 第二十三世，锦辉，玉瑞公之子，居吉隆坡（原谱第813页）。

08

泉州《紫云黄氏南安房笋溪楼下族谱》

溯本紫云楼下，源起开元檀越祖庭，来自笋江溪黄，沿衍至今六百余载。黄氏先祖仙农公明永乐四年（1406 年），涉足南安十四都许岩庄玳头（今金淘南丰）置物业、建仓房，为子孙徙居立下基业。勤祥公子孙拓展楼下，明嘉靖辛卯年，八世祖素斋公、榕溪公进入北斗山麓庆安堂，至今四百余年，瓜瓞绵延，人丁昌炽。

泉州《紫云黄氏南安房笋溪楼下族谱》为精装本，由楼下续谱委员会编，黄种炉主编，2008 年冬出版。

迁居南洋记录

一、楼下第一大宗支谱牒（凤朝堂锵公系）

1. 第十一世，文渊，金铉三子，居南洋（原谱第 20 页）。

二、大长房金铉公派下：大长房一文瀚公支派

（一）乔桢派（下深、草埔、济堂）

1. 第二十一世，和尚，黄继子，居南洋（原谱第 27 页）。
2. 第十九世，奕示，则契长子，居菲律宾（原谱第 33 页）。
3. 第二十世，世以，奕芬三子，居泰国（原谱第 34 页）。
4. 第二十一世，良成，世以长子，居泰国（原谱第 35 页）。
5. 第二十一世，培传，世以三子，居泰国（原谱第 35 页）。
6. 第二十一世，五弟，世以四子，居泰国（原谱第 35 页）。
7. 第二十二世，连技，种渊长子，居南洋（原谱第 44 页）。
8. 第二十二世，书坚，种草次子，居印尼（原谱第 45 页）。

9. 第二十二世，书志，种草三子，居印尼（原谱第 45 页）。

（二）乔椿派（五里牌）

1. 第二十世，世佳，奕阄子，墓在南洋（原谱第 54 页）。
2. 第二十一世，牡丹，世冷之子，在南洋（原谱第 54 页）。
3. 第二十一世，天禄，世佳长子，墓在南洋（原谱第 54 页）。
4. 第二十二世，金山，天禄长子，墓在南洋（原谱第 55 页）。
5. 第十九世，奕泽，则信之子，居南洋（原谱第 62 页）。
6. 第二十一世，种福，世江之子，墓在南洋（原谱第 63 页）。

（三）乔楠派（御道）

1. 第二十世，世泉，奕籴三子，葬印尼（原谱第 76 页）。
2. 第二十世，世德，奕籴四子，定居南洋（原谱第 76 页）。
3. 第二十世，世万，奕出四子，定居南洋（原谱第 77 页）。
4. 第二十一世，种雀，世欣子，定居南洋（原谱第 77 页）。
5. 第二十一世，伴水，世怡次子，葬新加坡（原谱第 79 页）。
6. 第二十一世，种慈，世近三子，葬印尼槟港（原谱第 80 页）。
7. 第二十一世，种仙，世泉次子，定居印尼（原谱第 82 页）。
8. 第二十一世，种川，世德长子，定居南洋（原谱第 82 页）。
9. 第二十一世，助成，世德次子，定居南洋（原谱第 82 页）。
10. 第二十一世，种隆，世庆长子，定居南洋（原谱第 82 页）。
11. 第二十一世，种养，世庆次子，定居南洋（原谱第 82 页）。
12. 第二十一世，种明，世板三子，葬印尼。生三子：书山、书载、书强，三女：爱群、爱婷、爱玲，俱居印尼（原谱第 83 页）。
13. 第二十二世，芙蓉，种柑长子，葬南洋（原谱第 84 页）。
14. 第二十二世，书搭，种柑次子，葬南洋（原谱第 84 页）。
15. 第二十二世，书阔，种恩次子，居缅甸（原谱第 86 页）。
16. 第二十二世，书敦，种殊次子，居马来西亚（原谱第 86 页）。
17. 第二十二世，金牌，种吸三子，定居新加坡（原谱第 87 页）。
18. 第二十二世，荣昌，助成之子，定居南洋（原谱第 94 页）。
19. 第二十二世，亚东，种隆长子，定居南洋（原谱第 94 页）。
20. 第二十二世，亚新，种隆次子，定居南洋（原谱第 94 页）。
21. 第二十二世，书福，种养之子，定居南洋（原谱第 94 页）。

22. 第二十二世，书山，种明长子，定居南洋（原谱第 94 页）。

23. 第二十二世，书载，种明次子，定居南洋（原谱第 94 页）。

24. 第二十二世，书强，种明三子，定居南洋（原谱第 94 页）。

25. 第二十三世，正端，书泛之子，葬越南西贡（原谱第 96 页）。

26. 第二十三世，敏华，书阔长子，定居南洋（原谱第 97 页）。

27. 第二十三世，健华，书阔次子，定居南洋（原谱第 97 页）。

28. 第二十三世，田淼，书敦长子，定居马来西亚（原谱第 97 页）。

29. 第二十三世，田富，书敦次子，定居马来西亚（原谱第 97 页）。

30. 第二十三世，田星，书敦三子，定居马来西亚（原谱第 98 页）。

31. 第二十三世，田松，书敦四子，定居马来西亚（原谱第 98 页）。

32. 第二十三世，田丰，书敦五子，定居马来西亚（原谱第 98 页）。

33. 第二十世，世砚，奕雄长子，居南洋（原谱第 118 页）。

34. 第二十世，世提，奕筝长子，定居南洋（原谱第 123 页）。

35. 第二十世，世袍，奕筝次子，定居南洋（原谱第 123 页）。

36. 第二十世，世体，奕示次子，定居南洋（原谱第 124 页）。

37. 第二十世，世双，奕示三子，定居南洋（原谱第 124 页）。

38. 第二十世，世烈，奕厅长子，定居南洋（原谱第 124 页）。

39. 第二十世，世永，奕月长子，定居南洋（原谱第 124 页）。

40. 第二十世，世杉，奕月三子，葬印尼（原谱第 124 页）。

41. 第二十一世，种天，世柴四子，定居印尼（原谱第 125 页）。

42. 第二十一世，种建，世龙次子，葬印尼（原谱第 125、126 页）。

43. 第二十一世，种行，世龙三子，新加坡最高拿督，葬新加坡。生四子：书萍、书池、国庆、国联，四女：长适陈、次适白、三适李、四适郑，俱于新加坡（原谱第 125 页）。

44. 第二十一世，种管，世龙三子（世派嗣子），葬印尼（原谱第 125、126 页）。

45. 第二十一世，赞基，世提之子，定居南洋（原谱第 126 页）。

46. 第二十一世，种顶，世永长子，定居南洋（原谱第 126 页）。

47. 第二十一世，种厚，世永次子，定居南洋（原谱第 126 页）。

48. 第二十一世，种良，世永三子，定居南洋（原谱第 126 页）。

49. 第二十一世，华昌，世香长子，葬印尼（原谱第 126 页）。

50. 第二十一世，种强，世香次子，定居印尼，生二子：万盛、万祥，三女：长适陈、次宝珠、三爱珠，俱居印尼（原谱第127页）。

51. 第二十一世，文聘，世杉长子，定居印尼（原谱第127页）。

52. 第二十一世，文泽，世杉次子，定居印尼（原谱第127页）。

53. 第二十二世，书扬，种天长子，定居南洋（原谱第127页）。

54. 第二十二世，书传，种天次子，定居南洋（原谱第127页）。

55. 第二十二世，书柏，种天之三子，定居南洋（原谱第128页）。

56. 第二十二世，书辉，种建长子，定居南洋（原谱第128页）。

57. 第二十二世，书腾，种建次子，定居南洋（原谱第128页）。

58. 第二十二世，书国，种建三子，定居南洋（原谱第128页）。

59. 第二十二世，书港，种建四子，定居南洋（原谱第128页）。

60. 第二十二世，书萍，种行长子，定居南洋（原谱第128页）。

61. 第二十二世，书池，种行次子，定居南洋（原谱第128页）。

62. 第二十二世，国庆，种行三子，定居南洋（原谱第128页）。

63. 第二十二世，国联，种行四子，定居南洋（原谱第128页）。

64. 第二十二世，书桶，种管长子，定居印尼（原谱第129页）。

65. 第二十二世，书章，种管次子，定居印尼（原谱第129页）。

66. 第二十二世，书海，送来之子，葬新加坡（原谱第129页）。

67. 第二十二世，书钧，种顶之子，定居南洋（原谱第129页）。

68. 第二十二世，书农，种厚之子，定居南洋（原谱第129页）。

69. 第二十二世，书达，华昌三子，定居南洋印尼（原谱第130页）。

70. 第二十二世，书适，华昌四子，定居南洋印尼（原谱第130页）。

71. 第二十二世，书宜，华昌五子，定居南洋印尼（原谱第130页）。

72. 第二十二世，万盛，种强之子，定居南洋（原谱第130页）。

73. 第二十二世，万祥，种强次子，定居南洋印尼（原谱第130页）。

74. 第二十二世，书源，文聘长子，定居南洋（原谱第130页）。

75. 第二十二世，书汉，文聘次子，定居南洋（原谱第130页）。

76. 第二十二世，书泰，文泽长子，定居南洋（原谱第130页）。

77. 第二十二世，书辉，文泽次子，定居南洋（原谱第130页）。

78. 第二十三世，田壹，书萍长子，定居南洋（原谱第132页）。

79. 第二十三世，田伟，书萍次子，定居南洋（原谱第132页）。

80. 第二十三世，田聪，书池长子，定居南洋（原谱第 132 页）。

81. 第二十三世，田吉，书池次子，定居南洋（原谱第 132 页）。

82. 第二十三世，田达，国庆之子，定居南洋（原谱第 132 页）。

83. 第二十三世，少雄，书海长子，定居南洋（原谱第 132 页）。

84. 第二十三世，少康，书海次子，定居南洋（原谱第 132 页）。

85. 第二十三世，少强，书海三子，定居南洋（原谱第 132 页）。

86. 第二十四世，子轩，明坚之子，定居新加坡（原谱第 135 页）。

87. 第二十一世，种伍，世望次子，定居越南（原谱第 137 页）。

88. 第二十一世，文标，世望三子，定居菲律宾宿务（原谱第 137 页）。

89. 第二十一世，种进，世黎次子，定居菲律宾（原谱第 137 页）。

90. 第二十一世，种琴，世黎三子，定居菲律宾（原谱第 137 页）。

91. 第二十一世，新地，世黎四子，葬吕宋（原谱第 137 页）。

92. 第二十二世，照来，种进之子，定居南洋（原谱第 139 页）。

93. 第二十二世，书来，种琴之子，定居南洋（原谱第 139 页）。

94. 第二十世，芙蓉，奕洋次子，定居南洋（原谱第 144 页）。

95. 第二十二世，成基，种佃之子，定居南洋（原谱第 145 页）。

96. 第二十一世，种银，世饭长子，定居南洋（原谱第 148 页）。

三、大长房金铉公派下：大长房二文濰公支派

（一）乔柏派（赤笼）、乔松派（贡仔头）

1. 第十八世，双月，礼狮三子，侨居印尼谋生（原谱第 164 页）。

2. 第十八世，则戌，礼店次子，少年居南洋，未详（原谱第 164 页）。

3. 第十八世，则殿，礼店三子，居南洋，未详（原谱第 164 页）。

4. 第二十世，世时，奕烟之子，居南越（原谱第 166 页）。

5. 第十九世，奕勤，则椗之子，往印尼陇川，子一，两物（养），同往印尼陇川，未详（原谱第 167 页）。

6. 第十九世，其助，则理之子，少年侨居印尼陇川（原谱第 168 页）。

7. 第十九世，奕笃，则儒次子，往南洋石叻，未详（原谱第 169 页）。

8. 第十九世，奕鱼，则殿之子，少年往南洋石叻，未详（原谱第 169 页）。

9. 第二十世，世土，奕甲次子，少年侨居南越西贡卒于异乡，子四，长子种英（养），次子种杰，三子、四子名未详，均在南越出生从未回乡，女三，越婵、越娇、越满，嫁居南越，未详（原谱第170页）。

10. 第二十世，忠孝，奕蓄次子，侨居南越（原谱第170页）。

11. 第二十世，世油，奕蓄三子，定居南越（原谱第170、171页）。

12. 第二十世，世德，奕蓄四子，卒于南越西贡，子六，种蛟等，其余不详。全家居海外，未详（原谱第171页）。

13. 第二十世，世象，奕汪长子，往南洋亡（原谱第173页）。

14. 第二十世，种涂，世仁次子，侨居缅甸，未详（原谱第174页）。

15. 第二十世，添星，世沙次子，少年居缅甸，无回（原谱第174页）。

16. 第二十世，加庸，世敦长子，居缅甸，莫考（原谱第174页）。

17. 第二十世，五福，世敦次子，居缅甸，莫考（原谱第174页）。

18. 第二十一世，种英，世土养长子，随父母居安南（越南）（原谱第174页）。

19. 第二十一世，种杰，世土次子，在安南出生，情况未详（原谱第174页）。

20. 第二十一世，种沛，忠孝养子，情况未详，居安南（越南）（原谱第174页）。

21. 第二十二世，书丰，种滨次子，定居印尼（原谱第178页）。

22. 第二十二世，书兴，种滨三子，定居印尼（原谱第179页）。

23. 第二十三世，田训，书丰长子，定居印尼（原谱第184页）。

24. 第二十三世，田贵，书丰次子，定居印尼（原谱第184页）。

25. 第二十三世，贵成，书丰三子，定居印尼（原谱第184页）。

26. 第二十三世，贵业，书丰四子，定居印尼（原谱第184页）。

27. 第二十三世，盛廖，书兴长子，定居印尼（原谱第184页）。

28. 第二十三世，阿明，书兴次子，定居印尼（原谱第184页）。

29. 第二十三世，阿平，书兴三子，定居印尼（原谱第184页）。

四、大长房金铉公派下：大长房三 文渊公支派

1. 乔枢，文渊长子，居南洋（原谱第186页）。

2. 乔机，文渊次子，居南洋（原谱第 186 页）。

3. 乔樗，文渊三子，居南洋（原谱第 186 页）。

五、大长房金铉公派下：大长房四 文藻公支派

（一）乔櫃派（王石五、新池）

1. 第二十世，世恶，奕明次子，居南洋仰光，未详（原谱第 187 页）。

2. 第二十世，世艺，奕斟次子，旅居印尼（原谱第 190 页）。

3. 第二十世，世忠，奕斟三子，旅居印尼（原谱第 190 页）。

4. 第二十世，靳山，奕斟四子，旅居印尼（原谱第 190 页）。

5. 第二十世，秋冬，奕斟五子，旅居印尼（原谱第 190 页）。

6. 第二十一世，文旭，伏春之子，居南洋，未详（原谱第 191 页）。

7. 第二十二世，荣树，荣木等五兄弟，种书之子，居南洋印尼，未详（原谱第 192 页）。

8. 第二十一世，金祥等兄弟七人，种信之子，居南洋，未详（原谱第 191 页）。

（二）乔樘派小一（九斗墘）

1. 第二十世，裕源，奕旺三子，往居南洋卒（原谱第 201 页）。

2. 第二十世，建财，奕旺六子，居住南洋莫详（原谱第 202 页）。

3. 第二十世，长成，奕镇次子，居南洋（原谱第 202 页）。

4. 第二十一世，金钟，世坝长子，居南洋，莫详（原谱第 204 页）。

5. 第二十一世，水波，世坝次子，居印尼（原谱第 204 页）。

6. 第二十一世，种福，世义之子，居住南洋（原谱第 204 页）。

7. 第二十二世，荣华，金钟之子，居印尼（原谱第 206 页）。

8. 第二十二世，书盏，种波长子，居印尼（原谱第 206 页）。

9. 第二十二世，书想，种波次子，居印尼（原谱第 206 页）。

10. 第二十二世，书训，种福长子，居印尼（原谱第 206 页）。

11. 第二十二世，晓山，种福次子，居印尼（原谱第 206 页）。

12. 第二十二世，书源，种福三子，居印尼（原谱第 206 页）。

13. 第二十二世，书泉，种福四子，居印尼（原谱第 206 页）。

14. 第二十二世，国山，金郭长子，居印尼（原谱第 206 页）。

15. 第二十二世，振昆，金郭次子，居印尼（原谱第 206 页）。

16. 第二十二世，振山，金郭三子，居印尼（原谱第206页）。

17. 第二十三世，宏财，荣华长子，居印尼（原谱第208页）。

18. 第二十三世，宏田，荣华次子，居印尼（原谱第208页）。

19. 第二十三世，宏文，荣华三子，居印尼（原谱第208页）。

20. 第二十三世，宏州，荣华四子，居印尼（原谱第208页）。

21. 第二十三世，忠厚，书想长子，居印尼（原谱第208页）。

22. 第二十三世，忠木，书想次子，居印尼（原谱第208页）。

23. 第二十三世，忠仁，书想三子，居印尼（原谱第208页）。

24. 第二十三世，忠立，书想四子，居印尼（原谱第208页）。

25. 第二十三世，忠庆，书想五子，居印尼（原谱第209页）。

26. 第二十三世，田煌，书训长子，居印尼（原谱第209页）。

27. 第二十三世，田农，书训次子，居印尼（原谱第209页）。

28. 第二十三世，田钢，书训三子，居印尼（原谱第209页）。

29. 第二十三世，田祥，书训四子，居印尼（原谱第209页）。

30. 第二十三世，田胜，书训五子，居印尼（原谱第209页）。

31. 第二十三世，田俊，书源长子，居印尼（原谱第209页）。

32. 第二十三世，田钦，书源次子，居印尼（原谱第209页）。

33. 第二十三世，田坤，书泉长子，居印尼（原谱第209页）。

34. 第二十三世，田基，书泉次子，居印尼（原谱第209页）。

35. 第二十三世，田伟，书泉三子，居印尼（原谱第209页）。

36. 第二十三世，智阳，振昆之子，居印尼（原谱第209页）。

37. 第二十三世，智涵，振山之子，居印尼（原谱第209页）。

38. 第二十四世，一帆，忠厚之子，居印尼（原谱第210页）。

39. 第二十四世，利安，忠木之子，居印尼（原谱第210页）。

40. 第二十四世，蒙恩，忠红之子，居印尼（原谱第210页）。

41. 第二十四世，迈恺，忠立之子，居印尼（原谱第210页）。

42. 第二十四世，迈泰，忠厚之子，居印尼（原谱第210页）。

（三）长房友派下（第二祧）

43. 第二十一世，长朝，世和次子，居南洋（原谱第220页）。

44. 第二十一世，种期，世和三子，居南洋（原谱第220页）。

45. 第二十一世，种石，世和之子，定居缅甸（原谱第220页）。

(四) 二房履笑派下 (第一祧)

46. 第二十世，世套，奕夹之子，往居南洋（原谱第 238 页）。

47. 第二十世，世祝，奕及之子，往居南洋（原谱第 238 页）。

48. 第二十世，世从，奕显长子，往居南洋（原谱第 239 页）。

49. 第二十世，世蓄，奕淹三子，往居南洋（原谱第 242 页）。

50. 第二十世，世窗，奕间嗣子，往居南洋（原谱第 242 页）。

51. 第二十世，世奥，奕休四子，往居南洋（原谱第 244 页）。

52. 第二十世，世到，奕下三子，往居南洋（原谱第 244 页）。

53. 第二十世，世岚，奕挠三子，往居外洋（原谱第 245 页）。

54. 第二十世，世两，奕挠五子，往居外洋，墜印尼（原谱第 245 页）。

55. 第二十世，世逞，奕智之子，往居外洋（原谱第 247 页）。

56. 第二十一世，顺兴，世番之子，往居外洋（原谱第 247 页）。

57. 第二十一世，种扶，世力长子，往居外洋（原谱第 247 页）。

58. 第二十一世，种塔，世力三子，往居外洋（原谱第 248 页）。

59. 第二十一世，种亮，世菜嗣子，定居新加坡（原谱第 249 页）。

60. 第二十一世，种坂，世喜长子，居南洋（原谱第 250 页）。

61. 第二十一世，种郡，世喜三子，居住南洋，墜吕宋（原谱第 250 页）。

62. 第二十一世，建安，世程之子，定居南洋（原谱第 252 页）。

63. 第二十一世，种串，世两长子，居住印尼（原谱第 252 页）。

64. 第二十一世，种冷，世两次子，承继世炳，居印尼（原谱第 252 页）。

65. 第二十二世，忠球，种浮次子，居印尼（原谱第 255 页）。

66. 第二十二世，泽民，种坂长子，居南洋（原谱第 255 页）。

67. 第二十二世，泽华，种坂次子，居南洋（原谱第 255 页）。

68. 第二十二世，书田，种灿长子，居南洋（原谱第 256 页）。

69. 第二十二世，根得，种安长子，居南洋（原谱第 257 页）。

70. 第二十二世，根培，种安次子，居南洋（原谱第 257 页）。

71. 第二十二世，根宗，种安三子，居南洋（原谱第 257 页）。

72. 第二十三世，眉生，中球长子，定居印尼（原谱第 260 页）。

73. 第二十三世，眉利，中球次子，定居印尼（原谱第 260 页）。
74. 第二十三世，巴生，中球三子，定居印尼（原谱第 260 页）。
75. 第二十三世，巴利，中球四子，定居印尼（原谱第 260 页）。
76. 第二十三世，隆生，中球五子，定居印尼（原谱第 260 页）。
77. 第二十三世，隆利，中球六子，定居印尼（原谱第 260 页）。

（五）二房履笑派下（第二祧）

78. 第二十世，世章，奕岩之子，葬菲律宾（原谱第 271 页）。
79. 第二十一世，有斡，世章次子，葬菲律宾（原谱第 272 页）。
80. 第二十一世，申治，世章三子，居住南洋（原谱第 273 页）。
81. 第二十一世，嘉种，世章四子，定居菲律宾（原谱第 273 页）。
82. 第二十一世，葛洛示，世章五子，定居菲律宾（原谱第 273 页）。
83. 第二十二世，书钊，有斡长子，葬菲律宾（原谱第 274 页）。
84. 第二十二世，书勗，有斡次子，葬菲律宾（原谱第 274 页）。
85. 第二十二世，扶西，有斡三子，葬菲律宾（原谱第 274 页）。
86. 第二十二世，书雄，有斡四子，葬菲律宾（原谱第 275 页）。

（六）二房履笑派下（第五祧）

87. 第二十世，万昌，奕汀之子，葬印尼三宝垄（原谱第 283 页）。
88. 第二十一世，种发，万昌三子，居印尼南榜（原谱第 284 页）。
89. 第二十一世，种林，万昌四子，居印尼南榜（原谱第 284 页）。

（七）三房履道派下（第一祧）

90. 第十八世，则招，礼瓶五子，往外洋（原谱第 288 页）。
91. 第二十一世，经崇，世锵长子，往居南洋（原谱第 292 页）。
92. 第二十一世，种计，世锵三子，葬印尼（原谱第 293 页）。
93. 第二十二世，书明，种计长子，定居印尼（原谱第 294 页）。
94. 第二十二世，书杰，种计次子，定居印尼（原谱第 294 页）。
95. 第二十二世，书良，种计三子，定居印尼（原谱第 294 页）。
96. 第二十二世，如苏，种洪长子，葬印尼三宝垄（原谱第 295 页）。
97. 第二十三世，兴财，如苏之子，居住印尼（原谱第 298 页）。
98. 第二十三世，田雄，书棉之子，居住印尼（原谱第 298 页）。

（八）三房履道派下（第二、三祧）

99. 第二十一世，种云，世高之子，卒于南洋（原谱第 305 页）。

六、乔樘派小二（西照）志和派裔

（一）西照二房

1. 第二十世，世英，奕玉次子，侨居印尼（原谱第310页）。

2. 第二十世，流芳，树林之子，裔居南洋（原谱第310页）。

3. 第二十一世，清平，世英次子，居印尼万隆（原谱第310页）。

4. 第二十一世，清河，世英三子，居印尼万隆（原谱第311页）。

5. 第二十一世，清海，世英四子，居印尼万隆（原谱第311页）。

6. 第二十一世，清源，世英五子，居印尼万隆（原谱第311页）。

7. 第二十一世，清洁，世英六子，居印尼万隆（原谱第311页）。

8. 第二十一世，种庆，文敬之子，居印尼（原谱第311页）。

（二）西照三房

9. 第十九世，奕高，则伍长子，居南洋（原谱第316页）。

10. 第十九世，呈珠，则仕之子，居南洋（原谱第317页）。

11. 第二十世，莲只，奕高之子，居南洋（原谱第317页）。

12. 第二十世，通成，奕会之子，居菲律宾（原谱第317页）。

13. 第二十世，从来，辰送之子，卒南洋（原谱第317页）。

14. 第二十世，天来，呈珠之子，卒南洋。子孙侨居南洋（原谱第317页）。

（三）西照四房美茂桃

15. 第二十一世，黄新，载茂之女，适东门谢焕彩居印尼（原谱第323页）。

16. 第二十世，九翁，奕和次子，后裔侨居印尼（原谱第324页）。

17. 第二十世，住奇，奕洗之子，居印尼（原谱第324页）。

18. 第二十一世，友彬，世栋长子，侨居泗水（印尼）（原谱第325页）。

19. 第二十一世，添琼，又名牡丹，世赐三子，居印尼（原谱第326页）。

20. 第二十一世，田源，世赐四子，居印尼椰城（原谱第326页）。

21. 第二十一世，添才，世赐五子，居印尼（原谱第326页）。

22. 第二十一世，楼景，汲来之子，侨居印尼三宝垄（原谱第327

页）。

23. 第二十一世，种珍，成法次子，居印尼（原谱第 327 页）。

24. 第二十一世，种概，世俗长子，居印尼（原谱第 327 页）。

25. 第二十一世，种炎，世俗次子，居印尼（原谱第 327 页）。

26. 第二十一世，水思，世俗三子，居印尼（原谱第 327 页）。

27. 第二十二世，锦泉，友彬次子，居新加坡（原谱第 329 页）。

28. 第二十二世，锦源，友彬三子，居泗水（原谱第 329 页）。

29. 第二十二世，金英，友彬四子，居雅加达（原谱第 329 页）。

30. 第二十二世，俊杰，友彬五子，居泗水（原谱第 329 页）。

31. 第二十二世，俊龙，友彬六子，居泗水（原谱第 329 页）。

32. 第二十二世，俊强，友彬七子，居雅加达（原谱第 329 页）。

33. 第二十二世，金峰，友彬八子，居雅加达（原谱第 329 页）。

34. 第二十二世，木荣，添琼长子，居印尼（原谱第 330 页）。

35. 第二十二世，德贵，田源长子，居印尼（原谱第 330 页）。

36. 第二十二世，德福，田源次子，居印尼（原谱第 330 页）。

37. 第二十二世，顺发，田源三子，居印尼（原谱第 330 页）。

38. 第二十二世，美尧，种珍长子，居印尼槟港，子一，荣平，女一，爱玲适印尼人（原谱第 331 页）。

39. 第二十三世，丽萍，锦泉之女，居新加坡（原谱第 333 页）。

40. 第二十三世，丽园，锦泉之女，居泗水（原谱第 333 页）。

41. 第二十三世，寅生，锦源长子，居泗水（原谱第 333 页）。

42. 第二十三世，晨生，锦源次子，居泗水（原谱第 333 页）。

43. 第二十三世，康雄，锦源三子，居泗水（原谱第 333 页）。

44. 第二十三世，瀚虹，金英长子，居雅加达（原谱第 333 页）。

45. 第二十三世，瀚振，金英次子，居雅加达（原谱第 333 页）。

46. 第二十三世，忠仁，俊杰长子，居雅加达（原谱第 333 页）。

47. 第二十三世，忠成，俊杰次子，居泗水（原谱第 333 页）。

48. 第二十三世，黎莹，俊龙长子，居泗水（原谱第 333 页）。

49. 第二十三世，慧莹，俊龙次子，居泗水（原谱第 334 页）。

50. 第二十三世，勇成，俊龙三子，居泗水（原谱第 334 页）。

51. 第二十三世，荣平，美尧之子，居印尼（原谱第 334 页）。

52. 第二十四世，殷斐，寅生长子，居泗水（原谱第335页）。

53. 第二十四世，爱斐，寅生次子，居泗水（原谱第335页）。

（四）西照四房（四安地、新百洋、西照）

54. 第二十世，珠姑，奕漂二女，适印尼陈（原谱第339页）。

55. 第十九世，春凉，则碗三子，居印尼万隆（原谱第339页）。

56. 第二十世，锦成，奕漂三子，居印尼（原谱第341、342页）。

57. 第二十世，鸿才，奕漂五子，侨居印尼（原谱第342页）。

58. 第二十世，延年，奕漂六子，居印尼万隆（原谱第342页）。

59. 第二十世，孙凉，奕锡嗣子，居万隆（原谱第342页）。

60. 第二十世，金庆，春凉长子，居印尼，子四：种文，渊源，种仲，种季。女五：珠恋居缅甸适傅炳章，珠娟居香港适庄礼报，菊兰适印尼余吉星，玉兰适印尼杨英山，玉锦适印尼吴晖隆（原谱第342页）。

61. 第二十一世，泉华，锦成之子，居印尼（原谱第345页）。

62. 第二十一世，升平，守成长子，居印尼（原谱第345页）。

63. 第二十一世，治平，守成次子，居新加坡（原谱第345页）。

64. 第二十一世，靖平，又名种福，守成三子，居印尼（原谱第345页）。

65. 第二十一世，子贡，守成四子，居菲律宾（原谱第345页）。

66. 第二十一世，种敏，鸿才长子，居印尼（原谱第346页）。

67. 第二十一世，种敬，鸿才次子，居印尼椰城（原谱第346页）。

68. 第二十一世，种敦，鸿才三子，居印尼（原谱第346页）。

69. 第二十一世，种致，鸿才四子，居印尼（原谱第346页）。

70. 第二十一世，种教，鸿才五子，居印尼（原谱第346页）。

71. 第二十一世，种明，延年长子，居印尼万隆（原谱第346页）。

72. 第二十一世，种安，延年次子，居印尼（原谱第346页）。

73. 第二十一世，启明，孙凉之子，居印尼（原谱第347页）。

74. 第二十一世，种仲，金庆三子，居印尼（原谱第347页）。

75. 第二十二世，辉煌，升平之子，居印尼雅加达（原谱第351页）。

76. 第二十二世，少鹏，种敏之子，居印尼（原谱第352页）。

77. 第二十二世，骏生，种敬之子，居印尼（原谱第352页）。

78. 第二十二世，骏雄，种敬次子，居印尼（原谱第352页）。

79. 第二十二世，文虎，种敦之子，居印尼椰城（原谱第 352 页）。
80. 第二十二世，碧慕，种明之子，居印尼万隆（原谱第 352 页）。
81. 第二十二世，约韩，启明长子，居印尼（原谱第 352 页）。
82. 第二十二世，友民，启明次子，居印尼（原谱第 352 页）。
83. 第二十二世，友贤，启明三子，居印尼（原谱第 352 页）。
84. 第二十二世，友志，启明四子，居印尼（原谱第 352 页）。
85. 第二十二世，友和，启明五子，居印尼（原谱第 352 页）。
86. 第二十二世，书辉，种仲长子，居印尼（原谱第 353 页）。
87. 第二十二世，书光，种仲次子，居印尼（原谱第 353 页）。
88. 第二十三世，大伟，辉煌长子，居印尼（原谱第 355 页）。
89. 第二十三世，兰莉，辉煌次子，居印尼（原谱第 355 页）。

七、乔樘派小三（古思脚、宗前墘）

（一）长房长

1. 第二十世，世章，奕从次子，居南洋（原谱第 363 页）。
2. 第二十世，世剑，奕泼长子，移居印尼（原谱第 364 页）。
3. 第二十一世，美龙，世章长子，居印尼（原谱第 364 页）。
4. 第二十一世，美虎，世章次子，居印尼（原谱第 364 页）。
5. 第二十一世，美东，世章三子，居印尼（原谱第 364 页）。
6. 第二十一世，全锦，世古三子，居印尼（原谱第 364 页）。
7. 第二十二世，文钟，全锦长子，居印尼（原谱第 365 页）。
8. 第二十二世，文显，全锦次子，居印尼（原谱第 365 页）。
9. 第二十二世，文福，全锦三子，居印尼（原谱第 365 页）。

长房二

10. 第二十世，登元，奕笔次子，侨居印尼莫考（原谱第 366 页）。
11. 第二十世，登梯，奕笔三子，侨居印尼莫考（原谱第 366 页）。
12. 第二十世，世昆，奕笔四子，侨居印尼莫考（原谱第 366 页）。
13. 第二十世，世顺，奕笔五子，侨居印尼莫考（原谱第 366 页）。
14. 第二十世，世土，奕笔六子，侨居印尼莫考（原谱第 366 页）。
15. 第二十世，世腾，奕笔七子，侨居印尼莫考（原谱第 366 页）。
16. 第二十一世，志珍，世昆之子，逝于印尼莫考（原谱第 367 页）。

17. 第二十二世，开泰，宗基次子，侨居印尼（原谱第 368 页）。
18. 第二十二世，开芳，宗基三子，侨居印尼（原谱第 368 页）。
19. 第二十二世，剑辉，志珍长子，逝于印尼（原谱第 368 页）。
20. 第二十二世，书水，种树之子，葬印尼万隆（原谱第 368 页）。
21. 第二十三世，国源，书水次子，葬印尼（原谱第 370 页）。
22. 第二十三世，慧慧，国裕之女，适印尼吧城（原谱第 370 页）。
23. 第二十四世，文彬，国裕长子，居印尼（原谱第 372 页）。
24. 第二十四世，文坚，国裕次子，居印尼（原谱第 372 页）。

（二）广福派下

25. 第十九世，由天，阵方长子，居南洋（原谱第 375 页）。
26. 第十九世，扁意，阵方次子，居南洋（原谱第 375 页）。
27. 第二十世，山水，奕掩长子（入继子），葬印尼（原谱第 375 页）。
28. 第二十二世，书福，国仕之子，居印尼（原谱第 378 页）。

（三）广元派下

29. 第十九世，奕佳，则近之子，侨居新加坡莫考（原谱第 381 页）。
30. 第二十世，河法，奕佳长子，侨居新加坡莫考（原谱第 383 页）。
31. 第二十世，河成，奕佳次子，侨居新加坡莫考（原谱第 383 页）。
32. 第二十一世，佩凯，紫薇长子，定居越南（原谱第 383 页）。
33. 第二十一世，佩清，紫薇次子，定居越南（原谱第 383 页）。
34. 第二十一世，佩源，紫薇三子，定居越南（原谱第 383 页）。
35. 第二十一世，良美，昭寻长子，侨居印尼（原谱第 384 页）。
36. 第二十二世，武汉，良美之子，定居印尼（原谱第 385 页）。

（四）广代派下

37. 第十八世，光义，礼喻之子，居印尼（原谱第 386 页）。
38. 第二十一世，甘露，世亭之子，旅居印尼（原谱第 390 页）。

（五）长房五

39. 第十九世，奕款，则润长子，徙居越南（原谱第 398 页）。
40. 第二十世，世典，奕抢四子，侨居南洋（原谱第 400 页）。

（六）二房长

41. 第二十一世，种生，世钦长子，定居仰光（原谱第 408 页）。

（七）二房二

42. 第二十世，世寒，奕力三子，葬越南（原谱第 422 页）。

23. 第二十一世，东林，明堂次子，葬印尼（原谱第424页）。

（八）二房三

24. 第二十世，世安，奕江长子，定居仰光莫考（原谱第434页）。

（九）五房

25. 第二十世，世灶，奕浸次子，徙居印尼（原谱第443页）。
26. 第二十一世，种春，世灶长子，居印尼（原谱第444页）。
27. 第二十一世，种东，世灶次子，居印尼（原谱第444页）。
28. 第二十二世，金吉，种春长子，居印尼（原谱第444页）。
29. 第二十二世，金田，种春次子，居印尼（原谱第444页）。
30. 第二十二世，金泉，种春三子，居印尼（原谱第444页）。
31. 第二十二世，瑞福，种东长子，居印尼（原谱第444页）。
32. 第二十二世，瑞发，种东次子，居印尼（原谱第445页）。
33. 第二十二世，瑞清，种东三子，居印尼（原谱第445页）。
34. 第二十二世，澄清，种东四子，居印尼（原谱第445页）。

八、乔樘派小四（点金）

（一）日炬三房进胜派下（一）

1. 第二十世，振金，希文长子，居新加坡（原谱第451页）。
2. 第二十世，世水，希文次子，居新加坡（原谱第451页）。
3. 第二十世，关龙，奕持长子，居印尼（原谱第451页）。
4. 第二十世，关森，奕持次子，居印尼（原谱第451页）。
5. 第二十世，关锭，奕持三子，居印尼（原谱第451页）。
6. 第二十世，关灶，奕持四子，居印尼（原谱第452页）。
7. 第二十世，关炎，奕持五子，居印尼（原谱第452页）。

（二）润德派下四祧

8. 第十九世，奕轩，则钩房亲，居南洋（原谱第465页）。
9. 第十九世，柳才，则倩嗣子，则钩子，定居南洋（原谱第465页）。
10. 第二十世，世海，奕厚之子，居南洋（原谱第469页）。
11. 第二十世，世续，奕敬之子，居南洋（原谱第469页）。
12. 第二十世，连来，归全三子，居南洋（原谱第470页）。
13. 第二十世，浮屿，奕粒之子，居南洋（原谱第471页）。

14. 第二十世，炳忠，秀荣之子，居仰光（原谱第475页）。
15. 第二十世，全成，奕扇长子，居仰光（原谱第475页）。
16. 第二十一世，胡招，连来长子，居南洋（原谱第477页）。
17. 第二十一世，苏德，连来次子，居南洋（原谱第477页）。
18. 第二十一世，苏话，连来三子，居南洋（原谱第477页）。

九、乔樘派小五（田墘）

（一）长房谱牒

1. 第二十世，世庆，奕准侄，居西加里曼丹（印尼）（原谱第499页）。

（二）贰房谱牒

1. 第二十一世，种殊，夏莲嗣次子，世温四子嗣以，殁于印尼（原谱第504页）。
2. 第二十二世，曙欣，种殊之子，居印尼（原谱第507页）。
3. 第二十二世，书范，种雪长子，葬印尼（原谱第507页）。
4. 第二十二世，书辉，种雪次子，居印尼（原谱第507、508页）。
5. 第二十三世，振华，书聘长子，居印尼三宝垄（原谱第509页）。
6. 第二十三世，振兴，书聘次子，居印尼三宝垄（原谱第509页）。
7. 第二十三世，振胜，书聘三子，居印尼三宝垄（原谱第509页）。
8. 第二十三世，德河，书辉之子，居印尼三吧垄（原谱第510页）。

（三）肆房一柱谱牒

9. 第二十世，世毬，奕老长子，葬南洋（原谱第512页）。
10. 第二十世，世灶，奕老四子，葬南洋（原谱第513页）。

（四）肆房二柱谱牒

11. 第十九世，岱宗，则乾次子，葬南洋（原谱第523页）。
12. 第十九世，奕已，则斗次子，葬安南（原谱第523页）。
13. 第二十世，世都，奕丑三子，墓南洋（原谱第525页）。
14. 第二十世，及时，景慕次子，葬菲律宾（原谱第525页）。
15. 第二十世，绵远，景慕四子，葬菲律宾（原谱第525页）。
16. 第二十世，生财，岱宗次子，葬印尼（原谱第526页）。
17. 第二十一世，种城，世鸿次子，居印尼（原谱第527页）。

18. 第二十一世，种挹，世鸿三子，卒葬印尼（原谱第528页）。

19. 第二十一世，资修，及时入承长子，墓南洋（原谱第528页）。

20. 第二十一世，新立，生财长子，居印尼（原谱第529页）。

21. 第二十一世，光焕，生财次子，居印尼（原谱第529页）。

21. 第二十一世，光明，生财三子，居印尼（原谱第529页）。

22. 第二十二世，书团，种神长子，墓印尼（原谱第531页）。

23. 第二十二世，书启，种城嗣子，种神嗣子承嗣，居印尼（原谱第531页）。

24. 第二十二世，书振，种城次子，居印尼（原谱第532页）。

25. 第二十二世，书章，种城三子，居印尼（原谱第532页）。

26. 第二十二世，书智，种城四子，居印尼（原谱第532页）。

27. 第二十二世，书泉，种挹三子，居印尼（原谱第532页）。

28. 第二十二世，书返，种挹四子，居印尼（原谱第532页）。

29. 第二十二世，书鑫，新立之子，居印尼（原谱第534页）。

30. 第二十二世，书恭，光焕长子，居印尼（原谱第534页）。

31. 第二十二世，书敬，光焕次子，居印尼（原谱第534页）。

32. 第二十三世，福添，书启长子，居印尼（原谱第536页）。

33. 第二十三世，福光，书启次子，居印尼（原谱第536页）。

34. 第二十三世，国祥，书振长子，居印尼（原谱第536页）。

35. 第二十三世，国安，书振次子，居印尼（原谱第536页）。

36. 第二十三世，启文，书章之子，居印尼（原谱第536页）。

38. 第二十三世，思思，书智之子，居印尼（原谱第536页）。

（五）肆房三柱谱牒

39. 第十九世，奕丁，则炳次子，居马来西亚（原谱第538页）。

（六）伍房一柱谱牒

40. 第二十世，世汾，奕亩长子，葬印尼望加丽（原谱第540页）。

41. 第二十一世，树从，世汉次子，居柬埔寨（原谱第541页）。

42. 第二十一世，振成，世汾入承子，居印尼望加丽渝卖（原谱第542页）。

43. 第二十二世，五福，树从之子，居柬埔寨（原谱第543页）。

44. 第二十二世，书闱，振成次子，居印尼（原谱第544页）。

45. 第二十二世，书吉，振成入承子，居印尼（原谱第544页）。

46. 第二十三世，田清，书围之子，居印尼望加丽（原谱第545页）。

47. 第二十三世，田忠，书胜长子，居印尼（原谱第545页）。

48. 第二十三世，田龙，书胜次子，居印尼望加丽渝卖（原谱第545页）。

47. 第二十三世，田利，书胜三子，居印尼望加丽渝卖（原谱第545页）。

48. 第二十四世，文佳，田忠之子，居印尼望加丽渝卖（原谱第545页）。

（七）伍房二祧谱牒

49. 第二十一世，冰霜，世桥之子，居印尼（原谱第549页）。

50. 第二十一世，辛酉，世桥之子，居印尼（原谱第549页）。

51. 第二十一世，金树，世桥之子，居印尼（原谱第549页）。

52. 第二十一世，英雄，世桥之子，居印尼（原谱第549页）。

53. 第二十一世，高雄，世桥之子，居印尼（原谱第549页）。

54. 第二十一世，种雄，世桥之子，居印尼（原谱第549页）。

55. 第二十一世，种德，世桥之子，居印尼（原谱第549页）。

（八）伍房三柱支分小①希龄谱牒

56. 第十九世，奕隋，则兰之子，居印尼万隆（原谱第554页）。

57. 第二十世，耀奎，璋奕次子，葬印尼（原谱第555页）。

58. 第二十世，豪杰，璋奕三子，葬三宝垄（印尼）（原谱第555页）。

59. 第二十世，双全，清源三子，葬菲律宾（原谱第556页）。

60. 第二十世，世润，庭宗之子，葬菲越南（原谱第556页）。

61. 第二十一世，种槐，豪杰三子，居印尼（原谱第557页）。

62. 第二十一世，华峰，德星长子，居印尼（原谱第557页）。

63. 第二十二世，书演，华峰长子，居印尼（原谱第560页）。

64. 第二十二世，南铨，华峰次子，居印尼（原谱第560页）。

65. 第二十二世，书海，华峰三子，居印尼（原谱第560页）。

66. 第二十三世，田淦，书海之子，居印尼（原谱第561页）。

（九）伍房三柱支分小③贻候（一）谱牒

67. 第十八世，则卫，礼笏之子，葬印尼（原谱第561页）。

68. 第十九世，奕腾，则卫长子，葬印尼（原谱第562页）。

69. 第十九世，奕质，则卫三子，葬印尼吧城（原谱第562页）。

70. 第二十世，晋升，奕腾长子，居印尼（原谱第563页）。

71. 第二十世，寿升，奕腾次子，居印尼（原谱第563页）。

72. 第二十世，锦标，万隆长子，居印尼（原谱第563页）。

73. 第二十世，锦帆，奕质嗣子，万隆次子承嗣，葬印尼（原谱第564页）。

74. 第二十一世，种波，晋陞长子，旅居印尼（原谱第564页）。

75. 第二十一世，种元，晋陞次子，居印尼（原谱第564页）。

76. 第二十一世，东海，晋陞三子，居印尼（原谱第564页）。

77. 第二十一世，种贤，寿陞长子，居印尼（原谱第564页）。

78. 第二十一世，南山，寿陞次子（嗣），晋陞四子承嗣，居印尼（原谱第564页）。

79. 第二十一世，荣辉，锦标长子，居印尼（原谱第565页）。

80. 第二十一世，荣彬，锦标次子，居印尼（原谱第565页）。

81. 第二十一世，荣耀，锦标三子，居印尼（原谱第565页）。

82. 第二十一世，荣德，锦标四子，居印尼（原谱第565页）。

83. 第二十一世，荣芳，锦帆长子，居印尼（原谱第565页）。

84. 第二十一世，荣兴，锦帆次子，居印尼（原谱第565页）。

85. 第二十二世，书奇，种波长子，居印尼（原谱第565页）。

86. 第二十二世，书培，种波次子，居印尼（原谱第565页）。

87. 第二十二世，书强，种波三子，居印尼（原谱第565页）。

88. 第二十二世，书茂，种波四子，居印尼（原谱第565页）。

89. 第二十二世，恩豪，东海长子，居印尼（原谱第566页）。

90. 第二十二世，恩明，东海次子，居印尼（原谱第566页）。

91. 第二十二世，恩英，东海三子，居印尼（原谱第566页）。

92. 第二十二世，励坚，南山之子，居印尼（原谱第566页）。

93. 第二十二世，志鸿，荣辉长子，居印尼（原谱第566页）。

94. 第二十二世，志农，荣辉次子，居印尼（原谱第566页）。

95. 第二十二世，维丽，荣彬长女，居印尼（原谱第566页）。

96. 第二十二世，味咪，荣彬二女，居印尼（原谱第566页）。

97. 第二十二世，炳华，荣耀之子，居印尼（原谱第 566 页）。
98. 第二十二世，健明，荣兴之子，居印尼（原谱第 566 页）。
99. 第二十三世，田富，书奇之子，居印尼（原谱第 566 页）。
100. 第二十三世，田奋，书培长子，居印尼（原谱第 566 页）。
101. 第二十三世，田发，书培次子，居印尼（原谱第 566 页）。
102. 第二十三世，田伟，书培三子，居印尼（原谱第 566 页）。
103. 第二十三世，田雄，书强之子，居印尼（原谱第 566 页）。

（十）伍房三柱支分小③贻候（二）谱牒

104. 第十九世，养儿，则当之子，葬南洋（原谱第 567 页）。
105. 第二十世，古意，奕誉长子，葬印尼陇川（原谱第 569 页）。
106. 第二十世，世尧，奕誉次子，葬印尼陇川（原谱第 569 页）。
107. 第二十一世，永发，古意长子，居印尼（原谱第 571 页）。
108. 第二十一世，种盛，古意次子，居印尼（原谱第 571 页）。
109. 第二十一世，志强，古意之子，居印尼（原谱第 571 页）。
110. 第二十一世，深渊，世尧长子，居印尼（原谱第 571 页）。
111. 第二十一世，炳详，世尧次子，居印尼（原谱第 571 页）。
112. 第二十二世，明利，永发之子，居印尼（原谱第 573 页）。
113. 第二十二世，明全，种盛长子，居印尼（原谱第 573 页）。
114. 第二十二世，明土，种盛次子，居印尼（原谱第 573 页）。
115. 第二十二世，菊花，志强之女，居印尼（原谱第 573 页）。
116. 第二十二世，晓祖，深渊之子，居印尼（原谱第 573 页）。

（十一）伍房三柱支分小④贻己谱牒

117. 第十八世，加走，礼仁次子，塟新加坡（原谱第 575 页）。
118. 第十九世，奕莉，加走之子，居新加坡（原谱第 575 页）。
119. 第十九世，奕色，则逸长子，塟新加坡（原谱第 576 页）。
120. 第十九世，奕啧，则逸次子，塟新加坡（原谱第 576 页）。
121. 第二十世，自来，奕莉长子，居新加坡（原谱第 576 页）。
122. 第二十世，世淼，奕莉次子，居新加坡（原谱第 576 页）。
123. 第二十世，世港，奕莉三子，居新加坡（原谱第 577 页）。
124. 第二十世，春记，奕莉四子，居新加坡（原谱第 577 页）。
125. 第二十世，世直，奕色长子，塟新加坡（原谱第 577 页）。

126. 第二十世，世丽，奕喷嗣子，奕色次子承嗣，莛新加坡（原谱第577页）。

128. 第二十一世，种友，自来长子，居新加坡（原谱第578页）。

129. 第二十一世，种文，自来次子，居新加坡（原谱第578页）。

130. 第二十一世，种成，自来三子，居新加坡（原谱第578页）。

131. 第二十一世，种生，世森长子，居新加坡（原谱第578页）。

132. 第二十一世，种仕，世森次子，居新加坡（原谱第578页）。

133. 第二十一世，种汉，世森三子，居新加坡（原谱第578页）。

134. 第二十一世，种雄，世森四子，居新加坡（原谱第578页）。

135. 第二十一世，宗敬，世港长子，居新加坡（原谱第578页）。

135. 第二十一世，宗迅，世港次子，居新加坡（原谱第578页）。

136. 第二十一世，种拣，春记之子，居新加坡（原谱第578页）。

137. 第二十一世，炳兴，世直三子，居新加坡（原谱第578页）。

138. 第二十一世，建兴，世丽嗣子，世直次子承嗣，居新加坡（原谱第579页）。

139. 第二十二世，俊杰，种成之子，居新加坡（原谱第579页）。

140. 第二十二世，自强，种生之子，居新加坡（原谱第579页）。

142. 第二十二世，伟齐，种仕之子，居新加坡（原谱第579页）。

143. 第二十二世，俊修，建兴之子，居新加坡（原谱第579页）。

十、大长房金铉公派下：大长房五文濂公支派

1. 第十九世，忠庸，则默三子，定居印尼（原谱第587页）。

2. 第二十世，松柏，忠庸之子，定居印尼（原谱第589页）。

十一、大长房金铉公派下：大长房六文洙公支派

1. 第十九世，奕钩，则向三子，定居印尼（原谱第608页）。

2. 第二十世，荣阿，成宗次子，居南洋，未详（原谱第609页）。

3. 第二十世，介眉，奕钩之子，定居印尼（原谱第609页）。

4. 第二十一世，博厚，世昌长子，居缅甸（原谱第611页）。

5. 第二十一世，鹄阿，介眉之子，居印尼（原谱第612页）。

十二、大二房金录公派下：文润公支派

(一) 胤广派、胤植派 (二房布厝仑)

1. 第二十世，赞发，奕旺次子，后裔居仰光（原谱第 634 页）。

(二) 二房新发祧 (居崎兜)

2. 第十九世，奕谅，则随之子，居印尼槟港（原谱第 638 页）。
3. 第二十世，世声，奕茵之子，居印尼（原谱第 638 页）。
4. 第二十世，世权，奕河三子，居印尼（原谱第 638 页）。
5. 第二十世，世焕，奕河四子，居印尼（原谱第 639 页）。
6. 第二十世，世丽，奕狮长子，居印尼（原谱第 639 页）。
7. 第二十世，良福，奕狮次子，居印尼（原谱第 639 页）。
8. 第二十世，世明，奕兴次子，居印尼（原谱第 640 页）。
9. 第二十一世，流水，世声之子，居印尼（原谱第 640 页）。
10. 第二十一世，玉山，世权长子，居印尼（原谱第 641 页）。
11. 第二十一世，玉林，世权次子，居印尼（原谱第 641 页）。
12. 第二十一世，玉光，世权三子，居印尼（原谱第 641 页）。
13. 第二十一世，新金，世丽之子，居印尼（原谱第 641 页）。
14. 第二十一世，种福，世明之子，居印尼（原谱第 642 页）。
15. 第二十二世，大川，流水长子，居印尼（原谱第 642 页）。
16. 第二十二世，文川，流水次子，居印尼（原谱第 642 页）。
17. 第二十二世，德川，流水三子，居印尼（原谱第 642 页）。
18. 第二十二世，福川，流水四子，居印尼（原谱第 642 页）。
19. 第二十二世，平安，流水五子，居印尼（原谱第 642 页）。
20. 第二十二世，振辉，玉山之子，居印尼（原谱第 643 页）。
21. 第二十二世，书团，新金长子，居印尼（原谱第 643 页）。
22. 第二十二世，书阳，新金次子，居印尼（原谱第 643 页）。
23. 第二十二世，书青，新金三子，居印尼（原谱第 643 页）。

(三) 二房新维祧

24. 第十八世，则添，礼仲之子，居印尼（原谱第 646 页）。
25. 第十八世，则午，礼源次子，居印尼（原谱第 647 页）。
26. 第十八世，则凉，礼蚁长子，居印尼（原谱第 647 页）。

27. 第十八世，云雾，礼英次子，居印尼（原谱第 648 页）。
28. 第十九世，奕义，则午长子，居印尼（原谱第 649 页）。
29. 第十九世，民生，则午三子，居印尼（原谱第 650 页）。
30. 第十九世，国都，则午四子，居印尼（原谱第 650 页）。
31. 第十九世，奕奎，则呼三子，卒印尼（原谱第 650 页）。
32. 第十九世，维成，则銮三子，居印尼（原谱第 651 页）。
33. 第十九世，奕应，则巧次子，居印尼（原谱第 652 页）。
24. 第十九世，奕博，则窗次子，居印尼（原谱第 652 页）。
24. 第十九世，转通，则窗四子，居印尼（原谱第 653 页）。
25. 第二十世，世龟，奕祥次子，塟印尼（原谱第 654 页）。
26. 第二十世，世明，民生长子，居印尼（原谱第 654 页）。
27. 第二十世，世良，民生次子，居印尼（原谱第 654 页）。
28. 第二十世，川好，奕奎次子，卒印尼（原谱第 655 页）。
29. 第二十世，世掌，奕朵之子，居印尼（原谱第 657 页）。
30. 第二十世，清洁，奕应长子，居印尼（原谱第 657 页）。
31. 第二十世，清南，奕应长子，居印尼（原谱第 658 页）。
32. 第二十世，喜庆，奕博长子，居印尼（原谱第 658 页）。
33. 第二十世，如昌，奕博次子，居印尼（原谱第 658 页）。
34. 第二十世，世明，转通长子，居印尼（原谱第 658 页）。
35. 第二十世，世清，转通次子，居印尼（原谱第 658 页）。
36. 第二十世，世耀，转通三子，居印尼（原谱第 658 页）。
37. 第二十世，世川，转通四子，居印尼（原谱第 658 页）。
38. 第二十世，世香，转通五子，居印尼（原谱第 658 页）。
39. 第二十世，世孝，转通六子，居印尼（原谱第 658 页）。
40. 第二十一世，种胜，世龟长子，居印尼（原谱第 660 页）。
41. 第二十一世，种科，世龟次子，居印尼（原谱第 660 页）。
42. 第二十一世，种裕，世龟三子，居印尼（原谱第 660 页）。

（四）二房新旺祧

43. 第十九世，浮萍，则鲫长子，居印尼（原谱第 668 页）。
44. 第十九世，如良，则牛长子，葬印尼（原谱第 668 页）。
45. 第十九世，乌炳，则牛嗣子，居印尼（原谱第 669 页）。

46. 第十九世，良宁，则班次子，葬印尼（原谱第 670 页）。
47. 第十九世，金凤，文章三子，居印尼（原谱第 670 页）。
48. 第二十世，长扬，如良次子，居印尼（原谱第 671 页）。
49. 第二十世，长明，如良三子，居印尼（原谱第 671 页）。
50. 第二十世，长辉，如良四子，居印尼（原谱第 671 页）。
51. 第二十世，长权，如良五子，居印尼（原谱第 671 页）。
52. 第二十世，殊远，乌炳长子，居印尼（原谱第 672 页）。
53. 第二十世，殊义，乌炳次子，居印尼（原谱第 672 页）。
54. 第二十一世，颖俊，长扬长子，居印尼（原谱第 675 页）。
55. 第二十一世，颖杰，长扬次子，居印尼（原谱第 675 页）。
56. 第二十一世，桂莲，长明长子，居印尼（原谱第 675 页）。
57. 第二十一世，桂花，长明次子，居印尼（原谱第 675 页）。
58. 第二十一世，金莲，长辉长女，居印尼（原谱第 675 页）。
59. 第二十一世，佩芬，长辉次女，居印尼（原谱第 675 页）。
60. 第二十一世，KRISTIN，长辉三女，居印尼（原谱第 675 页）。
61. 第二十一世，颖成，长权之子，居印尼（原谱第 675 页）。
62. 第二十二世，敏丰，颖俊长子，居印尼（原谱第 678 页）。
63. 第二十二世，敏伟，颖俊次子，居印尼（原谱第 678 页）。
64. 第二十二世，敏清，颖杰之子，居印尼（原谱第 678 页）。

（五）布厝仑日联桃

65. 第十九世，泰兴，则贺之子，葬槟港（印尼）（原谱第 696 页）。
66. 第十九世，奕敲，则缓次子，居槟港（印尼）（原谱第 696 页）。
67. 第十九世，宋奇，则亲长子，居新加坡（原谱第 696 页）。
68. 第十九世，奕平，则亲三子，葬新加坡（原谱第 697 页）。
69. 第十九世，奕鲍，则恕之子，居印尼（原谱第 697 页）。
70. 第十九世，财芳，春田次子，卒印尼三宝垄（原谱第 697 页）。
71. 第十九世，荣芳，春田四子，居菲律宾（原谱第 698 页）。
72. 第二十世，金丙，广运之子，卒于印尼（原谱第 698 页）。
73. 第二十世，锦竹，宋奇长子，居新加坡（原谱第 700 页）。
74. 第二十世，体泰，宋奇次子，居新加坡（原谱第 700 页）。
75. 第二十世，火星，宋奇三子，居新加坡（原谱第 700 页）。

76. 第二十世，秉心，奕平长子，居新加坡（原谱第 700 页）。
77. 第二十世，秉德，奕平次子，居新加坡（原谱第 700 页）。
78. 第二十世，秉谦，奕平三子，居新加坡（原谱第 700 页）。
79. 第二十世，秉和，奕平四子，居新加坡（原谱第 700 页）。
80. 第二十世，秉雄，奕平五子，居新加坡（原谱第 700 页）。
81. 第二十世，秉良，奕平六子，居新加坡（原谱第 700 页）。
82. 第二十一世，庭宣，金丙次子，卒于印尼（原谱第 702 页）。
83. 第二十二世，书明，庭宣长子，居印尼（原谱第 706 页）。
84. 第二十二世，书福，庭宣次子，居印尼（原谱第 706 页）。

（六）布厝仑日耀祧

85. 第十八世，时春，礼宗长子，居印尼（原谱第 716 页）。
86. 第十八世，则廉，礼宗次子，居印尼（原谱第 716 页）。
87. 第十八世，冬水，茹次子，居印尼（原谱第 716 页）。
88. 第十八世，良记，茹三子，居印尼（原谱第 717 页）。
89. 第十九世，初开，时春次子，居印尼（原谱第 718 页）。
90. 第十九世，瑞隆，时春三子，居印尼（原谱第 718 页）。
91. 第十九世，丁祥，时春四子，居印尼（原谱第 718 页）。
92. 第十九世，奕礼，则廉长子，居印尼（原谱第 718 页）。
93. 第十九世，初进，则城长子，居印尼（原谱第 718 页）。
94. 第二十世，有土，揭誉之子，居印尼（原谱第 720 页）。
95. 第二十世，世福，奕德次子，居印尼（原谱第 720 页）。
96. 第二十世，金成，时春之孙，居印尼（原谱第 720 页）。
97. 第二十世，金福，时春之孙，居印尼（原谱第 720 页）。
96. 第二十世，金光，时春之孙，居印尼（原谱第 720 页）。
96. 第二十世，世川，时春之孙，居印尼（原谱第 720 页）。
96. 第二十世，世汉，时春之孙，居印尼（原谱第 720 页）。
96. 第二十世，广山，时春之孙，居印尼（原谱第 720 页）。
96. 第二十世，柄全，时春之孙，居印尼（原谱第 720 页）。
96. 第二十世，盛义，时春之孙，居印尼（原谱第 720 页）。
97. 第二十世，金河，奕札长子，居印尼（原谱第 720 页）。
98. 第二十世，金竹，奕札次子，居印尼（原谱第 720 页）。

99. 第二十世，世泰，奕札三子，居印尼（原谱第 720 页）。
100. 第二十世，世文，初进次子，居印尼（原谱第 721 页）。
101. 第二十世，世武，初进三子，居印尼（原谱第 721 页）。
103. 第二十一世，振玉，有土长子，居印尼（原谱第 723 页）。
104. 第二十一世，振安，有土次子，居印尼（原谱第 723 页）。
105. 第二十一世，振童，有土三子，居印尼（原谱第 723 页）。
106. 第二十一世，振福，有土四子，居印尼（原谱第 724 页）。
107. 第二十一世，振廷，有土五子，居印尼（原谱第 724 页）。
108. 第二十一世，振南，有土六子，居印尼（原谱第 724 页）。
109. 第二十一世，振协，有土七子，居印尼（原谱第 724 页）。
110. 第二十一世，种裕，奕札之孙，居印尼（原谱第 724 页）。
111. 第二十一世，种水，奕札之孙，居印尼（原谱第 725 页）。
112. 第二十一世，种渊，奕札之孙，居印尼（原谱第 725 页）。
113. 第二十一世，连福，奕札之孙，居印尼（原谱第 725 页）。
114. 第二十一世，荣福，奕札之孙，居印尼（原谱第 725 页）。
115. 第二十一世，汉水，奕札之孙，居印尼（原谱第 725 页）。
116. 第二十一世，荣裕，世文之子，居印尼（原谱第 725 页）。
117. 第二十一世，振裕，世武长子，居印尼（原谱第 725 页）。
118. 第二十一世，锦裕，世武次子，居印尼（原谱第 725 页）。
119. 第二十一世，昌裕，世武三子，居印尼（原谱第 725 页）。
120. 第二十一世，祥裕，世武四子，居印尼（原谱第 725 页）。
121. 第二十二世，国桢，振玉长子，居印尼（原谱第 726 页）。
122. 第二十二世，国瑞，振玉四子，居印尼（原谱第 726 页）。
123. 第二十二世，国盛，振玉五子，居印尼（原谱第 726 页）。
124. 第二十二世，国煊，振玉六子，居印尼（原谱第 726 页）。
125. 第二十二世，书汉，振安长子，居印尼（原谱第 726 页）。
126. 第二十二世，书伦，振安次子，居印尼（原谱第 726 页）。
127. 第二十二世，书耀，振童长子，居印尼（原谱第 726 页）。
128. 第二十二世，书泰，振童次子，居印尼（原谱第 726 页）。
129. 第二十二世，立明，振福长子，居印尼（原谱第 726 页）。
130. 第二十二世，立显，振福次子，居印尼（原谱第 726 页）。

131. 第二十二世，立光，振福三子，居印尼（原谱第726页）。
132. 第二十二世，立辉，振福四子，居印尼（原谱第726页）。
133. 第二十二世，瑞燐，振延长子，居印尼（原谱第726页）。
134. 第二十二世，瑞梁，振延次子，居印尼（原谱第726页）。
135. 第二十二世，瑞升，振延三子，居印尼（原谱第726页）。
136. 第二十二世，宗汉，振南之子，居印尼（原谱第726页）。
137. 第二十二世，汉祥，振协之子，居印尼（原谱第726页）。
138. 第二十三世，金台，国桢长子，居印尼（原谱第727页）。
139. 第二十三世，炜材，国桢次子，居印尼（原谱第727页）。

十三、大三房金鑑公派下：文沛公支派

1. 第二十世，开明，席芳次子，居印尼（原谱第729页）。
2. 第二十世，世忠，席芳三子，居印尼（原谱第729页）。

十四、楼下第三大宗支世系

（一）长房乔模派（下厝）

1. 第十七世，则瓜，礼号长子，道光年间往实叻槟榔屿（原谱第799页）。
2. 第十九世，奕担，则据三子，居实叻（新加坡）（原谱第800页）。
3. 第二十一世，种劲，世泡之子，卒于吕宋纳卯（原谱第804页）。
4. 第二十一世，种彩，世芼四子，卒于实叻新山振林山（原谱第805页）。
5. 第二十一世，厚发，世窍之子，卒于吕宋（原谱第806页）。
6. 第二十一世，种皮，世躲之子，卒于吕宋纳卯（原谱第807页）。
7. 第二十一世，泉成，世某三子，卒于吕宋古岛（原谱第807页）。
8. 第二十一世，种苏，世接三子，卒于吕宋古岛（原谱第808页）。
9. 第二十二世，书厉，种劲次子，卒于吕宋纳卯（原谱第809页）。
10. 第二十二世，焕哨，种劲三子，在纳卯繁衍（原谱第809页）。
11. 第二十二世，怀允，种劲四子，在古岛被日本杀害（原谱第809页）。
12. 第二十二世，金发，种彩之子，居马来西亚（原谱第809页）。

13. 第二十二世，子招，种帆之子，居印尼（原谱第 811 页）。

14. 第二十二世，荣木，成基长子，居菲律宾（原谱第 812 页）。

15. 第二十三世，田星，书利之子，此祧在菲律宾纳卯繁衍（原谱第 814 页）。

16. 第二十三世，黄昌、黄权、黄浪，荣木在吕宋所生番仔，未详（原谱第 816 页）。

（二）二房

17. 第十九世，奕捞，则粕之子，旅居安南（越南）（原谱第 826 页）。

18. 第二十世，世渊，奕长三子，往实叻谋生不回（原谱第 829 页）。

19. 第二十一世，种近，世梓长子，葬吕宋古岛（原谱第 830 页）。

20. 第二十一世，种详，世立长子，卒于新加坡（原谱第 830 页）。

21. 第二十一世，种添，世立三子，卒于印尼（原谱第 830 页）。

22. 第二十一世，种坤，世潟长子，侨居印尼（原谱第 830 页）。

23. 第二十一世，种珍，世潟三子，侨居印尼（原谱第 831 页）。

24. 第二十二世，华东，种近长子，居吕宋（原谱第 831 页）。

25. 第二十二世，华民，种近次子，居吕宋（原谱第 831 页）。

26. 第二十二世，书土，种九长子，承嗣种坤，居印尼（原谱第 831 页）

（三）日熙派下四房

27. 第二十世，世权，奕殷三子，卒于南洋（原谱第 842 页）。

28. 第二十世，世财，奕因四子，卒南洋（原谱第 843 页）。

29. 第二十一世，直飞，世仅次子，一九三二年往马来西亚吉隆坡（原谱第 843 页）。

30. 第二十一世，亚铁，世仅三子，卒南洋（原谱第 843 页）。

（四）斗仪五房乔栋派

1. 第十七世，礼蕴，贻遭之子，往印尼三吧垄（原谱第 855 页）。

2. 第十八世，汉章，礼红长子，侨居三吧垄土名北加浪（印尼）（原谱第 855 页）。

3. 第十八世，印元，礼红次子，往印尼北加浪（原谱第 855 页）。

4. 第十八世，含珠，礼蕴长子，兄弟往印尼三吧垄（原谱第 855 页）。

（五）乔桓派小一

1. 第十七世，礼浪，贻梦之子，居印尼三吧垄（原谱第 859 页）。

2. 第十八世，则铃，礼鱼次子，在安南宅郡杏生店得利（原谱第 862 页）。

3. 第十九世，奕譬，则耳次子，侨居安南（原谱第 864 页）。

4. 第十九世，奕梅，碧云次子，甲申自安南年到家（原谱第 865 页）。

5. 第十九世，莲花，碧云三子，在安南年于光绪乙酉年八月到家（原谱第 865 页）。

6. 第十九世，角花，碧云四子，在安南（原谱第 865 页）。

7. 第二十一世，德馨，双裁次子，子二，印尼籍，不详（原谱第 869 页）。

（六）乔桓派小二（山边尾）

1. 第十八世，尼姑，礼两次子，往实叻（新加坡）（原谱第 882 页）。

（七）乔桓派小三（福泉）

1. 第十九世，奕安，则谫六子，居印尼（原谱第 890 页）。

2. 第二十世，世抱，奕汀长子，长居菲律宾（原谱第 891 页）。

3. 第二十世，世镰，奕汀三子，长居新加坡（原谱第 891 页）。

4. 第二十世，世尊，奕良次子，自幼南渡印尼，情况不明（原谱第 891 页）。

5. 第二十世，世绵，奕珊次子，长居海外，子一，种景，女一，碧娘长居印尼（原谱第 891、892 页）。

6. 第二十世，世统，奕珊三子，子四，女七，君玉适印尼，慧珠适印尼，慧娟适印尼，慧娥适印尼（原谱第 892 页）。

7. 第二十世，世庇，奕炳次子，长居印尼（原谱第 892 页）。

8. 第二十世，世木，奕佃长子，侨居印尼万隆（原谱第 893 页）。

9. 第二十世，世杰，奕佃次子，侨居印尼万隆（原谱第 893 页）。

10. 第二十世，世来，奕佃三子，侨居印尼万隆（原谱第 893 页）。

11. 第二十世，世院，奕宝长子，长居印尼（原谱第 893 页）。

12. 第二十一世，种由，世镰之子，长居新加坡（原谱第 895 页）。

13. 第二十一世，种坤，世赞长子，长居印尼（原谱第 897 页）。

14. 第二十一世，种淘，世泽长子，居印尼，子二：书汉，书淮。女三，书芳适印尼华人，书芬适印尼华人，书华适印尼华人（原谱第 898 页）。

15. 第二十二世，书霞，种连长子，居印尼（原谱第899页）。

（八）乔桓派小四（五祧祖1乌洋）

1. 第二十世，安，奕炮次子，逝于印尼（原谱第911页）。
2. 第二十一世，种志，世安长子，居住印尼（原谱第913页）。
3. 第二十一世，种涵，世安次子，居住印尼（原谱第913页）。
4. 第二十一世，种明，世安三子，居住印尼（原谱第913页）。

（九）乔桓派小四（五祧祖2郭坑新沙）

5. 第二十世，世友，奕×长子，世居印尼（原谱第924页）。
6. 第二十世，仲诗，奕×次子，世居印尼（原谱第924页）。
7. 第二十世，世勇，奕雁之子，葬新加坡（原谱第924页）。
8. 第二十世，德胜，奕查长子，世居南洋（原谱第925页）。
9. 第二十世，降水，奕正长子，葬南洋（原谱第926页）。
10. 第二十一世，种计，世维之子，葬菲律宾（原谱第926页）。
11. 第二十一世，种攀，世黎长子，葬马尼拉（原谱第926、927页）。
12. 第二十一世，义成，世勇次子，侨居新加坡（原谱第927页）。
13. 第二十一世，作成，世勇三子，侨居新加坡（原谱第927页）。
14. 第二十一世，金水，世勇四子，侨居新加坡（原谱第927页）。
15. 第二十一世，清吉，世勇五子，侨居新加坡（原谱第927页）。
16. 第二十一世，种竹，世凤三子，侨居新加坡（原谱第928页）。
17. 第二十二世，明杰，种攀长子，定居菲马尼拉（原谱第931页）。
18. 第二十二世，明山，种攀四子，定居菲马尼拉（原谱第931页）。
19. 第二十二世，国元，金水长子，定居新加坡（原谱第932页）。
20. 第二十二世，国庆，金水次子，定居新加坡（原谱第932页）。
21. 第二十二世，庭阶，种德次子，葬菲律宾（原谱第933页）。
22. 第二十三世，味阿，明杰长子，侨居菲马尼拉（原谱第937页）。
23. 第二十三世，田路，明杰次子，侨居菲马尼拉（原谱第937页）。
24. 第二十三世，启明，庭阶长子，定居菲律宾（原谱第939页）。
25. 第二十三世，瑞春，锦书长子，居新加坡（原谱第940页）。
26. 第十九世，奕运，则吟三子，世居马来亚（原谱第950页）。
27. 第十九世，奕褚，则章次子，葬南洋（原谱第952页）。
28. 第二十世，世城，奕当长子，侨居印尼（原谱第953页）。

29. 第二十世，尚良，奕念长子，侨居马来西亚（原谱第 955 页）。
30. 第二十世，世蟳，奕众长子，侨居印尼（原谱第 956 页）。
31. 第二十世，世针，奕众次子，侨居印尼（原谱第 956 页）。
32. 第二十世，世椒，奕众三子，侨居印尼（原谱第 957 页）。
33. 第二十世，世实，奕褚之子，葬南洋（原谱第 957 页）。
34. 第二十世，世元，奕丁长子，侨居南洋（原谱第 957 页）。
35. 第二十世，世深，奕丁次子，侨居南洋（原谱第 957 页）。
36. 第二十一世，玉兰，世蟳之子，侨居印尼（原谱第 962 页）。
37. 第二十一世，桧松，世针长子，侨居印尼（原谱第 962 页）。
38. 第二十一世，华聪，世实长子，侨居南洋（原谱第 962 页）。
39. 第二十一世，种区，世实次子，侨居南洋（原谱第 962 页）。

（十）乔桓派小四（五祧祖 3 郭坑宅内）

40. 第二十世，恒远，奕再长子，居南洋（原谱第 971 页）。
41. 第二十二世，地震，栋舟长子，居新加坡（原谱第 976 页）。
42. 第二十二世，地球，栋舟次子，居新加坡（原谱第 976 页）。

（十一）乔桓派小四（五祧祖 4 石笋）

43. 第二十世，世悌，奕寅次子，居新加坡（原谱第 981 页）。
44. 第二十世，世仁，奕寅三子，居新加坡（原谱第 981 页）。
45. 第二十世，松波，奕寅四子，居新加坡（原谱第 981 页）。
46. 第二十世，柏林，奕寅五子，居新加坡（原谱第 982 页）。
47. 第二十世，世选，奕山之子，葬新加坡（原谱第 982 页）。
48. 第二十一世，种葵，世坤长子，葬新加坡（原谱第 983 页）。
49. 第二十一世，种炳，世坤次子，葬新加坡（原谱第 983 页）。
50. 第二十一世，种权，世坤三子，葬新加坡（原谱第 983 页）。
51. 第二十一世，种标，世坤四子，葬新加坡（原谱第 983 页）。
52. 第二十一世，种川，世坤五子，葬新加坡（原谱第 983 页）。
53. 第二十一世，海金，世仁长子，居新加坡（原谱第 984 页）。
54. 第二十一世，铭铨，世仁次子，居新加坡（原谱第 984 页）。
55. 第二十一世，种伟，松波之子，居新加坡（原谱第 984 页）。
56. 第二十一世，种耀，柏林长子，居新加坡（原谱第 984 页）。
57. 第二十一世，种武，柏林次子，居新加坡（原谱第 984 页）。

58. 第二十一世，有炳，世选长子，居新加坡（原谱第 984 页）。
59. 第二十二世，书作，种葵之子，居新加坡（原谱第 986 页）。
60. 第二十二世，书嵘，种炳长子，居新加坡（原谱第 986 页）。
61. 第二十二世，书文，种炳次子，居新加坡（原谱第 986 页）。
62. 第二十二世，书奇，种标之子，居新加坡（原谱第 986 页）。
63. 第二十二世，书慨，种川之子，居新加坡（原谱第 986 页）。
64. 第二十二世，书宇，海金之子，居新加坡（原谱第 986 页）。
65. 第二十二世，书恒，铭铨之子，居新加坡（原谱第 987 页）。
66. 第二十二世，书颖，种伟之子，居新加坡（原谱第 987 页）。
67. 第二十二世，宝龙，种耀长子，居新加坡（原谱第 987 页）。
68. 第二十二世，书龙，种耀次子，居新加坡（原谱第 987 页）。
69. 第二十二世，凯盈，种耀三子，居新加坡（原谱第 987 页）。
70. 第二十二世，凯霖，种耀四子，居新加坡（原谱第 987 页）。
71. 第二十二世，诗福，有炳长子，居新加坡（原谱第 988 页）。
72. 第二十二世，康明，有炳次子，居新加坡（原谱第 988 页）。
73. 第二十二世，史略，有炳三子，居新加坡（原谱第 988 页）。
74. 第二十三世，恬莹，书作长子，生于新加坡（原谱第 988 页）。
75. 第二十三世，恬凌，书作次子，生于新加坡（原谱第 988 页）。
76. 第二十三世，田荣，书作三子，生于新加坡（原谱第 988 页）。
77. 第二十三世，秋妍，书概长女，居新加坡（原谱第 988 页）。
78. 第二十三世，秋平，书概二女，居新加坡（原谱第 988 页）。
79. 第二十三世，宗顺，诗福之子，居新加坡（原谱第 989 页）。
80. 第二十三世，伟利，康明长女，居新加坡（原谱第 989 页）。
81. 第二十三世，伟玲，康明二女，居新加坡（原谱第 989 页）。
82. 第二十三世，田俊，史略长子，居新加坡（原谱第 989 页）。
83. 第二十三世，田益，史略次子，居新加坡（原谱第 989 页）。
84. 第十八世，则茶，礼赞之子，旅居南洋（原谱第 990 页）。

（十二）石笋二房奕住祧谱牒

85. 第十九世，奕住，则赏长子（印尼前首富及糖王）（原谱第 990 页）。

86. 第二十二世，阿屋，长杉长子，居新加坡（原谱第 996 页）。

87. 第二十二世，承淦，仲杰三子，居新加坡（原谱第 998 页）。

88. 第二十二世，丹羽，仲侠之子，居马来西亚（原谱第 998 页）。

89. 第二十二世，耀进，仲铮之子，居新加坡（原谱第 999 页）。

90. 第二十三世，建，骥之子，居新加坡（原谱第 999 页）。

91. 第二十三世，允文、允平，承淦长子、次子，居新加坡（原谱第 1000 页）。

（十三）第二祧（一）礼伉支系

92. 第二十世，世意，奕雪四子，旅居印尼（原谱第 1001 页）。

93. 第二十一世，种川，世意长子，旅居印尼（原谱第 1002 页）。

94. 第二十一世，种坤，世意次子，旅居印尼（原谱第 1002 页）。

95. 第二十一世，种温，世意三子，旅居印尼（原谱第 1002 页）。

（十四）第二祧（四）礼亥支系

96. 第二十世，世煌，通玉次子，葬菲律宾（原谱第 1012 页）。

97. 第二十一世，元和，世煌次子，居住律宾（原谱第 1014 页）。

98 二十二世，炳诚，金昌长子，旅居菲律宾（原谱第 1015 页）。

（十五）第三祧（一）礼井支系

99. 第十九世，奕树，则浚之子，定居印尼（原谱第 1016 页）。

100. 第二十世，汉宗，奕树长子，旅居印尼（原谱第 1017 页）。

101. 第二十世，汉源，奕树次子，旅居印尼（原谱第 1017 页）。

102. 第二十世，汉义，奕树三子，旅居印尼（原谱第 1017 页）。

103. 第二十世，汉仁，奕树四子，旅居印尼（原谱第 1017 页）。

104. 第二十一世，种培，天山三子，旅居印尼（原谱第 1017 页）。

105. 第二十一世，种植，天山四子，旅居印尼（原谱第 1017 页）。

106. 第二十一世，种志，天山五子，旅居印尼（原谱第 1017 页）。

107. 第二十一世，种灿，天山六子，旅居印尼（原谱第 1017 页）。

108. 第二十一世，种辉，天山七子，旅居印尼（原谱第 1017 页）。

109. 第二十一世，种雄，天山八子，旅居印尼（原谱第 1017 页）。

110. 第二十一世，种泉，天山九子，旅居印尼（原谱第 1017 页）。

111. 第二十一世，种成，天山十子，旅居印尼（原谱第 1017 页）。

112. 第二十一世，种明，天山十一子，旅居印尼（原谱第 1017 页）。

113. 第二十一世，志鸽，守尊长子，旅居印尼（原谱第 1017 页）。

114. 第二十一世，志亮，守尊次子，旅居印尼（原谱第 1017 页）。

115. 第二十一世，志德，守尊三子，旅居印尼（原谱第 1017 页）。

116. 第二十一世，志达，守尊四子，旅居印尼（原谱第 1017 页）。

（十六）第三祧（三）礼萼支系

117. 第十九世，奕霞，则柴次子，旅居印尼（原谱第 1019 页）。

118. 第十九世，奕炭，则魁嗣子，居缅甸（原谱第 1019 页）。

119. 第二十世，宝基，奕剪次子，旅居印尼（原谱第 1020 页）。

120. 第二十世，守义，奕霞长子，居印尼（原谱第 1020 页）。

121. 第二十世，守芳，奕霞次子，居印尼（原谱第 1020 页）。

122. 第二十世，秀润，奕霞三子，居印尼（原谱第 1020 页）。

123. 第二十世，守仁，奕霞四子，居印尼（原谱第 1020 页）。

124. 第二十世，森焱，奕霞五子，居印尼（原谱第 1020 页）。

125. 第二十一世，种坤，宝基长子，居印尼（原谱第 1022 页）。

126. 第二十一世，种楷，宝基次子，居印尼（原谱第 1022 页）。

127. 第二十一世，种喧，宝基三子，居印尼（原谱第 1022 页）。

128. 第二十一世，建新、建全、建才、建发、建强、建来、建成、种清、种平、建立、聪明，奕霞孙，居印尼（原谱第 1022 页）。

129. 第二十一世，种应，世尊之子，居印尼（原谱第 1023 页）。

（十七）第三祧（五）礼楸支系

130. 第十九世，荣华，则惠三子，墓葬南洋（原谱第 1028、1029 页）。

131. 第十九世，奕转，则惠五子，墓葬印尼（原谱第 1029 页）。

132. 第二十世，世叠，万紫次子，旅居印尼（原谱第 1029 页）。

133. 第二十世，世目，奕转次子，旅居印尼（原谱第 1030 页）。

（十八）第三祧（六）礼摸支系

134. 第十九世，奕衍，则钗次子，旅居南洋（原谱第 1033 页）。

135. 第十九世，奕幼，则钗三子，旅居南洋（原谱第 1033 页）。

136. 第十九世，奕丁，则钗四子，旅居南洋（原谱第 1033 页）。

137. 第十九世，天竹，则钗五子，旅居南洋（原谱第 1033 页）。

138. 第十九世，衍庆，则钗六子，旅居南洋（原谱第 1033 页）。

139. 第十九世，乌砚，则坐长子，旅居印尼（原谱第 1033 页）。

140. 第十九世，乌包，则坐次子，旅居印尼（原谱第1033页）。

141. 第十九世，从福，则坐三子，旅居印尼（原谱第1033页）。

142. 第二十世，世美，乌砚长子，旅居印尼（原谱第1034页）。

143. 第二十世，世吉，乌砚次子，旅居印尼（原谱第1034页）。

144. 第二十世，振成，乌包长子，旅居印尼（原谱第1034页）。

145. 第二十世，振颜，乌包次子，旅居印尼（原谱第1034页）。

146. 第二十世，振坚，乌包三子，旅居印尼（原谱第1034页）。

147. 第二十世，顺炳，从福之子，旅居印尼（原谱第1034页）。

148. 第十九世，奕贞，则传长子，居新加坡（原谱第1038页）。

149. 第十九世，奕图，则传次子，居印尼（原谱第1038页）。

(十九) 乔桓派小四 (五祧祖郭进洋)

150. 第二十一世，种萃，世代之子，居新加坡（原谱第1047页）。

151. 第二十一世，明月，世亮次子，居印尼（原谱第1047页）。

152. 第二十一世，种训，世偕长子，居新加坡（原谱第1048页）。

153. 第二十二世，书法，种伴长子，居印尼槟港（原谱第1051页）。

154. 第二十二世，书典，种萃长子，居印尼槟港（原谱第1052页）。

155. 第二十二世，书鸿，种萃五子，居新加坡（原谱第1052页）。

156. 第二十二世，书文，种萃六子，居新加坡（原谱第1053页）。

157. 第二十二世，书孝，种萃七子，居新加坡（原谱第1053页）。

158. 第二十二世，绵安、绵宁、绵祥，明月之子，居印尼（原谱第1054页）。

159. 第二十二世，文良，种训次子，居新加坡（原谱第1055页）。

160. 第二十三世，赐悌、赐怀、赐恩、赐慎、赐忆、赐慰，书典之子，居印尼（原谱第1061页）。

(二十) 乔桓派小四 (五祧祖郭坑)

161. 第十八世，则底，泉躬长子，居南洋（原谱第1071页）。

162. 第十八世，则旦，礼梯长子，该户侨居南洋，莫详（原谱第1071、1072页）。

163. 第十八世，则蚵，礼荔次子，居南洋仰光（原谱第1072页）。

164. 第十八世，则蛏，礼荔三子，居南洋仰光（原谱第1072页）。

165. 第十九世，奕筒，则弩三子，居印尼（原谱第1073页）。

166. 第十九世，奕掷，则獭长子，侨居马来西亚（原谱第 1074 页）。

167. 第二十世，世祯，奕足长子，居南洋（原谱第 1075 页）。

168. 第二十世，世银，奕水长子，卒于印尼（原谱第 1075 页）。

169. 第二十世，有礼，奕花五子，居缅甸仰光（原谱第 1077 页）。

170. 第二十世，赞尧，奕丹长子，居缅甸（原谱第 1077 页）。

171. 第二十世，赞兴，奕丹次子，居缅甸（原谱第 1077 页）。

172. 第二十世，赞连，奕丹三子，居缅甸（原谱第 1077 页）。

173. 第二十世，世泰，奕对长子，居南洋（原谱第 1077 页）。

174. 第二十世，文巧，奕田次子，侨居印尼（原谱第 1078 页）。

175. 第二十一世，意宗，世祯长子，居南洋（原谱第 1079 页）。

176. 第二十一世，乌锥，世祯次子，居南洋（原谱第 1079 页）。

177. 第二十一世，种图，世隆之子，侨居印尼（原谱第 1079 页）。

178. 第二十一世，种饭，世便长子，居印尼（原谱第 1080 页）。

178. 第二十一世，棉芳，世便次子，居印尼（原谱第 1080 页）。

179. 第二十一世，庆宏，有礼长子，居印尼（原谱第 1081 页）。

180. 第二十一世，庆成，有礼次子，居印尼（原谱第 1081 页）。

181. 第二十一世，庆良，有礼三子，居印尼（原谱第 1081 页）。

182. 第二十一世，顺福，赞兴长子，居缅甸（原谱第 1081 页）。

183. 第二十一世，顺来，赞兴次子，居缅甸（原谱第 1081 页）。

184. 第二十一世，黄河，赞连长子，居缅甸（原谱第 1081 页）。

185. 第二十一世，黄海，赞连次子，居缅甸（原谱第 1081 页）。

186. 第二十一世，连标，良弼长子，卒于印尼（原谱第 1081 页）。

187. 第二十一世，连定、连固、连水、连君、连进、连信、连忠、连明、连再、连顺，文巧之子，居印尼（原谱第 1082 页）。

188. 第二十二世，永辉，种图长子，居印尼（原谱第 1083 页）。

189. 第二十二世，永志，种图次子，居印尼（原谱第 1083 页）。

190. 第二十二世，永祥，种图三子，居印尼（原谱第 1083 页）。

191. 第二十二世，永福，种图四子，居印尼（原谱第 1083 页）。

192. 第二十二世，永瑞，种图五子，居印尼（原谱第 1083 页）。

193. 第二十二世，玉基，连标长子，居印尼（原谱第 1084 页）。

194. 第二十二世，玉生，连标次子，居印尼（原谱第 1084 页）。

195. 第二十二世，玉良，连标三子，居印尼（原谱第1084页）。

(二十一) 乔桓派小四（五祧祖坎脚）

196. 第十八世，则寅，连理之子，居马来西亚（原谱第1090页）。

197. 第十九世，奕明，则圈长子，自幼定居南洋（原谱第1090页）。

198. 第十九世，奕远，则圈次子，自幼定居南洋（原谱第1090页）。

199. 第十九世，奕炽，则道长子，夫妻久居印尼万隆（原谱第1091页）。

200. 第十九世，奕梭，则直次子，久居菲律宾（原谱第1092页）。

201. 第十九世，奕思，则寅长子，居马来西亚（原谱第1092页）。

202. 第十九世，奕明，则寅次子，居马来西亚（原谱第1092页）。

203. 第二十世，世吞，奕炽次子，居印尼万隆（原谱第1092页）。

204. 第二十世，世安，奕炽三子，居印尼万隆（原谱第1092页）。

205. 第二十世，荣祥，荣梭三子，居菲律宾（原谱第1094页）。

206. 第二十世，荣旋，荣梭四子，居菲律宾（原谱第1094页）。

207. 第二十世，荣裕，荣梭五子，居菲律宾（原谱第1094页）。

09

泉州《阜阳苏氏族谱》

阜阳苏氏宗族，始祖大郎公，自唐僖宗光启二年（886年），与两胞弟由河南广州固始县，随王潮军旅入闽，定居南安霞舒。传至九世，分东西房，东房子孙外徙分居前埔、安溪等地，西房以九世达公为祖。

一千多年来，苏氏在闽南一带生息繁衍，亢宗拓业，子孙分布晋江、南安、惠安、同安、永春、德化、莆仙、浙南、台湾及东南亚等各地。

泉州《阜阳苏氏族谱》共七卷，由阜阳苏氏族谱编委会编纂，2002年印刷。

迁居南洋记录

一、长房世系

1. 第三十三世，立社，乌猛长子，子孙居印尼（原谱第1页）。

2. 第三十三世，扶留，沈慕，鲁报，象人之子，居菲律宾（原谱第2页）。

3. 第三十四世，世克，立塔之子，往新加坡（原谱第4页）。

4. 第三十二世，留求，乌积，用安之子，往南洋（原谱第6页）。

5. 第三十四世，平原，荣盛长子，子孙居新加坡（原谱第11页）。

6. 第三十三世，荣昆，荣产，大江之子，往马来西亚（原谱第12页）。

7. 第三十三世，马丁，溪人之子，居菲岛（原谱第14页）。

（一）守人二支系

8. 第三十三世，荣芳，飞来之子，居菲岛（原谱第15页）。

9. 第二十八世，白水，豹人之子，往南洋（原谱第17页）。

10. 第二十六世，守义，端天之子，其派下往南洋（原谱第21页）。

(二) 转夫派支系

1. 第三十四世，提倡、启才之子，往仰光（原谱第25页）。

2. 第三十世，铜伙，必佰之子，住仰光（原谱第25页）。

3. 第三十二世，文辉、文福，玉才之子，往仰光（原谱第26页）。

4. 第三十一世，澄清、瑞凤、瑞庆、水鱼之子，均往缅甸（原谱第27页）。

5. 第三十一世，璥龙，有俊之子，均往缅甸（原谱第27页）。

6. 第三十二世，乌番，水盛之子，往仰光（原谱第27页）。

7. 第三十二世，良标，和鸣之子，往仰光（原谱第27页）。

8. 第三十二世，泉昌，汉江之子，往印尼（原谱第37页）。

9. 第三十五世，上，世发之子，往南洋（原谱第37页）。

10. 第三十二世，头人，金崇之子，往南洋（原谱第39页）。

11. 第三十二世，瑞统，用将之子，往南洋（原谱第39页）。

12. 第三十三世，炎树，文宗之子，居南洋（原谱第39页）。

13. 第三十一世，用倭，有德之子，往仰光（原谱第42页）。

14. 第三十五世，偶有，必阁之子，往南洋（原谱第43页）。

15. 第三十四世，必敲、必长、必留，琏才之子，均往南洋（原谱第43页）。

16. 第三十一世，用棒、用头，有翠之子，往仰光（原谱第44页）。

17. 第三十一世，湖海，有臣之子，往南洋（原谱第45页）。

18. 第二十八世，世塘，往南洋（原谱第55页）。

19. 第三十四世，成德，立水之子，出洋（原谱第56页）。

20. 第三十三世，立跃，百攻之子，往南洋（原谱第57页）。

21. 第三十九世，宋美，立柱之子，全家居马来西亚（原谱第78页）。

22. 第三十三世，耀传，往印尼（原谱第86页）。

23. 第三十一世，用固，岁德之子，俱往新加坡（原谱第91页）。

24. 第三十一世，用全，实生之子，往新加坡（原谱第91页）。

25. 第三十七世，我萍，宝生之子，其后具在缅甸仰光（原谱第95页）。

26. 第三十世，阳居，必疆之子，嗣印尼（原谱第96页）。

27. 第三十二世，志人，用绥之子，往南洋（原谱第98页）。

（三）雅齐派支系

1. 第三十二世，树深，用溜之子，俱往南菲律宾（原谱第106页）。

2. 第三十二世，宣经，金水之子，俱往缅甸（原谱第107页）。

3. 第三十四世，世福，立奄之子，居印尼（原谱第108页）。

二、二房长世系

（一）二房长希栻石路头世系

1. 第三十二世，树人、泉人，用乳之子，出洋（原谱第115页）。

2. 第三十三世，立礼，泉人之子，出洋（原谱第115页）。

3. 第三十三世，锦兴、锦溪、立炳、立文、立武，树人之子，出洋（原谱第115页）。

4. 第三十三世，锦海，树人之子，出洋出嗣城人（原谱第115页）。

5. 第三十二世，良法，用厚之子，出洋（原谱第116页）。

6. 第三十二世，河水，出洋（原谱第117页）。

7. 第三十二世，珍来，用信之子，出洋（原谱第117页）。

8. 第三十三世，清祥、清福、清财，珍来之子，出洋（原谱第117页）。

9. 第三十一世，用宽、用辭，有据之子，出洋（原谱第117页）。

10. 第三十一世，用静、用火，有宝之子，出洋（原谱第118页）。

11. 第三十一世，用遂，有瓜之子，出洋（原谱第118页）。

11. 第三十一世，用邦，有日之子，出洋（原谱第118页）。

12. 第三十一世，用他，有降之子，出洋（原谱第118页）。

13. 第三十二世，务人、回人，用珑之子，出洋（原谱第119页）。

（二）二房长希益派梅亭世系

1. 第二十九世，必百、必力、必县，泰山之子，居南洋（原谱第124页）。

2. 第二十九世，必赵、必射、必甜，帝典之子，居南洋（原谱第124页）。

3. 第二十九世，必世、必恂，通才之子，居南洋（原谱第124页）。

（三）二房长希益派梅亭世系

1. 第三十三世，杰力，昆人之子，居南洋（原谱第127页）。

2. 第三十二世，铅人，用竹之子，卒于仰光（原谱第127页）。

3. 第三十二世，狎人、合人，成明之子，卒于南洋（原谱第127页）。

4. 第三十二世，敕人、出人，用运之子，往南洋（原谱第127页）。

5. 第三十三世，南泰，漳人之子，廉嗣舌人居南洋（原谱第127页）。

6. 第三十二世，典人，用瑕之子，居南洋（原谱第128页）。

7. 第三十三世，添水，典人之子，居南洋（原谱第128页）。

8. 第三十一世，用鱼，有奏之子，居印尼（原谱第129页）。

9. 第三十二世，放人，用鱼之子，居仰光（原谱第129页）。

10. 第三十二世，罗人，用寨之子，居南洋（原谱第129页）。

11. 第三十一世，用刺，有丕之子，居仰光（原谱第129页）。

12. 第三十三世，培德，务人之子，居仰光（原谱第129页）。

13. 第三十三世，立胜，怗人之子，居南洋（原谱第129页）。

14. 第三十二世，瓜人，用艺之子，居仰光（原谱第130页）。

15. 第三十二世，持人，用城之子，往仰光（原谱第130页）。

16. 第三十二世，头人，用矣之子，往仰光（原谱第131页）。

17. 第三十二世，宝人，用思之子，往仰光（原谱第131页）。

18. 第三十二世，交人，用金之子，往仰光（原谱第131页）。

19. 第三十四世，带世，玉旋之子，往仰光（原谱第131页）。

20. 第三十三世，德成，枫人之子，往仰光（原谱第131页）。

21. 第三十三世，慷慨，往仰光（原谱第132页）。

22. 第三十三世，立甘，出嗣特人，居仰光（原谱第132页）。

23. 第三十一世，用抛，有东之子，往仰光（原谱第132页）。

24. 第三十三世，连城，江人之子，居马来西亚（原谱第132页）。

25. 第三十三世，连兴、连发、连福、连祥、立耳、连寿，场人之子，均居马来西亚（原谱第132页）。

26. 第三十三世，立泗，走人之子，居仰光（原谱第132页）。

27. 第三十三世，立来、立庆，锡人之子，居仰光（原谱第132页）。

28. 第三十一世，用铩，粒瑞之子，居南洋（原谱第133页）。

29. 第三十四世，文算，立贺之子，出洋（原谱第133页）。

30. 第三十三世，立渣、立财，般人之子，居仰光（原谱第133页）。

31. 第三十二世，格人，用肖之子，居南洋（原谱第133页）。

32. 第三十三世，立于，忝人之子，居仰光（原谱第133页）。

33. 第三十二世，赵人，用抄之子，居仰光（原谱第134页）。

34. 第三十二世，皮人、厘人、软人、办人，用当之子，居印尼（原谱第134页）。

35. 第三十三世，志福，固人之子，居仰光（原谱第135页）。

36. 第三十二世，乳人，用吝之子，居仰光（原谱第135页）。

37. 第三十三世，立宗，椿人之子，缨人三子入嗣居仰光（原谱第136页）。

38. 第三十三世，立宗，缨人三子，兼嗣椿人居仰光（原谱第136页）。

39. 第三十三世，立倭，但人之子，居仰光（原谱第136页）。

40. 第三十二世，照明，用马之子，居南洋（原谱第137页）。

41. 第三十二世，明芬、草人，嵫崦之子，均居仰光（原谱第137页）。

42. 第三十三世，四福，鹤人之子，居仰光（原谱第138页）。

43. 第三十三世，立祖，蟹人之子，居仰光（原谱第138页）。

44. 第三十二世，叻人，用举之子，居仰光（原谱第138页）。

45. 第三十二世，惨人，用长之子，居仰光（原谱第138页）。

46. 第三十二世，木盖，用提之子，居仰光（原谱第138页）。

47. 第三十二世，桶人，用仟之子，居仰光（原谱第138页）。

48. 第三十一世，用挑，有谨之子，居仰光（原谱第138页）。

49. 第三十三世，立珺，荤人之子，居仰光（原谱第138页）。

50. 第三十三世，立往、进来，居仰光（原谱第139页）。

51. 第三十二世，降人，用槽之子，居南洋（原谱第139页）。

52. 第三十一世，用雀、用聪，有崇之子，出洋（原谱第140页）。

53. 第三十三世，文铎、立赐、立猜，愁人之子，居仰光（原谱第140页）。

54. 第三十三世，立来，喝人之子，居印尼（原谱第141页）。

55. 第三十二世，飞人，用可之子，居印尼（原谱第141页）。

56. 第三十三世，立尚，咁人之子，居印尼（原谱第141页）。

57. 第三十二世，明灯，用调之子，居南洋（原谱第141页）。

58. 第三十三世，立源，沟人之子，居南洋（原谱第 141 页）。
59. 第三十三世，成业，厂人之子，居印尼（原谱第 142 页）。
60. 第三十一世，用接，有垢之子，居南洋（原谱第 142 页）。
61. 第三十三世，子钦，汪人之子，居南洋（原谱第 142 页）。
62. 第三十二世，宏水，用桥之子，居仰光（原谱第 142 页）。
63. 第三十一世，用栋，有让之子，居仰光（原谱第 143 页）。
64. 第三十二世，泗水，用宅之子，居仰光（原谱第 143 页）。
65. 第三十二世，水人、老福，用我之子，居南洋（原谱第 143 页）。
66. 第三十一世，用云，有团之子，居仰光（原谱第 144 页）。
67. 第三十二世，痴人，金瓯之子，居南洋（原谱第 144 页）。
68. 第三十一世，用哈，时良之子，居南洋（原谱第 144 页）。
69. 第三十二世，虎人，用纪之子，居南洋（原谱第 144 页）。
70. 第三十一世，尚耻，有印之子，居仰光（原谱第 145 页）。
71. 第三十一世，用朝，有斜之子，居南洋（原谱第 145 页）。
72. 第三十二世，明福，用祷之子，居印尼（原谱第 145 页）。
73. 第三十一世，用掇，凉清之子，居南洋（原谱第 145 页）。
74. 第三十一世，用嵘，有科之子，居仰光（原谱第 145 页）。
75. 第三十二世，统人，用唇之子，居南洋（原谱第 145 页）。
76. 第三十二世，青人，用唇之子，居南洋（原谱第 145 页）。
77. 第三十二世，双人，用羲之子，居仰光（原谱第 145 页）。
78. 第三十二世，往赖，用高之子，居仰光（原谱第 146 页）。
79. 第三十二世，倒人，用猫之子，居仰光（原谱第 146 页）。
80. 第三十二世，淝人，用载之子，居仰光（原谱第 146 页）。
81. 第三十一世，用厕，有墙之子，居仰光（原谱第 146 页）。
82. 第三十二世，庵人，立华之子，居南洋（原谱第 146 页）。
83. 第三十三世，立春，指人之子，居仰光（原谱第 146 页）。
84. 第三十三世，立务，帕人之子，居仰光（原谱第 146 页）。
85. 第三十一世，用铁、用卯，有炭之子，居南洋（原谱第 147 页）。
86. 第三十一世，用镇，有店之子，居南洋（原谱第 147 页）。
87. 第三十三世，立衙，益人之子，嗣剪人居仰光（原谱第 147 页）。
88. 第三十三世，笄人，用谛之子，居南洋（原谱第 148 页）。

89. 第三十四世，其熊，立达之子，居仰光（原谱第 148 页）。
90. 第三十二世，绩人，用雪之子，居仰光（原谱第 148 页）。
91. 第三十二世，缚人，用雪之子，居马来西亚（原谱第 148 页）。
92. 第三十三世，兴化，颜人之子，居仰光（原谱第 148 页）。
93. 第三十二世，微人，用黾之子，居南洋（原谱第 150 页）。
94. 第三十二世，育人，用卫之子，居南洋（原谱第 150 页）。
95. 第三十一世，用茶，有宋之子，居南洋（原谱第 152 页）。
96. 第三十二世，烘人，用茶之子，居南洋（原谱第 152 页）。
97. 第三十二世，来会，用角之子，居仰光（原谱第 152 页）。
98. 第三十一世，理腾，有果之子，居仰光（原谱第 153 页）。
99. 第三十一世，用蛲，有奢之子，居仰光（原谱第 153 页）。

（四）二房长希皋派井仔陇世系

1. 第三十世，土有，必到之子，出洋（原谱第 154 页）。
2. 第三十世，铎有，必成之子，旅南洋（原谱第 154 页）。

（五）二房长希阶派桥仔头世系

1. 第三十世，草有，必抢之子，出嗣后吕旅洋（原谱第 157 页）。

（六）二房长振南派桥仔头世系

1. 第三十一世，用秀、用源、用×、用×，有坑之子，往外洋（原谱第 160 页）。

三、二房二世系

（一）二房二陶庵志立派世系

1. 第三十世，和有，必口之子，居南洋（原谱第 161 页）。

（二）二房二陶庵志达派世系

1. 第三十世，否有，必炎之子，出洋，未详（原谱第 171 页）。

（三）二房二陶庵志达派玲内世系（三乡）

1. 第三十三世，立居、立屋，追人之子，往南洋（原谱第 181 页）。
2. 第三十一世，用别，有保之子，出洋（原谱第 181 页）。
3. 第三十三世，立返，扎人之子，往南洋（原谱第 181 页）。
4. 第三十三世，立倡，梧桐之子，出洋（原谱第 182 页）。
5. 第三十四世，渭水，立曾之子，移民（原谱第 184 页）。

6. 第三十三世，陈来，皮人之子，出洋（原谱第185页）。

7. 第三十三世，立琼，皮人之子，出洋（原谱第185页）。

8. 第三十三世，振良、鸿齐，抽人之子，出洋（原谱第189页）。

9. 第三十三世，攀良、正杰，酧人之子，出洋（原谱第189页）。

10. 第三十三世，立昆，沉人之子，居仰光（原谱第190页）。

11. 第三十三世，立臣，秤人之子，居仰光（原谱第190页）。

12. 第三十三世，万发、金发、新发，鳖人之子，居仰光（原谱第190页）。

13. 第三十二世，针人，用楼之子，居仰光（原谱第191页）。

14. 第三十三世，立厅，针人之子，居仰光（原谱第191页）。

15. 第三十三世，春福，高升之子，居仰光（原谱第191页）。

16. 第三十三世，立川，前人之子，居仰光（原谱第191页）。

17. 第三十三世，苏聊，壮丹之子，居马来西亚（原谱第192页）。

18. 第三十三世，聪明，扣线之子，居仰光（原谱第192页）。

19. 第三十三世，水来，招人之子，居仰光（原谱第192页）。

20. 第三十三世，永顺，珠人之子，居仰光（原谱第193页）。

21. 第三十三世，炳文，时人之子，居仰光（原谱第193页）。

22. 第三十三世，复义、复道，坤人之子，在仰光（原谱第194页）。

23. 第三十三世，立衍，意人之子，居仰光（原谱第194页）。

24. 第三十二世，鑁人、长人，用鹅之子，居仰光（原谱第194页）。

25. 第三十三世，双龙，柿人之子，居仰光（原谱第194页）。

26. 第三十二世，啁人，用那之子，居南洋（原谱第196页）。

27. 第三十二世，坝人，用庞之子，侨居印尼（原谱第197页）。

28. 第三十三世，衙成、衙朵、衙壁、衙明、进汉、进银、进福，乌人之子，全家侨居印尼（原谱第197页）。

29. 第三十四世，世吟，立恷之子，居印尼（原谱第199页）。

30. 第三十四世，世运，立产之子，侨居缅甸（原谱第201页）。

31. 第三十三世，立玺，芸人之子，侨居菲律宾（原谱第202页）。

32. 第三十四世，允士，立协之子，侨居菲律宾（原谱第202页）。

33. 第三十二世，沙人，用推之子，居新加坡（原谱第204页）。

34. 第三十二世，胜利，用邓之子，居仰光（原谱第204页）。

35. 第三十二世，升人，用务之子，居仰光（原谱第 204 页）。

36. 第三十三世，启祥，鸿来之子，居澳门（原谱第 204 页）。

37. 第三十三世，福全、福祥，谙人之子，均居新加坡（原谱第 205 页）。

38. 第三十二世，机人，用稿之子，居新加坡（原谱第 206 页）。

39. 第三十二世，叻人，居新加坡（原谱第 206 页）。

40. 第三十二世，赐人，用转之子，居新加坡（原谱第 207 页）。

41. 第三十二世，炒人，用寸之子，居印尼（原谱第 208 页）。

42. 第三十二世，蚊人，用蚵之子，居印尼（原谱第 209 页）。

43. 第三十二世，兴人，用养之子，居南洋（原谱第 210 页）。

44. 第三十世，有踏，有儿子在南洋日厘（原谱第 217 页）。

45. 第三十三世，海龙，贬人之子，出洋（原谱第 221 页）。

46. 第三十二世，振忠、振孝、振芬，用岁之子，出洋（原谱第 221 页）。

47. 第三十一世，用掇，有恺之子，出洋（原谱第 223 页）。

48. 第三十二世，耕人、献人，用曝之子，出洋（原谱第 226 页）。

49. 第三十一世，用八，有陈之子，出洋（原谱第 227 页）。

50. 第三十一世，用其，江长之子，出洋（原谱第 229 页）。

51. 第三十二世，羹人，用吉之子，居南洋（原谱第 229 页）。

52. 第三十二世，龙人，用裹之子，出洋（原谱第 234 页）。

53. 第三十二世，海人，用麦之子，出洋（原谱第 234 页）。

54. 第三十一世，用犹，有扁之子，出洋（原谱第 235 页）。

55. 第三十一世，得福，有荣之子，居南洋（原谱第 237 页）。

56. 第三十二世，回唐，用出之子，侨居仰光（原谱第 244 页）。

57. 第三十二世，绵人，用踸之子，侨居仰光（原谱第 244 页）。

（四）二房二陶庵志述派梅魁世系

1. 第三十二世，鲳人、茂烧，用嗹之子，居南洋（原谱第 246 页）。

2. 第三十二世，朝钦，用景之子，居南洋（原谱第 246 页）。

3. 第三十三世，荣章，拔人之子，居南洋（原谱第 246 页）。

4. 第三十四世，世美，立巧之子，居南洋（原谱第 246 页）。

5. 第三十三世，杏人，算人之子，居南洋（原谱第 248 页）。

6. 第三十二世，克人，用否之子，居南洋（原谱第249页）。

（五）二房二陶庵志建派

1. 第二十八世，研资，奕景之子，居南洋（原谱第253页）。

2. 第二十九世，必虎，祈鉴之子，居南洋（原谱第253页）。

3. 第三十世，财有、扣有，必护之子，居南洋（原谱第253页）。

4. 第二十八世，抢兰，居南洋（原谱第254页）。

5. 第二十九世，必趁，居南洋（原谱第254页）。

6. 第二十九世，必风、必如、满洲、必当，期维之子，居南洋（原谱第256页）。

7. 第三十世，择有，必辨之子，卒南洋（原谱第260页）。

（六）二房二陶庵志建派田墘世系（顶厝）

1. 第三十一世，木有，有燹之子，居仰光（原谱第263页）。

2. 第三十一世，再兴，有土之子，居仰光（原谱第264页）。

（七）二房二陶庵志建派梅魁世系

1. 第三十二世，渊人、物人、雨水，用京之子，均居南洋（原谱第267页）。

2. 第三十三世，立木，岁人之子，出继下洋（原谱第267页）。

3. 第三十一世，用梗，有苗之子，在南洋（原谱第267页）。

4. 第三十二世，文德，用需之子，居南洋（原谱第269页）。

5. 第三十三世，明隆，扁人之子，居马来西亚（原谱第270页）。

6. 第三十二世，金人，用移之子，在南洋（原谱第271页）。

7. 第三十三世，忠泉，癸卯之子，在南洋（原谱第271页）。

8. 第三十三世，炳章，送人之子，在南洋（原谱第271页）。

9. 第三十三世，业成、安然，竹人之子，在南洋（原谱第271页）。

10. 第三十一世，用吉，有顶之子，在南洋（原谱第272页）。

11. 第三十二世，育财，用蟳之子，在南洋（原谱第272页）。

12. 第三十二世，人芳，用良之子，出洋（原谱第277页）。

13. 第三十二世，阅人，用平之子，出洋（原谱第277页）。

14. 第三十四世，世昌，立辉之子，居印尼（原谱第277页）。

15. 第三十三世，应菜、池木，赞人之子，居印尼（原谱第277页）。

16. 第三十二世，雕人之子，用潜之子，居南洋（原谱第278页）。

17. 第三十二世，荣捷，用寿之子，在南洋（原谱第 279 页）。

18. 第三十二世，荣瑞，清楚之子，在南洋（原谱第 279 页）。

19. 第三十二世，荣生、荣山、荣国、荣志、荣泰、荣汉，清楚之子，均居马里西亚（原谱第 279 页）。

20. 第三十二世，金水，用忞之子，在南洋（原谱第 279 页）。

21. 第三十三世，成枝、成宗，暗人之子，在南洋（原谱第 279 页）。

22. 第三十二世，水罐、水忠、耀人，用龙之子，在南洋（原谱第 280 页）。

23. 第三十二世，成业、成佳，用俺之子，在南洋（原谱第 280 页）。

24. 第三十二世，圳人、松人，用语之子，在南洋（原谱第 280 页）。

25. 第三十一世，江南，泉万之子，居南洋（原谱第 280 页）。

26. 第三十三世，立汉、炳坤、炳顺，清波之子，居马来西亚（原谱第 280 页）。

27. 第三十三世，立通，和人之子，出洋（原谱第 281 页）。

28. 第三十二世，岸人，用宗之子，居南洋（原谱第 281 页）。

29. 第三十二世，荣昌、荣祥、荣吉、亚荣，海清之子，均居马来西亚（原谱第 282 页）。

30. 第三十二世，东山、南山，用悦之子，在南洋（原谱第 283 页）。

31. 第三十一世，申来、跷水，有毛之子，在南洋（原谱第 284 页）。

32. 第三十二世，运通、运成，用绍之子，在南洋（原谱第 285 页）。

(八) 密使、銮使派下

1. 第三十二世，双人，用目之子，在印尼（原谱第 288 页）。

2. 第三十二世，双人、佳人、发人，泰山之子，在印尼（原谱第 288 页）。

3. 第三十二世，瑞荣、瑞龙，用柑之子，均居马来西亚（原谱第 289 页）。

4. 第三十二世，水人，用知之子，居马来西亚（原谱第 289 页）。

5. 第三十一世，用查，印金之子，在外洋（原谱第 290 页）。

6. 第三十三世，建忠、建添、建彪、建豹，茂人之子，均马来西亚（原谱第 290 页）。

7. 第三十三世，立贤、立德、立发、立兴，专人之子，均马来西亚

(原谱第 290 页)。

8. 第三十二世，大情，用愁之子，居马来西亚（原谱第 290 页）。

9. 第三十一世，用良，有宗之子，在南洋（原谱第 291 页）。

10. 第三十一世，罗同，有观之子，在南洋（原谱第 291 页）。

（九）二房二陶庵志建派坂顶世系

1. 第三十一世，用砧，让乌之子，居马来亚待续（原谱第 296 页）。

2. 第三十一世，用闯，有棹之子，居马来亚待续（原谱第 296 页）。

3. 第三十一世，用蟳，有椅之子，居马来亚待续（原谱第 296 页）。

4. 第三十一世，文定，榉阿之子，居马来亚殇（原谱第 296 页）。

5. 第三十二世，金龙、金枝，用惕之子，居马来亚待续（原谱第 296 页）。

6. 第三十一世，振兴、堆金，螆蟑之子，居来亚待续（原谱第 298 页）。

7. 第三十三世，立万，重明之子，居马来亚待续（原谱第 298 页）。

8. 第三十三世，立彬，重明之子，居印尼待续（原谱第 298 页）。

9. 第三十三世，万里，重和之子，居印尼待续（原谱第 298 页）。

10. 第三十一世，昆明、昆仑，有乌之子，居印尼待续（原谱第 299 页）。

（十）二房二陶庵志逾土炉中世系

1. 第三十世，有深，居马来亚待续（原谱第 320 页）。

2. 第三十一世，用丹，有缓之子，居马来亚待续（原谱第 320 页）。

（十一）二房二仁和志坡派竹脚世系

1. 第三十二世，场人，出洋（原谱第 335 页）。

2. 第三十二世，庆人、存人，用狮之子，出洋（原谱第 335 页）。

3. 第三十二世，冰人，用墙之子，出洋（原谱第 335 页）。

4. 第三十一世，用猫，有宣之子，兼嗣决有，居马来亚（原谱第 336 页）。

（十二）二房二仁和志坡派苏棋世系

1. 第三十二世，儒人、砍人，有礼之子，出洋（原谱第 338 页）。

2. 第三十三世，立福，儒人之子，出洋（原谱第 338 页）。

（十三）二房二仁和志坡派树根桥世系

1. 第三十二世，庚人，用峨之子，居马来西亚（原谱第 340 页）。

2. 第三十二世，春美、春滕、春胜，用抄之子，前往印尼棉兰定居（原谱第 340 页）。

3. 第三十二世，荣华、荣池、兴人、清成、法记、法成，用嵘之子，均居印尼棉兰（原谱第 342 页）。

4. 第三十三世，立生，炮人之子，居马来亚（原谱第 343 页）。

（十四）二房仁和志坚派世系

1. 第三十世，惟草，必色之子，居印尼（原谱第 345 页）。

2. 第三十世，鸽有、的有、佑有，居南洋（原谱第 348 页）。

3. 第二十八世，答才，我月之子，居南洋（原谱第 360 页）。

4. 第三十世，金盛，必目之子，居南洋（原谱第 360 页）。

（十五）二房二仁和志坚派长岭世系

1. 第三十一世，用污，有整之子，居印尼（原谱第 361 页）。

2. 第三十二世，人峰，用污之子，居印尼（原谱第 361 页）。

3. 第三十二世，春辉、清辉，用美之子，居印尼（原谱第 361 页）。

4. 第三十三世，金表，卯再之子，出洋（原谱第 375 页）。

5. 第三十一世，用瑞，有燕之子，往南洋（原谱第 382 页）。

6. 第三十一世，用悔，有泮之子，往南洋（原谱第 384 页）。

7. 第三十三世，立隆、立明，锦裕之子，居南洋（原谱第 386 页）。

8. 第三十三世，立德，锦源之子，居南洋（原谱第 386 页）。

9. 第三十三世，立身、立言、立法，清波之子，均居印尼（原谱第 388 页）。

10. 第三十一世，用在，有盘之子，居南洋（原谱第 391 页）。

11. 第三十一世，用渊、用专，有葵之子，在南洋（原谱第 392 页）。

12. 第三十三世，立山、立尚、立三、立财，奋忠之子，居印尼（原谱第 394 页）。

（十六）二房二仁和仕豪派世系

1. 第三十世，目有，必招之子，住印尼（原谱第 398 页）。

（十七）二房二仁和仕豪派大宅世系

1. 第三十一世，用求，有盾之子，往南洋（原谱第 406 页）。

2. 第三十二世，则祥，用瓦之子，居印尼待续（原谱第 408 页）。

（十八）二房二仁和仕豪派石埕世系

1. 第三十一世，用让、猫九，有目之子，出洋（原谱第 411 页）。

2. 第三十一世，用追，有藤之子，居南洋待续（原谱第411页）。

3. 第三十世，有等，出洋（原谱第411页）。

（十九）二房二仁和仕豪派松脚世系

1. 第三十二世，九人，芋头之子，居马来亚待续，（原谱第417页）。

2. 第三十一世，用全，有林之子，居马来亚待续，（原谱第417页）。

3. 第三十一世，进来、堆山，有论之子，居印尼待续（原谱第418页）。

4. 第三十二世，连乐，用新之子，居马来亚待续，（原谱第418页）。

5. 第三十一世，高山，有墙之子，居印尼待续（原谱第418页）。

6. 第三十一世，炳成，有炎之子，居印尼待续（原谱第418页）。

7. 第三十世，有添、有厚，居印尼待续（原谱第418页）

四、五房长世系

（一）五房长大宪派下世系

1. 第三十世，软有，必企之子，居南洋（原谱第436页）。

2. 第三十一世，瑞川、瑞庆、瑞美、瑞芳、瑞原，有软之子，居南洋（原谱第437页）。

3. 第三十二世，国基、国斯、国辉、国平、国贤、国忠、国志，用臂之子，均居南洋（原谱第439页）。

4. 第三十二世，添源、顺财、顺兴，用坑之子，均居南洋（原谱第440页）。

（二）五房长大岳派下世系

1. 第三十世，添财，必蔗之子，承继居印尼（原谱第441页）。

五、五房二世系

（一）五房二燕培派下古山世系

1. 第三十世，颠有，必千之子，往南洋（原谱第450页）。

2. 第三十世，亩有，必分之子，出洋（原谱第451页）。

（二）五房二敦实派世系

1. 第三十二世，荣人，用环之子，出洋（原谱第459页）。

2. 第三十二世，义人，用降之子，出洋（原谱第463页）。

3. 第三十二世，添人，用鲍之子，出洋（原谱第 475 页）。

4. 第三十一世，用兰，有星之子，出洋（原谱第 476 页）。

5. 第三十二世，口人、合人、唇人，用火之子，出洋（原谱第 476 页）。

6. 第三十二世，恒人、文人、庆人、钦人、添人、移人、益人、奇人，用礼之子，出洋（原谱第 476 页）。

（三）五房沉桥支系

1. 第三十二世，天法，用兑之子，往南洋（原谱第 479 页）。

（四）五房阳培派下古山世系

1. 第三十世，春有，必家之子，往南洋（原谱第 481 页）。

2. 第三十一世，来成，有雨之子，往南洋（原谱第 483 页）。

3. 第三十一世，用钗、用追、用贼、用驹，有靖之子，往南洋（原谱第 483 页）。

4. 第三十二世，建兴，用理之子，住南洋（原谱第 483 页）。

5. 第三十一世，用君，有鼠之子，往南洋（原谱第 484 页）。

6. 第三十一世，有琜、有福、仁仔，有籴之子，均往印尼（原谱第 484 页）。

7. 第三十三世，立文，诗人之子，居马来亚（原谱第 484 页）。

（五）五房二春培世系（厝斗）

1. 第三十二世，丕人，用拥之子，居南洋（原谱第 486 页）。

2. 第二十一世，用永，有（土寅）之子，全家在南洋（原谱第 487 页）。

3. 第三十二世，梭人，用泉之子，全家在南洋（原谱第 487 页）。

4. 第三十三世，炳钦，冰人之子，全家在南洋（原谱第 487 页）。

5. 第三十三世，立山，岸人之子，全家在南洋（原谱第 487 页）。

6. 第三十二世，坤成，用产之子，全家在南洋（原谱第 488 页）。

7. 第三十二世，宣人，用添之子，全家在南洋（原谱第 488 页）。

8. 第三十三世，××，汀人之子，居南洋（原谱第 489 页）。

9. 第三十二世，水人，用此之子，居南洋（原谱第 490 页）。

10. 第三十一世，用万，有赵之子，全家在南洋（原谱第 490 页）。

11. 第三十二世，瓦人，用创之子，全家在南洋（原谱第 490 页）。

12. 第三十一世，炎炭，有直之子，居南洋（原谱第491页）。

13. 第三十一世，用石，有结之子，全家在南洋（原谱第492页）。

14. 第三十一世，用读，有绸之子，嗣裔在南洋日里（原谱第496页）。

15. 第三十二世，民生，用聪之子，居南洋（原谱第496页）。

16. 第三十二世，聊成、聊发、聊强、聊财、聊福、聊春、聊安、仁民、仁忠，用添之子，均居南洋（原谱第497页）。

17. 第三十一世，连于、用兆，有滚之子，居南洋（原谱第497页）。

六、五房四世系

（一）五房四宅培派下世系

1. 第三十世，呆有，旺英之子，居南洋（原谱第502页）。

2. 第三十世，╳有、卯有，必阳之子，出洋（原谱第503页）。

3. 第三十世，绵有，必池之子，往南洋（原谱第504页）。

4. 第二十九世，文褒，禀才之子，居南洋（原谱第506页）。

5. 第二十九世，必榕，月才之子，居南洋（原谱第507页）。

6. 第三十一世，和昆，有乌之子，出洋（原谱第514页）。

7. 第三十一世，秋江，待听之子，居南洋（原谱第520页）。

8. 第三十一世，亚狮，有读之子，居南洋（原谱第520页）。

9. 第三十一世，清泉，招马之子，居南洋（原谱第520页）。

10. 第三十一世，甘泉，峇乌之子，居南洋（原谱第520页）。

（二）五房四宅培派下世系（杉林房 后宅）

1. 第二十五世，有婆，居南洋（原谱第531页）。

2. 第二十九世，必改，项才之子，往南洋（原谱第531页）。

（三）五房四宧培派下世系（前厝 新厝房）

1. 第三十世，有吩，生四子往南洋（原谱第537页）。

2. 第三十世，杜有，见来之子，居南洋（原谱第539页）。

3. 第二十九世，必土，居南洋（原谱第540页）。

4. 第二十九世，必当，月才之子，居南洋（原谱第540页）。

5. 第二十六世，用鹏，有钳之子，居南洋（原谱第540页）。

6. 第二十六世，智成，有╳之子，居南洋（原谱第531页）。

7. 第三十三世，立哲、呈祥、立成、立治、立庆、立尚，狮人之子，均居南洋（原谱第 540 页）。

8. 第三十世，有杜，居南洋（原谱第 542 页）。

9. 第三十二世，体统，佳雀之子，居南洋（原谱第 542 页）。

10. 第三十一世，金珠，有亭之子，出未洋（原谱第 542 页）。

11. 第三十二世，性人、喜人，敬添之子，均居南洋（原谱第 543 页）。

12. 第三十二世，清良、清辉，厚箔之子，均居南洋（原谱第 543 页）。

13. 第三十一世，用场，有跋之子，居南洋（原谱第 543 页）。

（四）五房四官培派下世系（前厝 天卿一支世系）

1. 第三十世，量有、攑有，必忠之子，居南洋（原谱第 544 页）。

2. 第三十一世，再发，有茶之子，居南洋（原谱第 545 页）。

3. 第三十一世，用宝，有量之子，出洋（原谱第 545 页）。

4. 第三十一世，用蕊，有攑之子，出洋（原谱第 545 页）。

5. 第三十二世，波人，元通之子，出洋（原谱第 545 页）。

6. 第三十二世，金城，扳油之子，居南洋（原谱第 545 页）。

7. 第三十二世，聪铨、聪敏、聪惠、聪兴，红森之子，均居南洋（原谱第 545 页）。

8. 第二十九世，必添，范才之子，居南洋（原谱第 546 页）。

9. 第二十世，火助，乙金之了，居南洋（原谱第 546 页）。

10. 第三十世，无齿，必事之子，居南洋（原谱第 549 页）。

11. 第三十世，看有，必戆之子，居南洋（原谱第 550 页）。

12. 第三十世，座有，必拐之子，居南洋（原谱第 550 页）。

13. 第三十世，训有，必英之子，居南洋（原谱第 550 页）。

14. 第三十世，酱有，必顺之子，居南洋（原谱第 551 页）。

15. 第三十一世，用减，有和之子，居南洋（原谱第 552 页）。

16. 第三十二世，泉仁，用才之子，居南洋（原谱第 553 页）。

17. 第三十一世，用火，有执之子，居南洋（原谱第 557 页）。

18. 第三十一世，叶成、助成、用章，有巩之子，均居南洋（原谱第 557 页）。

19. 第三十世，有看，居南洋（原谱第560页）。

20. 第三十世，有奕，居南洋（原谱第560页）。

21. 第三十二世，荣福、福人，用娇之子，居南洋（原谱第561页）。

22. 第三十二世，宝人、宝良、宝祥、宝兴、宝华，源益之子，均居南洋（原谱第561页）。

23. 第三十二世，汉文、汉章、汉星、汉强、汉人，连丹之子，均居南洋（原谱第561页）。

24. 第三十一世，用吉、用成，有荣之子，居南洋（原谱第562页）。

25. 第三十一世，用贵，有标之子，居南洋（原谱第563页）。

26. 第三十一世，玉林、金林，有江之子，居南洋（原谱第563页）。

27. 第三十一世，用腰、用节、邦水，有酱之子，均居南洋（原谱第564页）。

28. 第二十九世，必汾，追才之子，居南洋（原谱第564页）。

29. 第三十世，贤水，冬桂之子，居南洋（原谱第566页）。

30. 第三十世，靴有，必桐之子，居南洋（原谱第566页）。

31. 第三十世，水生，必拨之子，居南洋（原谱第566页）。

32. 第二十九世，必宗，居南洋（原谱第566页）。

33. 第三十世，言有，如意之子，居南洋（原谱第566页）。

34. 第三十二世，仁芳、仁炉、仁东之子，嘉种之子，均居南洋（原谱第566页）。

35. 第三十一世，国栋、国梁、国民，九秩之子，居南洋（原谱第567页）。

36. 第三十二世，连金、连议，用咤之子，均居新加坡（原谱第568页）。

37. 第三十二世，金福、金水、金荣、亚治，用扁之子，均居新加坡（原谱第568页）。

（五）五房四家培世系（中埔头）

1. 第三十世，金卢、丙有、安有，必眉之子，均出洋（原谱第570页）。

2. 第三十世，泉有、土有、抱有、吉有，必郎之子，均出洋（原谱第570页）。

3. 第三十世，守有、玉有、锟有，必此之子，均出洋（原谱第570页）。

4. 第三十世，却有、唆有，必素之子，出洋（原谱第572页）。

5. 第三十世，目有，必悦之子，出洋（原谱第572页）。

6. 第二十九世，必眉，科才之子，出洋（原谱第572页）。

7. 第二十九世，必圈，恭才之子，出洋（原谱第573页）。

8. 第三十一世，用此、用黾，有畅之子，出洋（原谱第577页）。

（六）五房四敦培派下世系（赤岭）

1. 第三十一世，清源，有章之子，居印尼（原谱第585页）。

（七）五房四敦培派下世系（赤岭、五柱）

1. 第三十世，样有，必乾之子，出洋（原谱第587页）。

2. 第三十世，木有，必（禾申）之子，居南洋（原谱第588页）。

3. 第三十世，添有，必蛋之子，出南洋（原谱第588页）。

4. 第二十九世，必拈，罗才之子，出南洋（原谱第588页）。

5. 第二十九世，必送，好才之子，出洋（原谱第589页）。

6. 第三十世，墨修，必兴之子，出洋（原谱第589页）。

7. 第三十三世，家福，清水之子，出洋（原谱第589页）。

8. 第二十九世，必祥，挟才之子，南洋（原谱第596页）。

9. 第二十九世，神尚、必安，日才之子，出洋（原谱第596页）。

10. 第二十九世，必石、必恩、必科，此才之子，出洋（原谱第596页）。

11. 第二十九世，必煌，动有之子，出洋（原谱第597页）。

12. 第二十九世，必蓼，黄才之子，出洋（原谱第597页）。

13. 第三十世，爽有，必鳌之子，出洋（原谱第597页）。

（八）五房四敦培派世系

1. 第三十一世，用镇，有汀之子，出洋（原谱第606页）。

2. 第三十一世，用谨，有铿之子，出洋（原谱第606页）。

3. 第三十一世，用判，有参之子，出洋（原谱第607页）。

（九）五房四敦培派世系（新厝内）

1. 第二十九世，必唱，尚才之子，出洋（原谱第608页）。

2. 第三十一世，用亲，有田之子，出洋（原谱第609页）。

3. 第三十二世，树人、秋水、秋冷、秋恒，用志之子，均出洋（原谱第609页)。

4. 第三十一世，用尽，有胡之子，出洋（原谱第609页)。

5. 第三十二世，金筹，用限之子，出洋（原谱第609页)。

6. 第三十一世，用限，有拔之子，出洋（原谱第609页)。

7. 第三十一世，用玉、用存，有在之子，出洋（原谱第610页)。

8. 第三十一世，用焕，有锥之子，出洋（原谱第612页)。

(十) 五房四敦培派世系 (车兜演)

1. 第三十世，安有，必战之子，出洋（原谱第614页)。

2. 第三十世，有安，出洋（原谱第616页)。

(十一) 珍培派下世系 (福乌陇)

1. 第三十世，镜有、笑有，必垂之子，生南洋（原谱第625页)。

2. 第三十一世，用均、用升，有友之子，均出洋（原谱第626页)。

3. 第三十一世，用财、用叶、用安，有沙之子，均出洋（原谱第627页)。

七、六房世系

(一) 六房一竹溪世系

1. 第三十二世，兵人，用炳之子，出洋（原谱第637页)。

八、东房安成房世系

(一) 阜阳东房安成世系 (崛内)

1. 第三十四世，定中，桂林之子，居马加坡（原谱第650页)。

2. 第三十一世，诸嗣，成永之子，居仰光（原谱第651页)。

(二) 阜阳东房后巷世系 (崛内)

1. 第三十四世，批水，招财之子，居南洋（原谱第659页)。

10

泉州《惠安玉坂王氏族谱》

玉坂为惠安县南部地区的一个行政村，辖内划分为长坂、过溪、大路边、过坑、新沙、新芽、尾厝以及路庵等几个自然村。2011年1月，玉坂随着东园镇从惠安县析出，隶属泉州市台商投资区辖。玉坂王氏开基始祖王国泰约生于明弘治中叶，祖籍晋江龙塘水头，于正德末年单丁入惠与蔡氏独生女结合赘居于此，并繁衍旺盛，玉坂遂成为王、蔡二姓之乡里。

《惠安玉坂王氏族谱》由王冬青编，2011年秋出版。

迁居南洋记录

一、顶房

1. 第十一世，春来，闰之子，居梹城（原谱第27页）。
2. 第十三世，何兰，成来之子，居仰光（原谱第28页）。
3. 第十三世，细汉，连水之子，居槟城（原谱第28页）。
4. 第十三世，典斋，荣良之子，居槟城，未详（原谱第29页）。
5. 第十三世，志辉，荣宗之子，居槟城，未详（原谱第29页）。
6. 第十三世，振兴，荣华之子，居槟城，未详（原谱第29页）。
7. 第十三世，火生，投山之子，居新加坡（原谱第30页）。
8. 第十四世，玉兔，进德之子，居菲律宾（原谱第30页）。
9. 第十二世，金山，送英之子，居菲律宾（原谱第31页）。
10. 第十三世，庆发，天赐之子，居新加坡（原谱第31页）。
11. 第十三世，永发，天赐之子，居新加坡（原谱第31页）。
12. 第十三世，春发，天赐之子，居新加坡（原谱第31页）。
13. 第十二世，金伙，居槟城（原谱第31页）。

14. 第十二世，浪水，火胜之子，居槟城（原谱第 31 页）。
15. 第十二世，浮水，火胜之子，居槟城（原谱第 31 页）。
16. 第十三世，荣辉，妈金之子，居缅甸（原谱第 31 页）。
17. 第十三世，昆辉，妈金之子，居缅甸（原谱第 31 页）。
18. 第十二世，远水，真玉之子，居槟城（原谱第 32 页）。
19. 第十四世，油赞，则看之子，居仰光（原谱第 33 页）。
20. 第十四世，油杭，则看之子，居仰光（原谱第 33 页）。
21. 第十三世，振法，生二子居仰光（原谱第 33 页）。
22. 第十三世，顺德，光愿之子，居槟城（原谱第 34 页）。
23. 第十三世，顺元，光福之子，居仰光（原谱第 34 页）。
24. 第十二世，光斗，成才之子，居仰光（原谱第 34 页）。
25. 第十三世，昆宗，聪明之子，居马来西亚（原谱第 44 页）。

二、二房

1. 第十二世，奇水，护鳅之子，居菲律宾（原谱第 49 页）。
2. 第十二世，妈爱，僻咀之子，居菲律宾（原谱第 49 页）。
3. 第十二世，妈水，僻咀之子，居菲律宾（原谱第 49 页）。
4. 第十三世，清泉，文火之子，居菲律宾（原谱第 49 页）。
5. 第十三世，宽，大憨之子，居槟城（原谱第 50 页）。
6. 第十三世，世民，金盛之子，居槟城（原谱第 50 页）。
7. 第十三世，开兴，居缅甸（原谱第 50 页）。
8. 第十四世，宝顺，熙和之子，居泰国（原谱第 51 页）。
9. 第十四世，宝沧，熙和之子，居菲律宾（原谱第 51 页）。
10. 第十二世，惟法，傅之子，居槟城（原谱第 54 页）。
11. 第十四世，醒民，汉晖之子，居缅甸（原谱第 54 页）。
12. 第十二世，天河，赫岩之子，居缅甸（原谱第 54 页）。
13. 第十五世，贻远，宝顺之子，居泰国（原谱第 58 页）。
14. 第十五世，维华，宝沧之子，居菲律宾（原谱第 58 页）。
15. 第十五世，维多，宝沧之子，居菲律宾（原谱第 58 页）。
16. 第十五世，维山，宝沧之子，居菲律宾（原谱第 58 页）。

三、三房

（一）尾角刊

1. 第十三世，泉成，孙参之子，居槟城（原谱第 69 页）。
2. 第十三世，乌梶，孙受之子，居槟城（原谱第 69 页）。
3. 第十三世，进宝，孙雄之子，居槟城（原谱第 69 页）。
4. 第十三世，晚枝，孙宝之子，居槟城（原谱第 69 页）。
5. 第十四世，瓮目，德成之子，居槟城（原谱第 69 页）。
6. 第十三世，吉成，孙馥之子，居槟城（原谱第 70 页）。
7. 第十四世，富来，丹成之子，居仰光（原谱第 70 页）。
8. 第十四世，国来，吉成之子，居槟城（原谱第 70 页）。
9. 第十二世，孙佳，子洲之子，居槟城（原谱第 71 页）。
10. 第十二世，孙蚶，子洲之子，居槟城（原谱第 71 页）。
11. 第十三世，庆仁，孙环之子，居槟城（原谱第 71 页）。
12. 第十三世，春法，孙达之子，居槟城（原谱第 71 页）。
13. 第十三世，泉顺，孙永之子，居槟城（原谱第 71 页）。
14. 第十三世，妈顺，孙沛之子，居槟城（原谱第 71 页）。
15. 第十三世，水法，孙沛之子，居槟城（原谱第 71 页）。
16. 第十三世，金来，孙盈之子，居槟城（原谱第 72 页）。
17. 第十二世，孙悟，子友之子，居槟城（原谱第 73 页）。
18. 第十三世，木法，孙吠之子，居槟城（原谱第 73 页）。
19. 第十三世，金福，孙桂之子，居槟城（原谱第 74 页）。
20. 第十二世，金福，居槟城（原谱第 75 页）。
21. 第十二世，金才，居槟城（原谱第 75 页）。
22. 第十二世，树木，溪之子，居槟城（原谱第 76 页）。
23. 第十二世，接成，猴之子，居槟城（原谱第 76 页）。
24. 第十二世，建来，朝水之子，居菲律宾（原谱第 76 页）。
25. 第十三世，妈金，建来之子，居槟城（原谱第 76 页）。
26. 第十四世，亚鸿，妈金之子，居槟城（原谱第 76 页）。

（二）东厅刊

1. 第十一世，神赐，九之子，居槟城（原谱第 87 页）。
2. 第十一世，晚成，九之子，居槟城（原谱第 87 页）。
3. 第十一世，陀姑，东之子，居马来西亚（原谱第 88 页）。

4. 第十一世，钟峻，东之子，居马来西亚（原谱第88页）。
5. 第十一世，圭忞，观财之子，居槟城（原谱第89页）。
6. 第十二世，金良，居菲律宾（原谱第90页）。
7. 第十二世，来法，居菲律宾（原谱第90页）。
8. 第十三世，清树，盏之子，居菲律宾（原谱第90页）。
9. 第十二世，文枝，为英之子，居缅甸（原谱第90页）。
10. 第十三世，贻欣，锦标之子，居槟城（原谱第91页）。
11. 第十二世，进升，居槟城（原谱第92）。
12. 第十二世，春生，居槟城（原谱第92页）。
13. 第十二世，燕和，竹林之子，居槟城（原谱第93页）。
14. 第十三世，贤忠，善法之子，居槟城（原谱第95页）。
15. 第十三世，清江，妈法之子，居缅甸（原谱第95页）。
16. 第十三世，清河，浮法之子，居仰光（原谱第95页）。
17. 第十三世，永河，浮法之子，居仰光（原谱第96页）。
18. 第十三世，田元，庵之子，居仰光（原谱第96页）。
19. 第十三世，井元，庵之子，居仰光（原谱第96页）。
20. 第十三世，汉源，庵之子，居吉隆坡（原谱第96页）。
21. 第十二世，德源，陀姑之子，居槟城（原谱第96页）。
22. 第十二世，其生，细治之子，居槟城（原谱第96页）。
23. 第十二世，其芳，细治之子，居马来西亚吉兰丹（原谱第96页）。
24. 第十四世，沧成，田元之子，居缅甸（原谱第96页）。
25. 第十四世，沧奎，田元之子，居缅甸（原谱第96页）。
26. 第十四世，沧碧，田元之子，居缅甸（原谱第96页）。
27. 第十四世，沧南，田元之子，居缅甸（原谱第96页）。
28. 第十二世，玉兴，溪之子，居仰光（原谱第97页）。
29. 第十二世，振基，靖和之子，居菲律宾（原谱第98页）。
30. 第十二世，紫如，居仰光（原谱第99页）。
31. 第十二世，其华，居缅甸（原谱第99页）。
32. 第十三世，远水，文伏之子，居缅甸（原谱第99页）。
33. 第十四世，维昆，清木之子，居仰光（原谱第99页）。

（三）厅上刊

1. 第十四世，文良，火来之子，居槟城（原谱第110页）。

2. 第十四世，成德，藤祥之子，居槟城（原谱第 110 页）。
3. 第十二世，长水，后泉之子，居槟城（原谱第 111 页）。
4. 第十二世，金土，后泉之子，传居马来西亚槟城（原谱第 112 页）。
5. 第十二世，银水，后泉之子，传居马来西亚槟城（原谱第 112 页）。
6. 第十三世，汉鼎，脚仔之子，居槟城（原谱第 111 页）。
7. 第十三世，建水，炳煌之子，居槟城（原谱第 111 页）。
8. 第十三世，成水，卡之子，居槟城（原谱第 111 页）。
9. 第十三世，大头，居马来西亚（原谱第 111 页）。
10. 第十三世，龟成，天生之子，居印尼泗水（原谱第 111 页）。
11. 第十三世，振成，天生之子，居印尼泗水（原谱第 111 页）。
12. 第十三世，福和，成枝之子，居马来西亚槟城（原谱第 111 页）。
13. 第十二世，溪沙，围之子，居马来西亚槟城（原谱第 112 页）。
14. 第十一世，国良，居槟城（原谱第 112 页）。

（四）过溪刊

1. 第十二世，客尾，沙腱之子，居槟城（原谱第 118 页）。
2. 第十三世，金来，居槟城（原谱第 119 页）。

（五）新芽刊

1. 第十一世，会友，启明之子，居槟城（原谱第 124 页）。
2. 第十一世，成法，居槟城（原谱第 124 页）。
3. 第十一世，煌后，彩英之子，居槟城（原谱第 124 页）。
4. 第十三世，进法，朝水之子，居新加坡（原谱第 127 页）。
5. 第十三世，进才，朝水之子，居新加坡（原谱第 127 页）。
6. 第十二世，国南，会友之子，居槟城（原谱第 129 页）。
7. 第十三世，乌嘴，龟法之子，居马来西亚（原谱第 129 页）。
8. 第十二世，永才，煌后之子，居槟城（原谱第 130 页）。
9. 第十三世，木川，德宽之子，居新加坡（原谱第 134 页）。
10. 第十三世，文信，琢璋之子，居缅甸失踪（原谱第 135 页）。
11. 第十三世，文修，琢璋之子，居印尼失踪（原谱第 135 页）。
12. 第十四世，永谦，文献之子，居菲律宾（原谱第 135 页）。
13. 第十四世，永州，文旭之子，居印尼（原谱第 135 页）。

11

泉州《金墩灵慈黄氏族谱》

黄氏肇基于轩辕黄帝有熊氏。夏时第六世祖受封于黄国，后以国为姓。周元王（前475—前469年）时，第六十五世祖老公为翼州牧，迁家于河南广州固始县。西晋永嘉间（307—313年），第九十世祖彦丰公（一说元方公）任晋安（福州古称）守，徙家于福州黄巷，为黄氏入闽之始。此后子孙繁衍，枝开百叶，其后裔建基立业，成为所在地始祖。南宋咸淳五年（1269年）以后，又依次移居泉州、安平（今安海）、灵慈，并作为金墩在泉州的一个分派。

金墩为莆田兴化金墩，泉州金墩黄氏，源于唐代迁居莆田涵江黄巷之岸公，宋孝宗时迁居兴化金墩，而后迁居泉郡安海，故金墩黄氏堂号由此而来。金墩安平黄氏由清嘉庆年间君瑞公迁居泉州开基。

清末民初，由于政权更迭，社会动荡，治安不靖。1921—1930年，泉州地区先后受到北洋军阀和高为国部乱兵的骚乱，扰得民不聊生。在此情况下，黄氏族人为谋生计，或从医，或务工，或转入工商界或出洋谋生。以致后来金墩灵慈黄氏子弟分散于东南亚一带。

泉州《金墩灵慈黄氏族谱》由金墩灵慈黄氏宗亲理事会编，2006年12月出版。

迁居南洋记录

一、长房

1. 安平第二十二世，攸虹，洋洋四女，居菲律宾。适王天铭，菲律宾建筑公司经理（原谱第151页）。

2. 安平第十九世，德鸿公，年椒公之子，居印度尼西亚（原谱第160

页）。

3. 安平第二十一世，阿河，德鸿公子，居印尼（原谱第 160 页）。

二、二房

1. 安平第十九世，延年公，金魁公三子，居印尼。配吕印舍，居印尼（原谱第 167 页）。

2. 安平第二十世，祝海公，延年公之子，居印尼（原谱第 168 页）。

3. 安平第十九世，树桢公，祝禄公次子，早年旅越、旅菲（原谱第 168 页）。

4. 安平第十九世，文豹公，祝禄公三子，早年居菲律宾，长期在菲经商，在菲律宾逝世，葬于菲律宾（原谱第 169 页）。

5. 安平第十九世，乌乞公，奠元公之子，早年旅菲，长年在菲经商（原谱第 179 页）。

6. 安平第十九世，添治姑，奠元公之女。适倪氏，旅居菲律宾（原谱第 180 页）。

7. 安平第二十世，建玉公，乌乞公之子，长期在菲律宾经商，在菲病故。配蔡加枝，菲律宾出生（原谱第 180 页）。

8. 安平第二十一世，聪仁，建玉公长子，在菲律宾出生，自小在菲就读至大学毕业。长期在菲经营摩托车配件业务（原谱第 181 页）。

9. 安平第二十一世，丽娥，建玉公长女，生于菲律宾，自小在菲律宾就读至大学毕业。长期经营五金行业。适广东一旅菲侨民（原谱第 181 页）。

10. 安平第二十一世，聪义，建玉公次子，生于菲律宾（原谱第 181 页）。

11. 安平第二十一世，丽卿，建玉公次女，生于菲律宾，自幼在菲律宾就读至大学毕业（原谱第 181 页）。

12. 安平第二十一世，丽妹，建玉公三女，生于菲律宾，自幼在菲律宾就读至大学毕业（原谱第 182 页）。

13. 安平第二十一世，聪礼，建玉公三子，生于菲律宾，自幼在菲律宾就读至大学毕业。长期从事自来水公司修理工。配偶为南安水头一旅菲侨民（原谱第 182 页）。

14. 安平第二十一世，丽琴，建玉公四女，生于菲律宾，自幼在菲就读至大学毕业（原谱第 182 页）。

15. 安平第二十一世，丽萍，建玉公之女，生于菲律宾（原谱第 182 页）。

三、三房

1. 安平第十九世，锡垣公，荣华公四子，青年时旅居印尼（原谱第 193 页）。

2. 安平第二十世，福碰姑，长庚公之女，长期随夫旅居泰国，卒于泰国。适吴汉陞，长期旅居泰国，卒于泰国。子吴田螺、吴再添，旅居泰国（原谱第 194 页）。

3. 安平第二十一世，惠卿姑，福园公长女，旅居马来西亚，长期在马来西亚吡叻州邦咯岛任小教。适朱灿辉，旅居马来西亚吡叻州邦咯岛。子女远流、永流、祥流均旅居马来西亚（原谱第 198 页）。

4. 安平第十九世，黛卿姑，棋年公之女。适洪万敬，早年在菲律宾经商。四女洪丽湘为菲律宾国家篮球队队员（原谱第 210 页）。

5. 安平第二十世，福琴公，棋年公长子，一生在菲律宾谋生（原谱第 211 页）。

四、四房

1. 安平第二十一世，锡垣公，荣华公四子，青年时旅居印尼（原谱第 193 页）。

2. 安平第二世，国柏，福耀公之子，定居菲律宾马尼拉。适吴俊华，定居菲律宾马尼拉（原谱第 223 页）。

五、五房

1. 安平第二十一世，锡垣公，荣华公四子，青年时旅居印尼（原谱第 193 页）。

2. 安平第二世，禄渥公，福承公之子，旅居菲律宾（原谱第246 页）。

2. 安平第二十世，有黍公，文鹏公三子，移居菲律宾，在菲律宾谢世（原谱第 257 页）。

3. 安平第二十世，有秬公，文鹏公四子，在菲律宾谋生（原谱第 258 页）。

4. 安平第二十世，有梁，文鹏公五子，往菲律宾谋生。适苏星治，旅居菲律宾（原谱第 258 页）。

5. 安平第二十世，秀瑟姑，文鹏公次女，旅居菲律宾宿务市（原谱第 261 页）。

6. 安平第二十一世，禄藩，有黍公长子，旅居菲律宾蓬马省（原谱第 263 页）。

7. 安平第二十一世，荔娥，有黍公次女，旅居菲律宾礼智省独鲁万市。适吴连国，为菲律宾礼智独鲁万市印务馆经理（原谱第 263 页）。

8. 安平第二十一世，禄裔，有黍公三子，旅居菲律宾马尼拉（原谱第 264 页）。

9. 安平第二十一世，禄望，有黍公四子，马尼拉大学法律系毕业，1995 年在岷市自办律师事务所。适朱贤薇，在岷市自办医务所（原谱第 264 页）。

10. 安平第二十一世，多娇，有黍公四女，菲律宾马尼拉市建筑公司技术员（原谱第 264 页）。

11. 安平第二十一世，禄隆，有黍公五子，菲律宾礼智大学毕业，旅居菲律宾马尼拉市（原谱第 264 页）。

12. 安平第二十一世，禄殷，有黍公六子，旅居菲律宾马尼拉市（原谱第 264 页）。

13. 安平第二十一世，禄程，有秬公长子，旅居菲律宾宿务市（原谱第 265 页）。

14. 安平第二十一世，莲娥，有秬公长女，旅居菲律宾宿务市（原谱第 265 页）。

15. 安平第二十一世，禄铭，有黍公次子，旅居菲律宾宿务市（原谱第 265 页）。

16. 安平第二十一世，禄璇，有秬公三子，旅居菲律宾（原谱第 265 页）。

17. 安平第二十一世，禄树，有秬公四子，旅居菲律宾宿务市（原谱第 265 页）。

18. 安平第二十二世，攸锦，禄藩之子，旅居菲律宾（原谱第267页）。

19. 安平第二十二世，宇菇，禄帮之女，旅居菲律宾（原谱第267页）。

20. 安平第二十二世，攸秀，禄裔长子，旅居菲律宾马尼拉（原谱第268页）。

21. 安平第二十二世，攸贵，禄裔次子，旅居菲律宾马尼拉（原谱第368页）。

22. 安平第二十二世，攸特，禄裔三子，旅居菲律宾马尼拉（原谱第268页）。

23. 安平第二十世，福祺公，樵甫公长子，常年旅居新加坡。配丁秀治，生前随夫旅居新加坡（原谱第271页）。

24. 安平第二十世，福聪公，樵甫公次子，长期旅居菲律宾（原谱第271页）。

25. 安平第二十世，大治姑，孝年公长女。适蒋报庵，早年夫妇旅居印尼泗水市，其子女均定居印尼（原谱第282页）。

26. 安平第二十世，吟香姑，孝年公次女。适朱世品，夫妇早年到印尼谋生，其子女定居印尼泗水市（原谱第283页）。

27. 安平第二十二世，群一，文通之子，新加坡国立大学计算机管理专业博士生。配邱倚云，新加坡理工大学硕士，现在新加坡美国通用公司亚太分部工作（原谱第296页）。

六、六房

1. 安平第十九世，福吉公，章倍公之子，旅居新加坡（原谱第306页）。

2. 安平第十九世，钦年公，光炎公次子，旅居新加坡（原谱第307页）。

12

泉州《石任村张氏族谱》

石任村位于泉州市洛阳江北畔，是著名侨乡之一。始祖盈公入闽居福州之洪塘乡，生一子名昭公，徙居兴化涵头（莆田涵江），生二子，长延齐居五店市、湖中，次延鲁居泉州城南门内大寺后，延鲁公生一子镜斋公，镜斋公第七子敬郎之十一世孙均正公开基金门青屿，明代正德年间，均正公之九世孙张文会卜居于此开基。清代中末叶开始南渡南洋谋生。

惠安《石任村张氏族谱》由张省民编纂，2005 年印刷。

迁居南洋记录

一、长房黄塘

1. 第十四世，三德、三庆、三福，木生之子，居新加坡（原谱第 94 页）。

二、四房石湖

1. 第十三世，存仁，居菲律宾（原谱第 101 页）。
2. 第十六世，友丰，孝谋之子，居菲律宾（原谱第 101 页）。
3. 第十六世，友宝，炯煌之子，居菲律宾（原谱第 101 页）。

三、四房顶外厝

1. 第十四世，礼红、礼义、礼智，金兰之子，居菲律宾（原谱第 104 页）。
2. 第十三世，连魁，丽水之子，居缅甸（原谱第 104 页）。
3. 第十三世，照福、照荣，连灯之子，居马来西亚（原谱第 105 页）。

4. 第十四世，继伟、继仁，照明之子，居菲律宾（原谱第 105 页）。

5. 第十四世，继平，照敏之子，居菲律宾（原谱第 105 页）。

6. 第十五世，孝礼、孝义，礼养之子，居菲律宾（原谱第 105 页）。

7. 第十四世，培辉、锦辉，荣河之子，居马来西亚槟城（原谱第 106 页）。

8. 第十四世，有才、有成、有强，双炎之子，居马来西亚槟城（原谱第 106 页）。

9. 第十二世，好成，厚貌之子，居马来西亚槟榔屿（原谱第 107 页）。

四、四房下外厝

1. 第十七世，传昆、传贤、传礼、传儒、传伟，景熙之子，全家居菲律宾（原谱第 108 页）。

2. 第十五世，孝孤，泉胜之子，居菲律宾（原谱第 109 页）。

3. 第十七世，颢烨，友嘉之子，居菲律宾（原谱第 109 页）。

4. 第十七世，鸿源，少泽之子，居菲律宾（原谱第 109 页）。

5. 第十五世，扶西，恩来之子，居菲律宾（原谱第 109 页）。

6. 第十五世，亨利，俊如之子，居菲律宾（原谱第 109 页）。

7. 第十五世，孝帘、少奇、文文，恩成之子，居菲律宾（原谱第 109 页）。

8. 第十五世，世雄、汉良，恩波之子，居菲律宾（原谱第 109 页）。

9. 第十五世，国璋、国玮、国裕，立人之子，居菲律宾（原谱第 109 页）。

10. 第十三世，福水、土水，以佳之子，居缅甸（原谱第 110 页）。

五、四房后落

1. 第十二世，以荣，厚灶之子，居缅甸（原谱第 117 页）。

2. 第十三世，崇袂、崇矮，八元之子，居缅甸（原谱第 118 页）。

3. 第十二世，金生、艮生，污九之子，居缅甸（原谱第 117 页）。

13

漳州《白埕林氏族谱》

林氏太始祖为王子比干，始祖为比干之子林坚。传至西晋时期，林禄公南渡入闽，居于晋安，为林氏入闽始祖。至第十世林茂，由晋安迁莆田创林基祖，迨十六世林披有九子均及第，称“莆田九牧”。此后子孙繁盛，蔚为盛族。敦素公为白埕村林氏开基始祖。

东山《白埕林氏族谱》2006 年修订，总页数 299 页。谱系流派为晋安林·唐九牧八迈派系·南诏致政支系·东山三宗林支脉，所载世系从四世到二十三世。

迁居南洋记录

一、观成追远堂世系

1. 第十八世，明新、达志、元文、元和、元福，居新加坡（原谱第177 页）。

二、西学顶股当店缵绪堂十四世祖舜懿公世系

1. 第十九世，亚牛、大目，居新加坡（原谱第 183 页）。

2. 第十七世，各成，十八世寿居、寿福，第十九世，朝坤、朝明、朝忠、朝发、文元、伟添、文杰，居新加坡（原谱第 185 页）。

三、西学顶股当店世系

1. 第十八世，北鳅，居新加坡（原谱第 187 页）。

四、西学顶股吉顺公世系

1. 第十八世，妈转、妈长、皓额，第十九世，义顺、龙兴、国兴、国胜，第二十世，炳辉，居新加坡（原谱第 196 页）。

2. 第十八世，元顺，居新加坡（原谱第 198 页）。

3. 第十九世，保枝，第二十世，细嘴，居新加坡（原谱第 198 页）。

五、西学下股大厝内相江公世系

1. 第十七世，顺美，居新加坡（原谱第 201 页）。

六、西学下股秀才公五桂堂十六世春魁公世系

1. 第十八世，挠元，居新加坡（原谱第 205 页）。

七、西学下股秀才公五桂堂二房十六世春虞公、三房十六世春夏公世系

1. 第十八世，喜来，居新加坡（原谱第 206 页）。

八、西学下股秀才公三房（二）十五世延弼公世系

1. 第十九世，裕明、裕添，居新加坡（原谱第 210 页）。

九、西学下股碧岚余庆堂世系

1. 第十七世，全叻，居新加坡（原谱第 215 页）。

2. 第十八世，振桂、振发，第十九世，金龙，居新加坡（原谱第 216 页）。

3. 第十八世，足成，居新加坡（原谱第 219 页）。

十、西学下股世泽树德堂世系

1. 第十七世，顺发，居新加坡（原谱第 221 页）。

十一、西学下股蓄光堂振贤公世系

1. 第十八世，加春、亚细，十九世林汉，居新加坡（原谱第 225 页）。

2. 第十七世，金阳，居新加坡（原谱第 229 页）。

十二、二房敬德公世系

1. 第十七世，德水、十八世春宝，居新加坡（原谱第 230 页）。

十三、三房（下）敬齐公世系

1. 第十八世，旺水、旺花，居新加坡（原谱第 237 页）。

十四、五房十二世桂哲公世系

1. 第十八世，朝保，居新加坡（原谱第 214 页）。
2. 第十五世，成茂，居新加坡（原谱第 242 页）。
3. 第十六世，逢结，居新加坡（原谱第 243 页）。

14

漳州《东山马氏族谱》

马氏姓源有三：一、出自嬴姓。二、马失氏改姓。三、外族改姓。世居邯郸，秦时迁居咸阳，汉代徙居扶风（今陕西凤翔县东南），为显赫大族。宋代以后，闽、粤马姓逐渐增多，子孙传衍各地，漳州东山马姓由福建莆田迁入，始祖不详。

《东山马氏族谱》一册，1999 年修订，总页数 192 页。所载世系从一世到十四世。记载的是明末清初马氏始祖从兴化莆田跋涉盘延而至漳州东山，历尽千辛万苦，草创家业，繁衍子孙的家族史。

迁居南洋记录

一、做帆埕马氏

1. 第七世三房马德葵之三子（佚名），居南洋（原谱第 31、109 页）。

2、二房第十世马阿城，第十一世马和东、马和西，居南洋（原谱第 39、90、107 页）。

3、四房德永祖派下第十世马拔三，第十一世马惟一，第十二世马秉中、秉隆，居印尼（原谱第 43、138 页）。

4. 第十一世马惟衡，第十二世马凌峰、马凌超，居印尼（原谱第 139 页）。

5. 第十一世，马惟骞，居印尼（原谱第 140 页）。

6. 第十世，马烈，居印尼（原谱第 144 页）。

7. 第十世，马汉阳，居南洋（原谱第 148 页）。

二、顶街马氏

1. 第七世四祖派下第八世二房过番公（佚名），居南洋（原谱第 159 页）。

15

漳州《东山衙顶孙氏族谱》

孙姓是一个历史悠久，姓源较多的姓氏，主要由五大来源组成：姬姓、芈姓、妫姓、子姓和外姓的改姓。一直活跃在河南和山西一带。唐高宗总章二年，河南光州固始县八角井人氏孙梁文随陈政陈元光父子入闽平乱开漳，为漳郡孙氏始祖。梁文公裔孙定居于柳营江畔，开基马崎孙氏。明初，后裔子孙派开梅岗、钱岗、京岗三脉。后十四世祖希南公开基梅岗衍派衙顶孙氏世系，创造了家族辉煌。

《东山衙顶孙氏族谱》，主编孙文峰，2008 年修订，全书分一册，总页数 82 页。所记谱系流派为唐开漳马歧孙梁文派系。诏安梅岗支系·东山衙顶支脉。所载世系从十一世到二十一世。

迁居南洋记录

1. 长房：第十八世，耀显，妻文群、叶氏居菲律宾，传子成凯、光华、光明、光益、律省、鼎鼎，律赛容、玲玲等，余均居菲。耀星（阿江）、妻许默轩、魏美娟，居印尼（原谱第 18、19、44 页）。

2. 四房世系：第十七世，孙启东，居菲律宾，抗战时任菲律宾民族解放军少校司令官，屡建战功。与妻胡氏玲传五男一女。男：加禄、扶西、芬仕、芬敏、芬捷。女：罗英，居菲律宾（音乐专家）。第十八世，孙加禄，居菲律宾，商业家，嗣承未详。孙芬仕居菲律宾，企业家，嗣承未详。孙芬敏居菲律宾，企业家，嗣承未详。孙芬捷居菲律宾，企业家，嗣承未详（原谱第 25、26 页）。

3. 七房世系：第十七世，孙宗成，少时随母舅居印尼，娶当地陈氏娘为妻，传一女名，未详（原谱第 29 页）。

4. 十房世系：第十七世，孙子华与妻陈氏明凤（原配），刘氏吟（继配）传二男一女。男：宜民、宜生。女：芳娥。后居新加坡娶薛氏桂凤传二男二女。男：宜振、宜新。女：碧娥、碧云。孙宗统居马来西亚，传三男四女。男：宜谦，居马来西亚。女：丽容，居马来西亚、丽珠，居马来西亚、丽金，居马来西亚。孙宗奇居马来西亚，嗣承未详。孙宗尧旅居马来西亚，嗣承未详。孙宗重居马来西亚，嗣承未详。第十八世，孙宜民，居新加坡，未婚娶，早逝。孙宜谦传四男二女。二女：凌敏、凌凤，居马来西亚。第十九世，孙继庆，居马来西亚传一男：述强（原谱第 34 页）。

5. 十一房世系：第十七世，孙常达（戎）与妻氏贤（原配）、陈氏映雪（继配）、后在新加坡娶庄氏惠英传三男二女。男：景明、宜明、宜昌。女：爱燕、爱丽。（宜昌、爱燕、爱丽居新加坡）。第十八世，孙宜昌，居新加坡，与妻叶氏亚香传二女：亚铭、亚玲（原谱第 35 页）。

6. 长房：第十九世，孙茂钦，居印尼。二房：第十六世，孙祖悦，外出南洋（原谱第 21 页）。

7. 四房：第十七世，孙启东，居菲律宾。第十八世，孙加禄、孙芬仕、孙芬敏、孙芬捷，居菲律宾。七房：第十六世，孙祖蕴，居印尼，第十七世，孙广汉、孙广传，居印尼（原谱第 25、26 页）。

8. 十房：第十七世，孙宗统、孙宗奇、孙宗尧、孙宗重，居马来西亚。第十八世，孙宜振、孙宜新，居新加坡。第十九世，孙继庆、孙继成、孙继兴、孙继松，居马来西亚（原谱第 34 页）。

9. 十一房：第十八世，孙宜昌，居新加坡（原谱第 35 页）。

10. 十二房：第十六世，孙箴，四岁在新加坡逝世（原谱第 36 页）。

16

漳州《康美林氏志谱》

林氏之先，出自黄帝、高辛氏之后。永嘉元年，东晋太守林禄三年奉敕守晋安，为林氏入闽始祖。漳浦康美林氏太祖为南宋大用公，始祖为大用公第七子建康公林子渊，子渊公居下尾、坑尾。夫人蔡氏生景衍下尾（漳浦霞美村）。另一夫人周氏生三子德宣、德和、德庆为坑尾（东山康美村）一世祖。

东山《康美林氏志谱》，2000 年修订，总页数 490 页。所记谱系流派为晋安林·游洋派系·漳浦路下支系·康美支脉晋安派霞康衍派。所载世系从一世到二十三世。

迁居南洋记录

一、德宣公二房英肃公世系

1. 第十七世，福来，居新加坡（原谱第 134 页）。

二、德宣公三房质直公世系

1. 第十七世，平忠，居新加坡（原谱第 154 页）。

2. 第十八世，友春、友福、友河、友刊、友成，第十九世，进喜、进光、加顺、剑光、伟光，居新加坡（原谱第 154 页）。

3. 第十八世，亚柔，居新加坡（原谱第 156 页）。

4. 第十八世，明桂，第十九世，大狮、细狮，第二十世，顺才、顺金、顺保，居新加坡（原谱第 160 页）。

三、质直公二房学派七世西泉公世系

1. 第十五世，玉盛，居新加坡（原谱第 163 页）。

2. 第十六世，璧荣、璧梅、友羽，第十七世，天兴、南顺、南发、连顺、连生，居新加坡（原谱第 164 页）。

3. 第十七世，金禄，第十八世，宝来、宝忠、宝兴、宝孙，居新加坡（原谱第 165 页）。

四、质直公三房五世彦佩公世系

1. 第十八世，保成，居新加坡（原谱第 173 页）。

五、忠孝堂大房九世邦基公世系（永思堂）

1. 第十三世，岛，居新加坡（原谱第 181 页）。

2. 第十八世，国发，居新加坡（原谱第 182 页）。

3. 第十八世，喜桃、喜兴，居新加坡。喜凤，居印尼。第十九世金明、廷光、泽光、启光、碧光、明光，居新加坡。龙川、龙华居印尼。第二十世安华、永强、维勒、维杰、思豪，居新加坡（原谱第 183 页）。

4. 第十八世喜藤，第十九世润添、润源，居新加坡（原谱第 184 页）。

六、云霄峰外大夫家庙（世德堂）世系

1. 第十三世，魁，居南洋（原谱第 198 页）。

2. 第十七世，亚吹，居新加坡（原谱第 200 页）。

3. 第十二世，三，居南洋（原谱第 201 页）。

4. 第十八世保国，第十九世春和、春福、三春、春平，第二十世文华、明华，居新加坡（原谱第 207 页）。

5. 第十八世，成太，居新加坡（原谱第 208 页）。

6. 第十八世，计昌，居南洋（原谱第 211 页）。

7. 第十八世，天梅、天立，居南洋（原谱第 213 页）。

8. 第十八世，戆成，居南洋（原谱第 215 页）。

9. 第十八世，春成，居南洋（原谱第 216 页）。

10. 第十七世红颜，第十八世年仔，居南洋（原谱第 218 页）。

11. 第十七世连杰，居南洋（原谱第220页）。

12. 第十七世连杰，第十八世福财，居南洋（原谱第221页）。

七、忠孝堂三房九世邦垣公世系

1. 第十八世阿兴、龙春、荣春、瑞春，第十九世顺孝、全家、裕祥、添生、裕德、裕顺、裕辉、裕章、裕庆，第二十世佳恩、佳颂、微玲、微思、佳忠、微新、微香、佳豪、微馨、微敏，居新加坡（原谱第226页）。

2. 第十九世宝发，第二十世谋基、谋隆，居新加坡（原谱第228页）。

3. 第十八世成仁，第十九世顺福，第二十世保金，居新加坡（原谱第232页）。

4. 第十八世平汝，居新加坡（原谱第233页）。

5. 第十七世阿县、添喜，第十八世金进、进荣，第十九世赞成、赞木、赞福、赞兴、赞发、赞和、赞春，第二十世添春、添文、添俊、添生、林聪、聪明、杭生、伟明、伟鸿、哈淋、玛利、燕妮、颜超、浩峰，第二十一世玮杰、玮翔、玮琳、钰琳、玮菘、荣琮、益贤、欣颖、欣仪、绰耀，居新加坡（原谱第234页）。

6. 第十八世金进、进荣，第十九世尚武、尚智、尚勇、尚谋、尚和，第二十世乾忠、乾义、乾豪、乾信、乾伟、乾龙、乾正、林乾，居新加坡（原谱第237页）。

八、云霄竹港享堂续古堂世系

1. 第十八世，寿全，居新加坡（原谱第246页）。

2. 第十七世，秋波，居南洋（原谱第249页）。

3. 第十六世，坤茂，居南洋（原谱第253页）。

九、忠孝堂五房邦经公世系

1. 第十五世，加瑞、加安，居新加坡（原谱第263页）。

2. 第十六世，清德、清荣、清川，第十七世，亚明、耀腾，第十八世，振光、振杰，居新加坡（原谱第264页）。

十、忠孝堂七房邦光公世系

1. 第十七世，怡泽，居新加坡（原谱第272、273页）。

2. 第十八世，补确、阿成，居新加坡（原谱第273页）。

十一、周士堂尖石公四子娄公世系

1. 第十七世，荣尚，居新加坡（原谱第279、280页）。

2. 第十八世，友平，第十九世，木顺，居新加坡（原谱第280页）。

3. 第十八世，添喜、添字，居新加坡（原谱第281页）。

4. 第十八世，顺池，居新加坡（原谱第282页）。

5. 第十八世，茂然、发盛、发顺、发国、发水，第十九世，海南，居新加坡（原谱第286页）。

6. 第十七世，敞璧、文田、文银，第十八世，玉辉、玉较、玉美、玉明、玉和、智成，居新加坡（原谱第287页）。

7. 第十七世荣文，第十八世金龙，居新加坡（原谱第288、289页）。

十二、周士堂二房十二世义公世系

1. 第十七世乙乾，第十八世福长、炳福、荣辉、福海，第十九世松坚，第二十世恩琪，居新加坡（原谱第293页）。

2. 第十六世水赶，第十七世才荣、才成、开路，第十八世友宝，居新加坡（原谱第294页）。

十三、周士堂五房十二世恭公世系

1. 第十六世三伍，第十七世狗种，第十八世合寿、兴顺、兴福，第十九世章文、章禄、章荣、章德、保兴、阿才、加发，第二十世庆源，居新加坡（原谱第303页）。

十四、周士堂八房十二世八公五美堂世系

1. 第十七世，水花、长裕、进成、进发，居新加坡（原谱第317页）。

十五、五美堂二房新公世系

1. 第十七世成海、成春、成章、成元，第十八世家平、家安、家兴、家金、加添、勇福，第十九世财桂、财吉、财文、财明、财亮、财荣、财坤、亚龙、细龙、阿孙、金钟、金清，第二十世明英、子祥、子为，居新

加坡（原谱第 321 页）。

2. 第十六世福明、福治，第十七世财生、财保、良孝、良义、才恋、才锦、锦祥，第十八世加发、金春、聪元，居新加坡（原谱第 322 页）。

3. 第十七世，财生、财保、锦祥，第十八世，保福、荣洲、荣丰、国基，第十九世，培荣、培华，居新加坡（原谱第 323 页）。

十六、五美堂三房便公世系

1. 第十八世，文英，居安南（越南）（原谱第 327 页）。

2. 第十七世，佛生，居新加坡（原谱第 328 页）。

3. 第十九世，九兜，居新加坡（原谱第 330 页）。

4. 第十七世先宝，第十八世良才，第十九世振魁、振期，居新加坡（原谱第 331 页）。

5. 第十七世耀枝，第十八世财德，居新加坡（原谱第 332 页）。

6. 第十七世，瑞班，居新加坡（原谱第 333 页）。

7. 第十七世乌琏，第十八世金安、金福、金成、金宝，居新加坡（原谱第 334 页）。

8. 第十九世忠忠、德山、财隆、伟和、德海，第二十世志坚、志坤，居新加坡（原谱第 336 页）。

9. 第十八世乌奎，居新加坡（原谱第 337 页）。

10. 第十八世汝霖，第十九世福顺、福裕，居新加坡（原谱第 339 页）。

十七、五美堂四房倩公世系

1. 第十七世水狮、文焕，第十八世芳来、来顺、成发，十九世泗达，居新加坡（原谱第 345 页）。

2. 第十九世碧通、碧坤、碧祥、碧端、碧裕、碧龙、碧南、碧金、碧民、碧坚、过车、碧辉、碧安、灼坤、碧仁，第二十世凯特、勇杰、勇全、勇成、勇宏、涌铭、勇锡、勇强，居新加坡（原谱第 346 页）。

3. 第十五世清香，第十七世保喜、阙名，居新加坡（原谱第 347 页）。

十八、五美堂五房再公世系

1. 第十七世静元、福裕，第十八世赤陛、水木、兴木、成木、金木、顺木、源木、添木、巧木，第十九世振辉、育辉，第二十世俊鹏、俊华、俊铭、俊炎，居新加坡（原谱第 352 页）。

2. 第十六世福连、福汝、清江、清登，第十七世两发、牛屎、武兴，第十八世瑞元、瑞通、瑞方、寸金，居新加坡（原谱第 359 页）。

3. 第十六世清江、清登，居新加坡（原谱第 360 页）。

十九、质直公三房五世彦泰公世系

1. 第十五世月平，居新加坡（原谱第 364 页）。

2. 第十四世佛赐、成水，第十五世石荣、明祥、阴隆，第十六世瑞章、瑞瑶、瑞昆，居新加坡（原谱第 365 页）。

二十、德宣公四房朴直公世系（永锡堂）

1. 第十七世连福，居新加坡（原谱第 373 页）。

2. 第十六世秋阳，第十七世金泰，第十八世顺才、顺发、竖佑、呗兴，第十九世思韵、思美、思莉，居新加坡（原谱第 375 页）。

二十一、前坑洞大祖四房朴直公世系

1. 第十九世金顺，第二十世天武、建成、天宝，第二十一世碧华、碧蓉、阿国、阿龙、阿祥、宝儿，居新加坡（原谱第 383 页）。

二十二、下湖村五祀堂大祖五房质勤公世系

1. 第十七世镇海之子（佚名）、第十八世荣水之子（佚名）、第十九世亚和之子（佚名）、第二十世天池之子（佚名）、天元之子（佚名），天成，居新加坡（原谱第 388 页）。

2. 第十八世宗德、水德，第十九世金山、福仔，居新加坡（原谱第 389 页）。

3. 第十九世保太、保文、承旋、树芳，居新加坡（原谱第 390 页）。

4. 第十八世金额、金门，第十九世亚波、源成，居新加坡（原谱第 391 页）。

5. 第十四世猛，第十五世藏，第十六世以暖，第十七世亚县，居新加坡（原谱第 396 页）。

二十三、德宣公六房质俭公世系

1. 第十八世各发、贵荣，第十九世鸿安、吉太、长文、长成、长发、耀坤，第二十世明光、明才、琴光、胜光、胜全，居新加坡（原谱第403页）。

2. 第十七世居德，第十八世丹桂、丹盈、美南、寿南，第十九世大明、大元、忠安、鸿安、忠录、贵顺、贵荣、吉宁，第二十世家盛、家发、财丁、永盛、毓麟、石补、石辉、石端、明财、明光、清泉，第二十一世宗武、建生、双喜、双定、懋融，居新加坡（原谱第404页）。

3. 第十七世珠池，第十八世鸿芬、石头、朝安，第十九世福元、福文、福龙，居新加坡（原谱第405页）。

4. 第十九世义发，第二十世裕福，居新加坡。第二十世福文，马来西亚（原谱第407页）。

二十四、追远堂大房大义公世系

1. 第十三世端，居新加坡，传数世、有教文兄弟，如四书、四仁、发祥、友发、福山、福金、金山、教全、教听，第十五世清海、清湖，居新加坡（原谱第426页）。

2. 第十九世福元、梅枝、亚发，第二十世加兴、国威、芷金、权斌，居新加坡（原谱第427页）。

3. 第十六世妈听、蚜，第十八世五成，第十九世培福、培忠、培顺、培泉、培华，第二十世天龙、永汉、金明、金耀、金陵、金盛，居新加坡（原谱第429页）。

4. 第十六世清标，第十九世教育、兆祥、来安，居新加坡（原谱第430页）。

5. 第十八世清江、庆保，第十九世教文、教坤、教川、教宗、教聪，居新加坡（原谱第432页）。

6. 第十七世顺风、金盾、石成，第十八世永山、水山、金山、福金，第十九世友发、友祥、友兴、泗喜、亚本、泗仁、文义、文卓、文安，第二十世新罗、通贵，居新加坡（原谱第433页）。

7. 第十八世金太，居新加坡（原谱第434页）。

8. 第十九世进光，第二十世其来、其福，居新加坡（原谱第436页）。

9、旧谱记述迁叻还有：有成、国武、金田、和顺（原谱第494页）。

二十五、大义公十二世凤公世系

1. 第十七世小水、尾水，十八世成茂、成章、成国、和发、亚笠、红孙，第十九世金义、金孝、金武、光辉、国武、国文，第二十世政豪、政杰、政诗、淑群、淑辉、添福、添顺、添泉、添如、添耀，居新加坡（原谱第442页）。

二十六、大义公七世井公世系

1. 第十七世，刊和、妈葵，居新加坡（原谱第455页）。

二十七、《追远堂》二房大举公世系

1. 第十八世清成、进免、花筐、好仔，第十九世财桂、良孝、良兴、良福、亚加、添贵、庆东、吉宁、亚理、甲里，第二十世进喜、福春、福生、福山、福海、福华、秀风、亚发、亚弟、亚添、亚莱、连福、连通、连目、连安，第二十一世文中、文吉、文珍、文发、瑞明、亚明，居新加坡（原谱第459页）。

二十八、《追远堂》三房大成公世系

1. 第十七世乌番，第十八世家发、仁发、成发、顺发，第十九世来福，居新加坡（原谱第463页）。

2. 第十九世，粪种、嘟仔，居新加坡（原谱第464页）。

3. 第十七世，春木、元宝，居新加坡（原谱第465页）。

4. 第十八世瑞华、艳山，第十九世义发，第二十世保成、保泉，居新加坡（原谱第466页）。

二十九、大成公十一世福达公下股世系

1. 第十六世记福，第十八世锦荣、添丁，第十九世友兴、友福、友平、友祥，居新加坡（原谱第469页）。

2. 第十六世德胜，第十七世扶阳、和木、和东、玉保、玉桂，居新加

坡（原谱第 470 页）。

3. 第十八世，松福，居新加坡（原谱第 472 页）。

17

漳州《前何乡志》

何氏由“韩”分衍，源于姬，是周成王同母弟唐叔虞的后裔。始祖韩瑊公逃难于卢江一地繁衍子孙，改姓为“何”。至唐，嗣韩公随陈政入闽平乱，定居惠安县城，为何氏入闽始祖。传至后裔子孙思慎公迁居靖和，为靖和（前何）肇基始祖。

东山《前何乡志》，1997 年修订，总页数 395 页。所记谱系流派唐入闽开漳何嗣韩派系南溪官浔支系·前何思慎支脉，所载世系从一世到二十八世。

迁居南洋记录

一、碧嵩堂

1. 第十八世，加指，居新加坡（原谱第 147 页）。
2. 第十八世，和尚，十九世甘乐，居新加坡（原谱第 149 页）。

二、寿嵩堂派下

1. 第十八世，细番（居缅甸）、亚九（居新加坡）（原谱第 155 页）。
2. 第十八世，文玉、文川，居新加坡（原谱第 158 页）。

三、总大二房天荫公派下移居陈岱大块园派下

1. 第十七世，成龙、庆龙，居新加坡（原谱第 162 页）。
2. 第十九世，细叶、加才，居新加坡（原谱第 165 页）。

四、西园房（思成堂）上五股派下

1. 第二十世，瑞春，居新加坡（原谱第169页）。
2. 第十八世，亚撤、玉顺，居新加坡（原谱第172页）。
3. 第十八世，细乌、大乌，居新加坡（原谱第174页）。

五、下五股派下

1. 第十九世，汉福，居新加坡（原谱第176页）。
2. 第十九世，江魁，居新加坡（原谱第177页）。
3. 第十九世，思明，居新加坡（原谱第178页）。
4. 第十八世，武奇，十九世清泉，居新加坡（原谱第182页）。
5. 第十七世，相林，居新加坡（原谱第184页）。
6. 第十九世，番来，居新加坡（原谱第185页）。
7. 第十八世，兴隆，十九世炳钦、炳祥，居新加坡（原谱第187页）。
8. 第十七世，小甲，居新加坡（原谱第191页）。
9. 第十七世，文池，居新加坡（原谱第192页）。

六、报本堂

1. 第十六世，玉吓，居新加坡（原谱第195页）。
2. 第十七世，阿软、乌噜苏，居新加坡（原谱第196页）。

七、明通公属下

1. 第十六世，友成，居新加坡（原谱第200页）。
2. 第十七世，亚任、彩发，十八世国昌、国华、国麟，居新加坡（原谱第201页）。
3. 第十八世，亚弟，居新加坡（原谱第204页）。
4. 第十七世，麻奇、辉玉，居新加坡（原谱第205页）。
5. 第十六世，北山、加发，居新加坡（原谱第207页）。
6. 第十七世，新溪，居新加坡（原谱第213页）。
7. 第十六世，秀卿，居新加坡（原谱第214页）。

八、昭庆堂派下永思堂

1. 第十六世，贼吓，第十七世，荣春、荣光、荣德、荣桂、荣发，居新加坡（原谱第 222 页）。

九、孝思堂

1. 第十七世，龙顺、亚龙，居新加坡（原谱第 230 页）。
2. 第十六世，嗄笑，居新加坡（原谱第 232 页）。
3. 第十六世，水厅，十七世武奇，居新加坡（原谱第 233 页）。
4. 第十七世，桂芳，居新加坡（原谱第 234 页）。
5. 第十七世，锦祥，居新加坡（原谱第 238 页）。
6. 第十六世，赞喜，居新加坡（原谱第 239 页）。
7. 第十七世，大保，十八世宝正、宝玉，居新加坡（原谱第 241 页）。
8. 第十七世，再添、再富，居新加坡（原谱第 243 页）。
9. 第十五世，水梨，十六世瑞金，居新加坡（原谱第 245 页）。
10. 第十七世，香梅，十八世克顺，居新加坡（原谱第 249 页）。
11. 第十七世，玉生，居新加坡（原谱第 250 页）。
12. 第十七世，和尚头、丑仔、石榴（南洋）（原谱第 255 页）。
13. 第十六世，李春，居新加坡（原谱第 256 页）。
14. 第十五世，各来，居新加坡（原谱第 257 页）。

十、桥尾大房（光启堂）派下

1. 第十六世，天春，居新加坡（原谱第 259 页）。
2. 第十七世，碧玉、牡丹，居新加坡（原谱第 260 页）。
3. 第十六世，武花、开花，居新加坡（原谱第 264 页）。
4. 第十七世，良花，居新加坡（原谱第 266 页）。
5. 第十七世，金笔、昌龙、保坤、保顺，十八世成来，居新加坡（原谱第 267 页）。
6. 第十六世，火旺公，十七世祥美、祥坤、媳明，居新加坡（原谱第 269 页）。

十一、二房派系

1. 第十六世，进福、土仔、卉仔，第十七世，大盼、国发、亚原、细盼，第十八世，成保，居新加坡（原谱第274页）。

十二、三房派下

1. 第十八世，良生，居新加坡（原谱第275页）。
2. 第十八世，亚宝，居新加坡（原谱第279页）。
3. 第十八世，桂美，居新加坡（原谱第282页）。

十四、余庆堂

1. 第十六世，清保、保花、金魁，居新加坡（原谱第290页）。
2. 第十五世，荣辉，第十六世，平扁，居新加坡（原谱第291页）。

十五、启后堂派系

1. 第十六世，马九，居新加坡（原谱第293页）。
2. 第十六世，隆仔，居新加坡（原谱第294页）。
3. 第十六世，桂春，居新加坡（原谱第297页）。
4. 第十七世，文□、文□、文□，居新加坡（原谱第299页）。

十六、迁居新加坡宗裔285名

何香梅、何宝玉、何辉玉、朱赛银、何成来、何友成、朱玉兰、何亚惠、王秀叶、林瑞娇、何赛银、王亚鲍、何保容、林秀珍、何金相、方锦仔、林亚金、何分水、张塘仔、孙乌糖、何进宝、何金魁、李秋花、何细三、何福来、张玉珍、何桂美、朱秀凤、李秀卿、何饭佛、何顺各、吴赛花、彭口仔、林乌仔、何阿莲、沈后岭、林八来、林别仔、张瑞兰、高　杰、沈玉花、何荣辉、何爱福、何白枫、何三仔、卓何妹、沈　月、何破皮、林瑞香、朱色玉、孙经花、朱瑞杏、何再池、何赤仑、孙南山、林宝妹、李素兰、何进加、陈月兰、何桂芳、何宝剑、林赛云、李香梅、朱应路、陈大长、何莲花、高赛金、陈亚萍、吴翠宝、何荣桂、何亚宝、李月英、许瑞金、张赛容、何调桂、高瑞花、何瑞春、吴春桃、沈玉娥、林番花、吴桂凤、朱　然、吴石梅、何才德、何玉顺、何汉福、何保茶、李秀娇、何贵林、朱洪采、何振发、林保兰、何碧珠、何桂兰、李美玉、李美花、黄　岗、何玉藤、何武其、孙巧娇、何国太、孙成勇、何江魁、何亚发、何锦祥、高月虾、沈赛花、何亚桃、何加福、何木兴、蔡冬茶、何思明、何家发、何荣金、何朝鑫、何加指、何贼哧、何金彩、何亚弟、何亚龙、何亚顺、何平顺、何地福、何亮发、何克祖、何图春、何清泉、何来顺、何铁水、何清福、何连成、何楚木、何批永、何软金、何珠其、何隆顺、何美英、何义保、何文凤、何亚才、何占春、何树林、何俗金、何顺来、何文福、何戊己、何冬菊、何福庆、何明月、何壬癸、何成宝、何天贵、何亚奎、何里吓、何宝莲、何元福、何赛容、何来桂、何耀光、何满溪、何合宽、何来福、何春福、何德隆、何水福、何宝隆、何保梨、何祥坤、何美春、何相林、何振邦、何番来、何荣昌、何玉香、何玉珠、何碧珠、何卉仔、何祥美、何春吓、何白浮、何荣结、何玉英、何珍燕、何宝珍、何锦文、何素娥、何秀桂、何英桃、何文吉、何文德、何月珠、何土仔、何天佑、何员目、何文隆、何添福、何亚珍、阿来顺、何兴隆、何炳祥、何兴南、何建芳、何成保、何亚原、何炳钦、江桂珠、吴宝如、林明月、何进福、沈月霞、吴翠玉、林亚龙、何大盼、杨益花、李过渡、汪金月、李亚惜、沈月娇、林亚花、王亚香、张亚菊、曾添泰、林牡丹、林清秀、林幼治、陈桂燕、杨宝圆、陈文良、林香仪、李登吓、林亚坪、陈源辉、朱素藤、廖爱治、林秋华、陈俊荣、翁世利、黄瑞香、汪亚娇、曾添飞、沈亚符、陈华生、余顺宝、林春华、何国发、何如玉、何龙成、何家和、何金福、何金狮、何木海、何亮福、何如娥、何文宝、何文通、何南山、何献忠、何德荣、何惜来、何梅花、何金枝、何亚莲、何保发、何克莲、王美珠、何亚光、何淑丝、何美娥、何桃春、黄亚树、蔡明福、陈悦强、曾莲枝、朱福林、吴彩琴、张瑞娥、王财生、陈梦茵、王连福、王源顺、孙家荣、姚荣坚、朱国萍、陈天和、黄亚柑（原谱第 109～111 页）

18

漳州《沈氏宗谱》

周文王第十子聃季公是沈氏始祖。发源于黄河流域，汉时移播江南吴兴，传至三十二世祖荣昌公子孙繁盛。唐河南固始沈氏四十八世勇公随陈政入闽，于漳州建府。宋六十六始祖太乙郎廷辅公徙居福建清流嵩溪，生八子，次子二郎楸公独往漳州，后徙诏安，为诏安沈氏开基始祖。越四世，八郎穆公举四子，开观音山祖，东沈祖，岐头祖，桔林祖四大房。四房桔林祖衍明、仁、春、德四户。仁房次男仕渡祖之孙东屿公等五兄弟于明永乐年间相继往五都开基东沈村，分仁、义、礼、智、信五房。

诏安《沈氏宗谱》，2005 年修订，全书分一册，总页数 285 页。谱系流派为唐开漳名将沈世纪派下·诏安梅山楸公支系·梅塘公支脉。所载世系从一世到三十二世。

迁居南洋记录

一、菜公房五代同堂世系

1. 第二十四世，榜，居新加坡（原谱第 141 页）。

2. 长房大房九家内（顶间）：第二十七世，春同，居新加坡（原谱第 142 页）。

第二十八世，兴火，居新加坡（原谱第 142 页）。第二十八世，纪修、纪玉，第二十九世，振喜，居新加坡（原谱第 143 页）。

3. 次房世系：第二十八世，送来，居新加坡（原谱第 151 页）。第二十九世，水福、添福，居新加坡（原谱第 151 页）。

4. 长房次房（五家内）第二十八世，龙顺、龙船，居新加坡（原谱第 145 页）。

第二十九世，福喜、金福、开花，居新加坡（原谱第 145 页）。

5.（三家内）：二石第六世二房（佚名）。第二十七世，鸡清，居新加坡（原谱第 146 页）。

6. 敬爱堂第二十七世，耳油、亚来。第二十八世，开泰，居新加坡（原谱第 150 页）。

7. 次房世第八世，送来。第二十九世，永福、添福、居新加坡（原谱第 151 页）。

二、仁公（东屿）朴直祖过井房东股世系

1. 第二十八世，火顺，居新加坡（原谱第 154 页）。

2. 西股世系：第二十九世，瑞吉，居新加坡（原谱第 162 页）。第二十九世，保定，居新加坡（原谱第 163 页）。

3. 顶股世系：第二十七世，福仔。第二十八世，递高。第二十九世，坤祥，居新加坡（原谱第 166 页）。

4. 蒙屿房世系：第二十九世，振安、振和。第三十世，宝坤，居新加坡（原谱第 168 页）。

三、仁公（东屿）智慧祖老妈房世系

1. 第二十九世，荣发。第三十世，海南、亚弟，居新加坡（原谱第 172 页）。

2. 第二十八世，保钱，居新加坡（原谱第 173 页）。第二十九世，荣忠。第三十世，明福、明祥、明哲，居新加坡（原谱第 174 页）。

3. 第二十八世，先春、先吉、先发。第二十九世，亚憨、亚山、进喜。第三十世，锦玉、锦坤、锦宗、青麟，居新加坡（原谱第 175 页）。

4. 第二十八世，保安、保来，居新加坡（原谱第 180 页）。

5.（西角妈）世系：第二十七世，日发，居新加坡（原谱第 181 页）。

第二十六世，水春，居新加坡（原谱第 182 页）。第二十六世，顺枝，居新加坡（原谱第 183 页）。

四、仁公（东屿）智慧祖老公房世系

1. 第二十八世，春木、发仔、菊花。第二十九世，金顺、金鼓、加

顺。第三十世，玉叶、各吓，居新加坡（原谱第188页）。

2. 第二十八世，九王，居新加坡（原谱第190页）。

3. 第二十九世，清发，居新加坡（原谱第196页）。

五、仁公（东屿）信义祖东埕房世系

第二十八世，雁堂、雁福、雁贵、雁宝，居马来西亚（原谱第200页）。

六、仁公（东屿）笃严祖南头房世系

1. 第二十六世，福文，居新加坡（原谱第203页）。

2. 第二十六世，瑞德，居新加坡（原谱第204页）。

七、礼公（福场）秀峰祖前坑洞（国照公）大房世系

1. 第三十世，丁魁，居新加坡（原谱第206页）。

2. 二房世系：第二十九世，成家，居新加坡（原谱第209页）。

八、智公（东皋）竹林祖（下厝）世系

1. 第二十九世，裕宝。

第三十世，明松、明金、明水、金海，居新加坡（原谱第214页）。

2. 第二十八世，木荣，居新加坡（原谱第215页）。

3. 第二十九世，明玉，居新加坡（原谱第217页）。

4. 第二十九世，保发。

第三十一世，成俊、成贤、成坤、成韡、成智，居新加坡（原谱第221页）。

九、梅塘祖嫡系（第二十八至三十三世）东沈世系

1. 第二十九世，成木，居新加坡（原谱第230页）。

2. 第二十九世，成木，居新加坡（原谱第231页）。

十、智公（东皋）经直祖（顶房）长房下间世系

1. 第二十八世，龙友，居新加坡（原谱第245页）。

2. 次房顶间世系：第二十六世，茂周。

第二十七世，清泉、富国。

第二十八世，永明、永和、永生、永山、永忠、永光，居新加坡（原谱第 246 页）。

第二十六世，逢花，居新加坡（原谱第 247 页）。

3.（顶房）世系（二）：第二十七世，荣禄，居新加坡（原谱第 250 页）。

19

漳州《铜山林氏敦本堂宗谱》

铜山林氏敦本堂启自林氏入闽始祖晋安郡王禄公，太史祖为晋安林氏十七世的湖南邵州刺史蕴公的裔孙子敬公。始祖为则善公，于明洪武二十五年奉旨镇守铜山水寨，并安居铜山。此后，铜山林氏枝荣叶盛，源远流长。后裔子孙衍派世系，如十一世祖，在林氏家庙周围建宅定居，衍顶街林世系等等。

《铜山林氏敦本堂宗谱》，2004 年修订，总页数 146 页。所记谱系流派：黄石林氏衍派·则善公支派，所载世系从一世到二十六世。

迁居南洋记录

一、顶街林世系

1. 第十六世，番芝及子埔，居菲律宾（原谱第 26、100 页）。

二、长房澳角林世系

1. 第二十世，可喜，居新加坡（原谱第 39 页）。

三、华表林世系

1. 第十八世，峓，居南洋（原谱第 56 页）。

2. 第十七世，顺安及子锦龙、国琨、女丽明，居新加坡、马来西亚（原谱第 59、121 页）。

3. 第十九世，振文与子崇瑜、起英、起龙、女金兰、玉雪、玉枝、育枝、玉华，居印尼（原谱第 64、123 页）。

4. 三房（云霄林）第二十一世，振兴与子建巡、建魁，居马来西亚

（原谱第 73 页）。

5. 四房第十八世，开益，居南洋（原谱第 83 页）。

四、打银街林世系

1. 第十八世，开益，居南洋（原谱第 89 页）。

五、顶街林、池尾井林

1. 第十七世，畚箕之三子（佚名），居印尼（原谱第 124 页）。
2. 第十八世，埔，道明，居菲律宾（原谱第 100 页）。

20

漳州《梧龙林氏族谱》

漳州东山梧龙林氏源自西河，派出下邳，绵于闽邦。一世祖林坚生于公元前1119年，直系传至四十七世晋安郡王公，公元325年入闽。晋安公林禄入闽称一世，直系传至十六世披公生十七世九子皆州郡刺史，称为九牧祖。南宋时期，传至三十二世，致政公建基诏林，为诏林一世祖。传至第七世开三宗，长房开基港西，次房开基岱南，三房开基梧龙。三宗皆拓展繁衍。

《梧龙林氏族谱》，1995年修订，全书分一册，总页数195页。所记谱系流派为晋安林·唐九牧八迈公派系·南诏致政支系·东山三宗林支脉。所载世系从三世到二十四世。

迁居南洋记录

一、存诚堂十世洪琳公住西埔世系

1. 第十六世，高老，居新加坡（原谱第92页）。
2. 第十六世，鸡桷，第十七世，红仔，居新加坡（原谱第93页）。

二、西学存孝堂十二世允辉公世系

1. 第十五世，春泰、春安，第十九世，永茂，居新加坡（原谱第96页）。
2. 第十七世，水番、水结、水宝，居新加坡（原谱第97页）。

三、西学存义堂十二世东阳公世系

1. 第十八世，安保、安玉、清成、清结，居新加坡（原谱第98页）。

四、存心堂十世克新公世系

1. 第十七世，加来，居新加坡（原谱第100页）。

2. 第十六世，木桂，居新加坡（原谱第103页）。

五、大学存著堂十世鍮生公世系

1. 第十六世，步云，居新加坡（原谱第104页）。

六、思敬堂之光惠堂十六世正直公世系

1. 第二十二世，木香，居新加坡（原谱第107页）。

2. 第二十世，桃春，居新加坡（原谱第108页）。

七、十六世廉直公世系

1. 第二十一世，保陆、泰仔，居新加坡（原谱第109页）。

2. 第二十一世，顺龙，第二十二世，青潞、喜春，居新加坡（原谱第110页）。

3. 第十九世，双桂，居新加坡（原谱第112页）。

4. 第十六世刚直公世系：第十九世，卖仔、黄兴、保烫，居新加坡（原谱第117页）。

八、思敬堂之光德堂十六世饶鲲公世系

1. 第二十世，塞母、番慈，居新加坡（原谱第119页）。

2. 第十八世，火山，第二十世，布袋，居新加坡（原谱第120页）。

3. 第十六世庄威公、镜鹏公世系：第十九世，春贵、春福、亚妹，居泰国。第十九世，严川，第二十世，红九，居新加坡（原谱第121页）。

九、思敬堂之光远堂十六世启晨公世系

1. 第二十世，亚扩、亚崆、乌仔，居新加坡（原谱第122页）。

十、思敬堂之光裕堂十六世奉直公世系

1. 第十九世，玉高，居新加坡（原谱第123页）。

十一、思敬堂十六世程鹏公、伟鹏公世系

1. 第二十世，火天，二十一世，永明，居新加坡（原谱第 129 页）。

十二、余庆堂十五世桂哲公移继白埕（白埕订为十二世）

1. 第十八世，朝保，居新加坡（原谱第 135 页）。
2. 第十五世，成茂，第十六世，逢结，居新加坡（原谱第 136 页）。

十三、十六世焱大公世系

1. 第二十世，福生，居新加坡（原谱第 138 页）。

十四、余庆堂之永思堂十六世永仁公世系

1. 第十九世，加春，居新加坡（原谱第 141 页）。

十五、（余庆堂）十六世德代公世系

1. 第十八世，老提，居新加坡（原谱第 142 页）。
2. 第十六世，鉴伍公、辉六公世系：第十八世，亚矮，居新加坡（原谱第 143 页）。
3. 第十六世三胤公世系：第十九世，金德，第二十一世，喜成、喜春、喜连、喜平、喜添、喜财，居新加坡（原谱第 144 页）。
4. 第十九世，茂桂，居新加坡（原谱第 145 页）。

十六、大学承裕堂住探石十六世席珍公世系

1. 第十八世，田螺，居新加坡（原谱第 155 页）。

十七、十六世连三公世系

1. 第十九世，选信、选艺，居新加坡（原谱第 156 页）。

十八、大学十六世岚刚公、岚静公、岚宁公、明泉公、秀泉公、利泉公、清泉公世系

1. 第十八世，丁玉，居新加坡（原谱第 161 页）。

十九、大学思庆堂十六世定春公、火雕公、良水公世系

1. 第十七世，亚岖、仁同，居新加坡（原谱第162页）。

二十、十六世怀忠公、怀勇公世系

1. 第十八世，喜秋、再喜，居新加坡（原谱第163页）。

二十一、大学奕政堂十六世连鹤公、火亭公世系

1. 第十八世，大头，居新加坡（原谱第166页）。

二十二、二房公爱敬堂十世承尔公世系

1. 第十八世，亚，居新加坡（原谱第171页）。
2. 第十七世，平国，居新加坡（原谱第172页）。

二十三、四房诚享堂十世承期公世系

1. 第十七世，石康，居新加坡（原谱第178页）。

二十四、四房十世承域公世系

1. 第十七世，亚枝，居新加坡（原谱第182页）。

二十五、晋大世德堂十世开伯公世系

1. 第十九世，福茂，居新加坡（原谱第185页）。
2. 第十九世，维仔，第二十世，自安、自成、成春、成福、成龙、成元，居新加坡（原谱第186页）。
3. 第十七世，君成，第二十世，双义、双安、双聘、炎明，居新加坡（原谱第187页）。

二十六、晋五敬时堂十二世水布公世系

1. 第十七世，火桃、水钱、国忠，居新加坡（原谱第191页）。

二十七、漳耀公由广东衍来漳浦村

1. 第十六世，进春，居新加坡（原谱第192页）。

21

漳州《碧溪杨氏家谱》

杨氏起源于周朝分封诸侯之国名，因封于杨，以邑为姓。唐统公自光州固始县随陈政戍闽，为讨伐叛乱，战死沙场，被封靖节将军，子孙世系，为杨氏入闽开漳始祖，定居于霞城永宁桂林村芝山之东北隅。裔孙后因乱迁居。传至宋朝年间，仕休公回漳肇基淘洋，繁衍后代。后耸汉公迁居碧溪，为碧溪始祖。

《碧溪杨氏家谱》，乾隆三十五年（1770年）修订。版本类别皆为复印件，手抄本。旧谱分四册，所记谱系流派为耸汉派，所载世系从一世到二十八世。

迁居南洋记录

《碧溪杨氏家谱（第三册）》

1. 第二十三世，答巧长子卒于番邦，旦巧次子葬于番邦（原谱第26页）。

2. 第二十三世，朱胤坎三子葬番邦、秋胤坎四子葬番邦（原谱第29页）。

3. 第二十三世，文赐庆昌子卒于番邦、鞍铨子卒于番邦（原谱第33～34页）。

4. 第二十四世，正仕鳞长子葬番邦（原谱第39页）。

5. 第二十四世，榔良三子葬番邦（原谱第41页）。

6. 第二十四世，福谐四子葬番邦（原谱第43页）。

7. 第二十四世，暹文炜次子卒于番邦（原谱第45页）。

8. 第二十四世，巍佣次子卒于番邦（原谱第48页）。

9. 第二十四世，审文巧长子葬番邦（原谱第 50 页）。

10. 第二十四世，阑鞍之子卒于番邦（原谱第 51 页）。

11. 第二十五世，荐有长子卒于番邦，盾有三子卒于番邦、番有四子卒于番邦（原谱第 60～61 页）。

12. 第二十五世，灿邦梁长子葬番邦，壮志之子葬番邦（原谱第 62 页）。

13. 第二十五世，石崇长子、启崇次子卒于番邦（原谱第 63 页）。

14. 第二十五世，踏元次子卒于番邦（原谱第 64 页）。

15. 第二十六世，追运长子卒番邦、旺督子葬番邦（原谱第 71 页）。

16. 第二十六世，畅言长子，卒番邦（原谱第 74 页）。

22

漳州《安山康氏渊源》

康氏，源于西周卫国始祖康叔，为周武王姬发的同母幼弟。康氏入闽始祖为子元公，唐开元在闽隐居。其子仲景徙居兴化（今莆田），是福建莆田康氏开基祖。北宋初，康氏有人开始徙居福建。明代江西泰和、昏暗邵阳、广东顺德等地均有康姓人物载入史册。从清代开始，闽粤康氏陆续有人迁到台港，后又有移居海外者。安山康氏始祖为中德公，避难到此，开疆劈地，枝繁叶茂，聚族六百余载，延宗二十四世，命名安山。

《安山康氏渊源》，主编康毅能，2005 年修订，全书分一册，总页数 322 页。所记谱系流派为康厝林派系·安山康中德支系，所载世系从一世到二十四世。

迁居南洋记录

1. 第二十世，麟吉、麟玉，迁印尼（原谱第 79 页）。
2. 第二十世，茂山、燕城，迁印尼（原谱第 80 页）。
3. 第二十世，模坤、华新，迁印尼（原谱第 81 页）。
4. 第二十世，华北、华建，迁印尼（原谱第 82 页）。
5. 第十九世，开海，迁印尼（原谱第 81 页）。
6. 第十七世，源财、第十八世，崇辉、崇明、崇山，迁印尼（原谱第 107 页）。
7. 第十七世，福财、福全，迁印尼（原谱第 108 页）。
8. 第十八世，文赏，迁印尼（原谱第 112 页）。
9. 第十八世，雄鸡，迁印尼（原谱第 113 页）。
10. 第十八世，古树，迁印尼（原谱第 115 页）。
11. 第十九世，振福，迁新加坡（原谱第 115 页）。

12. 第十七世，荣茂，迁印尼，子重明、成良、重顺、重祥、重兴、重仁，居印尼（原谱第 172 页）。

13. 第十八世，水蛟，第十九世，良全、良海，迁印尼（原谱第 229 页）

14. 第十八世，水龙，第十九世，良保、良芳、良庆、良才、良福、素英等人迁印尼（原谱第 230 页）。

15. 第十九世，关伟、汉伟、江荣，迁印尼（原谱第 231 页）。

16. 第十八世，江明，迁缅甸（原谱第 259 页）。

17. 第十九世，永仁，迁印尼（原谱第 264 页）。

18. 第十九世，敏笔、锦定，居菲律宾（原谱第 282 页）。

19. 第十九世，明，第十九世，忠、川，第二十世，胜利、老朗等人，迁菲律宾（原谱第 283 页）。

20. 第十八世，新智、第十九世，财，迁菲律宾（原谱第 284 页）。

21. 第十八世，和西、藤，第十九世，有成，迁菲律宾（原谱第 285 页）。

22. 第十八世，三房迁菲律宾（原谱第 286 页）。

23. 第十八世，重坤、第十九世，怡礼、怡寿，迁菲律宾（原谱第 290 页）。

24. 第十九世，怡德、怡谢，迁菲律宾（原谱第 291 页）。

25. 第二十一世，平源、平福，迁印尼（原谱第 295 页）。

26. 第二十一世，秀莲、莲叶、莲枝、莲美、莲花等人，迁印尼（原谱第 295 页）。

27. 第二十世，永春、二十一世，有来、有才，迁巨港（原谱第 306 页）。

28. 康寿彬、康顺发、康建基、康花亭、康庚申、康泉、康大麦、康松根、康忠信、康忠顺，居巨港（原谱第 16～18 页）。

23

漳州《白石杨氏家谱》

唐统公自光州固始县随陈政戍闽，为讨伐叛乱，战死沙场，被封靖节将军，子孙世系，为杨氏入闽开漳始祖。传至宋朝年间，仕休公回漳肇基淘洋，繁衍后代。后耸汉公迁居碧溪，为碧溪始祖。传至碧溪十五世裔孙巡使公为白石杨氏开基始祖。

龙海《白石杨氏家谱》，全书分四册。版本年代为明隆庆修，康熙续，道光二十八年（1848年）重修。版本类别为复印件，手抄本。总页数679页。谱系流派为唐入闽杨统派·碧溪支系·白石支脉。所载世系从一世到二十世。

迁居南洋记录

1. 第十二世，腾里，字若蛟，葬吕宋，娶林氏，子一盛（原谱第376页）。

2. 第十五世，茂，字文盛，生康熙癸酉（1693年），卒雍正庚戌（1730年），葬吕宋，娶林氏，子二：赛、当（原谱第410页）。

3. 第十五世，绵，字文宗，生康熙丙子（1696年），卒雍正丁未（1727年），葬外夷，子明月（原谱第410页）。

4. 第十五世，騆，字文玉，生康熙丙戌（1706年），卒乾隆己丑（1769年），葬吕宋，子少林（原谱第411页）。

5. 第十五世，恰，字文和、士胜，生康熙庚戌（1670年），卒乾隆丙子（1756年），葬咬留吧，娶施氏卒塔边山，副室留氏，葬咬留巴，子三：苏、儒、振（原谱第423页）。

6. 第十五世，普，字文周，生康熙乙丑（1669年），卒乾隆戊午（1738年）葬外域，娶林氏，子腙。盼（1669—1726），字文右，葬外域，子郡、道、县（原谱第 424 页）。

7. 第十五世，绢，字文绣、绍举，生康熙癸巳（1713 年），卒乾隆己丑（1769 年），卒咬留吧，子离（原谱第 426 页）。

8. 第十五世，考（1668—1751），字文祀，葬外国，娶施氏，子四：王、足、唐、看（原谱第 427 页）。

9. 第十五世，骞，字文植、希闵，生康熙丙寅（1686 年），卒雍正庚戌（1730 年），葬外国，妻林氏，子寅、尊（原谱第 427 页）。

10. 第十五世，冉，字文球、若雍，生康熙甲戌（1694 年），卒乾隆戊午（1738 年），葬外国，妻徐氏、黄氏，侧室陈氏，子就、吧、涩、戚（原谱第 428 页）。

11. 第十六世，求，字克与、笃立，葬咬留吧，子孰（原谱第 430 页）。

12. 第十六世，芳，字克芬，梦鲂，葬吕宋，子瑞兴（原谱第 432 页）。

13. 第十六世，日，字克爱，号易甫，葬外国，妻蒋氏，子钟英、姜如（原谱第 932 页）。

14. 第十六世，灶，字克祀。时举，生康熙丙申、卒乾隆庚申，葬咬留吧，子蒯龙（原谱第 434 页）。

15. 第十六世，魏，字克焕，葬咬留吧，娶番女，子郡生（原谱第 436 页）。

16. 第十六世，粒，字克敦，葬咬留吧，娶未详（原谱第 436 页）。

17. 第十六世，渊，字克潜，秉光，葬咬留吧，子有山（原谱第 437 页）。

18. 第十六世，仑，字克源、国缵，葬三宝垄，妻郭氏，子庆（原谱第 442 页）。

19. 第十六世，旋，字克周、仁，号源伯，生康熙乙丑（1685 年），卒乾隆庚申（1740 年），葬咬留吧，娶陈氏，子琏、体、崇德（原谱第 444 页）。

20. 第十六世，才，字克全。简世，葬吕宋，娶刘氏，子底州、福星。

21. 第十六世，彩，字克文。祥，葬三宝垄，妻黄氏，子魏郎（原谱第 445 页）。

22. 第十六世，耸，字克援、日高，号逊峰，生康熙丙戌（1706 年），卒乾隆癸酉（1753 年），葬咬留吧，妻林氏，子光艺（原谱第 446 页）。

23. 第十六世，焕，字克伟，生康熙戊寅（1698 年），卒乾隆庚申（1740 年），葬三宝垄，子种（原谱第 447 页）。

24. 第十六世，管，字克仲、发驹，号次英，生康熙己巳（1689 年），卒乾隆乙丑（1745 年），葬咬留吧，娶范氏，子潭、培（原谱第 449 页）。

25. 第十六世，登秀，字宗盛，生康熙甲申（1704 年），卒乾隆辛酉（1781 年），葬三宝垄，子天海（原谱第 450 页）。

26. 第十六世，恩，字克伟、登瑞，生康熙癸未（1703 年），卒乾隆丙寅（1746 年），葬暹罗，娶连氏，子杖、宗泰（原谱第 451 页）。

27. 第十六世，宰，字克甫、赞圭，生康熙辛巳（1701 年），卒乾隆丁卯（1747 年）葬外国，娶施氏，子五：白、溪、皆、熙、洋（原谱第 453 页）。

28. 第十六世，质，字克股、秋圭，生康熙癸巳（1713 年），卒乾隆辛未（1751 年），葬三宝垄，娶郭氏、子简（原谱第 453 页）。

29. 第十六世，苏，字克眉、明德，生康熙乙亥（1695 年），卒雍正甲辰（1724 年），葬吕宋，娶黄氏，羡补（原谱第 456 页）。

30. 第十六世，慈，字克孝，葬外国，娶陈氏，子忍（原谱第 457 页）。

31. 第十六世，郡，字克守，住咬留吧（原谱第 457 页）。

32. 第十六世，县，字克治，葬外国（原谱第 458 页）。

33. 第十六世，豁，字克通，葬外国，娶黄氏，子四：眼、盾、君、剪（原谱第 458 页）。

34. 第十六世，看，字克观，生康熙乙未（1715 年），卒乾隆戊辰（1748 年），葬外国（原谱第 460 页）。

35. 第十六世，遵，字克凛。长循，生康熙甲午（1714 年），卒乾隆乙丑（1745 年），葬外国，子文斌（原谱第 460 页）。

36. 第十六世，潘，字克美，希炳，生乾隆庚申（1740 年），卒乾隆乙未（1745 年），葬咬留吧，子推水（原谱第 463 页）。

37. 第十六世，文越，字克及，住咬留吧（原谱第 464 页）。

38. 第十七世，胤，字世胄、成功，葬三宝垄，子到祖（原谱第 482

页）。

39. 第十七世，映，字世斗、成玉，葬三宝垄，子牛郎（原谱第 482 页）。

40. 第十七世，悦，字世怡、成美，葬三宝垄（原谱第 482 页）。

41. 第十七世，敬衷，讳怀，字世谷、德元，葬咬留吧，娶丁氏，子炉兴、文韬、武略（原谱第 485 页）。

42. 第十七世，葵，字世向、德亨、敬荣，葬咬留吧，娶郭氏，子友谅、联登（原谱第 485 页）。

43. 第十七世，信，字世诚、臧孚、允中，号怀溪葬咬留吧，子天富（原谱第 488 页）。

44. 第十七世，魏郎，字世盈、大中，葬巨港，娶陈氏，子东海（原谱第 489 页）。

45. 第十七世，听，字世聪、允文，葬暹罗，子传宗（原谱第 489 页）。

46. 第十七，睿，字世哲、有智，葬三宝垄，嗣孙六使（原谱第 489 页）。

47. 第十七世，好，字世爱、国泰、翼昌，葬暹罗，娶林氏，子光威、光翰（原谱第 491 页）。

48. 第十七世，振琦，讳大顺，字世安，葬暹罗，子良、改（原谱第 493 页）。

49. 第十七世，王富，字世贵、大有，葬安南，娶张氏，子仕生（原谱第 495 页）。

50. 第十七世，文宪，字世法、振贤，葬番邦（原谱第 497 页）。

51. 第十七世，炳，字世燿、著厚，葬咬留吧，子思振（原谱第 500 页）。

52. 第十七世，白，字世洁，葬番邦，娶施氏，子宗盛（原谱第 501 页）。

53. 第十七世，溪，字世清，葬番邦，娶林氏，子：守（原谱第 501 页）。

54. 第十七世，偕，字世举，葬番邦（原谱第 501 页）。

55. 第十七世，洋，字世璧，葬番邦（原谱第 501 页）。

56. 第十七世，咸，字世中、元登，葬安南（原谱第501页）。

57. 第十七世，登，字世联、元让，葬巨港（原谱第501页）。

58. 第十七世，亨，字世丰、贞嘉，葬番邦，娶郭氏、林氏，子宗兴、养、致、道（原谱第502页）。

59. 第十七世，聘，字世珍。贞三，葬巨港，娶丁氏，子猪、狗、全（原谱第503页）。

60. 第十七世，十一，字世起、贞进，葬巨港，娶郭氏，嗣子埭章（原谱第504页）。

61. 第十七世，略，字世韬。振谟，葬汶莱，娶黄氏，子应桃、应抛、应捷、应发（原谱第506页）。

62. 第十七世，市，字世壥，葬咬留吧，娶孙氏，子扁（原谱第512页）。

63. 第十七世，珍鞭，葬巨港（原谱第514页）。

64. 第十七世，文远，字世犹、元泰，葬吕宋，娶连氏，子藕水（原谱第514页）。

65. 第十七世，金声，字世振。元亨，葬番邦，娶丁氏，子曾水、章水（原谱第514页）。

66. 第十七世，石芳，字世芬，葬番邦，子圆（原谱第515页）。

67. 第十七世，诗礼，字世立。元登，别字敬夫，葬番邦，子松柏（原谱第517页）。

68. 第十七世，诗乐，字世成、元音、声五，葬番邦，娶陈氏，嗣子松鍊（原谱第517页）。

69. 第十七世，拳俊，字世膺、元德，葬吕宋港口，娶王氏，子松柏、松鍊、松智、松口、松株，侧室王氏，子松箩（原谱第517页）。

70. 第十七世，催水，字世范，葬吕宋港口，娶陈氏，子鉴（原谱第518页）。

71. 第十八世，升元，字忠俊，住三宝垄（原谱第522页）。

72. 第十八世，汉江，字忠洸，葬咬留吧（原谱第523页）。

73. 第十八世，芸，字忠锄、光玉，葬咬留吧，娶林氏，子冉、彭、曲、篆（原谱第531页）。

74. 第十八世，炉兴，字忠起、灿杰，葬二宝垄，娶丁氏，子邦基、长安（原谱第537页）。

75. 第十八世，文韬，字忠诲，焕周，葬咬留吧，子千里（原谱第537页）。

76. 第十八世，友谅、字忠贞、焕奇，葬咬留吧（原谱第537页）。

77. 第十八世，联登，生乾隆间，葬三宝垄，娶丁氏，子盛生（原谱第538页）。

78. 第十八世，蒲，字忠节、荣侯，葬番邦，娶丁氏，子仕芳（原谱第543页）。

79. 第十八世，阵，字忠群，生于乾隆，卒于道光，葬三宝垄，娶郭氏，子海、湖、赛（原谱第544页）。

80. 第十八世，阿，字忠勤，娶连氏，子粒，心，住暹罗（原谱第551页）。

81. 第十八世，宗盛，字忠昌，住吕宋（原谱第556页）。

82. 第十八世，文川，字忠近，葬吕宋（原谱第557页）。

83. 第十八世，敏章，字忠聪、郁慎，葬猫厘八洞汶，娶林氏，子光肠、光脏（原谱第588页）。

84. 第十八世，大章，字忠衍，葬苏禄，娶林氏，字容前、容就（原谱第588页）。

85. 第十八世，河沙，字忠披、郁义，葬猫厘八洞汶，娶魏氏，子绍伦、绍睿（原谱第559页）。

86. 第十八世，棣章，字忠鄂、郁华，葬猫厘八洞汶，娶周氏，嗣子钳才、绍英（原谱第559页）。

87. 第十八世，鼎川，字忠铭，葬番邦，娶陈氏，子一声（原谱第559页）。

88. 第十八世，鞍，字忠宝。斐、字忠章，住三宝垄（原谱第560页）。

89. 第十八世，游水，字忠泳，葬吕宋（561页）。

90. 第十八世，应虽，葬咬留吧，娶陈氏，子南雍（原谱第563页）。

91. 第十八世，淡英，字忠豪，逊达，葬番邦，娶林氏、继黄氏，子光显、河瑞（原谱第565页）。

92. 第十八世，淡范，字忠懿，葬咬留吧（原谱第565页）。

93. 第十八世，冬水，字忠岩，葬吕宋（原谱第575页）。

94. 第十八世，篆麟，字忠书、耀玉，葬吕宋港口（原谱第576页）。

95. 第十八世，藕水，字忠佳、耀时，葬吕宋港口，娶张氏，子三：中立鏷芋（原谱第576页）。

96. 第十八世，招祝，字忠祐，葬吕宋港，娶陈氏，子对（原谱第577页）。

97. 第十八世，锦胤，字忠胄，住吕宋（原谱第579页）。

98. 第十八世，松柏，字忠京，葬吕宋，娶魏氏，子一（原谱第579页）。

99. 第十八世，松智，字忠临，葬三宝垄，娶王氏，子克恭（原谱第579页）。

100. 第十八世，松株，字忠桢，葬咬留吧（原谱第580页）。

101. 第十八世，家和，字忠蔼，葬吕宋（原谱第580页）。

102. 第十八世，和岩，字忠石，葬吕宋（原谱第580页）。

103. 第十八世，监，字忠顾，葬吕宋（原谱第580页）。

104. 第十八世，伯永，字忠茂、元器，葬吕宋，嗣子环（原谱第581页）。

105. 第十九世，允耳，字孝聪，葬暹罗，娶林氏，子守贤、忠直，存恒（原谱第570、612页）。

106. 第十九世，允纵，字孝特，葬吕宋（原谱第570页）。

107. 第十九世，仁宗，字孝友，振玉，葬吕宋，娶王氏，嗣子鹏（原谱第568、610页）。

108. 第十九世，文旦，字孝明，葬吕宋港（原谱第589页）。

109. 第十九世，宝林，字孝茂，葬暹罗，子暹生（原谱第590页）。

110. 第十九世，允年，字孝安，住咬留吧（原谱第597页）。

111. 第十九世，允根，字孝国，子其蒲，住咬留吧（原谱第597页）。

112. 第十九世，光明（1771－1816），字孝廉，葬咬留吧，娶陈氏，子丰临（原谱第597页）。

113. 第十九世，团，字孝集。圃，字孝艺，住吕宋。图，字孝维、波阔，葬三宝垄，嗣子拱照（原谱第599页）。

114. 第十九世，尚质，子孝直，葬吕宋港，娶郭氏，子曦星、建都、建斗（原谱第600页）。

115. 第十九世，德灿，字孝华，明之，葬吕宋港口（原谱第602页）。

116. 第十九世，宗修，字孝省，正心，葬番邦，子益三（原谱第608页）。

117. 第十九世，德蟾，字孝皎，葬吕宋，娶郭氏，子妈基（原谱第608页）。

118. 第十九世，德量，字孝度，葬吕宋，子妈苏（原谱第608页）。

119. 第十九世，饱，字孝求，葬吕宋港（原谱第612页）。

120. 第十九世，磋，字孝功，葬吕宋，娶林氏，子振成、振苏、振敬（原谱第617页）。

121. 第十九世，绍彦、字孝超、廷硕，葬吕宋港，嗣子瑞湛（原谱第623页）。

122. 第十九世，声，字孝联，葬吕宋（原谱第624页）。

123. 第十九世，兆鹏，字孝博。玉翮，葬巨港，子若湛（原谱第626页）。

124. 第十九世，西序，字孝镛，葬吕宋（原谱第629页）。

125. 第十九世，中立，字孝倚，葬吕宋（原谱第634页）。

126. 第十九世，光连，字孝鏕，葬吕宋（原谱第638页）。

127. 第二十世，幼，字汝序，生于嘉庆，葬吕宋（原谱第641页）。

128. 第二十世，税，字汝贡，生于嘉庆，住吕宋（原谱第642页）。

129. 第二十世，钞，字汝较，葬吕宋港，娶谢氏，子崇法、崇葛（原谱第643页）。

130. 第二十世，织（1815—1847），字汝襄，葬吕宋，子追、葛（原谱第643页）。

131. 第二十世，新，字汝图，住苏禄（原谱第643页）。

132. 第二十世，隐淑，字汝善，葬吕宋（原谱第644页）。

133. 第二十世，其蒲，字汝悬，住三宝垄（原谱第648页）。

134. 第二十世，幸然，字汝欣，住吕宋（原谱第649页），钟然（1802—1845），字汝特，葬吕宋港，娶林氏，子合（原谱第649页）。

135. 第二十世，博奕，字汝秋，葬吕宋（原谱第651页）。

136. 第二十世，高星，字汝辉，出嗣尚忠，生于嘉庆，卒于道光，葬吕宋，子滨溪（原谱第 651 页）。

137. 第二十世，拱星，字汝照，出嗣尚孝，葬吕宋港（原谱第 652 页）。

138. 第二十世，温良，字汝敦，出嗣绍雄，葬吕宋港，娶黄氏，子光案、珍山（原谱第 653 页）。

139. 第二十世，及水，字汝企，葬咬留吧（原谱第 656 页）。

140. 第二十世，石区，字汝器，葬吕宋（原谱第 657 页）。

141. 第二十世，妈意，字汝诚，葬吕宋（原谱第 657 页）。

142. 第二十世，九安，字汝吉，葬三宝垄（原谱第 663 页）。

143. 第二十世，泽元，字汝占。泽利，字汝济，住三宝垄（原谱第 672 页）。

144. 第二十世，泽水，字汝渊，住三宝垄（原谱第 673 页）。

145. 第二十世，阿班，字汝彬。欲珠，字汝严。欲兼，字汝并，住三宝垄（原谱第 675 页）。

146. 第二十世，若溉，字汝灌，住番邦。若潜，字汝伏，住实叻（新加坡）（原谱第 675 页）。

147. 第二十世，牛，字汝灵，葬吕宋，娶郭氏（原谱第 677 页）。

24

漳州《北溪头黄氏族谱》

唐五代，五胡乱华，中州动荡，民不安宁，黄氏先祖黄元方随晋元帝南渡入闽，由河南固始县迁至侯官黄巷，为晋安（今福州）太守，是闽黄氏始祖。传至十二世孙黄岸归居莆田延寿里。二十四世孙黄龙居漳州龙溪县衙后（今漳州县后街）。传至二十五世孙黄仙逸为北溪头始祖。此后，黄氏繁衍迅速，兴旺发达。

《北溪头黄氏族谱》，2006年重修，全书分一册，总页数474页。所记谱系流派为黄岸·檗谷派·碧江支系，所载世系从一世到二十一世。

迁居南洋记录

1. 二房第十六世，炎仔，居南洋（原谱第338页）。
2. 三房虎锣第十四世，荣歌，居南洋（原谱第341页）。
3. 四房第十四世，佛赐，居番邦（原谱第346页）。
4. 四房第十三世，允吉二子（佚名），居南洋（原谱第363页）。
5. 大房第十八世，长木，居南洋（原谱第374页）。
6. 大房第十七世，教仔，宗田，居南洋（原谱第375页）。
7. 二房第十六世，文丰，居南洋（原谱第379页）。
8. 二房第十七世，理仔、浆仔、四母，居南洋（原谱第390页）。
9. 二房第十六世，水根，居南洋（原谱第403页）。
10. 二房庵后第十八世，元兴、元裕、元生、元茂、元添，往新加坡（原谱第406页）。
11. 二房第十六世，福元，居印尼。第十七世，溪全、溪源，居南洋（原谱第408页）。
12. 二房第十六世，淼仔，居南洋（原谱第410页）。

13. 三房第十七世，石川，居缅甸仰光（原谱第 414 页）。
14. 四房第十八世，迎南，居马来西亚（原谱第 428 页）。
15. 四房第十六世，来发，妻郭加和，居南洋（原谱第 441 页）。
16. 四房第十六世，宗和，子九发，居马来西亚（原谱第 462 页）。
17. 四房第十六世，跃新、跃田、跃旗，居印尼（原谱第 465 页）。

25

漳州《曾氏族谱》

曾氏源于曲烈受封于鄫，以地为姓（夏禹受舜禅为天子，生子启。启承夏统，生子太康、仲康。仲康即位夏阳，生子相。相继承王位，迎立少康。少康复国中兴，生子杼、曲烈），传至五十三代世子巫，国亡后奔鲁，易鄫为曾，曾自此得姓。传至五十八代宗圣公参，后世以参为曾氏之开派始祖。自宗圣公参传至十五代曾据挈族渡江居于庐陵之吉阳乡。曾据之二十二传孙曾延世唐光启二年丙午挈家自河南光州入闽，后于晋江居之，乃曾氏入闽之始祖。其后裔子孙光绰开基厦门曾厝垵。光绰生二子，长子名旷，衍龙溪。次子名昭，其子孙有守祖，有衍西曾、厚境。旷之裔孙国麟开基后宝，为族谱所记房系。

漳州《曾氏族谱》所载世系从一世到二十世。谱系流派为入闽祖曾延世·龙山派·曾厝垵派系·后宝支系。存在部分字迹模糊现象。九卷分别是《曾氏族谱·武城曾氏重修·第一卷（后宝）》、《曾氏族谱·武城曾氏重修·第二卷（后宝）》、《曾氏族谱·武城曾氏重修·第三卷（后宝）》、《曾氏族谱·武城曾氏重修·第四卷（后宝）》、《曾氏族谱·龙山曾氏·第五卷（后宝）》、《曾氏族谱·龙山曾氏·厚宝谱图·第六卷（后宝）》、《曾氏族谱·龙山曾氏·厚宝谱图·第七卷（后宝）》、《曾氏族谱·龙山曾氏·厚宝谱图·第八卷（后宝）》、《曾氏族谱·1989年续谱·第九卷（后宝）》。

龙海《曾氏族谱》共九卷/册，版本年代为光绪二十一年，版本类别为复印件，木版印刷，总页数872页。

迁居南洋记录

《曾氏族谱·龙山曾氏·厚宝谱图·第六卷（后宝）》

1. 第十五世（岭兜），坡，住洋（原谱第40页）。

2. 第十五世（坑扑），古，住洋（原谱第28页）。

3. 第十四世（岭兜），臼，第十五世束，派多住洋（原谱第47页）。

4. 第十三世，（溪东）、燿，往洋（原谱第50页）。

5. 第十五世（下楼），荣华（原谱第52页）。第十三世芾、第十五世丽，住洋（原谱第53页）。

6. 第十五世（石壁），振代，住洋（原谱第64页）。

7. 第十五世（石壁）丽水、活水，住洋（原谱第65页）。

8. 第十五世（石壁），廷衔，第十四世宏，第十五世占伯、益伯，住洋（原谱第66页）。

9. 第十五世（石壁），坎水、港河，住洋（原谱第67页）。

10. 第十五世（庄顶），再得（原谱第73页）、五车（原谱第75页）、八（原谱第76页），振芳（原谱第79页）住洋。

11. 第十四世（巷内），花菊住洋（原谱第81页）。

12. 第十五世（巷内），宝元、宝泉（原谱第82页）、章、母（原谱第84页）住洋。

13. 第十三世（巷内）方美，第十四世铜庽，住洋（原谱第85页）。

14. 第十五世山头房、哲，住洋（原谱第93页）。

15. 第十五世（丹宅）白番，派住洋（原谱第115页）。

16. 第十五世（塘坑）、笋、丁，住洋（原谱第119页）。

17. 第十四世（刘顶）、湘水，住洋（原谱第125页）。

18. 第十五世（外孙），斗成（原谱第134页）、福（原谱第135页）派住洋。

19. 第十四世二、戊云，第十五世宇室、鲁截、今明、得鲁、山仲、污前，住洋（原谱第149页）。

20. 第十五世（石墓），报添（原谱第150页），报大（原谱第151

页），已、扶（原谱第 153 页），第十四世水源（原谱第 152 页），住洋。

《曾氏族谱·龙山曾氏·厚宝谱图·第七卷（后宝）》

1. 第十七世（后垄），猫，住洋（原谱第 1 页）。

2. 第十六世（由奢），八宝、进荣（原谱第 7 页）、振生，住洋（原谱第 8 页）。

3. 第十六世（岭兜）振兴，住洋（原谱第 10 页），第十七世（岭兜）福昆（原谱第 11 页），能通（原谱第 12 页），金銮（原谱第 14 页），第十六世报本（原谱第 21 页），鼻（原谱第 23 页）、吾灸、杰（原谱第 24 页），第十七世开山（原谱第 26 页），第十六世宗群（原谱第 27 页），第十六世瑞山（原谱第 34 页），第十七世启隆，第十八世金锡、金辉（原谱第 41 页），第十六世赞同（原谱第 44 页）赞美，第十七世伯姜（原谱第 45 页），第十六世大里（原谱第 46 页），第十七世长才（原谱第 47 页），第十六世进益（原谱第 49 页），住洋。

4. 第十七世（蛟潭）猫，住洋（原谱第 53 页）。

5. 第十七世（溪东），青来，第十六世子成（原谱第 54 页）、第十六世珀水、蟳及子昭能（原谱第 55 页）住洋。

6. 下楼第十六世石得、子同水、同元住洋（原谱第 66 页）。

7. 第十六世（新厝），恢扇住洋（原谱第 71 页）。

8. 第十六世（石壁），枕，锦江、箭，第十七世南（原谱第 80 页）、第十六世顺就（原谱第 81 页），第十六世丙（原谱第 86 页）住洋。

9. 第十六世（顶庄），天赐（原谱第 88 页）、青美（原谱第 90 页）、霜木（原谱第 91 页）、丁甲（原谱第 92 页）住洋。

10. 第十六世（顶庄），贤裕（原谱第 95 页），良海、良河（原谱第 96 页）往印尼。

11. 第十六世（巷里），益美（原谱第 99 页）、益生（原谱第 100 页）住洋。

《曾氏族谱·龙山曾氏·厚宝谱图·第八卷（后宝）》

1.（岭脚）第十六世，令意、发育，住洋（原谱第 1～2 页）。

2. 石厝第十八世田岸（原谱第 3 页），第十九世五恒，第十八世鸿源、鸿成（原谱第 4 页），木贵、第十七世英奇（原谱第 6 页）、第十八世锦通（原谱第 7 页）住南洋。

3.（丹宅）第十八世，振兴、水梨，第十九世，霞仔（原谱第 9 页）住南洋。

4. 第十六世细哈，往南洋（原谱第 17 页），第十八世（石厝），培春，外出仰光（原谱第 25 页）。

5. 第十六世（丹宅）斐然（原谱第 28 页），第十八世允寿、水金（原谱第 36 页）、有来（原谱第 37 页）住洋。

6. 第十六世（刘顶），其宗（原谱第 50 页）。

7. 第十六世就来（原谱第 51 页），第十六世（外孙），文左、文祐（原谱第 61 页）、国太，第十七世永辉、永全（原谱第 63 页）住洋。

8. 第十七世（西坑），金海（原谱第 88 页）、阔（原谱第 91 页）住洋。

9.（石墓）第十六世金莲，子宗礼、昌礼（原谱第 93 页）、伍山（甲必丹）、瑞珍，派住洋（原谱第 94 页）。

10. 第十八世（潭头），良卿，第十九世妙台、妙发（原谱第 96 页），第十六世，居前，在南洋（原谱第 97 页）。

11. 第十六世（潭头），九田、子瑞隆、水莲、瑞泉、连合，孙妙风、妙水、妙金、灿煌、妙福、亚恩、亚展、亚居、亚文，住印尼牙律（原谱第 97 页），第十六世（潭园）、添全，住洋（原谱第 98 页）。

《曾氏族谱·1989 年续谱·第九卷（后宝）》

一、长房

坑朴第十五世古，南洋。岭兜十四世臼、第十五世坡，南洋。溪东第十三世燿，南洋。下楼第十五世丽，南洋。石壁第十四世宏、第十五世廷衡（原谱第 9 页）、占伯、益伯、坎水、港河。庄顶第十三世方美，第十四世菊花、铜厲，第十五世再得、五车、八、振芳、宝元、宝泉、章。山头第十五世哲，出住南洋（原谱第 10 页）。

二、三房

1. 西坑第十四世三，戊云，子宁室、鲁截、今明、得鲁、山仲，十五世开兴（原谱第10页），第十四世污前（原谱第11页），出住南洋。石墓派第十四世水源，第十五世报添、报大、巳、扶，出住南洋（原谱第11页）。

2. 塘坑第十五世笋、丁。外孙第十五世斗成、福，出住南洋（原谱第10页）。

26

漳州《河福洪氏族谱（敦煌）》

洪氏先祖是上古炎帝神农后裔勾龙。至尧舜时期，封爵为共工（共理百工之事，以治水防洪为主），以共为姓。至东汉共勋之子共普迁居汉中益水（陕西洋县之西），改姓为洪。三国时期，洪氏先祖又西迁至甘肃沙洲敦煌。至此，洪氏宗族开始兴旺。传至宋时期，洪氏先祖仁璲公从政调漳州任长泰县知县，成为入漳始祖。尔后，洪氏宗族后裔自长泰，而及龙溪、而及海澄、而及漳浦，徙移繁衍，泱播福建、广东、台湾，直至海外。仁璲公第十三世裔孙伯肇公择河福为居住地，成为河福洪氏开基始祖。

龙海《河福洪氏族谱（敦煌）》，2003 年修订，总页数 421 页。所记谱系流派为洪仁璲派系（史山洪姓）洪伯肇支系（河福洪姓），所载世系从一世到二十七世。

迁居南洋记录

1. 第二十四世，五世大房，旺净、卓武、卓莲，迁南洋（原谱第 71、182 页）。

2. 第二十四世，大房勃庵许界派，清玉、玛旺、清源，迁南洋（原谱第 72 页）。

3. 第二十二世，大房勃庵竹仔脚派，国荣，迁南洋（原谱第 83 页）。

4. 第二十二世，大房泮庵，裕熙、裕初、裕深、裕美，侨居南洋（原谱第 95、220、221 页）。

5. 第二十三世，大房泮庵派，明杰、明聪、明智、明辉、明煌，侨居南洋（原谱第 95、225 页）。

6. 第二十二世，大房泮庵派，添丁、添寿，迁印尼（原谱第 97、221

页）。

7. 第二十二世，大房德轩派，铭忠、铭安、铭源、铭裕、铭通，居南洋（原谱第116、250页）。

8. 第二十二世，大房德庵派，珍温，侨居南洋（原谱第121页）。

9. 第二十一世，朝馨，居南洋（原谱第123、264页）。

10. 第二十二世，二房西轩祖衍派，新婴，树森之子，侨居新加坡（原谱第129、281页）。

11. 第二十一世，二房西轩祖衍派，友忠，居新加坡（原谱第135、283页）。

12. 第二十二世，二房西轩祖衍派，裴俊、裴雄、裴然，侨居仰光（原谱第136、289页）。

13. 第二十一世，二房西轩公衍派，天庆及子漳惠、侄章安、章芳、章佑、章和、章发、天兴及女偿进婿郑国华，居仰光（原谱第137、289页）。

14. 第二十二世，二房西轩派，添福、添德，居印尼（原谱第143、292页）。

15. 第五世，三房朴轩派，第二十世，清根、第二十一世，丕来、鸿根、仁义，第二十二世，烝元、烝包，居南洋（原谱第147、308、309页）。

16. 第二十二世，四房筠川祖衍派，德喜、德财、德华，居新加坡（原谱第149、316页）。

17. 第二十一世，四房筠川祖衍派，天助，居仰光（原谱第150、315页）。

18. 第二十世，四房筠川祖衍派，丰仔、嘉新、嘉逸、嘉珍，侨居南洋（原谱第151、302页）。

19. 第二十世，四房筠川祖衍派，文水，居南洋（原谱第154、320页）。

20. 第二十世，四房筠川祖衍派，再驰居，仰光（原谱第154页）。

21. 二十三世，大房勃庵许界派，苍梧及妻锦娘，迁南洋（原谱第180页）。

22. 第二十三世，大房勃庵许界派，苍柏，迁缅甸（原谱第182页）。

23. 第二十四世，大房勃庵许界派，水成，迁南洋（原谱第183页）。

24. 第二十四世，大房勃庵许界派，清玉、玛旺、清源，居南洋（原谱第184页）。

25. 第二十二世，大房勃庵竹仔脚派，国荣，居南洋（原谱第201页）。

26. 第十九世大房德庵派开潭卒于南洋（原谱第263页）。

27. 第二十一世，大房德庵派，天一及其子森林、珍温，侨居南洋（原谱第265页）。

28. 第二十一世，朴轩派，志磊，居南洋（原谱第308页）。

29. 第二十一世，篘川派，天助，居南洋（原谱第315页）。

27

漳州《莲中谢氏族谱》

东周申伯公佐王中兴，授封于谢，为谢氏始祖。汉夷吾公退老隐于东山谓之东山祖。晋衮公自会稽移居江左，谓之江左祖宗。澄源公自光州固始县迁于闽之汀州，为谢氏开闽始祖。伯宜公卜宅海澄，铭欣公奠居石塘，友公复徙居田中央，为莲中谢氏开基始祖。数百年由汀州而宁化而龙溪之九都，复由九都而石塘而莲中，数经迁徙，衍派繁多。

《莲中谢氏族谱》为明永乐年本，清代续修，旧谱磨损严重，大部分不可考，1999 年重修。全书分二册，总页数 377 页。所记谱系流派为海澄伯宜派·石塘钦铭支系·田中央支脉，所载世系从一世到二十二世。

迁居南洋记录

一、卷一

1. 长房长派第十五世，顺兴（清洁），生乾隆五十一年（1786 年），出居南洋（原谱第序第 32 页、世系第 69 页）。高芬（1804—1826），异邦经商，卒葬外夷（原谱第序第 32 页、世系第 79 页）。

2. 长房长派第十六世，连速，卒葬外域（原谱第序第 32 页、世系第 95 页）。

3. 长房长派第十六世，莲芋，葬吕宋（原谱第世系第 96 页）。

4. 长房长派第十六世，虩狮（克成），少往南洋，卒于爪哇唆咾（原谱第世系第 102 页）。

5. 长房长派第十七世，进时（1855—1879），卒葬仰光（原谱第序第 32 页、世系第 104 页）。

6. 长房长派第十七世，进财，葬仰光（原谱第序第 32 页、世系第

106 页)。

7. 长房长派第十七世，番漏，往实叻(新加坡)(原谱第序第 32 页、世系第 109 页)。

8. 长房长派第十七世，高郎(1865—1900)，谥守慎，卒葬爪哇吗垄喏班塚，子铜坤(原谱第序第 32 页、世系第 111 页)。

9. 长房长派第十七世，高泽(1873—1925)，谥守澈，葬爪哇，子贺坤(原谱第序第 33 页、世系第 113 页)。

10. 长房长派第十七世，万福(1857—1899)，谥永珍，卒仰光，嗣子厦门(原谱第序第 33 页、世系第 114 页)。

11. 长房长派第十七世，启昌(1855—1920)，谥永达，卒仰光(原谱第序第 33 页、世系第 116 页)。

12. 长房长派第十七世，佛荣(1863—1921)，谥振裕，卒仰光，娶缅女生子志信，志善(原谱第序第 32 页、世系第 120 页)。

13. 长房长派第十七世，金金东(1864—1928)，谥端和，葬三宝垄颇仔塔，配番妇，生松归，允标、允成(原谱第序第 33 页、世系第 125 页)

14. 长房长派第十七世，火焰(1861—1913)，谥兴旺，葬三宝垄吗牛鞍颇仔结塔(原谱第序第 33 页、世系第 126 页)。

15. 长房长派第十七世，川流(1816—1913)，谥敦义，葬三宝垄吗牛颇仔塔，子钟鼓，再欣，再慰(原谱第序第 33 页、世系第 131 页)。

16. 长房长派第十八世，埈经(1872—1936)，卒仰光，子清泉(原谱第世系第 133 页)

二、卷二

1. 长房长派第十八世，加旗(1885—1928)，谥嘉祐，葬仰光渡泸澈，子为政(原谱第 137 页)。

2. 长房长派第十八世，加兴，卒于仰光(原谱第 138 页)。信志，居仰光(原谱第 143 页)。

3. 长房长派第十八世，梧桐，谥光迩，生同治五年(1866 年)，配张绒，生光绪四年(1878 年)，夫妇同葬仰光，子汶上(原谱第 145 页)。

4. 长房长派第十八世，荣木，谥光前，生光绪九年(1883 年)，娶缅女，葬细甸渡卢澈，子汶水(原谱第 147 页)。

5. 长房长派第十八世，淇浚（1874—1902），谥宽永，葬三宝垄吗牛鞍颇仔结塔，嗣子连捷（原谱第 151 页）。

6. 长房长派第十八世，松归（1881—1920），谥偕柏，葬三宝垄颇仔塔，嗣子云章（原谱第 161 页）。

7. 长房长派第十八世，再慰，生宣统三年（1911 年），往唆咾，娶唆咾女，生二子（原谱第 173 页）。

8. 长房长派第十九世，清泉，生光绪二十七年（1901 年），卒于仰光（原谱第 176 页）。

9. 长房长派第十九世，汶上，谥清高，生光绪二十四年（1898 年），卒于仰光，子嗣成（原谱第 190 页）。

10. 长房长派第十九世，汶水，迁居仰光（原谱第 192 页）。

11. 长房长派第十九世，平章，字明甫，谥守愚，生光绪三十二年（1906 年），居缅甸，子高孝、高弟、高中、高信（原谱第 206 页）。

12. 长房长派第十九世，令章（1917—1934），谥智愚，随父淇泉往顷甸渺吵（原谱第 210 页）。

13. 长房长派第十九世，燎辉，生光绪二十七年（1901 年），居仰光，娶缅女，生二子（佚名）（原谱第 216 页）。

14. 长房长派第十九世，二十世高孝、高弟、高忠、高信兄弟居仰光（原谱第 254、255、256、257 页）。

28

漳州《林氏屿头族谱（白水）》

屿头林氏历史悠久，源远流长。自宋咸淳六年（1270年），由始祖琼宗公携子肇基屿头以来已有七百多年历史。琼宗公是开闽始祖禄公之三十三代孙，披公（披公九子皆刺史，世号九牧）第八子林迈第十代孙迪公的六世孙绍祖公之孙。

《林氏屿头族谱（白水）》，1998年续修订，全书分一册，总页数321页（图35幅，彩照10幅）。所记谱系流派为唐九牧之八·林迪派系·潘岭（屿头林）支系，所载世系从一世到二十五世。

迁居南洋记录

1. 第二十一世，下厝社林德意、林珠智，迁印尼（原谱第154页）。
2. 第十九世，下厝社林成丁、林添丁，迁三宝垄（原谱第166页）。
3. 第二十二世，下厝社林雨成，迁新加坡（原谱第169页）。
4. 第二十世，下厝社林和成，迁暹罗岭座，林和基、林和叶居泰国（原谱第172页）。
5. 第二十二世，山边社林耀珠、林耀辉，迁缅甸（原谱第178页）。
6. 第二十世，田厝社林安然，居印尼（原谱第183页）。
7. 田边二房第十九世，林大智、第二十世，九彩，居南洋（原谱第200页）。
8. 第二十世，山边社林坤生，迁南洋（原谱第202页）。
9. 大埔圩二十世，林渭汉，迁南洋（原谱第206页）。
10. 大埔圩第二十世，林坑源，迁缅甸（原谱第209页）。
11. 第二十世，林亚真，迁仰光（原谱第210页）。
12. 第二十九世，林进发，迁缅甸仰光（原谱第211页）。

13. 山边社第二十世，林鸡、林源成，迁缅甸（原谱第 214 页）。

14. 第二十世，山边社林往秕、林往瑞，第二十一世，林水龙，迁新加坡（原谱第 219 页）。

15. 第十九世，山边社林景成，迁缅甸（原谱第 222 页）。

16. 楼居社第十九世，林炳煌、林仙水，迁缅甸（原谱第 228 页）。

17. 第二十一世，子龙、子虎、子凤，迁缅甸（原谱第 230 页）。

18. 第十九世，林含慢、林友成，迁缅甸（原谱第 233 页）。

19. 第二十一世，林乳牛，迁南洋（原谱第 234 页）。

20. 第十八世，林龙井，迁南洋（原谱第 244 页）。

21. 第二十一世，大埔角林荣华迁新加坡（原谱第 270 页）。

22. 第十九世，灶柄社林九治，迁南洋（原谱第 273 页）。

23. 第二十世，灶柄社淡仔，迁印尼泗水（原谱第 274 页）。

24. 第二十世，珠屿社林细太，迁菲律宾（原谱第 301 页）。

25. 第十九世，田辽社乌水居南洋（原谱第 304 页）。

26. 第二十世，山边三房林克明、林发财、林发源、林进龄，第二十一世，林必强，居缅甸。林必勇，居新加坡（原谱第 223、313 页）。

29

漳州《隆教蓝氏新厝三房志谱》

蓝氏之先出自神农氏之后，第十世榆罔帝之子昌奇公，分封汝南郡(今河南省汝宁)，为蓝氏一世祖。传至第一百二十二世吉甫公入闽肇基，居福清五福乡，为蓝氏开闽始祖。至第一百二十九世廷瑞公迁漳州府属漳浦县，后移居落籍海澄县镇海隆教社。

龙海《隆教蓝氏新厝三房志谱》，2005 年修订，全书分一册，总页数382 页。所记谱系流派为隆教蓝廷瑞派系·三房蓝庆瑞支系，堂号为种玉堂，所载世系从十六世到二十六世。

迁居南洋记录

1. 第二十世，新厝巷口尾友德，往南洋（原谱第 259 页）。
2. 第十九世，后厝社发来，移居新加坡（原谱第 272 页）。
3. 第二十世，顶地社启明，往南洋（原谱第 284 页）。
4. 第二十三世，东门社结成、第二十四世，明发，移居泰国（原谱第 314 页）。
5. 第二十世，墩里社志兴、志仁，移居缅甸（原谱第 319 页）。
6. 第二十一世，墩里社亚九、子家骅，家恩，移居缅甸（原谱第 320 页）。
7. 第十九世，墩里社毓德、坎拨，移居越南（原谱第 321 页）。
8. 第二十世，墩里社连春，移居新加坡（原谱第 326 页）。
9. 第二十三世，红星村文勇，移居新西兰（原谱第 351 页）。
10. 第十九世，下尾社顺火，移居马来西亚（原谱第 355 页）。

30

漳州《鹭边甘氏三房族谱》

甘氏宗族的开基始祖是仙游公，河南固始县人，于唐光启元年（公元885年）随王绪之军入闽，择居海澄东园峨山之“鹭边社”，建基立业起，到现在已有一千一百二十余年。后因元兵杀戮逃亡，族谱丢失。至明嘉靖年间，因十三世茂隆公于元顺帝年间重振家风，为家族立下莫大功绩，故以十三世茂隆公伊始，一世再传，称茂隆公为中兴始祖。至今日，甘氏宗族人才辈出，光宗耀祖，远赴海外开疆拓土大有人在。

龙海《鹭边甘氏三房族谱》，主编森仁，2005年修订，总页数133页。所记谱系流派为甘仙游派系·鹭边支系，所载世系从一世到二十四世。

迁居南洋记录

1. 下房社：第二十一世，生兴、生强、生春、生勇在印尼（原谱第51页）。

2. 下房社：第十九世，荣龙、利民、智民往印尼（原谱第54页）。

3. 下房社：第十七世，石蛋，越南谋生（原谱第57页）。

4. 下房社：第十九世，银来、银泉，在印尼（原谱第58页）。

5. 下房社：第十八世，正民、正德，出南洋（原谱第60页）。

6. 东园社：第十七世，次蚊，出祖新加坡。基全、振宗，住印尼（原谱第62页）。

7. 东园社：第二十世，温全、温玉、温德、永漳、永建，出祖印尼（原谱第63页）。

8. 东园社：第十八世，锦江。十九世镛铭、镛茂、加倍。二十世、琼珊、琼璋、琼璞，生孝，出祖印尼（原谱第64页）。

9. 东园社：第十七世，锦发，十八世张真，十九世爱文，南洋（原谱第 66 页）。

10. 东园社：第十八世，亚财，南洋（原谱第 69 页）。

11. 南边社：第十九世，汝梅、汝泉，新加坡（原谱第 74 页）。

12. 枫林社：第二十世，剑峰、剑平，在南洋（原谱第 76 页）。

13. 枫林社：第十九世，文寿，迁南洋（原谱第 82 页）。

14. 横河社：第十七世，水曾，外出新加坡（原谱第 86 页）。

15. 林坑社：第十七世，大滨，往海外（原谱第 108 页）。

16. 林坑社：第十九世，进兴，住仰光（原谱第 110 页）。

31

漳州《马崎连氏族谱》

连氏的先祖是高阳氏颛顼帝的后裔恭父，因有功封连城，以连为氏。周庄王时，有连称者，徙居上党，为“上党连氏”。后连氏各支派因任官相继入闽。明宣德年间，马崎始祖连佛保的子孙来到马崎社定居，至此，后裔子孙在岐山（马崎山）一带繁衍生息，奉连佛保卫马崎始祖，也称岐山始祖。

龙海《马崎连氏族谱》，2006 年修订，全书分一册，总页数 170 页。所记谱系流派为霞漳连（南夫）氏·岐山支系，所载世系从一世到二十二世。堂号为思成堂。

迁居南洋记录

1. 第十六世二房，贼，出国印尼（原谱第 54、116 页）。

2. 第十六世二房水中的次子、三子（佚名），过南洋（原谱第 59、116 页）。

3. 第十七世溪贤派，乌龙，出国印尼（原谱第 61、122 页）。

4. 第十九世溪贤派，祥，往南洋（原谱第 63、126 页）。

5. 第十六世溪贤派，福、昭穗，往印尼（原谱第 64、122 页）。

6. 第十八世溪贤房，虹丰，出国印尼（原谱第 68、124 页）。

7. 第十九世，其瑞，出国印尼泗水（原谱第 73、128 页）。

8. 第十九世上镇派、长源、子伟荣、伟坤，过南洋（原谱第 79、144 页）。

9. 第十八世上镇派，团齿，往印尼（原谱第 87 页）。

10. 第十六世上镇派，琼双，出国印尼（原谱第 100、139 页）。

11. 第六世上镇派，天赐四至九子，往菲律宾（原谱第108、139页）。

12. 第十八世大房，鸿良，住南洋。（原谱第112页）。

13. 第十八世溪贤派，阶，出国印尼（原谱第123页）。

32

漳州《南园林氏三修族谱》

南园林氏，源于中原。始祖宾公为闽国都统忠烈侯阳泰公十六世孙，明初随父策公由祉溪到龙溪任教谕。宾公缘于生计，于南园村讨海垦田，立籍定居，繁衍距今已有 630 余载，子孙发达，人丁兴旺，踪迹遍布海内外。

龙海《南园林氏三修族谱》，主编林港泉，2008 年修订，全书分一册，总页数 155 页。所记谱系流派为唐末入闽祖阳泰·首祉派系·南园支系，所载世系从一世到二十五世。

迁居南洋记录

一、长大房

1. 第十九世，锡麟，居巨港（原谱第 71 页）。

二、长二房

1. 第十七世，龟代、玉田，居巨港（原谱第 72 页）。

2. 第十九世，泡，二十世，两成，居巨港（原谱第 74 页）。

3. 第十九世，乌仙、平源、源隆、源珍、长亨，二十一世，景国、维国、衡国，居巨港，振国，居三宝垄（原谱第 75、77、78 页）。

4. 第二十世，天湖、建南、俊廷、建廷，居菲律宾（原谱第 79 页）。

5、七房头二：第二十二世，信记、信英、信友、新建、新富、新侨，居印尼，荣庆、荣德、荣福，居缅甸（原谱第 84 页）。

6. 第二十一世，维欣，居巨港（原谱第 85 页）。

7. 七房头四：第二十一世，天柱，居菲律宾（原谱第 88 页）。

8. 第二十二世，金城、钰山、祖舜，第二十一世，振寰、子祖深、祖农，孙学涵、翰勋、翰立，居新加坡（原谱第90页）。

9. 第二十二世，继瑶、继瑄，居菲律宾（原谱第91页）。

10. 第二十一世，培元、丕膜，居巨港，第二十二世，顺泉、顺利、明志，居星洲（原谱第92页）。

11. 第二十二世，联和，居巨港（原谱第93页）。

三、长二房上四房派

1. 第二十世，水秋、水清、水池，第二十一世，茂华、繁华、振华、国华，居印尼（原谱第97页）。

四、长三房

1. 第二十世，南福、源兴、源礼，第二十一世，丰祥，居新加坡（原谱第101页）。

2. 第二十世，知母，居巨港（原谱第102页）。

3. 第二十世，加定，加全，子志森、志松、志柏、志桐、志财、志贵、志标、志柳、志茅，第二十一世，志交，子汉源、汉英、汉平，居巨港（原谱第104页）。

五、二房魁星派

1. 第十七世，开顺之子（佚名），居巨港（原谱第106页）。

2. 第二十世，锦田、锦治、锦枝、锦山，居印尼（原谱第107页）。

3. 第二十世，清海，居印尼（原谱第108页）。

4. 第十九世，清松，居菲律宾（原谱第110页）。

5. 第十九世，买，二十世，大登、登源，居巨港（原谱第112、113页）。

六、三房

1. 第十九世，基开，居印尼（原谱第116页）。

七、四房

1. 第二十世，丰生，居巨港（原谱第117页）。

八、护民侯房

1. 第二十世，铜财、铜和，居巨港（原谱第 119 页）。

九、境外名士

1. 林振寰，新加坡漳州总会副理事长。

2. 林克全，清光绪二十九年（1903 年），马来亚槟州中华总商会首任会长、槟榔屿平章会馆总理。

3. 林耀春，槟榔屿平章会馆董事（原谱第 127 页）。

33

漳州《文苑郑氏（长房四世东坡公世系）族谱》

周宣王二十一年（公元前806年）封其弟友于郑，是为郑桓公，为郑氏始祖。至今已有两千八百多年。传至四十一世郑昭公为入闽始祖。至五十七世郑露公为张氏开莆始祖。后第六十九世郑启南公（字世厚，号启南）入漳，为文苑社开基一世祖。至此，遗下裔孙繁盛，成家立业，后迁居台湾，还有大量人员远渡南洋，开疆辟土。

《文苑郑氏（长房四世东坡公世系）族谱》，2002年续编，全书分一册。总页数244页。存在部分字迹模糊现象。所记为莆田郑·文苑派系（长房四世东坡公世系）族谱。

迁居南洋记录

1. 第二十世，补硐，子忠川，出祖新加坡（原谱第36、44页）。

2. 第十八世，树叶，出祖印尼巨港（原谱第36页）。

3. 第十九世，茶石贯，娶三妻生十四男七女，本人与三到十四子寓居印尼巨港（原谱第37、38页）。

4. 第二十世，石头，出祖印尼巨港（原谱第39页）。

5. 第二十一世，天来、伟林，寓居印尼巨港（原谱第45页）。

6. 第二十一世，伟立、伟康、文忠、文强、福龙、福生、天才、德礼，寓居印尼巨港（原谱第46页）。

7. 第十九世，赞珍，寓居印尼巨港（原谱第58页）。

9. 第十六世，和发之子（佚名），出南洋（原谱第99页）。

10. 第二十世，福山，妻霜丛招夫寓居印尼巨港（原谱第100页）。

11. 第十九世，养生，1941年去南洋巨港，娶巨港林府娘，生其德，养生归故土，林府娘卒葬巨港，其德居巨港，生联滨、联波、联静、联维、联福、联冠、联禄及孙等居印尼巨港、巴城（原谱第 107、108 页）。

12. 第十九世，文生，1914 年去巨港谋生，后归故乡，妻严有娘，卒葬巨港，子顺发，居印尼巴城马瑜，子联智、联仁、联勇、联辉居印尼雅加达（原谱第 111 页）。

14. 第二十二世，鸿锦、鸿利、鸿宝，前进，居印尼巨港（原谱第 123 页）。

15. 第二十世，乌仙，居南洋安邦南拨梨仔，子窗仔寓居南洋，孙添来、添顺、添财及曾孙居南洋（原谱第 129、138 页）。

16. 第二十世，深池，娶朱亚美，生子顺利、顺发居新加坡（原谱第 166 页）。

17. 第十七世，文乌，娶杨扁娘，居新加坡。子全荣娶谢美英、孙天生、天赐、天明、天泉、天源。子金狮，生二子，居新加坡（原谱第 168 页）。

18. 第二十世，尔布、子清海，居南洋巨港（原谱第 197 页）。

34

漳州《杨氏世隆衍派四房（龙海湖西）族谱》

世隆公原河南固始县人，世居浙江会稽，随宋帝南迁漳浦浮南桥（佛昙），为佛昙开基始祖。其第四子大昭，传伯育公，迁居苏厝，生惠应公。惠应公父早故，随母迁二十三都湖西里（龙海市白塘）成支建宗，此即四房（湖西）开基祖也。迄今子孙繁衍众多，大部分外迁各地区。

《杨氏世隆衍派四房（龙海湖西）族谱》，1999 年 4 月修订，版本类别为复印件，机器印刷。全书分一册，总页数 291 页。所记谱系流派为佛昙杨世隆派系，湖西支系。所载世系从一世到二十六世。谱中部分字迹模糊，无法辨认。

迁居南洋记录

1. 第二十世，（白塘）心专，往南洋（原谱第 74 页）。

2. 第二十一世，（白塘）欲齐，居南洋（原谱第 79 页）。印仔，锦标、子厦门，居新加坡（原谱第 81 页）。

3. 第二十一世，（白塘）和南，往南洋（原谱第 87 页）。

4. 第二十一世，（白塘）亚金，亚开，居马来西亚（原谱第 96 页）。

5. 第二十世，（白塘）豆仔，往南洋（原谱第 100 页）。

6. 第二十二世，（白塘）鸿池，子树成、树茂、树森、树发，全户，住南洋（原谱第 124 页）。

7. 第二十二世，（江口）育成，居印尼（原谱第 136 页）。

8. 第十九世，（江口）九驶，过南洋（原谱第 137 页）。

9. 第二十一世，（井尾）海镇，居南洋（原谱第 140 页）。

10. 第二十一世，（江口）乞仔、子庆龙、庆春，移居南洋飞腊州（原谱第 143 页）。

11. 第二十一世，（江口）红蝒，第二十二世，奔阉、子亚九，移居新加坡（原谱第 164 页）。

12. 第二十二世，（山寮）通仔，往南洋（原谱第 169 页）。

13. 第二十二世，（江口）两盛，居南洋（原谱第 172 页），主教，居南洋（原谱第 178 页）。

14. 第二十一世，（江口）国荣，移居马来西亚（原谱第 187 页）。

15. 第二十二世，（来厝）德贤，居南洋（原谱第 189 页）。

16. 第二十一世，（西井）仲突，移居南洋（原谱第 202 页）。

17. 第二十二世，（西井）润泽，居马来西亚（原谱第 204 页）。

18. 第二十世，（谢厝），过番，子春义，居新加坡（原谱第 212 页）。第二十一世，（后亭）谐发，居南洋（原谱第 213 页）。

19. 第二十世，（江口）受酵，泰国（原谱第 217 页）。

20. 第十九世，（江口）新石，出祖南洋（234 页）。

21. 第二十世，（江口）新卯（子一），死在南洋（原谱第 245 页）。

22. 第二十一世，（江口）龙金，居南洋（原谱第 247 页）。

23. 第二十一世，（江口）海通，妻刘氏，子朝章、朝生、朝平、朝玉，居印尼（原谱第 259 页）。

24. 第十九世，（江口）庆茂，居南洋（原谱第 264 页）。

25. 第二十一世，（后蔡）宾，移居马来西亚（原谱第 265 页）。

26. 第二十世，（后蔡）朝成，移居南洋（原谱第 267 页）。

27. 第二十一世，（英埭）传意，子登福、登禄、登寿、登全、登西、登高，全家移居南洋（原谱第 278 页）。

35

漳州《叶氏族谱（莲溪堂充龙）》

充龙社叶姓祖籍地系福建省泉州府同安县二十三都嘉禾里莲坂社（今属厦门市思明区）莲溪堂派下。莲坂叶姓尊文炳（霆）公为肇基祖。然实际到莲坂开基乃文炳公之次子十三郎（颐）公之长孙作球叶公八传至十一世真祖叶公于明朝天顺年间（1457—1464年）因遭人诬陷，不得已迁居同安县积善里十九都白昆龙（阳堡）充龙社（今属漳州龙海市）肇基，繁衍后代，另开一世。其裔孙有渡台，有旅居海外，有徙居他乡。

《叶氏族谱（莲溪堂充龙）》，2008年修订，版本类别为机器印刷。全书分一册，总页数256页。所记谱系流派为叶文炳派系·叶真祖支系，所载世系从一世到二十世。

迁居南洋记录

一、长房

1. 第十六世，绵进，迁新加坡（原谱第85页），第十七世，大房亚生，居印尼（原谱第90页）。

二、二房

1. 第十八世，万兴、宏吉，迁印尼（原谱第107页），第十七世，二房皆再，迁印尼（原谱第108页），第十七世，二房金印，迁小吕宋（原谱第110页）。
2. 第十八世，树根，迁印尼（原谱第112页）。
3. 第十六世，白菜、先化，迁印尼（原谱第115页）。
4. 第十八世，祺春，迁印尼（原谱第118页）。

5. 第十七世，招赞，迁印尼（原谱第 119 页）。
6. 第十七世，方儒，旅外洋（原谱第 128 页）。
7. 第十七世，绵月，迁印尼（原谱第 129 页）。

三、三房

1. 第十五世，泗海，迁菲律宾（原谱第 154 页、159 页）。
2. 第十六世，扁头，迁菲律宾咬加央（原谱第 159 页）。
3. 第十五世，辉应，迁菲律宾咬加央（原谱第 162 页）。
4. 第十五世，来赐，迁越南（原谱第 162 页）。
5. 第十六世，金万、金楚，迁越南（原谱第 162 页）。
6. 第十六世，红存、红源，迁印尼（原谱第 166 页）。
7. 第十五世，辉杭，迁印尼（原谱第 170 页）。

36

漳州《漳州施氏源流考（龙海部分）》

光缵公随陈政自河南光州固始县领兵入闽平乱，为漳州施氏入闽始祖。后生二子，分镇郡县。至宋战乱，各家奔逃，有到广东、泉州、长泰、漳浦、云霄、龙江、角美鸿山等等。明末，端圆公奉母命回漳守祖，子孙繁盛，遍及海外。漳州龙海角美洪岱村肇基始祖为光成公。

《漳州施氏源流考（龙海部分）》，主编施正渊，1999 年修订，全书分一册，总页数 31 页。所记谱系流派为唐入闽始祖施光缵派系·洪岱支系。所载世系从一世到二十五世。

迁居南洋记录

1. 第八世，积厚，往印尼（原谱第 42、77 页）。

2. 大房（半山）：第二十一世，孙谦与子习能、习忠。孙容与子习钟、习笃、习朴、习禹。孙聪。孙勇，在印尼泗水（原谱第 79 页）。

3. 孙狮与子女 7 人，在印尼梭罗（原谱第 79 页）。

4. 第二十世，松筹与子德和、德宾，居印尼（原谱第 80 页）。

5. 三房：第二十一世，金盾，往印尼（原谱第 86 页）。

6. 第二十世，杰时，与子伯龄、伯祥、伯秀、伯志，居印尼梭罗、三宝垄（原谱第 88 页）。

7. 第十六世，兆津，居印尼巴城（原谱第 89 页）。

8. 第二十二世，振华、振宣，往南洋经商（原谱第 90 页）。

9. 第二十一世，粪斗，往印尼（原谱第 91 页）。

10. 四房：第二十一世，荣聚，与子宏思、宏儒、宏熊、宏发，第二十一世，荣基，第二十二世，宏伟，居印尼（原谱第 96 页）。

11. 清代洪岱第十七世，进发，到印尼泗水，第十八世，其上、永丛

（原谱第 109 页记永朴）、永复，出洋到印尼（原谱第 105、190 页）。

12. 第二十世，施子坊、子楫、子掌、子垄、子爱，均在泗水（原谱第 190 页）。

13. 第二十二世，习皆，住印尼梭罗（原谱第 190 页）。

14. 裔孙施显华居印尼、施敦厚居荷兰、施金盾、施金莲、施金牛、施世克，居印尼，金盾之孙 1993 年曾回乡拜祖（原谱第 190 页）。

37

漳州《紫泥吴氏宗谱》《紫泥村涂仔吴族谱续本》

紫泥始祖来自南安县，任宋礼部尚书，是瑞公之第四子可深，因战乱背井离乡。初逃同安县马巷，后迁龙溪县石美社埭仔尾角，再迁居海澄县青浦社，到元朝武宗三年入紫泥社（涂仔）建基。

该谱为漳州龙海《紫泥吴氏宗谱》与《紫泥村涂仔吴族谱续本》，《紫泥吴氏宗谱》康熙十年修，1922年重修，总页数为61页，所记谱系流派为吴潜派系·吴可琛支系，所载世系从一世到十一世。《紫泥村涂仔吴族谱续本》2001年修订，全书分一册，总页数434页，所记谱系流派为吴潜派系·吴可琛支系，所载世系从十三世到二十三世。

迁居南洋记录

《紫泥吴氏宗谱》

1. 第九世，必振，号越吾，贩番（原谱第5页）。

2. 第十一世，而朝，字郡达，贩番（原谱第17页）。

3. 第十世，荣春、季春，第十一世，敬，而泙、而淮、而源、而泮，贩番（原谱第18页）。

4. 第十世，先春，字惕匪，贩番（原谱第20页）。

5. 第十世，须熠、须炤，贩番（原谱第22页）。

6. 第十三世，温（字世润），迁暹罗（原谱第23页）。

7. 第十世，组，贩番（原谱第27页）。

8. 第十世，懿，贩番（原谱第29页）。

9. 第九世，道备，贩下港（原谱第30页）。

10. 第十三世，从，迁吕宋（原谱第32页）。

11. 第十世，苍扶，贩下港（原谱第 36 页）。

12. 第十世，苍燧，贩占毕，第十二世，照，贩番（原谱第 37 页）。

13. 第十三世，漳，字定邦，福字定田、定国，贩番（原谱第 44 页）。

《紫泥村涂仔吴族谱续本》

1. 第十三世，竹溪派温，迁暹罗（原谱第 10 页），第十七世，长房红毛，迁印尼，顺，贩番（原谱第 10，39 页），第十九世，长房聪达，迁马来西亚（原谱第 10 页），第十八世，长房火条，迁新加坡（原谱第 10 页），第十九世，长房德年，迁新加坡（原谱第 10 页）。

2. 第二十一世，伯诗二房鹿、菜头，迁新加坡（原谱第 12、84 页），第二十世，伯诗二房武，迁巨港（原谱第 12 页）。

3. 第二十二世，伯诗二房金能，迁新加坡（原谱第 12 页）。

4. 第二十一世，伯诗二房乌仙迁巨港（原谱第 12、83 页）。

5. 第二十一世，季和三房红毛，贩番（原谱第 14 页）。

6. 第二十世，季和四房份，第十九世，清枝、清英、清风，贩番（原谱第15 页）。

7. 第十八世，逸庵派寿，贩番（原谱第 17、48、256 页）。

8. 大房第十八世，大条，第十九世，柏年、松年、德年，第二十世，清海、清按、清福，第二十一世，滨、云，贩番（原谱第 40 页）。

9. 长房汾野内第十九世，达聪，第二十世，水吉、水泥、水股、水福贩番（原谱第 41 页）。

10. 第二十一世，联泉福，贩番（原谱第 81 页）。

11. 北社第二十二世，金山、金能，第二十三，世炎、福成、福才、福安，贩番（原谱第 91 页）。

12. 季和三房潭仔头第二十二世，琪、剑，贩番（原谱第 158 页）。第十九世，清枝，第二十世，分（原谱第 168 页），清英、清风（原谱第 169 页）贩番。

13. 巷仔内派第十九世，安然（原谱第 182 页），第二十世，九彪，贩番（原谱第 189 页）。

14. 第十九世，阿来，厚根，贩番（原谱第 268 页）。

15. 第二十世，献，二十一世，伟耀、伟坚、伟煌，贩番（原谱第

281、285 页)。

16. 第二十世，元全（原谱第 359 页），第二十一世，明生、明辉、源裕、源丰、源才（原谱第 383、420、413 页），第二十二世，金强、金源、金荣、金顺、金祥、国发（原谱第 385 页），第十九世，恣克，贩番（原谱第 387 页）。

38

漳州《山美郑氏族谱》《青美郑氏族谱》

郑氏起源于西周，周宣王二十一年（公元前 806 年）封其弟友于郑，是为郑桓公，为郑氏始祖。至今已有两千八百多年。后五胡乱华，郑桓公第四十代孙郑庠南渡入闽，其子郑昭公为郑氏入闽始祖。后昭公裔郑露与祖弟郑庄、郑淑自永泰迁莆田，为莆田郑氏始祖。后北宋末年、南宋初年，露公之部分裔孙先后迁居漳州，九代裔孙郑渝长子隆公之孙郑谙迁山美，为山美开基始祖。后山美五世孙常翁迁青美世居，为青美一世祖。山美郑氏自二世分迁后，均各自繁衍发展，后代又搬迁各地，子孙昌盛。

《山美郑氏家谱》版本年代为清乾隆癸巳年三十八年（1773 年），版本类别为复印件手抄本，全书分一册，总页数 241 页，记载了后裔子孙迁南洋名单记录。《青美郑氏近代世系表》，皆为 1995 年 12 月修订，版本类别为手抄本复印件，油印。全书总页数 98 页，所记为青美郑氏近代世系房系结构图，所载世系从十六世到二十四世。书中记载了后裔子孙迁南洋名单记录。

迁居南洋记录

《山美郑氏家谱》

1. 第十五世，应文，乳名借，谥正值，生康熙丙申年（1716 年），卒乾隆乙亥年（1755 年），公葬于番邦（原谱第 37 页）。第十五世，应朝，乳名朝，谥于庭，生雍正丁未年（1227 年），乾隆乙卯年（1795 年），卒暹罗。弟应献，乳名献，往番而卒。弟应每，乳名每，往番而卒（原谱第 38 页）。

2. 第十五世，应享，乳名堵，谥唐山，生雍正癸卯年（1723 年），卒乾隆乙亥（1755 年），葬番邦。应墀，生雍正甲辰，卒番邦（原谱第 40 页）。

3. 第十五世，应遂，乳名狮，生雍正甲寅（1734 年），葬于番邦（原谱第 46 页）。

4. 第十六世，顺仁，谥存仁，往番邦卒（原谱第 61 页）。

5. 第十七世，笃志，乳名朝元，谥万东，生乾隆庚午年（1750 年），卒嘉庆癸亥（1803 年），公葬咬留吧。弟笃学，乳名朝梁，字任中，生乾隆壬申年（1752 年），卒乾隆丙午年（1786 年），公葬咬留吧，嗣子本謌（原谱第 87 页）。

6. 第十八世，本謌，乳名云祥，学公嗣子，往吧（原谱第 101 页）。

7. 第十四世，应宗，乳名学，往三宝垄，身故，生卒失记，葬三宝垄（原谱第 111 页）。

8. 第十六世，顺合，乳名合，生乾隆戊午年（1738 年）卒乾隆甲辰年（1784 年），葬番邦三宝垄，生子笃德（原谱第 117 页），第十五世，应彦（1736—1772），往番（原谱第 148 页）。

9. 第十六世，崇泽，乳名松，往暹（原谱第 153 页）。

10. 第十六世，崇北、崇纱往番（原谱第 154 页）。

11. 第十五世，之炫，乳名拟号逊明，生康熙戊辰（1688 年），卒雍正癸丑（1733 年），葬在番邦暹罗国（原谱第 170 页）。

12. 第十六世，崇敖，乳名范，字僻顺，生康熙丙申（1716 年），卒乾隆庚寅（1770 年），葬在番邦旧港（原谱第 175 页）。

13. 第十六世，崇审，号次博，生康熙己亥（1719 年），卒乾隆丁亥（1767 年），葬在番邦暹罗（原谱第 177 页）。第十七世，笃安，乳名微，号而显，生乾隆癸酉（1753 年），卒乾隆辛丑（1781 年），葬在番邦咬留吧。子本璋。弟笃宣，乳名秋，生乾隆己卯（1759 年），卒嘉庆甲戌（1814 年），葬在嘛六呷。弟笃宁，乳名玦，号槐才。生乾隆壬午（1762 年），葬吧国。子本璜（原谱第 181 页）。

14. 第十七世，笃弥，乳名梦鳌，生乾隆癸巳（1773 年），卒嘉庆十六年（1811 年），葬番邦咬留吧。

15. 第十七世，笃张（1736－1815），往嘛六甲（原谱第 184 页）。

16. 第十七世，笃责（1774－1820），葬暹罗（原谱第 188 页）。

17. 第十七世，笃朴，乳名钦，号亦侃，生乾隆甲子（1744 年），卒乾隆癸已（1773 年），葬在吧国。子本忠（原谱第 191 页）。

《青美郑氏近代世系表》

1. 第十八世，登生，住印尼（原谱第 3 页）。

2. 第十七世茂源，十八世登山、澄安，住印尼。三财，住印尼三宝垄。第十九世，宗基、宗祥、宗彝，住印尼吉令市（原谱第 3 页）。

3. 第十八世，连盛，妻高心匏，往南洋，子瑞发（原谱第 6 页）。

4. 第十七世，巴漏，居南洋。第十九世，福寿，居新加坡。炳凤、炳福，居印尼（原谱第 8 页），第十八世，爽德，居泰国，爽山，居印尼（原谱第 10 页）。

5. 第十八世，有智、有礼、有仁，居印尼（原谱第 11 页）。

6. 第二十世，丰绪，居南洋（原谱第 12 页）。

7. 第十九世，天赐，居印尼（原谱第 14 页）。

8. 第十八世，大湛、大锥，往南洋（原谱第 16 页）。

9. 第十八世，德力，第十九世，松泉，往南洋（原谱第 17 页）。

10. 第十八世，瑞珍，往南洋（原谱第 22 页）。

11. 第十九世，沧海，住南洋（原谱第 22 页）。

12. 第十九世，添来、再添，居新加坡。棕仔，印尼（原谱第 36 页）。

13. 第十六世火松，第十九世瑞盛、新来，住印尼。第二十世，国民、国庆、国辉、国元，往印尼。第二十一世，志宏、志琴、志梅、志恒，往印尼（原谱第 38 页）。

14. 第十七世，龙麻、知王、超辉，居印尼。第十八世其泉，第十九世文芳、再建、再兴、沈仔、垫仔、居雅加达（原谱第 40 页）。

15. 第十七世，允顺，居新加坡（原谱第 42 页）。

16. 第十八世，允泉，居印尼（原谱第 44 页）。

17. 第十五世乌记、第十六世茂火、第十七世兴，第十八世两福，居新加坡。第十七世清波，居印尼（原谱第 45、48 页）。

18. 第十八世天来、第十九世万福，亚匏，迁新加坡（原谱第 46 页）。

19. 第十六世盐仔、雨水、红耳，第十七世春海、春松、春山，居印尼（原谱第 46 页）。

20. 第十九世，如在、如德，在南洋（原谱第49页）。

21. 第十八世，亚毛，居南洋。第十九世，金墙，住南洋（原谱第51页）。

22. 第十九世，宗庆、宗仁、宗和、宗成，居南洋（原谱第52页）。

23. 第二十一世，万福，住南洋（原谱第53页）。

24. 第十七世，永昌、妣郭慎娘、李添娘、陈添娘、陈庞娘，居印尼三宝垄。子：百堵、百忍、百鸿、百彬、百寿、百传、缵荣，居印尼（原谱第55页）。

25. 第二十世，耿炎、妻黄秧，耿林、妻陈秀莲，迁印尼雅加达（原谱第57、58、59页）。

26. 第二十一世，瑞春、妻郭爱，迁印尼雅加达（原谱第58页）。

27. 第二十一世，瑞和、瑞松，迁印尼雅加达（原谱第59页）。

28. 第二十一世，瑞芳（镇守）、妻张另娘，子福泰，女淑英、淑珠，印尼，第二十世，少卿、妻林银娇，子维桢、维忠，女慕兰、慕治、慕利，孙成立、成业，居印尼（原谱第60页）。

29. 第十八世，百士（卒印尼）。百兴，子承祧、承佑，迁印尼。第十八世，文勋，子辉发，媳王彩娘，迁三宝垄（原谱第64页）。

30. 第十九世，允升，建兴，妣郭泡（女桂英），迁印尼（原谱第66页）。

31. 第十九世，苟完、妻蔡德娘，迁印尼泗水。子瑞职、瑞茂、瑞松、瑞隆、女珍娘、真娘、勤慎，迁雅加达（原谱第67页）。

32. 第十世，建智、建彬，迁印尼（原谱第68页）。

33. 第十八世，珠音、妻陈永、子炳章、炳智，迁印尼（原谱第69页）。

34. 第二十世，启忞，迁新加坡（原谱第69页）。

35. 第十九世，超华、妣陈英，迁印尼（原谱第70页）。

36. 第十八世，丁漳、子汉才，弟伟生，子汉元、汉阳，弟伟男，丁献，丁福、子汉瑞，弟丁玉、丁笑、丁福、丁耀，迁印尼（原谱第72页）。

37. 第十八世，允香、子在达、在火、在吉，迁印尼。第十八世，水景、子在渊、印尼，在金，迁新加坡。第二十世，坎湖，迁印尼（原谱第

76、77 页）。

38. 第二十世，毓习、毓槐，迁印尼三宝垄。毓英，妻郭荫仔（在金子）、子宗山、崇海，迁新加坡。弟毓瑞、毓建，迁新加坡（原谱第 77、78 页）。

39. 第十六世，秋山、子仙仔、南海、东海、北海、泗海。第十六世，秋冬迁，印尼（原谱第 81 页）。第十八世，有国、有好、文甫、有阳、有成、老货，迁印尼（原谱第 83 页）。

40. 第十七世，秋云，迁印尼（原谱第 84 页）。

41. 第十九世，荔枝、妻灿仔，迁印尼。有智，迁印尼巨港（原谱第 85 页）。

42. 第十九世，金荣、妻谢谓，迁印尼旧港。子坤泉，媳魏玉霞，孙忠良、忠兴、忠义、忠诚、忠信及孙媳、曾孙，在巨港。女玉仔、在巨港（原谱第 88 页）。

43. 第十九世，有智、子柏升、媳叶满云，孙志伟、志仁、孙女慧莲，在巨港（原谱第 90 页）。

44. 第十八世，活水、子金元、媳李美云，孙建隆、建益，孙女金凤，往新加坡（原谱第 91 页）。

45. 第十八世，同仔，妻郭贼婆、子龙成，媳郑英娘，孙连和等，往新加坡（原谱第 94 页）。

46. 第十八世，天来，妻郑娘，子瑞福、瑞源，女玉娘，往新加坡（原谱第 95 页）。

39

漳州《蓝田镇梧桥谱（郑氏）》

梧桥社开基始祖为思美公，其妻庄氏，生三子。具体开基年份无从考证，约为明初，至今六百余年。梧桥与石码同属旧郑衍派（旧郑指的是郑渝派下，与龙溪山北、古县郑氏同属郑露的第五代裔孙郑晦公的儿子的后代，是二房仁己公的后代）。其余资料由于族谱资料欠缺，无从撰写。在数百年的分衍迁徙中，梧桥社迁往南洋等地的裔孙为数不少。

《蓝田镇梧桥谱（郑氏）》，主编郑明清，2004年修订，版本类别为复印件，机器印刷，全书分一册，总页数89页。所载世系从一世到二十二世。

迁居南洋记录

1. 第十三世，颗，在番故（原谱第20页）。

2. 舜极，讳志关，在吧故（原谱第23页）。

3. 华，在番。纯，在番（原谱第25页）。

4. 第十四世，荣，往吕宋，故。宗，往吧沉船故（原谱第31页）。

5. 文焕，在番故（原谱第34页）。

6. 第十五世，丹，往吧故，妻林氏（原谱第40页）。

7. 第九世，廷缵，名述，往吧沉船故。第十二世，吗，往番。丙，在番故（原谱第86页）。

8. 第十三世，丙在番故（原谱第86页）。

9. 舜极，讳志美，在吧故。华，在番。第十四世荣，往吕宋故。伯荫，往吧故。文焕，在番故（原谱第87页）

10. 第十五世，丹、表，往吧故（原谱第88页）。

40

漳州《弘农杨氏平和谱》

杨姓始祖为黄帝第三十世裔孙杨杼公姬杼。弘农杨氏发迹于汉杨氏二十七世祖硕公（沛公太史，命八子扶刘邦灭项羽），兴于其第六子杨喜公，后其裔孙历出帝王将相（西汉将军杨喜、杨武等，丞相杨敞、杨恽等，隋帝杨坚，等等），成为中原之望族。后因战乱，杨氏裔孙入闽开基。平和杨氏入闽始祖为五十八世祖杨承休公。平和杨氏，人才辈出，并遍布海内外各地区。

《弘农杨氏平和谱》，主编杨敦慎，1999 年修订，版本类别为复印件，机器印刷。全书分一册，总页数 418 页。所记谱系流派为宋杨世隆佛昙派系，宋杨宰泉州派系，宋杨德淘石壁派。记录弘农杨氏移民福建、开基平和以来，在本土和向台湾、海外分衍流播的历史。族谱共分上、中、下三部。

迁居南洋记录

一、南胜

1. 墘仔社第十六世诸侯，清道光移居马来西亚（原谱第 168 页）。

2. 大寨楼仔第十六世宗振、锋仔清光绪迁新加坡，传裔印尼万隆。义路村第十八世汝南，由台湾乌日乡迁日本神户滩区（原谱第 168 页）。

二、崎岭河边

1. 师仔，民国间迁来马来西亚（原谱第 167 页）。

2. 第十八世火炭，1972 年徙居泰国。友部，民国间迁马来西亚。世系未详，浪仔、土沙，民国间迁马来西亚（原谱第 169 页）。

三、九峰

1. 杨厝坪第十五世梦熊，1922 年徙居泰国槟埔，第十七世火轮，1916 年徙居泰国磷柳港。下坪村，世系未详，水剥，移居泰国越三饭，积忠、姜义，民国间徙居泰国曼谷叨拉（原谱第 169 页）。

2. 大峰塘背科，第十七世敦培，清末移居印尼，裔孙居马来西亚、新加坡。第十八世贯通，世系不详魁梧、魁提、金德、春杏、瑞元、玉振 1928 年徙居泰国曼谷。第十九世恭助，民国间徙居马来西亚（原谱第 169 页）。

3. 小溪宝善村积忠 1935 年徙居泰国。山格和龙（世系、时间未详）移居泰国（原谱第 168 页）。长乐助亭村万物（世系、时间未详）移居泰国（原谱第 169 页）。

四、平和杨氏在海外

有上千人，较多是泰国、马来西亚、新加坡。已知在清朝光绪间有平和大峰乡（今福塘）塘背科人，第十八代杨友正定居泰国，南胜义路人。十六代杨诸侯定居马来西亚。近代在民国时期移居泰国有福塘人魁梧、魁提、金德、春杏、瑞元、贯通。杨厝坪人梦熊、火轮。下坪人积忠、美义、水剥。紫庭人，万物。小溪人秋忠、和龙。河边人火炭等。在马来西亚有南胜义路人宗振、锋仔。河边人浪仔、土沙、友部、师仔、片仔、矮仔等。现代较著名有杨友正长子杨锦忠。在泰国创办公司兼任政府要职，是泰国华人领袖之一。

1. 第十八代祖泰国曼谷市越迪四角始祖友政，祖籍平和县秀峰乡福塘村塘背科。友政（1882—1959），1898 侨居泰国曼谷市，传七子七女（原谱第 351、352 页）。

2. 第十八代祖泰国曼谷市杨春杏。祖籍福塘村塘背科人（1909—1980），传二子，经营福兴昌中药有限公司（原谱第 352 页）。

3. 代金德，祖籍福塘村塘背科，偕兄弟魁梧、魁提定居泰国谷式里越乾也那也贴士马二路（原谱第 352 页）。

4. 第十八代瑞源（1900—1958），祖籍福塘村塘背科，在曼谷吞武里府娘宫巷口哒叻置江间店面楼房，营福生堂药材行，传四子二女（原谱第

352 页）。

5. 第十五代祖泰国槟埔村始祖梦熊，祖籍九峰杨厝坪，1922 年往泰国，传二子，已衍四代（原谱第 352 页）。

6. 第十七代祖泰国怜榔港火轮，祖籍九峰杨厝坪，1926 年往泰国，传三子（原谱第 352 页）。

7. 泰国曼谷市吔啦埠始祖积忠、姜义，祖籍九峰下坪，1935—1937 年往泰国，经营隆和机器厂，在泰传三男六女（原谱第 353 页）。

8. 泰国越三饭水剥，祖籍九峰下坪，民国间往泰国，传二子三女（原谱第 352 页）。

9. 第十六代祖诸侯，祖籍南胜义路，清光绪间到马来西亚，在该地繁衍生息。后又有宗亲宗振，锋仔到此谋生（原谱第 352 页）。

10. 第十九代祖薛叻，祖籍福塘村塘背科，传三子，裔孙百多人，居马来西亚、新加坡、印尼，以种植为业（原谱第 352 页）。

11. 第十七代祖敦培，祖籍福塘村塘背科传五子，四个在马来西亚、印尼种植、经商（原谱第 352 页）。

41

漳州《南阳·福建同安佛岭衍派·平和芦溪叶氏族谱》

叶氏始祖为沈诸梁公。公元524年，沈尹戌（楚国沈氏始祖，颛顼后裔）之子沈诸梁被封为叶邑令尹，食采于叶，赐爵为公，称“叶公”，始得叶姓。至七十五世祖洙公于公元885年，随王潮、王审知入闽，889年在同安佛岭开基，为叶氏入闽始祖。

《南阳·福建同安佛岭衍派·平和芦溪叶氏族谱》，1998年10月修订，版本类别为原件，机器印刷。原书有三册，在线族谱仅记录第一册，总页数687页。所载谱系流派为唐开闽同安佛岭叶洙派系·芦溪正寿支系。所载世系从一世到二十四世。

迁居南洋记录

一、大房

1. 第十八世，南山，往仰光（原谱第101页）。

2. 第十八世，田隙，子英信、振步，往南洋。第十八世中央（子锦云），往缅甸仰光（原谱第103页）。

3. 第十九世，自然，子治国，往泰国（原谱第137页）。

二、二房

1. 第十九世，（双丰下铜）宏三，子坤陆、坤木、坤守，过南洋（原谱第447页）。

2. 第二十世，登极，往南洋（原谱第472页）。

3. 第二十世，（路下）文渊，居缅甸（原谱第 503 页）。
4. 第二十世，新昌，子三根，往南洋（原谱第 527 页）。
5. 第二十世，有乒，子仁归、炳煌、仁才，居泰国（原谱第 528 页）。
6. 第二十世，天梓，居泰国宾城（原谱第 557 页）。

42

漳州《平和林氏渊源谱（初编）》

中华林氏，已知有四大姓源（子姓、姬姓、曹姓、改姓）。平和林氏出自黄帝玄孙，长林元祖契之后。商朝末年，纣王无道，王子比干力谏死，比干之子坚避祸长林山，得姓为林，遂为华夏第一支林氏始祖，史称长林世系。林氏肇基平和，始自宋季，盛于元明，及至共和国初，已有晋安、固始等三大世系，共 23 支房系在境内开族。

《平和林氏渊源谱（初编）》，主编林添生，2008 年修订，全书分一册，总页数 1406 页。所记谱系流派为晋安派、孔著派，所载世系从一世到五十五世。

迁居南洋记录

一、晋安派宗茂公后裔

1. 第十五世，崎岭诗坑林锦连，民国间徙居印尼（原谱第 280 页）。

2. 第十七世，诗坑林买仔，民国间徙居马来西亚（原谱第 282 页）。

3. 第十八世，诗坑林兹九、林兹占，民国时期徙居马来西亚（原谱第 183 页）。

二、晋安派振台公后裔

1. 第十二世，长乐乡葵山林国光，民国初年徙居新加坡（原谱第 284 页）。

三、晋安派宗泰公后裔

1. 第十五世，崎岭乡新南村林水连、第十六世，林二瑞、林永成，民国时期徙居马来西亚。林清喜，民国时期徙居泰国（原谱第 285 页）。

四、晋安派宗育公后裔

1. 第十五世，崎岭南湖林龙水、林振丕、第十六世，林两山、第十八世，林南安、林绍基、第二十世林墨斗，民国时期徙居马来西亚。第十五世，崎岭南湖林罗通徙，居菲律宾吕宁（原谱第 286～287 页）。

五、晋安派均海公后裔

1. 山格镇白楼村林维国，清康熙间徙居菲律宾吕宋。第十二世，山格高礤村林添（1706—1750）、林叶（1748—1794）过洋亡故（原谱第 290 页）。

六、晋安派光朝公后裔

1. 第八世，文峰镇三平林介、林步（睿四、六子），迁居吧番（原谱第 291 页）。

七、晋安派日隆公后裔

1. 第十一世，安厚田径林启，清康熙间徙居吧番（原谱第 294 页）。

2. 第十三世，林排偕父启、母朱氏，清雍正间徙居吧番（原谱第 295 页）。

3. 第十五世，田径林朗，清咸丰间徙居吧番（原谱第 296 页）。

八、孔著派孝公后裔

1. 第十世，坂仔镇宝南村林豪，字毅相，明代贩番无回（原谱第 301 页）。

43

漳州《蓝氏族谱》

蓝氏之先出自神农氏之后，第十世榆罔帝之子，赐姓蓝，取名昌奇，为蓝氏始祖。传至唐朝时期，明德公徙居江南，于江南开基，为蓝氏一世祖。传至宋高宗时期，吉甫公为避乱入闽，居福清之五福乡，为蓝氏入闽开基始祖。

漳浦《蓝氏族谱》，1991 年修订，全书分一册，总页数 266 页。所记谱系流派与所载世系为二房渐公派下，从十八世到二十三世。三房蕃公派下，从十八世到二十三世。四房五才公派下，从三世到迁居南洋记录。

一、蓝氏二房渐公派下

1. 第十九世，蓝火土、蓝福春，自漳州漳浦县石椅村旅居印尼（原谱第 110 页）。

2. 第二十世，蓝雨超，自漳州漳浦县石椅村去印尼（原谱第 111 页）。

3. 第十八世，蓝朝全，自漳州漳浦县石椅村去印尼（原谱第 111 页）。

4. 第十七世，蓝扁仔，蓝有仔，自漳州漳浦县白陂社往印尼（原谱第 198 页）。

5. 第十八世，蓝金凤、蓝甘堂，自漳州漳浦县白陂社往印尼。第十九世，蓝来有、蓝银模、蓝碧江，自白陂社往印尼（原谱第 198 页，第 203 页将二人记作三房蕃公派下）。

6. 第二十世，蓝同远，蓝有仔，自漳州漳浦县白陂社往印尼（原谱第 199 页）。

7. 第二十世，蓝致富，自漳州漳浦县白陂社往印尼。第二十世，蓝五经，自白陂社往印尼（原谱第 201 页）。

8. 第二十世，蓝乙鹤，自漳州漳浦县白陂社往印尼（原谱第 201 页）。

9. 第二十世，蓝俊美，蓝玉树，自漳州漳浦县白陂社往印尼（原谱第

202 页）。

10. 第二十一世，蓝民权，自漳州漳浦县白陂社往印尼（原谱第 202 页）。

11. 第二十世，蓝天龙，自漳州漳浦县白陂社往印尼（原谱第 202 页）。

二、蓝氏三房蕃公派下

1. 第十八世，蓝盐仔、蓝清龙，自漳州漳浦县古罗旅居印尼万隆（原谱第 112 页）。

2. 第十九世，蓝钦池，自漳州漳浦县古罗侨居印尼（原谱第 145 页）。

3. 第十九世，蓝达水，自漳州漳浦县古罗侨居新加坡（原谱第 146 页）。

4. 第二十世，蓝国麟，自漳州漳浦县前园往印尼（原谱第 175 页）。

5. 第二十一世，蓝明其，自漳州漳浦县前园往印尼（原谱第 181、186 页）。

6. 第二十二世，蓝克东，自漳州漳浦县前园住印尼（原谱第 182 页）。

7. 第二十二世，蓝忠辉、蓝忠争、蓝忠金及蓝忠枝，自漳州漳浦县前园住印尼万隆（原谱第 182 页）。

8. 第二十三世，蓝鸟术，自漳州漳浦县前园往印尼（原谱第 188 页）。

9. 第十九世，蓝来成，自漳州漳浦县白陂社往印尼（原谱第 203 页）。

10. 第十九世，蓝来善，自漳州漳浦县白陂社往印尼（原谱第 203 页）。

11. 第二十世，蓝水乞，自漳州漳浦县白陂社往印尼（原谱第 203 页）。

12. 第二十世，蓝芳玉，自漳州漳浦县白陂社往印尼（原谱第 205 页）。

13. 第二十世，蓝晋水及其子蓝瑞和、蓝瑞发、孙蓝仁智、蓝锡明，自漳州漳浦县湖西乡住印尼（原谱第 210 页）。

14. 第二十一世，蓝江山，自漳州漳浦县湖西乡往南洋（原谱第 220 页）。

15. 第二十一世，蓝福箭，自漳州漳浦县湖西乡往南洋（原谱第 221

页)。

16. 第二十二世，蓝利贞，自漳州漳浦县湖西乡往新加坡（原谱第223页)。

17. 第二十二世，蓝彰奇、蓝彰传及蓝彰芳，自漳州漳浦县湖西乡往印尼（原谱第223、225页)。

18. 第二十三世，蓝水佳，自漳州漳浦县湖西乡往印尼（原谱第26页)。

三、蓝氏四房五才公派下

1. 第二十一世，蓝丰林、蓝丰玉，自漳州漳浦县石椅旅居印尼（原谱第115页)。

2. 第二十世，蓝沧棠、蓝铿锵，自漳州漳浦县石椅迁往故之印尼泗水（原谱第116页)。

3. 第二十世，蓝仙桃，住印尼经商（原谱第117页)。

4. 第二十世，蓝中国、蓝发国，自漳州漳浦县石椅往印尼经商（原谱第120页)。

5. 第二十世，蓝婴有，自漳州漳浦县石椅过南洋（原谱第122页)。

6. 第十八世，蓝继美、蓝振美居泰国。第十八世，蓝长绵旅居泰国（原谱第123页)。

7. 第十九世，蓝源仔，自漳州漳浦县石椅去缅甸仰光（原谱第125页)。

8. 第十九世，蓝马仔，自杨美村出洋（原谱第168页)。

9. 第二十一世，蓝庆生，自漳州漳浦县杨美村出洋（原谱第168页)。

10. 第二十二世，蓝和在，自漳州漳浦县白陂社往南洋（原谱第191页)。

11. 第二十二世，蓝长水，自漳州漳浦县白陂社往南洋（原谱第192页)。

12. 第二十三世，蓝介民、蓝庆民及蓝志民，自漳州漳浦县白陂社往印尼（原谱第194页)。

13. 第二十二世，蓝朝阳，自漳州漳浦县白陂社往泰国（原谱第195页)。

44

漳州《西洋坪（吴氏）宗谱》

公元930年左右，季札的后裔吴容重从江苏的延陵迁到当时河南省开封府，祥符县持和乡之村，在那里开拓发展。传至第四代吴济迁入当时江西省饶州府平乐县。后到第十三代孙吴一俊的裔孙孔辉、孔灼为逃避瘟疫迁至福建漳州。公元1403年孔辉之子吴从行守居西洋坪，为西洋坪吴氏始祖。

漳州《西洋坪（吴氏）宗谱》，2002年修订，全书共一册，总页数457页。所记谱系流派为吴薪派系·西洋坪吴从行支系，所载世系从一世到二十三世。

迁居南洋记录

1. 前吴引翼堂：第十九世，裕龙，全家在印尼。裕凤，全家在南洋（原谱第68、286、287页）。

2. 第二十一世，家雄，儿女在马来西亚（原谱第73页）。

3. 第十八世，水仔，全家住印尼泗水埠（原谱第78页）。

4. 第十八世，矮仔，往南洋（原谱第84、299页）。

5. 第十九世，俊义、俊成，往泗水埠（原谱第87页）。

6. 第十九世，全安、全木，全家在南洋（原谱第91页）。

7. 第二十世长溪之五子、媳（佚名）全家。第二十一世，开彬之四女（佚名）全家，第二十世，其中、其宪，第二十一世，开文，全家在泗水（原谱第100页）。

8. 第二十世，国安、国太、国仔、素琴、素莲，在南洋（原谱第103页）。

9. 第十八世，武仔，往南洋（原谱第108、333页）。

10. 第十九世，荣宗，往印尼，木仔，在南洋（原谱第113页）。

11. 海澄祖世系：第二十世，开良，在印尼（原谱第121页）。

12. 第十九世，荣发，在南洋定居（原谱第126页）。

13. 后吴追远堂：西洋坪第十九世，桂堂，在南洋（原谱第139页）。

14. 第二十世，国宝，在印尼（原谱第141页）。第十八世，坤池，在南洋（原谱第158页）。

15. 内林村第十九世，添丁，迁居新加坡（原谱第169页）。第二十世，亚松，迁印尼（原谱第180页）。

16. 第十九世，再发、顺发，迁新加坡（原谱第181页）。西洋坪第十九世，云水，往南洋（原谱第195页）。

17. 第十八世，聪明，往四里末经商（原谱第199页）。

18. 第十八世，沧海，出外洋经商。第十九世，长流，亡于泗水（原谱第200、250、254页）。

19. 前吴第二十一世，莲花、振作，在南洋（原谱第211页）。第二十一世，其全四女（佚名），分南洋（原谱第213页）。

20. 第二十世，水盆嫁西街社廖达彬，后移印尼三宝垄（原谱第232页）。

21. 第十八世，文献，往南洋（原谱第234、237、239页）。

22. 第十九世，龙根长子（佚名），自幼分漳州竹巷下，后迁南洋（原谱第236页）。

23. 第十八世，油水，往南洋泗水（原谱第267页）。

24. 第十八世和麟、第十九世全安，往南洋（原谱第307页）。

25. 第二十世，长溪之五子（佚名），全家在印尼。第十九世，旺水，子其家、其标、其忠、其宏、其宪、女雅霜、玉霜，在印尼泗水（原谱第320页）。

26. 第二十世，其标女素月嫁香港，其忠与妻陈玉汉及四男，其宏与妻黄秀治、子开德、开文、女安尼，住泗水（原谱第321页）。

27. 第十九世，木生、妻林锥兰，往南洋，子国安、国泰、国仔，女素琴、素莲，俱在南洋（原谱第326页）。

28. 前吴引翼堂：第十九世，荣宗，往南洋（原谱第346页）。

29. 海澄县派下：第二十世，开良，往印尼（原谱第356页）。

30. 后吴追远堂：第十九世，泰根、子文庆、文国、文连及四、五、六子（佚名），住印尼（原谱第 376 页）。

31. 第十九世，桂堂，往南洋，娶妻洪，第十八世，妙水，往南洋（原谱第 379 页）。

32. 第十八世，坤池，往印尼（原谱第 392 页）。

33. 第十九世，金栓、金福，去南洋（原谱第 396 页）。

34. 第十八世，元根，往印尼，又妻，生子庆森、庆华、庆茂、庆祝，女金华、金兰，均居泗水。第十八世，坤池，定居印尼（原谱第 431 页）。

35. 第十八世，元顺，往印尼，再娶生子庆信、女庆莲，均居泗水（原谱第 414 页）。

36. 质侃，移暹罗，世系不详（原谱第 439 页）。

45

漳州《清河衍派云霄西林张氏家谱》

《清河衍派云霄西林张氏家谱》共分上下两册，总页数1014页，上册413页，下册601页，上册无在线族谱。2002年9月修订，版本类别为原件机器印刷。所载世系上册从一世到二十八世，下册从一世到三十世。

迁居南洋记录

1. 章鲁分衍诏安夺锦街世系：第二十二世，桂美，住新加坡（原谱第163页）。第二十一世，寿山、金瀛（子阿南），居新加坡。第二十一世，金福，金牛，住马来西亚（原谱第164页）。

2. 协公世系：第二十六世，淮赐，过南洋（原谱第195页）。

3. 西林移居云城顶米市街，第二十四世，旭初、国招、献珍、献福、献德，侨居印尼（原谱第216页）。

4. 乌治公派：东车房十九世轻，第二十一世福贵，往番（原谱第253页）。第二十三世水它，过番（原谱第254页）。第二十世鹧鸪出番邦（原谱第264页）。第二十世浦，第十九世哮，过番（原谱第267页）。第二十一世柴，往番邦（原谱第269页），第二十世罗，往番邦（原谱第286页）。

5. 昆润公二房（交仓）：第二十三世，良玉，居泰国（原谱第322页）。

6. 昆润公四房（下坂）：第二十一世，如漠，子麟宝、春盛，居新加坡（原谱第357页）。第二十一世，茶荣，往南洋（原谱第367页）。第二十二世，乌颂之三子，佚名，往泰国（原谱第371页）。第二十三世，送来，过南洋（原谱第382页）。第二十世，正义，往南洋（原谱第404页）。第二十一世，主来，过南洋（原谱第408页）。

7. 云霄甫美第二十五世，婷，住新加坡（原谱第63页）。云霄三房里二十五世，清亮、清添、清溪，居泰国。第二十六世，天辉、天栋、嘉嘉、天泽，居泰国（原谱第78页）。

8. 志德公（莆美）四房：第二十五世，清亮、清添，第二十六世，天泽、天栋、天辉、富强、富康、嘉瑶、嘉玉、天冲、富福、嘉丝、嘉玉、富安，居泰国（原谱第468页）。

9. 志德公（莆美）四房分派云陵：第二十二世，振茂，过南洋（原谱第489页），第二十一世，建贤，过南洋（原谱第490页）。

10. 志德公（莆美）四房师汉派下：第二十五世，长钦，过南洋（原谱第508页），镇权，第二十六世，云章，应年，住泰国（原谱第519页），第二十四世，作揖，住越南（原谱第533页）。

11. 第二十五世，亚生，住泰国（原谱第535页），第二十六世，旺成，居泰国（原谱第539页）。

12. 志德公（莆美）四房：第二十五世，棉兰，居印尼（原谱第542页），第二十六世，玉龙，住新加坡（原谱第547页），第二十二世，清俊，居南洋（原谱第559页），第二十三世，阿滔，过南洋（原谱第564页）。

13. 志德公（莆美）四房分派莆美：第二十二世，猪股，往泰国（原谱第581页）。

14. 志德公（莆美）四房分派东山北山村：第二十四世，贵如，子金荣、川成、川德，居新加坡（原谱第603页），第二十五世，一龙、二龙、三龙、四龙、武龙，居马来西亚。第二十四世，琼华，天发，居新加坡（原谱第604页）。

15. 志德公（莆美）四房分派莆美：第十七世，昆，过南洋（原谱第615页），第二十一世，拾捌，居泰国（原谱第618页）。

16. 志德公（莆美）四房：第二十二世兵贼，往南洋（原谱第629页）。

17. 张廖再光派系：桥头瓦厝村第二十二世，石佛，居新加坡（原谱第710页），诏安城关东门第二十三世，锦萍，居新加坡（原谱第722页）。

18. 志仁公派系铜陵大井头：第二十世，名龙、行三、行四，居越南，第二十二世，生华，居新加坡，生六子（原谱第726页）。

12. 志仁公派系分派晋江英林伍保岑：第十七世，元纪，过番邦，子士铨（原谱第731页）。

13. 志仁公派系：第十八世，士博，往暹罗，士厚，往番占泽问（原谱第732、742页）。

14. 志仁公派系：第二十二世，建永三子卒菲（原谱第746页）。

15. 志仁公派系：第二十六世，贻情，住菲（原谱第749页），第十九世，兆汉，往番（原谱第752页）。

16. 志仁公派系：第二十六世，贻忠，住菲（原谱第754页）

17. 三房得义公派系：饶平坎下村第二十七世，新科，居越南（原谱第759页）。

18. 三房得义公派系：第二十五世，镜亮，居泰国（原谱第761页）。

19. 三房得义公派系：田中第二十六世，财添，居泰国（原谱第764页），第二十七世丑，居泰国（原谱第765页）。

20. 三房得义公派系：大墓牌第二十八世，清泰，住泰国（原谱第768页），第二十六世，报赛、阿齿、阿拍、林来。第二十七世，大溪，居泰国（原谱第769页）。

21. 三房得义公派系：下洞派第二十八世，金弟，居新加坡（原谱第776页）。

22. 三房得义公派系：文峰派第二十三世，俊明长子（佚名），居泰国（原谱第785页），第二十五世，质伍，居泰国（原谱第788页）。

23. 三房得义公派系：第二十六世，巴拉次子（佚名），居泰国（原谱第789页）。

24. 三房得义公派系：阿寅之弟佚名，居泰国（原谱第790页）。

25. 三房得义公派系：厚径村第二十五世，阿瑜长子（佚名），居泰国（原谱第792页）。

26. 三房得义公派系：第二十四世，端泰长子（佚名），居泰国。东寨派第二十六世，建丑，居泰国，子克聪、克明、克智、克勇（原谱第793页）。

27. 三房得义公派系：第二十七世，阿水，居泰国（原谱第794页）。

28. 三房得义公派系：分派诏安太平第二十一世，顺典，居泰国（原谱第806页）。

29. 三房得义公派系：田尔派第二十四世，玉龙、玉成，居泰国（原谱第811页)。

30. 三房得义公派系：第二十五世，海珠，居泰国（原谱第812页）。

31. 三房得义公派系：第二十五世，永吉、永洁，第二十四世，顺典，居泰国（原谱第813页）。

32. 三房得义公派系：分派油车第二十四世，字立，居泰国（原谱第817页）。

33. 三房得义公派系：乐叟公四房和怡世系第二十五世，贻秀，往南洋（原谱第836页）。

34. 三房得义公派系：第二十五世，娘为、乌猪，第二十七世，进美，往南洋（原谱第840页）。

35. 三房得义公派系：第二十二世，笃唐、笃然、笃政，往南洋（原谱第842页）。

36. 三房得义公派系：第二十五世，贻良、贻吉居马六甲，第二十四世，燕援，往南洋（原谱第843页）。

37. 三房得义公派系：第二十三世，丕、秋、金米，居南洋，桂美，居安南（原谱第854页）。

38. 三房得义公派系：第二十二世，章，居南洋，第二十三世，汝溪，居巴城，汝泉，居新加坡，潭，居爪畦，第二十四世，友原，居新加坡，永，侨居爪畦（原谱第855页）。

39. 四房得礼公派系：诏安宫口南第二十四世，振成、振武、赞茂，居马来西亚，子孙众多（原谱第862页）。

40. 四房得礼公派系：第二十三世，水波，居新加坡（原谱第863页）。

41. 四房得礼公派系：宫口北第二十四世，福生，居新加坡（原谱第864页）。

42. 四房得礼公派系：西坪尾德衍堂第二十四世，藤冻，过南洋（原谱第874页）。

43. 四房得礼公派系：深沙社第二十六世，全色，居新加坡（原谱第886页）。

44. 五房临寿公派系：东山樟塘元德堂第二十四世，长全，居新加坡（原谱第958页）。

45. 五房临寿公派系：熏德堂第二十三世，福海，居新加坡（原谱第960页）。

46. 五房临寿公派系：第二十六世，双顺，居新加坡（原谱第961页）。

47. 五房临寿公派系：第二十二世，庆连，居印尼（原谱第962页）。

48. 五房临寿公派系：第二十四世，赛宗，居新加坡（原谱第963页）。

49. 五房临寿公派系：第二十一世水校之次子（佚名），第二十三世赛兰、第二十五世立本，居新加坡。第二十三世，赛娇，居印尼（原谱第964页）。

50. 五房临寿公派系：西畔孝享堂第二十三世，福顺、福清（子猪仔），居印尼。福元，居马来西亚（原谱第966页）。

51. 五房临寿公派系：顶厅第二十三世，锦洲，居新加坡（原谱第970页）。

52. 五房临寿公派系：第二十五世，黑番，第二十四世，益琳、金生，居新加坡（原谱第971页）。

53. 五房临寿公派系：双果山第二十一世，冬花，居新加坡，生富、亚九、宝花，往南洋，第二十三世，其清、金春、金添、金木，居印尼，源德，居新加坡（原谱第974页）。

54. 五房临寿公派系：念修堂第二十三世，才茂，才成，居新加坡。（原谱第976页）。

55. 五房临寿公派系：十房内六房第二十三世，文发，居新加坡。（原谱第977页）。

56. 五房临寿公派系：第二十二世友清，第二十三世锦忠、锦义、合兴、合元、振茂、德茂、锦茂、锦忠、锦义，居新加坡（原谱第978页）。

57. 五房临寿公派系：第二十二世，荣桂，居新加坡（原谱第979页）。

58. 五房临寿公派系：七房宜守惠考室第二十一世，裕奇，子德模，居印尼（原谱第981页）。

59. 五房临寿公派系：第二十世，保太，居印尼（原谱第982页）。

60. 五房临寿公派系：第二十一世，大开、小开，居南洋（原谱第

983 页）。

61. 五房临寿公派系：第二十二世，得胜，居新加坡（原谱第 984 页），保权，居南洋（原谱第 985 页）、成金、成茂、成龙，居印尼，国平，居新加坡（原谱第 986 页）。

62. 五房临寿公派系：七房四下四家第二十一世，万春、和尚、永章，居南洋（原谱第 987 页）。

63. 五房临寿公派系：第二十一世，义尚，居马来西亚。过坑公派二十三世，进祥，居新加坡（原谱第 989 页）。

64. 五房临寿公派系：南山公派第二十一世，振居印尼，振福，居新加坡（原谱第 990 页）。

65. 五房临寿公派系：第二十二世，茂法，居新加坡（原谱第 991 页）。

66. 诏安城关东门内第十八世，荣发，居新加坡（原谱第 992 页）。第十六世，继昌之二弟、三弟，出洋。第十八世，镇坚、镇荣居泰国。诏安北门外第二十二世，学明、惠明、天财，住新加坡。诏安城关第十九世，荣喜，居新加坡，第十八世，吉利，住印尼，吉祥，住马来西亚（原谱第 995 页）。

67. 城关十九世奢（乾隆间）。第二十一世建顺（咸同间），第二十二世振茂（光绪间），第二十三世心妇（民国初），莆美第十七世昆（康熙间），往南洋（原谱第 998 页）。

46

漳州《世坂许氏族谱》

许氏太始祖文叔公始自周朝，授封于许国，以国为姓。后裔子孙商公世居高阳，故称“高阳许氏”，后与其子纲公南迁汝南平舆到光州固始县，为河南一世祖。传至十九世陶公及子许天正“昭应侯”奉命辅陈政戍闽，世居南诏，为入闽开漳一世祖。许天正公第十八代孙子铭公为世坂许氏开基始祖。

云霄《世坂许氏族谱》，2002 年修订，全书一册，总页数 142 页。所记谱系流派为唐开漳许陶派系·西林子和支系·世坂支脉，所载世系从一世到二十四世。

迁居南洋记录

一、下城生派

1. 第二十三世，加春，去马来西亚（原谱第 46 页）。
2. 第二十世，荣花、和尚，过番（原谱第 49 页）。
3. 第二十世，水金，过番（原谱第 119 页）。

二、茂隆派系

1. 第十九世，阿八、憨托，去印尼（原谱第 68 页）。
2. 第十八世，通火、通合。第十九世，婴，过南洋（原谱第 71、119 页）。
3. 第十八世，葫。第十九世，蚶，过番（原谱第 75 页）。
4. 第十八世，泗壁，往南洋（原谱第 84 页）。
5. 第十九世，根之三子（佚名），第十九世，多能，过番（原谱第 85

页）。

6. 第十九世，老枪，过番（原谱第 86 页）。

7. 第十九世，破古，去南洋（原谱第 88 页）。

8. 第十九世，自美，过南洋（原谱第 101 页）。

9. 第二十世，金里，去新加坡，子宝成、宝坤，孙伟仔（原谱第 119 页）。

47

漳州《延陵世家壶嗣吴氏族谱》

延陵吴氏自周初泰伯、仲雍自始，迄今三千二百一十余载。壶嗣吴氏自始祖文应公肇基麦领，开拓壶嗣，已六百一十多年。后世子孙繁盛，支系纷繁。今族人遍布国中，且派衍外邦，堪称盛族。

云霄《延陵世家壶嗣吴氏族谱》，1984年修订，全书分上、中、下册，总页数446页。所记谱系流派为唐入闽吴祭派·吴强老派系·壶嗣文应支系·金坑支脉。所载世系从一世到二十三世。

迁居南洋记录

一、上册

1. 金坑房国韬世系：第十七世佛声、水春。第十九世欣茂、水林，居暹罗（原谱第44页）。第十八世赤，居泰国，第十九世故切，南洋（原谱第45、52页）。

2. 国武世系：第十七世兆兆、第十八世旺九、安亚、破古，居泰国（原谱第47页）第十七世玉香，居泰（原谱第48页）。

3. 国珍世系：第十七世明德，往泰（原谱第56页）。第十七世永顺，往泰（原谱第57页）。第十七世豆粒、四枝往泰（原谱第61页）。

4. 山布房朝麟世系：第十八世亚土，往南洋（原谱第80页）。

5. 祐公世系：十九砚湖，往番（原谱第82页）。

6. 奥公世系：第二十世金木，往南洋（原谱第88页）。

7. 忖公世系：第十九世桥，往南洋（原谱第97页）。

8. 西门房：第十八世兆鳌，往南洋（原谱第109页）。第十八世汉彰，泰国（原谱第112页）。

二、中册

(一) 石鼓长房奕山世系 (住壶嗣)

1. 第二十一世，有靖、有权、有修、友禄、友福、友胜、友敬、友恭、海淞、海湧、海池、海清，迁泰国（原谱第 140 页）。

2. 第二十世，小车，泰国（原谱第 145 页）。

3.（丰山）第十九世，杞南、玉帛，第二十一世，裕华、裕祥、裕德，泰国（原谱第 160 页）。

4. 第十八世，常棣、双咸，泰国（原谱第 161 页）。

(二) 石鼓次房螺坑世系

1.（仑光）第二十一世，水亭，徙越南（原谱第 185 页）。

2.（砚山）第二十二世，德添，住南洋（原谱第 190 页）。

3. 第二十二世，瑞奠、瑞初，住南洋（原谱第 193 页）。

4. 第二十二世，清其、木有，住南洋（原谱第 196 页）。

5. 第二十二世，亚德、思湿，往南洋（原谱第 199 页）。

6. 第二十世，廷清，往南洋（原谱第 201 页）。

7.（黎光）第十七世，新德，往南洋（原谱第 203 页）。

(三) 新田世系

1.（大茅坪）第二十世，钦，新加坡（原谱第 213 页）。

2.（打石仔）第二十世，利贞，迁泰国（原谱第 117 页）。

3.（银靠山）第十九世，九如，迁泰国（原谱第 236 页）。

4.（车旧楼）第二十世，财滥，徙新加坡（原谱第 246 页）。

5.（曲溪）第二十一世，水枝的长子、次子佚名，往泰（原谱第 260 页）。

6. 第二十一世，庆辉、庆生、庆煌、庆成，居泰国（原谱第 273 页）。

7. 第十七世，洛洄，居泰国（原谱第 278 页）。

(四) 岸坑世系

（大埔亚）第十九世，结予，迁泰（原谱第 293 页）

三、下册

(一) 石鼓次房许坑世系

1.（壶嗣）第十八世，涉申，往洋，第二十世，亚番，住暹罗（原谱第 327 页）。

2.（下坡溪）第二十世，天成，往南洋（原谱第 330 页）。

3. 第二十世，启，往南洋（原谱第 358 页）。

4.（坎头）第十九世，陶冶，淮泗，往洋（原谱第 405 页）。

5. 第十九世，拾方、山中，往洋（原谱第 409 页）。

6.（七高礤）第十九世，威仪，新加坡（原谱第 427 页）。

7. 第二十世，金广，住泰国（原谱第 428 页）。

48

漳州《云霄林氏族谱》

公元325年，东晋太宁三年，殷少师比干公第四十七代裔孙禄公，奉敕守晋安郡（今福州），遂居于闽，后被追封晋安郡王，是入闽林氏始祖，其子孙相继居闽，自成桑梓。又传三十三世，至琼公，为闽林氏“九牧”派系云霄晋安郡林一世祖。公元1320年，元仁宗延祐七年，柯妈带三位亲生子从南靖徙居云霄城南大夫地，三兄弟同为云霄二世祖。迄今六百八十年，已传二十八世，其子孙相继衍传各地。肇基云霄林氏的另一宗支为来自河南光州固始县的林孔著后裔。孔著公于公元669年随陈政父子率兵进漳，后裔繁衍于漳州、泉州、漳浦和平和一带，先后三次传入云霄。

《云霄林氏族谱》，2002年修，主编林自旺，全书分一册，总页数726页。所记谱系流派为晋安林派·林孔著派等。

迁居南洋记录

1. 葭洲完公世系北门三房第二十三世二房（佚名），居南洋（原谱第105页）。

2. 后埔禄公世系第二十世，文郁，过番（原谱第144页）。

3. 墓前公长孙（佚名），居新加坡（原谱第221页）。

4. 龙兴位公世系，好公分支第十九世，水大，居马六甲（原谱第312页）。

5. 三茅坪第十八世，永色，过南洋（原谱第327页）。

6. 第十七世，自，居泰国（原谱第367页）。

振公世系第十七世，泮池，过南洋（原谱第370、372页）。

7. 云霄建康公世系，山外村第十三世，三，住南洋（原谱第 377 页）。

第十八世，程仔、保国，住南洋（原谱第 380 页）。第十八世，成太，住南洋（原谱第 381 页）。第十八世，计昌，住南洋（原谱第 382 页）悆成，住南洋（原谱第 384 页）、春成（原谱第 385 页）。年仔，住南洋（原谱第 387 页）。

8. 竹港巷堂内，第十八世，寿全（原谱第 391 页）。

第十七世，秋波，住南洋（原谱第 394 页）。

9. 孔著公衍派华卿（瓦坑）世系：下楼第十七世，有加，居新加坡（原谱第 443 页）。

10. 竹港宗仁公世系第十四世，金义、过溪及木瓜长子（佚名），住新加坡（原谱第 515 页）。

11. 启承堂大房盐田裔第十五世，义顺、福顺、金燕，第十六世，克成、振发、振成、阿兴、荣全、荣直、荣发、荣才、荣陆，第十七世，国钦、重钦、国平，居新加坡（原谱第 517 页）。

12. 盐田三房第十八世，黠金，住新加坡（原谱第 519 页）。

13. 大厝第十四世，武德，第十六世，老马，住新加坡（原谱第 521 页）。

14. 存德堂第十五世舜玉，住新加坡（原谱第 528 页）。

第十五世，姑鮘，衍居新加坡（原谱第 531 页）。

第十六世，初生，喜川、喜成，住新加坡（原谱第 534～535 页）。

15. 诚敬堂第十五世，瑞文、阿庆、万岱，第十六世，乌肚、耀坤、天送、天来，第十七世，水仙居新加坡，第十五世，文光，居马来西亚（原谱第 549 页）。

16. 第十四世逢花，第十五世文光，居马来西亚（原谱第 549 页）。

第十四世逢花，第十五世，进兴、进茂、永德、日瑞、日昌、建忠、茂兴，居新加坡。

第十三世，越成，居马来西亚（原谱第 550、551、552、553、557 页）。

17. 柘林石牌宗信世系：日江派第十八世，红港，1930 年全家移新加坡（原谱第 563 页）。

18. 日金派系第十九世，四示第，十五世，象六于（佚名），住新加坡

（原谱第565～566页）。

19. 丝线吊铜钟派第十三世，亚失，子木公、木能，全家居新加坡（原谱第568页）。

20. 第十七世，佳墩，住新加坡（原谱第571页）。

49

漳州《东城沈氏宗谱》

沈氏太始祖为周文王第十子聃季公，受封沈国之君，以国为姓。传至六十六世太乙郎公为沈氏入闽始祖。第二子宣义祖二郎楸公为漳州诏安开基始祖。传至第九世东城祖派播居外地村落，有碧溪祖派、东里祖派、中山祖派、东井祖派、书学祖派、武元祖派、庄前祖派、光南祖派。

漳州诏安《东城沈氏宗谱》，主编腾凤，2000 年修订，2003 年续修，全书分一册，总页数 214 页（附东城派开播港、澳、台和国外宗亲概况表）。所记谱系流派为唐开漳沈世纪派下，廷辅派系，沈楸支系。所载世系从一世到三十四世。

迁居南洋记录

一、碧溪祖派光裕堂派系

1. 第二十九世，庆祈，居印尼（原谱第 22 页）。

2. 第二十八世，友春其子炎汀、炎钟、炎彬，居马来西亚，传三十世淑茂、连荣、连胜、连裕、廷文（原谱第 23 页）。

3. 第三十世，光裕堂开平寨顶甲社冠松、冠华，南方之子，居新加坡。东里祖派：南峰大房：第三十世，国清、维德、维民、维贤（洪柳子），第二十九世，木荣、天平，成梅、成旺之子，居马来西亚，第三十世，皎伦，居新加坡（原谱第 29 页）。

4. 南峰二房第二十八世，刮仔之子，兄弟全家居沙捞越（原谱第 30 页）。

5. 第三十世，绍孔、绍辉，戆仔之子，碧兴、碧发，火茂之子，居南洋（原谱第 31 页）。

6. 第三十一世，保国、保顺、保武、保祥，绍钦之子，居马来西亚。第二十九世，茂兴，永来之子，居南洋（原谱第32页）。第二十八世成慈（宗仁子）过南洋。

7. 第三十一世，燕华、燕斌，可夫之子，居新加坡（原谱第33页）。

8. 第二十九世，荣国，玉生之子，居马来西亚（原谱第34页）。

9. 小岭二房第二十六世，沈门三子，成富之子洪钦，居柬埔寨（原谱第35页）。

10. 秀水三房第二十九世，镜南、镜星、镜煌，祖锦之子，第二十八世祖文，朗溪之子，居马来西亚（原谱第39页）。

11. 第二十九世，茂生，喜庭之子，居南洋。秀水五房第二十九世松周、两子（明池子）、德兴（排仔子），居新加坡（原谱第41页）。

12. 泉井房第二十七世，天经，迁南洋（原谱第42页）。

13. 第二十九世，盛修，心妇之子，迁越南（原谱第43页）。

14. 南峰三房第二十八世，平安，文华之子，居越南（原谱第45页）。

15. 第二十六世，保西，全家居马来西亚（原谱第46页）。

16. 南峰四房（顶寨）第二十八世，海保、海兴，清水之子，居泰国（原谱第47页）。

二、中山祖（肃斋）派

1. 圆山世系第二十七世，炳成、炳林，居新加坡。麟凤直厚世系第三十世，清发、家发、水发、成发、宝发，金生之子，住新加坡（原谱第50页）。

2. 麟凤纯恪世系第二十七世，德立，梅福之子，居新加坡，子亚来、孙佳豪（原谱第51页）。

3. 第二十八世，朝来，义辉之子，居马来西亚。园上房第三十世，利明、黑猫、阿岸，阿扁之子，居新加坡（原谱第52页）。

4. 里洋世系第二十八世，秀花、秀华（老鼠子），龙井、龙左、龙右、龙寿，居南洋（原谱第53页）。

5. 第二十六世，良峰长子（佚名）、次子永寿（次至七子），居南洋。琉璃世系第二十六世，茂山，树之子，居南洋（原谱第54页）。

6. 拜头世系东山村第二十七世，祖恩、蒂仔，居泰国（原谱第55

页）。

7. 东园白石世系第二十六世，赐厚长子（佚名），居南洋（原谱第 58 页）。

8. 第二十七世，马葵，居南洋（原谱第 59 页）。

9. 第二十八世，油柑，居新加坡，子继泗。第二十九世，进发，清水之子，居马来西亚（原谱第 60 页）。

10. 第二十七世，朝成，永汉之子，居新加坡。第二十六世，水顺，居南洋。虎尾林长房陈埔顶第二十七世，江福、水保、红狗仔、永合，越来之子，迁泰国（原谱第 61 页）。

11. 第二十八世，番仔、小番（圆面子），第二十九世，龙兴，阿忝之子，居泰国（原谱第 62 页）。

12. 虎尾林四房大红埔第二十七世，笔达、笔旺，怀德之子，第二十八世，明合（善木子）、良和，居泰国（原谱第 63 页）。

13. 毅斋六房第二十六世，开茂，第二十九世，荣凤，地枪之子，居泰国。东井祖白银山世系第二十九世，德者、德照（松平子）、德明、德兴（松镇、松溪子），第二十九世，阿田、阿九、阿福、阿财（戽虾子）、添桂、添捷、添记（茂开子）、添德、添裕（茂章、茂顺子），第二十八世，庆耀，第二十七世水仙，第二十八世，长裕（磨心子），财源、财发（成木子），居泰国（原谱第 68 页）。

14. 第二十八世，来发，热仔之子，第二十七世，心媳妇，盼林之子，第二十六世成旺，第二十七世，海泳，佛溪之子，居泰国（原谱第 69 页）。

15. 第二十六世，江水，竹笋之子，住马来西亚（原谱第 70 页）。

16. 第二十七世，振波、振声（百外子）、第二十六世，泉州（拐脚子）、呈凤（大静子）、第二十七世，坤成、坤桂、坤文、阿提（德雄子）、建兴、建成、建得（金光子）、第二十六世，锦春、锦福、检子、（阿挽子），住泰国，第二十五世，挽烟（青原子），住泰国西势一带（原谱第 71 页）。

17. 第二十六世，水春、第二十七世，乌番、第二十八世，阿元、阿咯（保龙、保顺子），住泰国（原谱第 73 页）。

18. 第二十八世，荫春、荫福、荫发、荫家（祥明子），第二十六世，虎狮、文才、尚文，住泰国。东井祖艺直世系第二十九世，逸进、逸展（添兴子）、国成（添旺子）、业豪（添顺子）、义龙、义发、义福、义威，第二十八世，逢真、逢顺、逢坤（如珍子），居马来西亚（原谱第 75 页）。

19. 第二十八世鸿光（杰夫子）居新加坡。东井祖孝友世系第三十世贵琼居新加坡（原谱第 76 页）。

20. 东井祖敦敏世系第二十七世，玉书（少彭子），居新加坡。东井祖宽惠世系第二十九世，井车（应同子）、第二十七世，乃尚，居新加坡（子应发，孙伟斌）、应德、应坤及孙四人（佚名），居吉隆坡，应财及长子伟鹏、次子（佚名）、应森及长子松耀、次子（佚名），居新加坡（原谱第 77 页）。

21. 第二十八世，友文，红骡之子，居南洋。第二十八世，继荣、继生、继成、继付、继宝、继镇，乃传之子，居缅甸。兆恭，乃尖之子，居新加坡（原谱第 78 页）。

22. 东井祖俊豪世系第二十八世，鸿仪，学鸿之子，居马来西亚（原谱第 79 页）。

23. 第二十八世，在溪，居新加坡，第二十七世，景星，旭卿之子，居南洋，第二十八世，细随，来添之子，居南洋，第二十九世，秀坤，阿随之子，居新加坡（原谱第 80 页）。

24. 东井祖新灰埕，第二十八世，阿大、阿细，秀清之子，居沙捞越（原谱第 81 页）。

25.（山宝村）第二十五世，胜堂、胜昌，居泰国，第二十四世，果卿三子（佚名），居安南（越南）（原谱第 84 页）。

26. 懿裕房世系第二十七世，良宗次子草满（开五大房）、三子楚池（开三大房）、五子桂方（开二大房），住泰国（原谱第 86 页）。

27. 第二十七世，伍展、看天、长禹，第二十八世，春江、春福（提明子）、雄江、玄江（鹤鸣子），居泰国，第二十九世，添益，无陶子，居泰国（原谱第 87 页）。

28. 第二十八世，财添、镇钦、财发、财顺兄弟的派下，居泰国（原谱第 88 页）。

29. 第二十九世，耀镇、耀芳，预强之子，住马来西亚，第二十六世，平章，住泰国（原谱第 89 页）。

30. 第二十七世，来春、春乐（佣仔子）、第二十八世，鹊仔（汰高子）、第二十六世，振福（竹笋子），住泰国（原谱第 90 页）。

31. 第二十六世，胡秋、老虎，第二十七世，钦发、钦木（来德子）、第二十八世，文卿（磕头子）住泰国，第二十六世，来安，住越南（原谱第 91 页）。

32. 英毅派世系第二十八世，汉生、汉文、汉武（振德子），第二十七世，赛发、赛成（家惜子）、老仙（水顺子）、细卡（清顺子）、第二十八世，锦池（大炉子），居泰国（原谱第 92 页）。

33. 第二十六世，成来，第二十七世，大篮、细篮（成安子），第二十九世，阿狗（红番子），胜昌、胜堂，住泰国（原谱第 93 页）。

34. 第二十七世，开顺（日成子），池塘、池草（开咏子）、让锤（开池子），住泰国（原谱第 94 页）。

35. 第二十七世，绿州、禹门（文谊子），第二十八世，真国（柏麟子），住泰国（原谱第 95 页）。

36. 第二十七世，义昌、义各、义方（永鸿子），第二十六世，满庭、满堂，住泰国（原谱第 96 页）。

37. 第二十七世，永文，天溪之子，住泰国，第二十四世，果卿二房，住安南（越南）（原谱第 97 页）。

38. 第二十六世，如水（江仔子），第二十七世，成卖（如宝子），第二十六世，成文，住泰国（原谱第 98 页）。

三、书学派

1. 二房第二十七世，保超（红龟子）、第二十八世，建松、建基（友义子），第二十六世，万国，住南洋（原谱第 100 页）。

2. 书学三房第二十八世，义水（紧仔子），居南洋（原谱第 103 页）。

3. 第二十九世，瑞福（糊仔子），第二十六世文其、第二十七世来发（炒仔子），居新加坡（原谱第 105 页）。

4. 书学派三房第二十九世，镇发、镇祖、镇成（财仔子）、第二十七世，金堂（成枝子）、春和、介生（成宝子），住新加坡（原谱第 106 页）。

5. 第二十八世，敬祖，清光之子，住马来西亚。第三十世，秀春，加友之子，居新加坡。敏慎祖三房第二十九世，克纯、克敏（启欣子）、克桢、克栋、克梁（启图子）、第三十世，沃春，克星之子，居新加坡。第三十世，明义（建伟子）、明毅（建新子），居马来西亚。第二十八世，启耀，锡其之子，住泰国（原谱第112页）。

四、武元派

1. 开东山县西埔圩第二十七世，舜明、舜宝、舜兴、舜忠（招贵子），阿敏、阿平及三、四、五弟（梦章子），居新加坡（原谱第116页）。

五、东城派开居东山县西埔圩

1. 第二十七世，阿恁，富仔之子，居新加坡（原谱第117页）。

六、南斋祖庄前派开居岭后村

1. 第二十八世，启东（益茂子）、继昌（炎山子），过南洋（原谱第122页）。

2. 第二十九世，金龙、金虎、金狮、金昆、华龙、兴利（妈抱子），六兄弟居马来西亚。第三十世，壬珧（兆鹗子）、士琨（兆鸿子）、士莹（兆燮子）、士琳（兆鹤子）、士瑾、士珊（兆鸽子），居新加坡。庄前派岑头世系第二十七世，木生（哑九子），居泰国。第二十六世，西进（三阳子）、第二十七世，顺兴、顺福，居泰国（原谱第126页）。

3. 庄前派开居东山探石新圩第二十七世，禄成（福青子）、禄厦、禄禹（福诏子），居新加坡（原谱第127页）。

4. 第二十七世，水哮，吉宅之子，居马来西亚（原谱第130页）。

5. 庄前派开居东山县沃角村第二十九世，思洪（严强子）、志杰（严太子），居新加坡（原谱第135页）。

6. 庄前派碧峰世系第二十七世，大吃，全洲之子，居新加坡（原谱第136页）。

7. 第二十八世，德发、水生、玉生、玉发、成发五兄弟，第三十世全发、全福（绍庭子），居马来西亚（原谱第137页）。

8. 第二十七世，老四，水官之子，住泰国（原谱第139页）。

9. 庄前派笃实世系第二十九世，德丰、德华（宗喜子）、白龙（宗文子）、德明、德聪（宗武子）、德伟、德原（双全子）、德华（全发子）、忠源、忠兴（喜发子）、宗达（喜顺子）、财利（顺喜子），第二十八世顺发长子、次子（佚名）、宝利子（佚名），居新加坡（原谱第 142 页）。

七、光南派莲峰世系

1. 第三十世，爱达，锡宗之子，居新加坡（原谱第 144 页）。

2. 第二十八世，瑞木、瑞茂，火旺之子，居南洋，光南派东城世系二十八世，瑞荣，住新加坡（原谱第 145 页）。

3. 光南派公路公厅世系第二十七世，如林、平安（文华子），居越南。第三十世，舜强、舜敏（炎明子）、舜伟、舜皇、舜和（炎月子）、舜玲、舜秋，秀妹、秀清、秀玲、秀芳（炎发子女），舜杰、舜辉、舜钦、舜星、舜科、舜侠（炎义子），庆大、庆胜、庆本（锡熙子），第二十九世，治国，有七子（佚名）、鸿熙、庆熙、细熙（既济子），第三十世，韵明（庆发子）、春明、春晖（庆旺子）、婷容（少奇子）、新缤（少勇子）、惜枝（大德子），居马来西亚（原谱第 147 页）。

50

漳州《福建诏安傅氏源流》

福建的傅姓，源自开闽始祖傅实。傅实原籍河南光州固始县，唐率兵进入福建，定居泉州。诏安的傅姓是傅实第六子傅仁坦的后裔。自明洪武年间，其裔孙致政公从长泰县入诏，定居梅岭霞浦，繁衍子孙。

《福建诏安傅氏源流》，2003年修订，总页数170页。所记谱系流派为唐开闽祖傅实银青衍派·傅坦派系·致政支派，所载世系从一世到二十四世。

迁居南洋记录

1. 下傅二房第十九世，文江，往马来西亚（原谱第24页）。
2. 下傅三房第二十世，棕桂，义生子，居马来西亚（原谱第26页）。
3. 第十八世，添德，火克子，居沙捞越（原谱第27页）。
4. 第十八世，清发，耀仔子，居新加坡（原谱第28页）。
5. 第十八世，良发，顶南子，居越南（原谱第29页）。
6. 第十九世，大财、日仔，傅厚子，居越南（原谱第30页）。
7. 下傅四房，番炉，联箱子，居越南（原谱第47页）。
8. 第二十世，小肚，镯仔子，往马来西亚（原谱第54页）。
9. 第二十世，茂珠，国丹子，居越南（原谱第58页）。
10. 第二十一世，春弟，进德子，居越南（原谱第62页）。
11. 第十九世，成太，玉龙子，居越南（原谱第63页）。
12. 第十九世，长房（佚名），居泰国（原谱第64页）。
13. 下傅长房第十九世，加喜，牵仔子，居越南（原谱第69页）。
14. 二房第二十一世，义荣，沙坠子，往南洋（原谱第70页）。
15. 第十七世，颂声，绳武子，1903年往沙捞越古晋，后裔居马来西亚等地（原谱第 95 页）。

16. 第十七世，耀东，绍武子，1902 年往印尼雅加达，传子哲明、学明、道明、崇明（原谱第 96、108 页）。

17. 第十七世，济东，祖武子，1910 年往沙捞越，子美洲、美伦、美璋、美宗、美光（原谱第 96、110 页）。

18. 第十七世，深水，仲语子，往新加坡，子清洲，孙成龙（原谱第 96、112 页）。

19. 秀才祖傅霓世系第十六世，光泽，傅长子，往南洋（原谱第 100 页）。

20. 溪岸房青暝世系第十八世，寿江，深泉之子，往新加坡，子学慧、学端、学芳（原谱第 112 页）。

51

漳州《高阳许氏（龟山祖四世广隆公五世尚端公衍派族谱）》

许氏太始祖文叔公始自周朝，授封于许国，以国为姓。后裔子孙商公世居高阳，故称“高阳许氏”，后与其子纲公南迁汝南平舆到光州固始县，为河南一世祖。传至十九世陶公及子许天正“昭应侯”奉命辅陈政戍闽，世居南诏，为入闽开漳一世祖。宋战乱，许氏裔孙耐京公流落广东，至元朝大德年间方还故乡诏安复旧业，为诏安一世祖。

《高阳许氏（龟山祖四世广隆公五世尚端公衍派族谱）》，总编纂许云生，1998 年 2 月修订，全书分一册，总页数 92 页。所记谱系流派为开漳许天正衍派・韩山许列支系・南诏许耐京支脉。所载世系从一世到二十六世。

迁居南洋记录

一、金溪许厝寮房

1. 第十七世，长禄，子孙多往外邦，在泰国有求国、百泉、天启。第二十四世，若泉，往马来西亚行医，配张氏，传四子（原谱第 20 页）。

2. 第二十三世，许再呈，往泰国（原谱第 25 页）。第二十二世，九来及添启、添园（子明富、明福、明辉），住泰国（原谱第 26 页）。第二十二世，水成，号云祥，往外邦身亡。第二十三世，锦川之子俊贵、自富，住泰国（原谱第 27 页）。

3. 第二十三世，顺德（永兴子），住泰国。第二十一世，许荣顺、许荣元兄弟，往泰国。第二十二世，明泡、明发（阿成子），住泰国曼谷。第二十二世，许福发六孙（俊豪、俊杰、力权、伟翔、伟鑫、伟健）都住马来西亚（原谱第 30 页）。

4. 第二十一世，启中、启美、启怀（关道子），第十七世，水盛，往泰国（原谱第 31 页）。第二十世，进星次子（佚名），往泰国（原谱第 32 页）。第二十二世，大发次子阿翁，往泰国（原谱第 35 页）。第十七世，朝顺，往泰国（原谱第 37 页）。

5. 第二十二世，德章子水来，居泰国，传四子（原谱第 38 页）。

6. 许敦敏次子佚名第二十世，公配妈，侨居泰国行医，子孙有二百多人。第二十二世，许水仔、许春城、许盐旱，第二十三世，许多福（盐旱之子），往泰国（原谱第 38 页）。

7. 第十九世，琼捷长子汉波、四子汉荣，往泰国（原谱第 41 页）。第十九世，顺尊次子周同，往泰国（原谱第 44 页）。第十九世，汉柬，居南洋。第十九世，许茂如，居越南茶荣省（原谱第 45 页）。

8. 第二十世，许有光，住越南茶荣省，任福建省同乡会馆主席，配沈氏，生四子。第二十一世，许卓民，往越南茶荣省（原谱第 46 页）。第二十一世，炳荣（开太子），往新加坡。第二十世明子四房大净，子小净，第二十三世，振茂往，印尼（原谱第 47 页）。第二十世，佚名，往泰国，生二子：成波、再后，都住泰国，第二十一世，许保成及子若林，往泰国。第二十二世，许若林，往泰国（原谱第 49 页）。

二、金溪员林下寨房开五房

1. 第二十世，大房庆云公，往泰国（原谱第 54 页）。

2. 第二十世，许钗文、许成崇兄弟，往泰国（原谱第 55 页）。

3. 第二十二世，秀祥，往泰国，生六子。第二十三世，荣元，子火合，往泰国，生二子（原谱第 59 页）。

4. 第十九世，神宜，第二十三世，庭玉、庭元，往泰国（原谱第 60 页）。

5. 第二十四世，双武，往泰国（原谱第 61 页）。

6. 第二十世，兴华长子（佚名），往泰国（原谱第 62 页）。

7. 第二十三世，逢甲，往泰国，在泰国再娶，生二子（原谱第 63 页）。

8. 第二十一世，阿基、开基、开盛三兄弟，都往泰国（原谱第 64

页）。

9. 第二十二世，良茂公，配沈氏，往泰国，生三子（原谱第 66 页）。

10. 第二十二世，大头，往泰国（原谱第 67 页）。

11. 第二十一世，展如配徐氏，往泰国（原谱第 68 页）。第二十三世，公配妈（佚名），往泰国，生一子。第二十一世，公配妈（佚名），都往泰国，生三子。第二十二世，庆云，往泰国。第二十三世，许清溪，往泰国（原谱第 71 页）。

12. 第二十三世，许水岳，往泰国（原谱第 72 页）。

13. 第二十二世，许和尚（秀春子），往泰国。第二十二世，（精勤五房之次房）佚名，往泰国。第二十三世，许清林，往泰国。第二十一世，纯丽四子（佚名），往新加坡。第二十二世，坡脚，往泰国（原谱第 73 页）。

14. 第二十二世，亚酒之三弟（佚名），往泰国。第二十一世，水岳（进八子），往泰国，生三子。第二十一世，虎西，往泰国（原谱第 74 页）。

15. 第二十一世，明目，往泰国，生四子。第二十一世，雨盛（顶寨寿禄房水龙子），往泰国（原谱第 76 页）。

16. 第二十一世，溪常（桂龙子），往泰国，生三子（长阿南、次阿山居泰国）。第二十一世，许森仔，往泰国（原谱第 77 页）。

17. 碗窑房第二十一世，国楝，往新加坡（原谱第 80 页）。员林碗窑房第二十世，国庆，往泰国（原谱第 81 页）。

18. 第二十一世，顺泰，住泰国。仝溪许眷村许惠施，居马来西亚，任福建同乡会主席（原谱第 83 页）。

52

漳州《闽诏宝桥上营叶氏史踪》

叶姓始祖为周文王第十子聃季第十九世孙沈诸梁。元顺帝腐败，居福建南剑州（今南平市）的萧公谢妻子叶氏和三个儿子至漳州漳浦县宝桥定居，萧公回乡省亲因战乱死于途中，叶氏便将其三个儿子分为三姓，三儿子同母姓。从此，宝桥叶氏便尊叶妈为“始初祖母”或“始迁祖妈”。此乃宝桥叶氏起源。

《闽诏宝桥上营叶氏史踪》，1995 年 10 月修订。版本类别为复印件，机器印刷。全书分一册，总页数 136 页。谱系流派为南阳·诏安宝桥叶。所载世系从一世到十九世。

迁居南洋记录

一、二房叶荣衍派

1. 第十四世大明、第十三世温仔沟之孙（佚名）、曾孙（佚名），往南洋（原谱第 29 页）。

2. 第十五世端毅五子（佚名），第十七世大目、保发，往南洋，细铃，往马来西亚（原谱第 30 页）。

3. 第十五世，（佚名）往安南（越南）（原谱第 31 页）。

4. 第十八世，叶铜槌（叶赛明子），往泰国（原谱第 32 页）。

5. 第十七世，叶秋良（叶佛记子），往马来西亚。

第十八世，叶东春、叶东笋、叶东升（叶秋良子），往马来西亚。

第十八世，叶元来（叶瑞气子），往新加坡（原谱第 33 页）。

6. 第十七世，叶永国，往南洋。第十七世，叶冬瓜，往南洋。

第十九世，叶良戊（叶加顺子），往泰国。第十九世，叶荣业（叶泮草子），往新加坡（原谱第 34 页）。

二、三房叶森衍派

1. 第十七世，叶荣仔（叶原仔子），往泰国（原谱第 39 页）。

2. 第十八世，叶桶盘（叶鸟香子），往南洋。第十八世，叶全元、叶全国（叶荣仔子），在泰国。

第十六世，叶红色，往泰国（原谱第 42 页）。

3. 第十七世，叶彩平，往泰国。第十八世，叶进木，往马来西亚。

第十六世，叶金龙、叶如龙，往泰国（原谱第 43 页）。

4. 第十七世，叶成福，往马来西亚，其二个儿子均在马来西亚。

第十八世，叶长江（叶春水子），往南洋（原谱第 44 页）。

三、四房叶文杰衍派

1. 第十七世，叶番婴，往马来西亚（原谱第 47 页）。

2. 第十八世，叶章兴、叶章发（叶雨水子），往马来西亚。第十八世，叶炎生、叶元兴（叶细鹄子），往马来西亚。

第十七世，叶银海，往马来西亚（原谱第 51 页）。

3. 第十八世，叶火明，往马来西亚，其六子（财和、财发、财宝、财顺、财茂、财六），均在马来西亚（原谱第 52 页）。

4. 第十八世，叶蒌仔、叶水泽，往马来西亚（原谱第 53 页）。

5. 第十八世，叶目仔、叶大房，往马来西亚。第十九世，叶暗目，往泰国。

第十七世叶阿仪及侄（佚名），第十八世叶来宗，往马来西亚（原谱第 54 页）。

6. 第十五世德青之兄（佚名）、第十八世启顺（福生子），往马来西亚（原谱第 55 页）。

7. 第十五世，沚庭七子（佚名），往马来西亚（原谱第 57 页）。

8. 第十八世，叶南湖，往越南。第十八世，叶秋波（叶其文子），往马来西亚。

第十七世，叶其生，往马来西亚，其三子（养成、养金、养水）均在马来西亚（原谱第 58 页）。

9. 第十八世，叶汝禹（叶嘉献子）、叶汝汉（叶嘉成子）、叶汝毕（叶嘉瑞子），往马来西亚（原谱第59页）。

10. 第十九世，叶顺皆、叶顺权（叶镜清子），往马来西亚（原谱第60页）。

11. 第十八世，叶当连（叶文喜子），往马来西亚（原谱第63页）。

12. 第十七世，叶振成，往马来西亚（原谱第66页）。

13. 第十八世，叶大水、叶角棕、叶艳生（叶振坤子），往马来西亚。

第十九世，叶海澄（叶大水子），往马来西亚。

第十七世，叶东海、叶东平，往马来西亚（原谱第67页）。

14. 第十九世，叶建闽（叶王发子），在马来西亚。第十九世，叶鸡蛋、叶武秋、叶武宗、叶确仔（叶瑞龙子），兄弟往马来西亚（原谱第68页）。

15. 第十六世，四、五房（佚名），往马来西亚（原谱第69页）。

16. 第十七世，叶江水，往南洋（原谱第70页）。

17. 第十六世，中和二弟、三弟（佚名），往马来西亚（原谱第72页）。

18. 第十八世，叶汰高（叶木仁子），往泰国（原谱第76页）。

19. 第十八世，叶阿鹄（叶南城子），往马来西亚（原谱第80页）。

20. 第十七世，叶终茹、叶兆水（大房后洋），往马来西亚（原谱第81页）。

21. 第十八世，叶长发、叶长寿（叶通子），往马来西亚。其另一兄弟叶长源往越南（原谱第83页）。

22. 第十八世，叶健康（叶鸿西子），往越南。第十九世，叶南来（叶长源子），在马来西亚。

第十八世，叶建安（叶鸿西子）和四子（镇南、镇光、镇祥、镇生），均往越南（原谱第84页）。

23. 第十八世，叶文光、叶文语（叶鸿江子），在越南。

第十六世，三房（反），往安南（原谱第85页）。

24. 第十七世叶齐来（叶臼槌子）往马来西亚。第十七世水贯、水荣（友谅子）往安南（原谱第88页）。

25. 第十七世，叶井仔、叶乐仔、叶虎狮，往马来西亚，叶井仔的九个儿子（保林、保来、宝发、宝德、计海、宝贵、计全、宝兴、计平）、叶乐仔之子建成、建来、建贵，虎狮子继瑞、继成、继发、继荣均居马来西亚（原谱第 90 页）。

四、五房叶龙衍派

1. 第十三世，四房往新加坡，五房往安南，六房往缅甸，七房往泰国（原谱第 93 页）。

2. 第十四世，二房往新加坡。第十五世，大房往马来西亚。第十六世，二房往泰国，三房往缅甸。第十八世，叶裕成（叶阳兴子），往马来西亚，其子（吉瑞、炳福、炳财）均在马来西亚。第十八世，叶大头、叶细头，往新加坡。第十六世，伍理的四、五子（佚名），往缅甸。第十二世，锦州次子、三子（佚名），往安南（越南）（原谱第 94 页）。

第十四世叶安定（叶学海子）、第十七世叶钦命（叶春魁子）往泰国，其子（明亮、明德、明新、明英）均在泰国（原谱第 94 页）。

五、六房叶彬衍派

1. 第十八世，叶龙水（叶长安子），往新加坡（原谱第 97 页）。

2. 第十八世，叶成水（叶长源子），往泰国。第十八世，叶宝松、叶宝克，在马来西亚（原谱第 98 页）。

3. 第十九世，叶镇光、叶镇土、叶镇海（叶杜蚓子），在马来西亚。第十八世，叶细番，往马来西亚（原谱第 99 页）。

4. 第十八世，叶金福（叶昌盛子），往马来西亚（原谱第 100 页）。

5. 第十九世，叶顺茂、叶顺发（叶传基子），往新加坡。第十九世，叶顺来、叶阿顺（叶金嘴子），往马来西亚（原谱第 103 页）。

6. 第十六世，叶绿能、叶绿坡，往南洋仁里（原谱第 104 页）。

7. 第十五世，大房（佚名），往马来西亚（原谱第 105 页）。

8. 第十七世，叶火茂、叶老丑，往马来西亚。

第十三世，成祖、安能，往南洋（原谱第 107 页）。

9. 第十六世，叶士德、叶金德、叶金福，往马来西亚。燕德堂大房、二房，往南洋（原谱第 108 页）。

10. 第十三世，新寮祖四房楼仔寨佚名，往马来西亚（原谱第 110

页）。

11. 第十四世，猪古，往新加坡，其子小记往马来西亚。

第十七世，叶元福，往马来西亚。第十七世，叶元才、叶元福，往马来西亚（原谱第 110 页）。

53

漳州《南诏许氏家谱》

许氏太始祖文叔公始自周朝，授封于许国，以国为姓。唐许陶公及子许天正“昭应侯”奉命辅陈政戍闽，世居南诏，为入闽开漳一世祖。宋战乱，许氏裔孙耐京公流落广东，至元朝大德年间方还故乡诏安复旧业，为诏安一世祖。许氏裔孙人才辈出，分支众多，遍布海外，乃一望族。

诏安《南诏许氏家谱》，1995 年 9 月修订，全书分一册，总页数 211 页。谱系流派为开漳许天正衍派·许耐京支系。所载世系：一至十四世，南诏许一至二十四世。全书包括谱牒、历代诸祖传略、南诏暨播迁地许氏功名仕宦、文献、文物古迹、艺文（附像赞，楹联）六卷。

迁居南洋记录

一、士宝公衍派明德堂派下

1. 第二十二世，许木英（许丽如子），徙居泰国（原谱第 71 页）。

2. 第二十三世，许阿光，徙居泰国。第二十二世，许瑞英（许常元子），徙居马来西亚，其五子均居马来西亚（原谱第 72 页）。

3. 第二十一世，许吉泉，徙居印尼，其子乾梧孙保全、保安、保昌等均居印尼。第二十二世，许其禄（许吉成子），徙居马来西亚，其五子（世雄、世杰、世聪、世全、惠平）均居马来西亚（原谱第 74 页）。

二、士宝公衍派怡怡堂派下

1. 第二十四世，许镐周、许兴周、许怀周（许墨园子），徙居南洋。第二十三世，许元兴（许东阳子），徙居南洋。第二十三世翼贤（秀峰四子）、第二十世许有越，徙居新加坡（原谱第 78 页）。

2. 第二十一世，许天兴（许朝花子），徙居马来西亚。第二十世，许朝仔，徙居马来西亚。第二十二世，许云鹏（朝歪子），徙居新加坡。第二十三世，许大旭、许细旭（许红记子），徙居马来西亚。第二十一世，臭头之次子、三子（佚名），徙居泰国。第二十世，许光顺，徙居新加坡（原谱第79页）。

3. 第二十世，许展宝、许含骂（许佛添子），徙居泰国。第二十一世，许文龙、许文虎及其他兄弟，均徙居马来西亚。第二十一世，许番来（许加添子），徙居新加坡。第二十二世，许随喜（许旭文子）及其他兄弟，均徙居马来西亚。第二十二世，许庆喜（许旭章子）及其他兄弟，均徙居马来西亚。第十八世，许访仔，徙居马来西亚（原谱第80页）。

4. 第十九世，许加宝，徙居泰国。第二十一世，许玉印（许武松子），徙居新加坡。第二十一世，许金顺（许春墘子），徙居新加坡。第二十世，许庆富、许庆执（许子清子），兄弟徙居泰国。第二十一世，许培发（许鱼母子），徙居马来西亚。第二十一世，许吉宁（许青春子），徙居新加坡。第二十二世，许红元（许朝仔子），徙居泰国。第二十二世，许大成（许泉仔子），徙居马来西亚。第十八世，许软果，徙居新加坡。第十八世，许水蛤，徙居马来西亚。第十九世，许扁败（许阿软子），徙居马来西亚。第二十一世，许秀添（许乌子子），徙居马来西亚。第二十二世，许镇国，徙居新加坡。第二十二世，许三喝（许其来子），徙居泰国（原谱第81页）。

三、士英公衍派外凤村

1. 第十九世，许顺川、许顺标、许水成、许景山，徙居咪哩（原谱第83页）。

2. 第二十世，许瑞光、许江水、许天宇、许其吉，徙居砂拉越。第二十一世，许展武、许展文（许瑞江子），徙居砂拉越。第二十一世，许革命（许南水子），徙居咪哩。第二十一世，许腾江、许进宗、许桂竹，徙居砂拉越。第二十一世，许来波（许成花子），徙居槟城。第二十一世，许英武、许英文（许松茂子），徙居新加坡。第二十一世，许海仔（许汰高子），徙居咪哩。第二十二世，许长江（许秋分子），徙居砂拉越。第二十世，许秀武，徙居槟城。第二十世，许槌仔、许瑞龙，徙居砂劳越。第二十世，许玉蓝（许启汶子），徙居仁里。第二十世，许瑞龙（许牛仔子），徙居砂拉越。第二十一世，许清洁（许天居子），徙居砂拉越。第二十一世，许振生（许祝文子），徙居砂拉越。第二十一世，许锦物，徙居槟城。第二十一世，许汉德，徙居峇株。第二十二世，许加兴（江风子），徙居峇株。第二十二世，许明字（春枝子），徙居峇株。第二十二世，许才春（拱仔子），徙居咪厘。第二十二世，许北平（清河子）、许颜溪（蛋仔子）、许元治（救和子）、许达才（小目子）、许桂才（来居子）、许婴和（许吉祥子）、许程方（细枝子），徙居砂劳越。许广春、许广福（开池子）、许回钻（家厅子），徙居新加坡（原谱第 85 页）。

四、谷盛公衍派渡头房

1. 第二十一世，许永固（许开益子），徙居马来西亚（原谱第 86 页）。

2. 第二十一世，许堪仔（许开林子），徙居泰国。第二十二世，许丽兴（许初发子），徙居新加坡，第二十二世，许长丽（许赞伦子）与子许亚发，均徙居新加坡。第二十三世，许乔、许松（许丽兴子），徙居新加坡。第二十三世，许柏、许榆（许丽兴子），徙居新加坡（原谱第 87 页）。

五、尚端公衍派许寮村

1. 第十七世，许恩（仪子），徙居泰国（原谱第 89 页）。

2. 第二十世，许肇顺，徙居泰国。第二十二世，许茂已（许东埔子），徙居泰国。第二十二世，许锦川、许良川（许记祖子），兄弟徙居泰国。第二十三世，许秀定，徙居泰国。第二十三世，许万呈，徙居新加坡。第二十一世，胖池（许报公子），徙居越南（原谱第 90 页）。

3. 第二十一世，许汉波、许汉雄（许兴龙子），兄弟徙居泰国。第二十二世，许庆美，徙居泰国。第二十二世，许盐旱和子（许多福），徙居泰国（原谱第 91 页）。

4. 第二十三世，许来水（许德章子），徙居泰国。第二十一世，许顺泰，徙居泰国（原谱第 92 页）。

5. 第二十一世，许国庆（许春裕子），徙居泰国（原谱第 93 页）。

6. 第二十二世，许国栋（许克济子），徙居新加坡。第二十世，许精勤四子（佚名）的次子（佚名），徙居泰国（原谱第 95 页）。

7. 第十七世，许成上的第二十一世孙（佚名），徙居泰国。第十七世，许文通的二十三世孙（佚名）徙居泰国。第二十二世，许庆文徙居泰国。第二十三世，许清溪（许元和子），徙居泰国。第二十一世园林村许成枭（许元淑子），徙居泰国（原谱第96页）。

8. 第二十二世许秀祥（许钗兴子）、第二十三世许自元（许如意子）、许清水（许有明子）、许天克（许顺朴子），徙居泰国。江亩坑村第十九世许原河长子（佚名）徙居泰国、次子许佛寿与子（许保盛）孙（许若林）全家徙居泰国（原谱第97页）。

9. 第二十一世，许炳荣（许开泰子），徙居新加坡（原谱第98页）。

10. 第二十一世，许大净、许佬仔、许细净（许明子），三兄弟徙居印尼。第二十二世，许景龙（许鸿威子），徙居缅甸（原谱第99页）。

六、谷和公衍派石楼村

1. 第二十一世，许孝仔（许幼枝子），徙居南洋（原谱第102页）。

2. 第二十一世，许福添（许大和子），徙居泰国。第十九世，许赤九（许长文子）与两子（许耀隆、许耀池）均徙居新加坡（原谱第103页）。

七、海德公（飞燕）衍派

1. 第二十一世许，丕显（许逢元子），徙居日里（原谱第106页）。

2. 第二十一世，许丕友（许逢田子）与子（许万盛、许万荣、许万全），均徙居印尼。第二十世，许连禹（许锦池子）与子（许双于）孙（许天来、许天成、许和尚），全家徙居砂拉越（原谱第107页）。

3. 第二十世，许逢吉、许逢柿、许永波（许涧喜子），兄弟徙居印尼。第二十一世，许楚卿、许步六（许远具子），徙居印尼。第二十一世，许伟乾，徙居槟城。许壮砺（许伟乾子），徙居吉隆坡。第二十二世，许壮端（许伟乾子），徙居槟城（原谱第108页）。

八、海福公（飞凤）衍派

1. 第二十一世，许成球、许天球（许长牵子），迁居砂拉越（原谱第111页）。

2. 第二十一世，许尖嘴（许闽鸡子），徙居砂拉越。第二十二世，许沈损，徙居新加坡。许玉生（许加作子），徙居砂拉越。许天彩（许瑶池子）徙居砂拉越。许再区，徙居新加坡。许炳茂和许丁茂（许春波子），兄弟徙居砂拉越。第二十一世，许振平（许子魁子），徙居新加坡（原谱第 112 页）。

3. 许振海（许子魁子）徙居泰国曼谷。第二十一世，许如全、许如鲍（许宣弟子），徙居砂拉越。第二十二世，许毓德（许桂山子），徙居砂拉越。第二十一世，许江顺（许庭生子），徙居泰国（原谱第 113 页）。

4. 第二十二世，许机智（许金龙子），徙居泰国。第二十一世，许太炎（许水波子）、许振坤（许水亮子），徙居泰国（原谱第 115 页）。

5. 第二十三世，许尤江（许池塘子），徙居泰国。第二十二世，许喜随（许金顺子），许福随、许乐居、许居随（许大目子），许绍武（许汝淮子），徙居泰国（原谱第 116 页）。

6. 第二十三世，许宗荣（许宗焕子），徙居泰国。第二十一世，许乌龟（许秋植子）与子（许阿耙），徙居泰国（原谱第 118 页）。

7. 第二十一世，许日语其父（佚名），徙居南洋，第二十二世，许镜生（许乘武子），徙居新加坡（原谱第 120 页）。

8. 第二十二世，许长江，徙居马来西亚。第二十一世，许养塘（许水金子）、许加添（许福子），徙居新加坡（原谱第 121 页）。

9. 第十八世，许辨、许志（许登衡子），徙居南洋（原谱第 122 页）。

10. 第十八世，许袋、许赤狗、许猪（许登辉子），兄弟徙居南洋。第二十世，许文强、许文德，兄弟徙居印尼。第二十一世许桂茂（许暗目子）徙居南洋。第十八世许愿、许仙（许登榜子）徙居南洋（原谱第 123 页）。

11. 第二十一世，许金城、许金福、许金春、许金生（许水敬子），徙居马来西亚。第十九世，许临长子（佚名），徙居南洋。第二十世，许木泰（许贵子），徙居新加坡（原谱第 124 页）。

12. 第二十世，许荣华（许红子），徙居印尼日里（原谱第 125 页）。

13. 许水毛（许爽子），徙居安南。许祝金（许目子），徙居泰国。第二十世，许淮江（许水贯子），徙居新加坡（原谱第 126 页）。

14. 第二十世，许玉光（许基子），徙居南洋。第二十世，许清海（许权定子），徙居泰国。第二十一世，许启漠（许镜清子），徙居马来西亚。

第二十一世，许俊国（许清霖子），徙居新加坡。第二十三世，许维、许嘉（许炎仔子），兄弟徙居新加坡（原谱第127页）。

15. 第二十一世，许炳昭、许奇达、许兆希，徙居新加坡（原谱第128页）。

16. 第二十一世，许伟煌、许兆煌（许书子），徙居新加坡。第二十一世，许镜澄（许心妇子）、许成兴（许炳辉子）、许水鲎（许炳辉子），徙居泰国（原谱第129页）。

17. 第二十二世，许玉生（许清松子）、许列伟（许镜澄子），徙居泰国。第二十一世，许镜明（许宗镇子），徙居菲律宾（原谱第130页）。

18. 第二十一世，许福（许仲子），徙居新加坡。第二十一世，许阿盒（许球耳子），徙居泰国。第二十一世，许振祥（许汉林子），徙居马来西亚（原谱第131页）。

19. 第二十二世，许加俊、许加发、许加茂、许加增、许加文（许亦征子），徙居新加坡 。第二十一世，许振荣（许阿细子），徙居马来西亚（原谱第132页）。

20. 第二十一世，许壬池（许文通子），徙居新加坡。第二十一世，许壬江（许文水子），徙居马来西亚。第二十二世，许延仁（许振荣子），徙居马来西亚。许延义（许振荣子），徙居新加坡。许荣西、许荣宗、许荣寿（许壬池子），徙居马来西亚。第二十一世，许壬喜，徙居马来西亚（原谱第133页）。

21. 第二十一世，许龙池（许松溪子），徙居南洋。第二十二世，许添福（许继祖子），徙居新加坡。第二十世，许武孝（许水莲子），徙居马来西亚（原谱第134页）。

22. 第二十一世，许德全（许武孝子），徙居新加坡。许德顺（许武孝子）徙居马来西亚。第二十二世，许耀金与子（许振荣），徙居新加坡。第二十一世，许成春（许启禹子）与子财坤、财居、财通、财贵、英舜、英元，均居新加坡（原谱第135页）。

54

漳州《诏安甲洲陈氏族谱》

诏安甲洲陈氏为开漳圣王陈政后裔。陈政为颍川人氏，祖居河南光州固始县浮光乡，唐高宗时期入闽平叛。甲洲初祖，是开漳祖四世祖之三子訏之派下宗说公。《诏安甲洲陈氏族谱》所记谱系流派为圣王派·东海陈訏支系·甲洲宗说支脉，所载世系从一世到三十一世。

《诏安甲洲陈氏族谱》，主编陈木德，2006 年 4 月修订，版本类别为复印件，机器印刷，总页数 225 页。

迁居南洋记录

一、上苑社新厝脚

1. 第二十六世，陈锡平（陈银和子）、陈其弟，迁马来西亚砂拉越（原谱第 50 页）。

二、上苑社敏洲寨内房

1. 第二十六世，陈万祥（陈锦江四子），迁南洋（原谱第 106 页）。

2. 第二十七世，陈保平、陈保林、陈保清（陈户之一、二三子），兄弟迁东南亚（原谱第 106 页）。

3. 第二十八世，陈天福，迁南洋（原谱第 108 页）。

4. 第二十五世，陈长发次子（二十六世佚名），迁泰国（原谱第 109 页）。

三、上苑社桂林房

1. 第二十八世，陈银生、陈宝佳、陈平桂（陈清心三、四、五子），兄弟迁马来西亚古晋（原谱第 111 页）。

2. 第二十八世，陈鸿溪，陈崇德长子，迁马来西亚咪喱（原谱第 112 页）。

3. 第二十七世，陈宗灿，陈原来三子，迁马来西亚咪喱（原谱第 112 页）。

4. 第二十七世，陈宗保，陈原来四子，迁泰国，其子（陈继发）迁新加坡（原谱第 112 页）。

5. 第二十七世，陈宗水，陈原来五子，迁马来西亚咪喱（原谱第 112 页）。

四、林炳房

1. 第二十七世，陈龙清、陈龙池，陈和寿二子、四子，兄弟迁南洋（原谱第 122 页）。

2. 第二十六世，陈德宗、陈德宝、陈德来，陈水石二、三、四子，兄弟同迁南洋（原谱第 123 页）。

3. 第二十七世，陈蜘蛛，陈天德长子，迁南洋（原谱第 128 页）。

4. 第二十七世，陈长庚，陈再和长子，迁新加坡（原谱第 133 页）。

5. 第二十七世，陈田启，陈再和次子，迁新加坡，曾任亚洲研究会会长、文化部长（原谱第 143 页）。

6. 第二十六世，陈顺化，住南洋（原谱第 143 页）。

7. 第二十七世，陈展文、陈镇川，陈友诚子，兄弟同迁新加坡（原谱第 147 页）。

五、楼雅尊亲堂

1. 第二十五世，陈汰仔，陈友长子，迁新加坡（原谱第 149 页）。

2. 第二十六世，陈福隆、陈福武，陈云仔子，兄弟同迁南洋（原谱第 150 页）。

3. 第二十六世，陈坤喜，迁马来西亚。二十五世陈泰和迁马来西亚美里（原谱第 150 页）。

4. 第二十六世，陈江诸子女迁南洋（原谱第 151 页）。

5. 第二十五世，陈瑞昌、陈瑞盛、陈瑞南、陈瑞贞，兄妹同迁泰国

(原谱第 152 页)。

6. 第二十七世，陈细红，陈其成次子，迁新加坡（原谱第 155 页）。

7. 第二十八世，陈晋昌，陈乔木长子，迁新加坡。第二十八世，陈源振，陈植光四子，迁新加坡（原谱第 156 页）。

8. 第二十八世，陈源福及子陈耀坤迁新加坡。第二十七世，陈亦修，陈振盛子，迁马来西亚（原谱第 158 页）。

9. 第二十七世，陈火烈长子和次子（陈德安），兄弟同迁马来西亚。第二十七世，陈赛木、陈赛荣，陈振乾子，迁马来西亚。陈水平，陈火木次子，迁泰国。第二十七世，陈乃左、陈海清，陈孟之子，迁马来西亚（原谱第 159 页）。

10. 第二十七世，陈金秋、陈孝秋，陈别之子，兄弟同迁新加坡。第二十七世，陈龙平，陈来发之子，迁马来西亚。第二十八世，陈宇溪，陈添水之子，迁马来西亚（原谱第 160 页）。

11. 第二十七世，陈养堂、陈养才，陈金宝之子，兄弟同迁新加坡。第二十七世，陈陶顺，陈成宝三子，迁马来西亚。第二十七世，陈养顺，陈宝来长子，迁新加坡。第二十七世，陈龙荣，陈来宝长子，迁马来西亚。第二十六世，陈宝成，迁新加坡。第二十八世，陈科，陈荣昌嗣子，迁新加坡，子孙众多（原谱第 161 页）。

12. 第二十八世，陈长周，迁马来西亚。第二十七世，陈柴头，陈宝确子，迁新加坡（原谱第 162 页）。

13. 第二十七世，陈顺明，陈鹊额长子，迁越南。第二十六世，陈石憨，陈赤狗次子，迁马来西亚。第二十七世，陈花螺，陈铸鼎三子，迁马来西亚（原谱第 163 页）。

14. 第二十六世，陈文苑，迁马来西亚，其子（陈炎平）孙（陈彩生、陈彩虹、陈彩荣、陈彩拱）均居马来西亚（原谱第 164 页）。

15. 第二十七世，陈喜发，陈细条之子，迁马来西亚（原谱第 165 页）。

六、楼雅追远堂

1. 第二十六世，陈长湖，陈池水四子，迁泰国（原谱第 171 页）。

2. 第二十四世，陈朱高，迁泰国（原谱第 177 页）。

3. 第二十五世，陈振茂，陈朱高次子，居泰国。第二十六世，陈金水，陈振成次子，迁新加坡。第二十五世，陈武水之弟（佚名），迁泰国。第二十六世，陈柚柑兄弟（佚名），迁泰国（原谱第178页）。

七、山前甲洲派

1. 第二十六世，陈尼仔，迁泰国（原谱第175页）。

55

漳州《诏安梅州吴氏家谱》

梅州吴氏，系诏安望族，自南宋大成祖自河南光州固始县迁居诏安梅州开基以来，历时九百年，繁衍三十多代，子孙繁盛，人才辈出，其派系远播海内外，为社会奉献才华。

《诏安梅州吴氏家谱》，2002 年 12 月修订，全书分一册，总页数 209 页。谱系流派为河南固始吴衍派·梅州吴大成派系。

迁居南洋记录

1. 石厝房六角公厅第二十四世，水先，居新加坡（原谱第 12 页）。

2. 逢春房官宅第二十二世，四房、六房（佚名），居南洋（原谱第 17 页）。

3. 积善堂二房第二十三世，武生、连生，居新加坡（原谱第 21 页）。

4. 五常二特际公第二十三世，桂春、荣坤，居南洋（原谱第 46 页）。

5. 秀松之店仔公派第二十四世，文桂、宗希，居新加坡（原谱第 49 页）。

6. 符头、平扁，居新加坡，亚细，居南洋（原谱第 50 页）。

7. 上墘公二房第二十四世，计才、计惠，第二十五世，桂香，居新加坡（原谱第 55 页）。第二十三世人龟、福元，居南洋（原谱第 56 页）。

8. 岭柄公派第二十四世，友顺，居马来西亚（原谱第 59 页）。

9. 后靠公长春堂第二十五世，江养、江乌，居马来西亚，第二十六世，阿反、阿顺，居南洋（原谱第 60 页）。

10. 后靠公敬昌堂第二十四世，普贞，居新加坡（原谱第 62 页）。振义，居南洋（原谱第 64 页）。

11. 燕昌堂五房（坑边）第二十三世，老乾，居新加坡（原谱第 72

页）。

12. 大脚头金堂派第二十三世潘章、第二十四世汉生、汉平，居南洋（原谱第 81 页）。第二十二世瑞兴，居南洋（原谱第 82 页）。

13. 继志堂中央脚大房第二十三世，确仔，明风，居南洋（原谱第 84 页）。

14. 中央脚英敏祖第二十三世，矮通，居新加坡（原谱第 89 页）。

15. 第二十三世，坎额、龙国，第二十四世，腾光、阿雄，居南洋（原谱第 92 页）。

16. 第二十二世，天南，文成，生七子，成魁、成就，第二十三世，荣林、国怀、开风、清风、阿桂，居南洋（原谱第 93 页）。

17. 继志堂四房溪边第二十一世，厚溜、底仔二子（佚名），居南洋（原谱第 94 页）。五房城脚，大房、三房，佚名，居南洋（原谱第 95 页）。

18. 芝花祖四房，第二十四世，锡光，居印尼（原谱第 101 页）。第二十三世，克孝，居新加坡（原谱第 102 页）。子振祖大爷第二十七世，阿方，居新加坡（原谱第 102 页）。

19. 第二十五世，春来，居新加坡（原谱第 111 页）。

20. 贻穀堂大房第二十六世，顺嘉、腾芳、腾发，居新加坡（原谱第 118 页）。第二十五世，阿克、顺卿，居新加坡（原谱第 119 页）。三房第二十五世，阿喜，居新加坡（原谱第 120 页）。第二十四世，金佑、文福，居新加坡（原谱第 122 页）。第二十三世，德发，居新加坡（原谱第 123 页）。第二十五世，钦武，居新加坡（原谱第 126 页）。

21. 义和堂细公厅、厝后厅，第二十二世，竹头之长子，佚名，第二十三世，春桂，居新加坡（原谱第 134 页）。第二十三世，阿坡之弟（佚名），第二十四世明经，居新加坡（原谱第 135 页）。

22. 巷口房田墘派第二十二世，乌枝，子顺喜，居马来西亚，东仔上、下厚厝房第二十五世，振阳、振发、红记、振桂，居新加坡（原谱第 139 页）。

56

漳州《诏安吴氏通书》

吴姓开基始祖为西周泰伯公，于荆蛮之地力吴。到第十九世孙延陵始祖季札公开延陵世系。传至六十八世唐祭公随兵自河南光州固始入福建，为吴氏入闽始祖。祭公传至第十五代孙吴强老公从莆田西屋移居漳浦霞帐，强老公生三子，以“惠、玄、贞，文质彬彬”取名字：长子名惠，字尚文。次子玄，字尚质。三子名贞，字尚彬。分别开派而来。

《诏安吴氏通书》，2004年修订，全书分一册，总页数311页。本册族谱收录了宋、明、清的谱序，先祖仪像，宗长题词，以及吴氏源流的有关文摘，吴氏古今人物，包括附录，乐捐芳名等。

迁居南洋记录

1. 城内尊德堂世系：第九世，天生，迁南洋，子拱平、拱章、拱星，女渼、淳、沅，居新加坡（原谱第15页）。

2. 城内滋德堂世系：第九世，清涟，往印尼（原谱第26页）。

3. 悬钟城各房世系：第十七世，亚福，居新加坡（原谱第32页）。十六世清春，居新加坡（原谱第34页）。

4. 第十六世，秋海、秋辉，居越南（原谱第38页）。

5. 悬钟城东迁城关世系：第十七世，加萍，第十八世，再添，居南洋（原谱第43页）。

6. 城关三达堂世系：第十七世，双统，子德成、德保、德木，孙武新、武进、武平、武佑、武迈、亚九，往新加坡（原谱第49页）。

7. 吴李公厅世系：第十八世，解顺，次子往越南，长房孙玉辉、永辉，往柬埔寨（原谱第54页）。

8. 考湖石古巷世系：第二十二世，福裕，子宗明、阿春、明水、明顺、明桂。福成，子文华。第二十三世，秀松居马来西亚（原谱第 62 页）。第二十一世，振中，居泰国（原谱第 71 页）。第二十世，火拖、润泽，在泰国（原谱第 72 页）。

9. 北关尊爱堂世系：第二十世，祖卢、祖壬往南洋，祖强居新加坡（原谱第 74 页）。

10. 鹅仔墩（居北关）世系：第二十一世，源发、家发、荣发，居新加坡（原谱第 75 页）。

11. 庵前迁城关世系：第二十世寿昌居南洋（原谱第 76 页）。

12. 松斋派系：第十八世，鹤丹、炳章、鹤筹，居南洋。第十九世，绍伯、绍葆、绍隆，居南洋（原谱第 77 页）。

13. 林中世系：第二十世，济宽，子华生、华登、华胜、华腾、华奖，全家迁往马来西亚亚美里（原谱第 81 页）。第二十世，益山，往南洋（原谱第 87 页）。

14. 柯塘村世系：第十五世，大房佚名，往南洋（原谱第 88 页）。

15. 碧潭玉庭公派下：第十七世，五子佚名，往越南（原谱第 93 页）。

16. 碧潭世乡下段大房：第十九世，福龙、福生、乌净，住新加坡（原谱第 97 页）。第二十世，孬仔，往南洋（原谱第 99 页）。第二十一世，案目，往马来西亚，第二十世，友桂，往泰国（原谱第 102 页）。义顺，清代去南洋（原谱第 103 页）。梅加，居新加坡（原谱第 104 页）。

17. 碧潭大房三世系：第二十世，永雄、永荣，往新加坡。第二十一世，文桂、桂文，居马来西亚，第十四世，班五子，佚名，往泰国（原谱第 105 页）。

18. 碧潭下段二房世系：第十九世，如龙，往南洋，第十八世，梅定，第十九世，四国、四文、四武往泰国（原谱第 106 页）。第十八世，抱仔，往马来西亚（原谱第 107 页）。第十九世益顺，第二十一世，寿国、寿谋、成霸、寿成、寿宗，往泰国（原谱第 108 页）。

19. 碧潭下段四房世系：第十九世三子，佚名。第二十世，文同、文溪、文进（子金番），往泰国（原谱第 111 页）。第二十世，攀珠，子周德、周利、周发、周修，居新加坡。扒杂，子阿文、马宝，侄瑞发、瑞财，往印尼（原谱第 112 页）。

20. 碧潭下段狗眠大世系：第十八世，三子佚名。第二十一世，恭己、恭足、明福、明辉、吟春、建章、天章、乌嘴、细婴，往泰国（原谱第116页）。第二十一世乌番，第二十二世红孙，往泰国（原谱第117页）。

21. 狗眠二世系：第十九世，和尚，往马来西亚（原谱第118页）。

22. 下段十一房世系：第十三世，六至十一房，往南洋（原谱第123页）。

23. 下段赤田祖世系：第二十世奴才，天富。第十七世三子，佚名，往南洋，第二十世，松桂，往泰国（原谱第124、125页）

24. 上段世系：第十四世，荣光、荣顺，居新加坡，衍100多人（原谱第127页）。第二十世，永枝、永发、细鼻、水斗，第十九世，元龙、元发，第二十一世，应大，往南洋（原谱第128页）。第十九世，乾水、乾茂、金永，第二十一世，祖泗、祖德、祖元，往南洋（原谱第129页）。炎中、炎光、炎成、炎义，居泰国（原谱第132页）。第二十一世，顺利，往新加坡，细鱼往泰国（原谱第133页）。第十八世，连蒲房二、五子，佚名，往南洋（原谱第135页）。第二十世武夷、武国，往泰国。明月往南洋（原谱第136页）。第十九世畔岭祖长子居南洋（原谱第137页）。第二十世长元、长泰往新加坡（原谱第138页）。隋丹去南洋（原谱第140页）。第二十世孟由，子锦清、锦平、锦周、锦泉，孟桂及二叔、三叔，第二十一世国良，第十八世朴诚长子，佚名，往泰国（原谱第141页）。第十九世仲达、仲寿、仲铭及玉龙、玉真40多户住泰国（原谱第142页）。第二十一世，文海、文江、文水、文河，往新加坡（原谱第143页）。第十九世庆再，第二十世文费、文山、文才、文响，往南洋。第二十一世，景耀，往马来西亚。景泽五兄弟开新加坡110多人。乙明，第二十世，韩凤，往新加坡（原谱第144页）。第十九世，学文、学荣，往泰国（原谱第145页）。

25. 上段虎头山世系：第二十一世，之文，往泰国。文通，往新加坡，碧珍，往南洋（原谱第147页）。第十二世，时辉三房三子、四子、六子，佚名，往新加坡（原谱第148页）。

26. 中段世系：第二十世，田仔，往南洋（原谱第150页）。第二十一世，肉圆、蛋圆，居马来西亚（原谱第152页）。第二十世，绍希居马来西亚，晓生，往南洋（原谱第153页）。第十五世，塘西祖四子、五子，佚名，往南洋（原谱第154页）。

27. 大梧乡三房昭德堂、承德堂世系：第二十一世文芳（原谱第216页）、茂福、福水，侨居（原谱第218页）。

28. 三房昭德堂、明德堂世系：第二十一世，本初、成初（子杰智、胜杰）、成本，居印尼（原谱第225页）。卜枝，侨居（原谱第226页）。第二十世，云肖，第二十一世，金福，侨居（原谱第228页）。第十九世，四长，往南洋（原谱第232页）。

29. 三房二怀江公世系：第二十一世，爱啼，居新加坡（原谱第244页）。敬孝，居新加坡。敬顺，居泰国（原谱第249页）。第十九世，富水，出国（原谱第258页），第二十一世，福水、木福，侨居（原谱第264页）。

30. 牙头村世系：第二十二世，深渊，居南洋，镇尧子国明、国昌、国济、国宽、国荣，第二十三世，协义，居马来西亚（原谱第266页）。第二十二世，福财，茂兴、茂发、茂顺、茂杰、茂盛、木娇，福德、亚山、镇尧，第二十三世，国钦、惜英，国昌、国济、国宽、国荣及其子、孙，居马来西亚（原谱第267～271页）。

31. 牙头村迁城关世系：陈桂、镇奎，往南洋（原谱第272页）。

32. 古今人物：吴子芹，城关人，1911年往香港，创办天寿堂药行，在越南设分行（原谱第285页）。吴鹤汀，城关人，居马来西亚，著名爱国华侨（原谱第285页）。吴菁（1893—1962），城关人，1939年到新加坡，任南洋艺术学院教授（原谱第285页）。吴茂兴，牙头人，马来西亚吴氏宗亲会会长（原谱第292页）。

57

漳州《诏安溪南陈氏族谱》

陈姓奉黄帝的九世孙舜帝为始祖。传至七十四世陈盂琏为固始县陈姓之祖。至八十一世陈寔为颍川始祖。传至颍川十二世陈政入闽平叛，为陈氏开漳始祖。陈氏自唐开漳以来，历经一千三百余年，悠悠岁月，源远流长。宗族遍布闽、粤、浙、台和东南亚各地。开漳十九世景雍公为溪南开基一世祖，自宋代至今八百年、传宗三十二代（第十九世至五十一世），子孙昌盛。

本套族谱分为诏安《诏安溪南陈氏族谱（永思堂）》、诏安《诏安溪南陈氏追远堂族谱》。诏安《诏安溪南陈氏族谱（永思堂）》，主编陈永杰，2007 年修订，总页数 142 页。所记谱系流派为开漳圣王派·南江陈泳分派·景雍支脉所载世系从十九世到四十七世。

诏安《诏安溪南陈氏追远堂族谱》，主编陈兴水，2007 年 6 月修订，总页数 207 页。所记谱系流派为颍川·开漳圣王派·南江陈泳分派·景雍支派，所载世系从一世到二十九世。

迁居南洋记录

《诏安溪南陈氏族谱（永思堂）》

1. 第二十四世，春分明德祖魁派，陈国位，陈顺风次子，迁新加坡（原谱第 27 页）。

2. 第二十五世，春分明德祖魁派，陈阿罕，陈文伦次子，迁泰国（原谱第 28 页）。

3. 第二十三世，春分明德祖魁派，陈现仔、陈赊仔兄弟，陈妈爱子，迁泰国（原谱第 28 页）。

4. 第二十六世，春分明德祖魁派，陈发宝，陈长源子，迁新加坡（原谱第 28 页）。

5. 第二十五世，春分明德祖魁派，陈妈赐四子（大、二、三、四），迁泰国（原谱第 28 页）。

6. 第二十五世，横山寮仔祖派，陈金宝，陈盛发子，居泰国（原谱第 30 页）。

7. 第二十三世，城否祖派，永金，迁泰国（原谱第 47 页）。

8. 第二十三世，荣顺，迁泰国（原谱第 48 页）。

9. 第二十六世，敦本堂其光支，陈壬盛合家迁泰国（原谱第 55 页）。

10. 第二十六世，敦本堂其光支，陈明镜，陈永枝长子，合家迁泰国北柳（原谱第 55 页）。

11. 第二十六世，敦本堂其光支，陈明于，陈南来长子，合家迁泰国（原谱第 55 页）。

12. 第二十六世，敦本堂源茂支，陈溪娥，陈来成女，迁新加坡（原谱第 56 页）。

13. 第二十五世，敦本堂源发支，陈狗仔，陈妈爱子，与母叶丙同迁新加坡（原谱第 56 页）。

14. 第二十六世，敦本堂金山祖支，陈保安，迁泰国，生子五。陈保林，生子阿贵、阿依，迁泰国。陈保存，生子三，迁泰国，任吉利隆房地产公司董事长（原谱第 57 页）。

15. 第二十六世，敦本堂克昌支，陈阿细，父佚名，迁泰国（原谱第 66 页）。

16. 第二十六世，敦本堂克昌支，陈如松，陈青脚四子，迁泰国（原谱第 68 页）。

17. 第二十七世，敦本堂克昌支，陈顺华，陈传锡次子，迁泰国（原谱第 68 页）。

18. 第二十四世，二房荔枝脚支，陈番茄，父佚名，合家迁泰国（原谱第 71 页）。

19. 第二十八世，启祥堂大房支，陈燕山，陈旭皆次子，迁新加坡。后山祖承爱堂支，陈永来，陈海平次子，迁新加坡（原谱第 75 页）。

20. 第二十八世，瓷窑支，陈金木，陈桂福长子，迁泰国（原谱第 77

页）。

21. 第二十四世，白花祖内埔祖支，陈国平、陈国炎、陈国阳兄弟，陈细目之子，同迁新加坡（原谱第 85 页）。

22. 第二十五世，笼仔尾祖支，陈西池，陈荣玉长子。陈阿鸟，陈阿香长子，迁泰国（原谱第 91 页）。

23. 第二十四世，北门大房松柏林支，陈水狗、陈成发兄弟，迁泰国曼谷、北柳 。陈秋林，陈厚壳次子，迁泰国曼谷，经营陈源和公司，妻陈许玉兰，儿女十一人（原谱第 94～96 页）。

24. 第二十四世，北门大房松柏林支，陈克林，陈厚石次子，迁泰国。北门二房，陈顺雨，陈虎仔次子，迁新加坡（原谱第 98 页）。

25. 第二十二世，北门二房，陈水红，陈石仔子，迁泰国（原谱第 99 页）。

26. 第二十四世，北门二房，陈佛连，陈君子次子，迁泰国（原谱第 99 页）。

27. 第二十五世，北门五房，陈兰丁，陈荣海长子，迁泰国（原谱第 101 页）。

28. 第二十五世，北门寨仔内祖派，陈荣三，陈大头子，迁新加坡（原谱第 104 页）

29. 第二十四世，北门乌梨公后厝，陈其生，陈鸭母子，迁泰国（原谱第 110 页）。

30. 第十九世，长茂林房二房、四房子孙迁泰国（原谱第 113 页）。

31. 第二十五世，南门随裕房，陈福利，陈绍祖子，迁泰国（原谱第 114 页）。

32. 第二十四世，随裕柑园脚房大房，此房部分子孙居泰国。陈池深，陈梅仔三子，迁泰国。二十三世，和尚，子孙部分在泰国（原谱第 116 页）。

《诏安溪南陈氏追远堂族谱》

1. 第二十六世，埔上文锐三房，陈后生、陈文发，陈老壳之子，兄弟同迁泰国（原谱第 42 页）

2. 第二十七世，文锐三房迁城内九弯，陈阿旺、陈阿王，陈瑞吉之子，兄弟同迁泰国（原谱第 44 页）。

3. 第二十六世，文锐三房迁城内九弯，陈坤成，陈尖嘴子，迁新加坡（原谱第 44 页）。

4. 第二十六世，文锐三房迁城内九弯，陈云娥，迁马来西亚（原谱第 45 页）。

5. 第二十五世，文锐三房迁城内九弯，陈桂才，陈春江次子，迁缅甸（原谱第 45 页）。

6. 第二十四世，文锐五房埔上西园支，陈清水、陈锦水、陈锦泳，陈皮浮之子，兄弟同侄福看同迁泰国（原谱第 49 页）。

7. 第二十六世，德兴大房怀德堂，陈阿炎，陈严仔次子，迁泰国（原谱第 59 页）。

8. 第二十七世，德兴大房怀德堂，陈玉荣、陈荣福，陈阿蕊之子，兄弟同迁泰国（原谱第 59 页）。

9. 第二十六世，召贵堂维仔房，陈能师，陈玉华长子，迁泰国曼谷，传子耀宗、耀光、耀通，耀贞、耀江（原谱第 69 页）。

10. 第二十七世，召贵堂维仔房，陈茂兴、陈耀光，陈保来之子，兄弟同迁泰国曼谷。召贵堂维仔房。陈耀文、陈耀武，陈保玉之子，兄弟同迁泰国北柳。召贵堂维仔房。陈阿里、陈阿猜，陈保酱之子，兄弟同迁泰国北柳（原谱第 69 页）。

11. 第二十六世，召贵堂维仔房，陈水丽，陈光结次子，迁泰国七柳（原谱第 69 页）。

12. 第二十六世，召贵堂维仔房，陈细母，陈麦面长子，迁泰国。召贵堂维仔房。陈忠实、陈忠泰、陈汉文、陈汉弟，陈如招之子，兄弟同迁泰国（原谱第 70 页）。

13. 第二十七世，召贵堂维仔房，陈牛知，陈平仔子，陈水海、陈龙川，陈永饱之子，迁泰国北揶（原谱第 70 页）。

14. 第二十六世，科祖二房，陈记年，陈育新子，迁泰国（原谱第 75 页）。

15. 第二十五世，科祖三房，陈福利，陈佛爱长子，迁泰国（原谱第 85 页）。

16. 第二十五世，甲祖二房，陈水春，陈天送子，迁新加坡（原谱第

95 页）。

17. 第二十四世，甲祖二房，陈开秋，陈瑞子，迁泰国（原谱第 95 页）。

18. 第二十四世，甲祖二房，陈槌，陈俊之子，迁泰国，次子开兴、三子永兴、四子保兴、五子笞长，居泰国罗勇府（原谱第 95 页）。

19. 第二十七世，甲祖二房，陈友坤三子迁泰国北柳。陈振强、、陈亚令，陈友思之子，居泰国罗勇府万田哒叻。陈友家二子居泰国尖竹汶。陈友情二子居泰国复三路。陈友孟子居泰国曼谷。陈友安之子陈建勋居泰国塞墩（原谱第 96 页）。

20. 第二十五世，甲祖三房（埔上井脚），陈清才，陈番来长子，迁泰国。甲祖三房（埔上井脚），陈国荣，陈万宝长子，迁泰国（原谱第 99 页）。

21. 第二十五世，甲祖三房，陈振顺，陈乌目子，迁泰国北掷（原谱第 102 页）。

22. 第二十六世，甲祖五房，陈怡月之子（陈建生、陈建练），迁南洋（原谱第 106 页）。

23. 第二十五世，南山房，陈火茂，陈水佥三子，迁泰国（原谱第 119 页）。

24. 第二十二世，南山房，陈拱碧，陈水金次子，迁泰国（原谱第 119 页）。

25. 第二十一世，南山房，陈坑次子（佚名），迁泰国（原谱第 121 页）。

26. 第二十六世，福兴，卒葬泰国万田。二十九世，大房来花，居泰国，传子思标（原谱第 96 页）。

58

漳州《诏安县走马塘徐氏族谱》

走马塘一世祖解元公初居饶平大沃，因原为漳邑人氏，故六世祖孟怀公随母返漳，移居岩溪走马塘，即走马塘徐氏开基始祖。

《诏安县走马塘徐氏族谱》，主编徐云生，2008年修订，全书分一册，总页数560页。所记谱系流派为饶平大沃徐学派系走马塘徐卷支系，所载世系从一世到二十五世。

迁居南洋记录

1. 后到永明世系第二十世，永兴，瑞福之子，往泰国（原谱第67页）。

2. 后到长新世系第十九世，佛盛，取进、裕春，往泰国（原谱第75页）。

3. 后到长贵世系第二十世振顺，瑞贤之子，子荣欣，孙惜泉、炎文，往泰国（原谱第84—94页）。

4. 下城二房徐赛世系：第十八世佳忠，长、次子（佚名），第二十世金旺、金信、金文，瑞旺之子，往南洋（原谱第93、95页）。

5. 下城长现世系第二十世，玉水，瑞兴之子，往南洋（原谱第102页）。第二十世，木津，瑞寿之子，往泰国（原谱第103页）。第二十一世，敦兴，往南洋（原谱第106页）。第二十世，逢水，瑞明之子，过南洋（原谱第109页）。

6. 下城长矛世系：第二十世，振忠、振勇，春林之子，往南洋（原谱第112页）。

7. 下城春求世系：第十九世，瑞禄、瑞寿、瑞全（桂林子），瑞宋、瑞云（佳效子），第二十世夹山、夹水、夹鱼（瑞福了）及瑞禄的五个儿子（佚名），第二十一世一仲、二贤（振宝子），往南洋。第十九世万钟，来成之子，往南洋（原谱第113～116页）。

8. 下城春三世系：第二十世振和的长、三、四、五、六、七六个儿子往泰国。金庆，瑞武之子，往南洋（原谱第119、124、125页）。

9. 下城春命世系：第二十世振裕，瑞溪之子，往南洋（原谱第127页）。第二十世六英（瑞仪子）、开吉（福财子）。第二十一世福周（瑞草子）及母许氏、妻陈氏、子开泰。第二十二世红贵、红济、红□（福宝子），开发、开镇、开教（福春子），移居越南（原谱第130～132页）。第十九世玉尼（佳盛子）及子振昌、三子（佚名），居越南（原谱第136～137页）。

10. 下城长昌世系：第二十一世贤波、贤钦（振合子），再源（振南子），居泰国（原谱第139、140、144、146页）。第十九世，瑞仁，佳荣之子，往泰国（原谱第148、150页）。糖四子累（佚世），往南洋（原谱第151页）。

11. 下城永润世系：第十六世水河（永乾子）往南洋（原谱第153页）。第二十世红顺（乙为子）过南洋，十九世秀乙（佳福子）、第二十世南友（瑞实子）、振公（瑞祥子）往越南（原谱第154、157、158页）

12. 下城成援世系：第十六世三洲（永贵子）、第十九世瑞勤（佳华子）、第二十世亚青（瑞寿子），往南洋（原谱第159～161页）。

13. 大径房系：第十九世，瑞大，佳吉之子，居泰国（原谱第169、171页）。

14. 正达世系：第十五世，剖，成士之子，去南洋（原谱第175页）。

15. 旧厝拱世系：第十五世，永果，成珠之子，往南洋（原谱第176、178页）。

16. 下埔长杏世系：第二十世，振发，瑞珍之子，子团德往马来西亚（原谱第186、188页）。

17. 下埔春园世系：第二十世，瑞全，春元之子，往泰国（原谱第189页）。

18. 下埔春元世系：第十九世，瑞进、瑞喜、瑞真，佳传之子，往南洋（原谱第193、194页）。

19. 下埔春雄房系：第十九世，瑞美，往南洋（原谱第197页）。

20. 下埔春立世系：第二十世，友万，瑞旺之子，往泰国（原谱第200页）。

21. 下埔长玉房：第十九世，水南，春游之子，往泰国（原谱第205页）。

22. 下埔长考房：周龙（佚世），往海外经商（原谱第219页）。

23. 下埔永雅世系：第二十世，振金，瑞贤之子，往南洋（原谱第224、231页）。

24. 下埔成义世系：第十六世，卦（永冠子）、旦（永金子），往泰国（原谱第234页）。

25. 下埔佳助世系：第十九世，瑞拱四子（佚名），往南洋。第二十一世，清光，木良之子，居泰国曼谷（原谱第249、251页）。

26. 下埔春驰世系：第十九世，金榜，往泰国（原谱第284页）。

27. 下埔长信世系：第十八世，佳里（磷如，春熟子）、佳佑（佛申，天造子）、第二十世，金德，往泰国（原谱第287、291、294页）。

28. 下埔长辉世系：第十九世龙珠（佳游子）、第十八世佳帛与子清海，往泰国（原谱第295、298、300页）。

29. 新厝长懔世系：第二十世，振治，瑞东之子，往泰国（原谱第313页）。

30. 新厝长进世系：第十九世瑞国（绸子），第二十一世溪纯（振信子），双贵、金贵、金成、金龙（振湖子）及子女均居泰国（原谱第327、330、332页）。

31. 新厝长信世系：第十九世，瑞福，全家往泰国。第二十世，振申，瑞明之子，往南洋（原谱第333、338页）。

32. 新厝长吟世系：第二十一世，友德，往泰国（原谱第350页）。

33. 马头山顶寨春藏世系：第二十世，阿鲁、振公（瑞忠公之子）、第二十一世，逢然（振智公之子），往泰国（原谱第391、392页）。

34. 马头山长艺世系：第二十世，振公（瑞木公之三子），振伟（武墩，瑞万子），往泰国（原谱第413、420页）。

35. 马头山下寨长庆世系：第十九世，宝川、宝□，佳国公之子（原谱第469页）、第二十世玉帆，瑞埕之子，往泰国（原谱第477页）。第十八世，佳合长、二、三、五子（佚名），往南洋（原谱第475页）。

36. 六房昆端徐正世系：第十五世，佛保，成辑之子，往南洋（原谱第 493 页）。

37. 走马塘龟头世系：第十九世，兴元，往南洋（原谱第 500 页）。

38. 七房昆文徐章世系：第十六世，贯，永西之子，往南洋（原谱第 503 页）。徐贯，徐秦之子，往南洋，徐愿，往吕宋（原谱第 512 页）。阿福（佚世），晓纯之子，父子七人全家往马来西亚（原谱第 521 页）。第二十世，宝元，往马来西亚（原谱第 529 页）。

59

福清《岑兜林氏族谱》

岑兜村，又名杞店，别称文峰，古为福清县感德乡仁寿里，系民族英雄、世界禁毒先驱、爱国将领林则徐的祖籍地。地处邑之中部，枕山面海，前盘大吉，后靠螺峰，左临福清湾，右依五指山。

高德公为岑兜林氏开基祖，于南宋乾道六年（1170 年），由莆田澄渚迁居福清县杞店（即岑兜村）。辟土开疆，肇基启宇。本村林氏人口 7000 多人，共分为九房蕃衍世系，分别是：上旧厝房、下旧厝房、上七房、下七房、房东厝房、学康房，五房内房，大厝厦房、细斗房世条。

岑兜林氏，历史悠久，枝繁叶茂，遍布本市海口、城头、融城、龙田、江镜、三山、高山、上迳、龙山九个镇街，播迁浙江宁波、台湾、平潭、福鼎、宁德、连江以及印尼、新加坡、香港、澳门等世界各地。

福清《岑兜林氏族谱》分为文献卷、蕃衍世系卷、迁徙繁衍卷上中下三册，福清市岭兜林氏宗祠理事会编纂，2012 年 12 月刊印。

迁居南洋记录

一、斗宇（上旧厝房）世系谱

（一）元华支亨周房大中、大竹公世系谱

1. 第二十八世，瑞珍，道焕公之长女，居印尼（原谱第 34 页）。

2. 第二十八世，瑞朱，道焕公之次女，居印尼（原谱第 34 页）。

3. 第二十八世，瑞琪，道焕公之三女，居印尼（原谱第 34 页）。

4. 第二十八世，瑞琅，道焕公之四女，居印尼（原谱第 34 页）。

5. 第二十八世，福景，道焕公（光灿公）之三子，全家定居印尼（原谱第 35 页）。

6. 第二十八世，福瑞，光清公之三女，定居印尼（原谱第39页）。

7. 第二十八世，华英，光清公之四女，定居印尼（原谱第39页）。

8. 第二十八世，华秋，光清公之五女，定居印尼（原谱第39页）。

9. 第二十八世，华娇，光清公之六女，定居印尼（原谱第39页）。

10. 第二十八世，华兰，光清公之七女，定居印尼（原谱第39页）。

11. 第二十八世，之明，光声公之次子，全家定居印尼（原谱第39页）。

12. 第二十八世，福振，光清公之次子，全家定居印尼（原谱第39页）。

13. 第二十八世，福开，光清公之三子，全家定居印尼（原谱第39页）。

14. 第二十八世，福恩，光清公之四子，全家定居印尼（原谱第39页）。

（二）元华支亨周房贞美公世系谱

15. 第二十七世，席珍，家全公之长女，适印尼郭世炳（原谱第48页）。

16. 第二十八世，福畴，光耀之次子，全家定居印尼（原谱第50页）。

17. 第二十九世，历新，福畴之长子，全家定居印尼（原谱第51页）。

18. 第二十九世，历德，福畴这次子，全家定居印尼（原谱第51页）。

（三）元华支亨周房家珠公世系谱

19. 第二十七世，光厚公，家珠公之长子，妣东佑村陈氏，侧室印尼甘氏娜。生二子：长子顺安，次子福康。生四女：长女福琳，次女适阳下东田村薛昌良，三女品良，适印尼泗水陈树梅。四女良珠，适印尼泗水陈孟河（原谱第58页）。

20. 第二十七世，光喜公，家珠公之次子，妣周氏，侧室印尼氏，公妣生卒失考。生三子：长子福海，次子福盛，三子福佺：生四女：长女适松峰村周府。次女福美，适北京施盘基。三女福菊，适融城。四女福莲，适本村林桂月（原谱第58页）。

21. 第二十七世，光灶公，家珠公之三子，妣东阁□氏，侧室印尼氏，公妣生卒失考。生二子。长子自忠，次子福武（原谱第58页）。

22. 第二十九世，祥栋，顺安公之长子。配林氏。生二子：长子诗雄，生三女：长女适印尼。次女适印尼。三女适印尼。全家定居印尼（原谱第59页）。

23. 第二十九世，祥庆，顺安公之次子，生二子：长子仕杰，次子仕辉。生一女：仕雅，适本村林义云。全家定居印尼（原谱第59页）。

24. 第三十世，仕杰，祥庆之长子，全家定居印尼（原谱第60页）。

25. 第三十世，仕辉，祥庆之次子，生一女。全家定居印尼（原谱第60页）。

（四）元华支亨周房利齐公世系谱

26. 第二十七世，水官，别名亦尾，家华公之长子。配新加坡陈亚锦，生三子：长子之明，次子之清，三子之峰。生二女：长女福美，适新加坡陈志喜。次女福英，适新加坡疗自来（原谱第66页）。

27. 第二十八世，之明，亦尾之长子，配庄玉花。生三子：长子祥义，次子祥发，在子祥兴。全家定居新加坡（原谱第67页）。

28. 第二十八世，之清，亦尾之次子，配吴吓玉，生一子：祥泉。生一女：嘉宝。全家定居新加坡（原谱第67页）。

29. 第二十八世，之峰，亦尾之三子，配黄秀珍。生一子：佩峰。生二女：长女心颖，次女美芳。全家定居新加坡（原谱第67页）。

30. 第二十九世，祥义，之明之长子，配新加坡氏，全家定居新加坡（原谱第69页）。

31. 第二十九世，祥发，之明之次子，全家定居新加坡（原谱第69页）。

32. 第二十九世，祥兴，之明之三子，全家定居新加坡（原谱第69页）。

33. 第二十九世，祥泉，之清之子，全家定居新加坡（原谱第69页）。

34. 第二十九世，佩峰，之峰之子，全家定居新加坡（原谱第69页）。

（五）利彩公世系谱

35. 第二十六世，家兴公，贞训公之三子，妣印尼氏，生三子：长子光城，次子德海，三子光如（原谱第77页）。

36. 第二十六世，大余公，贞练公之长子，妣印尼氏（二婶妈）（原谱第77页）。

二、学舜（上七房）世系谱

（一）长房亦曲公世系谱

1. 第二十五世，敏顺公，别名吓名，亦曲公之子，生卒失考。侧室印尼陈氏。生三子：长子春金，次子春福，三子春发。生一女：以英（原谱第 86 页）。

2. 第二十六世，春福，敏顺公之次子，全家定居印尼（原谱第 86 页）。

3. 第二十六世，春发，敏顺公之三子，全家定居印尼（原谱第 86 页）。

（二）三房信熠公世系谱

4. 第二十六世，惠庆公，敏功公之长子，妣山兜村陈金宋，继室印尼氏。惠庆公与印尼氏墓葬印尼。生二子：长子道春，次子佺金。生二女：长女细妹。适闻读南景村郑氏，次女，适山兜村（原谱第 100 页）。

5. 第二十六世，惠茂公，敏功公之五子，妣洋头陈玉宋，侧室印尼氏，惠茂公与印尼氏同葬印尼。生三子：长子道贵，次子佺平，三子佺兴。生二女：长女雪英，次女雪娟（原谱第 100 页）。

6. 第二十六世，大全公，别名灼花，贞祥公之长子，妣者店村谢氏，继室高山院西林梅贵，三人同葬印尼沙拉笛甲。生五子：长子道福，次子道平，三子道彪，四子道秋，五子道灯。生二女：长女道英，适印尼。次女道金，适印尼，全家定居印尼（原谱第 101 页）。

7. 第二十六世，大脩公，别名妹货，贞祥公之次子，葬于印尼沙拉笛甲。娶洋头村陈瑞英，继室印尼朱娜（Mina），生三子：长子道泉，次子道贤，三子道盛。生七女：长女凤英。次女凤莺，适印尼杨建龙。三女凤瑜。四女道芝，适印尼林秀心。五女凤娟，适印尼陈顺好。六女凤琴，适印尼王汉龙。七女凤华，适印尼（原谱第 101 页）。

8. 第二十七世，佺平，惠进公之子，定居印尼（原谱第 103 页）。

9. 第二十七世，道福公，大全公之长子，墓葬印尼，配印尼泗水林文俊。生一子：之荣。生一女：丽娟（原谱第 103 页）。

10. 第二十七世，道平，大全公之次子，配印尼潘丽华。生三子：长子之坚，次子之毅。生一女：优雅。（原谱第 103 页）。

11. 第二十七世，道彪，大全公之三子，配印尼林美金。生一子：雅敏。生二女：长女雅丽，次女雅琳（原谱第 103 页）。

12. 第二十七世，道秋，大全公之四子，配印尼周珠英。生一子：之潭。生三女：长女芳圆，次女芳美，三女芳妮（原谱第 103 页）。

13. 第二十七世，道灯，大全公之五子，配印尼许素玉。生四女：长女之玲，次女之芳，三女之兰，四女之莉（原谱第 103 页）。

14. 第二十七世，道贤，大脩公之次子，配印尼何玉华，生一子：金龙。生二女：长女丽丽，适印尼。次女慧杨，适印尼（原谱第 103 页）。

15. 第二十七世，道盛，大脩公之三子，配印尼王金娘。生二女：长女良者，次女 Gabriella（原谱第 103 页）。

16. 第二十八世，之荣，道福之长子，全家定居印尼（原谱第 106 页）。

17. 第二十八世，之坚，道平之长子，定居印尼（原谱第 106 页）。

18. 第二十八世，之毅，道平之次子，定居印尼（原谱第 106 页）。

19. 第二十八世，之斐，道平之三子，定居印尼（原谱第 106 页）。

20. 第二十八世，之潭，道秋之子，定居印尼（原谱第 106 页）。

21. 第二十八世，之玲，道灯之长女，定居印尼（原谱第 106 页）。

22. 第二十八世，之芳，道灯之次女，定居印尼（原谱第 106 页）。

23. 第二十八世，之兰，道灯之三女，定居印尼（原谱第 106 页）。

24. 第二十八世，之莉，道灯之四女，定居印尼（原谱第 106 页）。

25. 第二十八世，金龙，道贤之子，娶印尼莉淑卡，全家定居印尼（原谱第 107 页）。

（三）四房肇阳孔钿公世系谱

26. 第二十五世，天金公，信善公之次子，定居新加坡（原谱第 139 页）。

27. 第二十五世，敏景公，信吉公之长子，生二子：长子端贤，次子贤辉。全家定居新加坡（原谱第 140 页）。

28. 第二十六世，水香公，敏仕公之次子。生三子：长子炳发，次子炳祥，三子富明。生三女：长女林珊，适新加坡余乌才。次女珠珊，适新加坡吴若松。三女冰璇，适新加坡刘世奇（原谱第 143 页）。

29. 第二十六世，天宝，敏利公之次了。配郭桂英。全家定居新加坡

（原谱第 145 页）。

30. 第二十六世，林惠金，敏利公之三子，定居新加坡（原谱第 145 页）。

31. 第二十六世，端贤，敏景公之长子，全家侨居印尼（原谱第 145 页）。

32. 第二十六世，贤辉，敏景公之次子，全家侨居印尼（原谱第 145 页）。

33. 第二十六世，林惠昌，敏利公之四子，配新加坡 Linmienie，生二女：美美，美仪（原谱第 146 页）。

34. 第二十七世，炳发，水香公之长子，配新加坡余爱华，生三女：长女嘉仪，次女嘉韵，三女嘉俐，全家侨居新加坡（原谱第 149 页）。

35. 第二十七世，炳祥，水香公之次子，配新加坡余爱金，生二子：长子锐和，次子锐泓，生三女：长女雅慧，次女雯慧，三女淑箕，全家侨居新加坡（原谱第 149 页）。

36. 第二十七世，富明，水香之三子，配新加坡傅慧品，生一子：林公子（原谱第 149 页）。

（四）四房肇阳孔信公世系谱

37. 第二十五世，清水，信发公之次子，葬于新加坡。生二子：长子惠勇，次子惠端，生一女：惠珍（原谱第 170 页）。

38. 第二十六世，大基，贞通公之长子，配林氏，生三子：长子道喜，次子道祥，三子道开。生二女：长女端英，适东阁村陈东化。次女适广东，全家侨居印尼（原谱第 171 页）。

39. 第二十六世，惠虎，清水兄之长子，由印尼回国，不知落户哪个华侨农场（原谱第 172 页）。

40. 第二十六世，惠灿，清水兄之次子，由印尼回国，不知落户在哪华侨农场，无法考证（原谱第 172 页）。

41. 第二十七世，道喜，大基之长子，配广东氏，生三子，全家侨居印尼（原谱第 173 页）。

42. 第二十七世，道祥，大基之次子，配阳下溪前妹，生二子，生二女，全家侨居印尼（原谱第 173 页）。

43. 第二十七世，道开，大基之三子，配南厝村陈必凤，生二子二女，全家侨居印尼（原谱第 173 页）。

（五）五房世系谱

44. 第二十四世，利玉公，宽振公之长子，继室印尼刘玉秀。生三子：长子振平，次子振春，三子振光。生一女：亦欢（原谱第 191 页）。

45. 第二十五世，吓蛋肥公，信壹公之子，妣洋头村陈氏，继室印尼郑仁宁，生三子：长子惠清，次子惠全，三子惠福。生一女（原谱第 192 页）。

46. 第二十五世，敏顺公，信茂公之长子，墓葬印尼。生五子：长子惠金，次子惠春，三子惠明，四子惠进，五子惠秋：生四女：长女珠凤，次女宝朱，适印尼。三女淑清，适印尼。四女淑英适印尼，全家定居印尼（原谱第 192 页）。

47. 第二十六世，惠清公，吓蛋肥公之长子，妣印尼张云彩，生四子：长子道明，次子道兴，三子道德，四子道清。生三女：长女梅玉，次女梅华，三女英梅。全家迁居沙县桂口农场（原谱第 193 页）。

48. 第二十六世，惠金，敏顺公之长子，全家定居印尼（原谱第 194 页）。

49. 第二十六世，惠春，敏顺公之次子，全家定居印尼（原谱第 194 页）。

50. 第二十六世，惠明，敏顺公之三子，全家定居印尼（原谱第 194 页）。

51. 第二十六世，惠进，敏顺公之四子，全家定居印尼（原谱第 194 页）。

52. 第二十六世，惠秋，敏顺公之五子，全家定居印尼（原谱第 194 页）。

三、学器（下七房）三房肇法孔汴支孟春公世系谱

（一）孔汴支孟义公二房仁辉公世系谱

1. 第二十五世，智友，礼棪之次子，娶印尼泗水王美顺，后裔失考（原谱第 264 页）。

（二）孔汴支孟义公四房发梅公世系谱

2. 第二十三世，其流，发梅公之四子，妣东阁村陈秋宋，因其流公早

年住新加坡谋生，所以再娶陈欢娘番仔婆。共生七子：长子祥和，次子祥桂，三子祥增，四子祥兴，五子亦灿，六子祥仁，七子祥书。长女菊宋，次女桂英（原谱第280页）。

（三）孔汴支孟已公仁清公世系谱

3. 第二十四世，礼标，义熙公之长子，别名吓渠，早年侨居印尼，继娶陈依娘，生四子：长子智肃，次子智胜，三子智隆，四子智民，生一女：凤玉。四子及一女，皆在印尼繁衍（原谱第300页）。

4. 第二十四世，礼淦，义熙公之次子，别名加加，生二子：长子智宏，次子智春。礼淦早年远渡新加坡谋生，后病故新加坡（原谱第301页）。

5. 第二十五世，智肃，礼标之长子，生二子：长子建清，次子建安，生一女，爱华，适印尼吴仕兴（原谱第302页）。

6. 第二十五世，智胜，礼标之次子，生一女，爱珠，适印尼人（原谱第302页）。

7. 第二十五世，智隆，礼标之三子，生一女，爱平，适印尼人（原谱第302页）。

8. 第二十五世，智民，礼标之四子，生一女，爱芳，适印尼人（原谱第302页）。

（四）五房肇肖支义渊、义一公世系谱

9. 第二十五世，厚宜，智鋳公之长子。生六子：长子泽强，次子泽精，三子泽亮，四子泽龙，五子泽成，六子泽恩。生三女：长女秀娟，适印尼施并善，次女秀洁，适印尼谢明在。三女秀芳，适印尼（全家定居印尼）（原谱第350页）。

10. 第二十七世，泽强，厚宜之长子。生一子：必伟，生一女：秀芳，全家定居印尼（原谱第353页）。

11. 第二十七世，泽精，厚宜之次子。生二子：长子必云，次子必忠，全家定居印尼（原谱第353页）。

12. 第二十七世，泽龙，厚宜之四子。生二子：长子必勇，次子必敢，生一女：小玲，全家定居印尼（原谱第353页）。

13. 第二十七世，泽成，厚宜之五子。生二子：长子必起，次子必吉，全家定居印尼（原谱第353页）。

(五) 尾房肇长支孔仁世系谱

14. 第二十五世，尾弟，礼盘公之四子，葬于新加坡。生五子：长子厚仁，次子厚华，三子厚富，四子厚用，五子厚星。生二女：长女美玉，适新加坡，次女美云，适新加坡（原谱第 373 页）。

15. 第二十六世，智炎，礼彩公之次子，葬于印尼。生五子，长子厚耀，次子厚平，三子厚星，四子厚忠，五子厚辉。生一女，凤玉，适福州王一样（原谱第 374 页）。

16. 第二十六世，厚平，智炎公之次子，生于印尼（原谱第 376 页）。

17. 第二十六世，厚星，智炎公之三子，生于印尼（原谱第 376 页）。

18. 第二十六世，厚光，智炎公之四子，生于印尼（原谱第 376 页）。

19. 第二十六世，厚辉，智炎公之五子，生于印尼（原谱第 376 页）

(六) 尾房肇长孔萱支祝三公世系谱

20. 第二十五世，智荣公，别名亚灿，吓增公之子，早年前往印尼谋生，数十年后回国娶亲建房，后再赴印尼，途中不幸遇难身亡。生四子：长子金华，次子全兴，三子金弟，四子全明。生五女：长女凤端，次女凤金，三女凤钦，四女亦月，五女凤玉（原谱第 404 页）。

21. 第二十五世，昌昌公，礼贤公之长子，约于二十世纪二十年代，迁徙印尼数十年，家庭情况不详，目前失考（原谱第 404 页）。

22. 第二十五世，森森公，礼贤公之次子，解放前迁徙福清城关镇，后赴印尼谋生，妣印尼华裔女子陈氏。在痛失雁伴后，携子女回国定居，谋职福清油厂。生二子：长子秀津，次子秀兴。生一女：花莲（原谱第 404 页）。

23. 第二十五世，智兰，礼镐公之子，其童年家贫曾随亲友赴印尼谋生，1946 年回国。生二子：长子厚盛，次子厚兴。生五女，长女华云，次女华英，三女雪钦，四女华钦，五女雪美（原谱第 404 页）。

24. 第二十六世，厚福公，又名亚兰，金斌公之次子，解放前赴印尼谋生，并娶印尼华裔女子为侧室，卒于印尼。生三子：长子泽焰，次子子泽兴，三子泽和。生一女：林春，适印尼华裔（原谱第 405 页）。

25. 第二十六世，厚灿公，又名亚兰妹，金斌公之三子，解放前赴印尼谋生，定居数十年，并娶华裔女子陈官娘为侧室。公与原配生一子，长子泽秋，生二女：长女宝珠，迁徙印尼，次女桃宋。印尼侧室陈氏生五子：次子泽华，三子泽光，四子泽成，五子泽宝，六子泽存。生四女：三女丽英，四女丽云，五女丽钦，六女丽贞（以上五男四女均定居印尼或香港，情况不详）（原谱第405页）。

26. 第二十六世，水仙公，又名厚暹，智煊公之子。幼年失父，后随亲友南渡印尼、星洲打工，1927年回乡成家。生四子，长子蔚青，次子泽洪，三子玉庭，四子玉康。生三女：长女玉珠（迁徙印尼），次女东阁妹，三女秀英，养女林爱宋（原谱第405页）。

27. 第二十六世，金华公，吓灿公之长子，生于印尼，后随父母回国定居，生一子：泽强。生一女：明玉（原谱第407页）。

28. 第二十六世，秀津公，森森公之长子，生于印尼，后随父回国定居，生一子：春枝（原谱第407页）。

29. 第二十六世，秀兴公，森森公之次子，生于印尼，后随父回国定居，生二子：长子伟明，次子晨风（原谱第407页）。

30. 第二十七世，泽荣公，厚立公之长子，早年赴印尼谋生生三子：长子之明，次子必新，三子必安。生二女，长女云钦，次女爱云（原谱第407页）。

31. 第二十七世，蔚青，又名玉明，水仙公之长子，年幼时随母赴印尼，后回国定居，生二子：长子林兴，次子林忠（原谱第408页）。

32. 第二十七世，泽洪，又名玉平，水仙公之次子，生于印尼梭罗市，后随父母回国，生一子：郁青。生二女：长女小红，次女雪滢（原谱第408页）。

33. 第二七世，玉庭，水仙公之三子，生于印尼梭罗市，后随父母回国，生一子：林勇。生二女：长女林芳，次女林琛（原谱第408页）。

34. 第二十八世，必云，泽秋之次子，配印尼华裔女子俞瑞英，生一子：祥兴。生三女：长子林烽，次女林蕊，三女林丽（全家定居印尼）（原谱第413页）。

35. 第二十八世，必武，泽秋之五子，定居印尼（原谱第413页）。

36. 第二十九世，祥兴，必云之子，随父母定居印尼（原谱第417页）。

（七）尾房肇长孔仑支孟廉公世系谱

37. 第二十四世，礼铣公，义潮之次子，妣南厝村陈金宋，生一子：

智永，兼祧银房，曾渡印尼谋生，娶继室，生一子：智铨，带回国内，生一女，适江头村定居印尼（原谱第485页）。

38. 第二十四世，礼存公，义尚公之长子，妣青屿张登宋，生三子，长子吉宋，次子智密，三子智彬，生一女，青曼妹，适福清后移居印尼（原谱第487页）。

39. 第二十四世，礼美公，义尚公之三子，配印尼人陈明良，曾渡印尼谋生，后携带妻子回国。生六子：长子智华，次子智贵，三子智福，四子智仁，五子智明，六子智瑞。生一女：瑞兰（原谱第487页）。

40. 第二十五世，智金，礼铣公之次，印尼氏所生，后带回国。生二子：长子林俊，次子林敏。生二女：长女梅新，次女梅仔（原谱第488页）。

（八）尾房肇长孔仑支孟云公世系谱

41. 第二十五世，来发，礼高之长子，妣晨光陈氏，生四子：长子厚弼，次子厚相，三子厚忠，四子厚仪。生三女：长女瑞英，次女瑞玉，三生瑞朱。全家定居印尼（原谱第539页）。

42. 第二十五世，厚弼，来发之长子，全家在印尼（原谱第544页）。

43. 第二十五世，厚相，来发之次子，全家在印尼（原谱第544页）。

44. 第二十五世，厚忠，来发之三子，全家在印尼（原谱第544页）。

45. 第二十五世，厚仪，来发之四子，全家在印尼（原谱第544页）。

（九）尾房肇长支孔恩公世系谱

46. 第二十四世，礼洪，义鎏之次子，墓葬印尼，生三子：长子智修，次子平生，三子平秀。生四女：长女香洪，次女顺玉，三女桂英，四女爱玉（原谱第563页）。

47. 第二十五世，智修，礼洪之长子，定居印尼（原谱第564页）。

48. 第二十五世，平生，礼洪之次子，定居印尼（原谱第564页）。

49. 第二十五世，平秀，礼洪之三子，定居印尼（原谱第564页）。

50. 第二十五世，秀洪，礼洪之四子，定居印尼（原谱第564页）。

51. 第二十六世，厚权，智雄之次子，配陈玲。生二子：长子泽煌，次子泽宇。定居新加坡（原谱第567页）。

（十）尾房肇长支孔嵩公世系谱

52. 第二十四世，礼棋公，义盛公之四子，妣印尼陈珠英，生四女：

长女木宋，次女木英，三女玉华，四女永华（原谱第606页）。

53. 第二十五世，智堂，礼铸公之子，少时早故，印尼抱养一子：增松（原谱第609页）。

54. 第二十五世，智吉公，礼铨公之子，妣郑氏，侧室印尼氏。生三子：长子吓妹仔，次子厚拥，三子厚乐。生二女：长女金娘，次女述娘（原谱第610页）。

55. 第二十五世，智梅公，礼勤公之长子，青年时赴印尼定居，妣张美宋。生三女：长女玉英，次女瑞英，三女文英（原谱第610页）。

56. 第二十六世，增松，智堂公之养子（印尼抱养），生三子：长子春金，次子细金，三子泉兴。生一女：亦秀（原谱第617页）。

四、学瑞（下旧厝）长房（沟头）世系谱

（一）沟头亦桂公世系谱

1. 第二十七世，泽官，大（厚）之长子，生二子：长子立新，次子立进。全家定居南洋，情况不明（原谱第655页）。

2. 第二十八世，立新，泽官之长子，在南洋，情况不明（原谱第655页）。

3. 第二十八世，立进，泽官之次子，在南洋，情况不明（原谱第655页）。

（二）二房（东尾）利甲、亦来、利松、利秋、利乙世系谱

4. 第二十五世，美妹公，亦来公之长子，继妣印尼陈智英，生三子：长子厚广，次子厚达，三子瑞生（原谱第705页）。

5. 第二十五世，冬梅公，利秋公之长子，妣印尼氏，生一子。全家定居印尼，生一女：爱英（原谱第705页）。

（三）三房（中坵）世系谱

6. 第二十五世，智厦公，利家之次子，全家定居新加坡，情况不明（原谱第734页）。

五、学康公世系谱

（一）孔博房孟新公世系谱

1. 第二十五世，智和公，大妹公之三子，妣翁氏，葬于南洋，生一

子：（抱养）嗣子厚通。生二女：长女月华，次女月琴，二女都在印尼（原谱第769页）。

（二）孔宁房智学公世系谱

2. 第二十七世，红古，牡丹公之次子，妣陈氏，夫妇卒于南洋。生一子：俊华（抱养）。生一女，俊英，定居印尼（原谱第784页）。

六、学茂（房东厝）世系谱

（一）肇栋房孔巴支孟则公世系谱

1. 第二十四世，昌兴公，其增公之长子，卒印尼（原谱第810页）。

（二）肇桢房孔祝支孟杞、孟萼公世系谱

2. 第二十五世，胡南，昌全公之长子，全家定居新加坡（原谱第820页）。

（三）肇挺房孔就支孟懿、孟颖、孟巧公世系谱

3. 第二十四世，昌顺公，其兴公之嗣子，生五子：长子贞玉，次子贞珠，三子贞球，四子贞株，五子贞安。全家定居印尼梭罗（原谱第838页）。

4. 第二十五世，贞玉，昌顺公之长子，全家定居印尼（原谱第836页）。

5. 第二十五世，贞珠，昌顺公之次子，全家定居印尼（原谱第836页）。

6. 第二十五世，贞球，昌顺公之三子，全家定居印尼（原谱第836页）。

7. 第二十五世，贞株，昌顺公之四子，全家定居印尼（原谱第836页）。

8. 第二十五世，贞安，昌顺公之五子，全家定居印尼（原谱第836页）。

（四）肇举房孔多支孟职、世顺、世朱公世系谱

9. 第二十五世，贞桂公，昌厚公之长子，配印尼吴美英，生四子：长子建华，次子建亭，三子健康，四子建仁（原谱第874页）。

（五）肇贤房孔平支孟国公世系谱

10. 第二十五世，林淮，裔昌之次子，新加坡国立大学博士生，生一子：林荫，全家定居新加坡（原谱第887页）。

（六）肇香房孔安支孟泰公世系谱

11. 第二十四世，桂康公，喜来公之三子，生五子：长子智耿，（次子、三子、四子被桂唐带去印尼，现均定居印尼），五子智惠。生一女，吓全，适南山村郑琴母（原谱第892页）。

12. 第二十五世，桂康公之次子、三子、四子均定居印尼（原谱第893页）。

七、声闻公（五房内）世系谱

（一）孔潭公（五房内）二房孟乙支亨宽公世系谱

1. 第二十五世，敏寿，利顺之三子（别名德福），生四子：长子惠美，次子惠泰，三子惠泉，四子惠宝，生二女：长女秋金适新加坡林金耀，次女秋凤定居新加坡（原谱第906页）。

2. 第二十六世，惠春，敏富之次子，居新加坡，不详（原谱第907页）。

3. 第二十六世，惠端，敏富之三子，居新加坡，不详（原谱第907页）。

4. 第二十六世，惠美，敏寿之长子，居新加坡，不详（原谱第907页）。

5. 第二十六世，惠泰，敏寿之次子，居新加坡，不详（原谱第907页）。

6. 第二十六世，惠泉，敏寿之三子，居新加坡，不详（原谱第907页）。

7. 第二十六世，惠宝，敏寿之四子，居新加坡，不详（原谱第907页）。

（二）孔潭公（五房内）三房孟丙支金菊、信杰公世系谱

8. 第二十五世，钻钻，新杰之次子，定居印尼（原谱第912页）。

（三）孔潭公（五房内）四房孟丁支元甲、元乙、元照、元财、元祥公世系谱

9. 第二十四世，信梅，别名番婆，宽多之长子，妣陈妹仔，生一女：秀英，抱养一女秀珠。续配印尼陈赵良，生七子：长子敏祥，次子敏庚，三子敏建，四子敏耀，五子敏端，六子敏康，七子敏凯，生四女：长女雪英，次女瑞英，三女彩英，四女玉英，居印尼不详（原谱第 927 页）。

10. 第二十五世，敏祥、敏庚、敏建、敏耀、敏端、敏康、敏凯，信梅之子，居印尼不详（原谱第 928 页）。

11. 第二十五世，敏发，信侗公之次子，生二女：长女生娘，次女恩娘，居印尼（原谱第 928 页）。

12. 第二十五世，敏颂，信侗弟公之三子，生四子：长子振建，次子振山，三子振玉，四子振南，生三女：长女兰英，次女培玉，三女培金，居印尼，不详（原谱第 929 页）。

（四）孔潭公（五房内）五房孟戊支元木、元三、元四、元五公世系谱

13. 第二十四世，信远，阿鬼之子，生三子：长子敏仲，次子敏强，三子敏亮，定居印尼，后裔不详（原谱第 944 页）。

八、大厝厦房学禄公世系谱

（一）大厝厦房孔生支贞珠公世系谱

1. 第二十五世，智康，礼□公之次子，全家定居印尼（原谱第 979 页）。

（二）大厝厦房孔兴支智金、智栋公（回迁后川）世系谱

2. 第二十六世，大金，智金公之长子，妣陈氏，生一子：育成，大金公定居新加坡，女儿都定居新加坡（原谱第 985 页）。

（三）大厝厦房孔兴支智□公（回迁城头黄垱）世系谱

3. 第二十六世，金标攻，智□公之子，二十一世至二十五世父辈失考，妣印尼氏，生二子：长子妹皮，次子细货，生一女爱珠（原谱第 993 页）。

九、细斗房学峰公世系谱

（一）义禄支步俤公世系谱

1. 第二十五世，来妹公，步俤公之次子，卒印尼，妣南厝陈氏，卒印尼，生一女，在印尼，生平情况不明（原谱第 1002 页）。

2. 第二十五世，俤俤公，步俤公之三子，卒印尼，妣里美俞氏于印尼，生一女于印尼，情况不明（原谱第 1002 页）。

(二)登仕公世系谱

3. 第二十五世，梁甲公，桐科公之四子，妣印尼籍美娜，生五子：长子金梅（鸿安），次子金洪（洪金），三子金春（鸿清），四子金禄（鸿全），五子金桐（鸿龙），生一女：宝英（原谱第1022页）。

4. 第二十五世，金甲公，四弟公之四子，卒于印尼，生二子：长子大顺，次子大兴，生二女：长女大钦，次女妹仔（原谱第1023页）。

5. 第二十六世，大官，云甲公之四子，解放前生于印尼，多年与其亲属无联系，目前情况不明（原谱第1024页）。

十、安四公（上迳山兜）世系谱

(一)安四公俊溪房（上迳山兜）世系谱

1. 第二十四世，礼奇，义德之长子，侨居新加坡（原谱第79页）。

2. 第二十四世，礼兴，义德之次子，侨居新加坡（原谱第79页）。

3. 第二十四世，礼才，义德之三子，侨居新加坡（原谱第79页）。

4. 第二十五世，智民，礼泰之长了，侨居印尼（原谱第83页）。

5. 第二十五世，智平，礼泰之次子，侨居印尼（原谱第83页）。

(二)安四公俊溪昌文房（上迳山兜）世系谱

6. 第二十三世，义德公，仁育公之长子，生二子：长子礼奇，次子礼关，三子礼才，全家早年侨居新加坡（原谱第98页）。

7. 第二十四世，礼顺，义云公之次子，生二子：长子智禾，次子智钻，生二女：长女宝华，适新加坡定居，次女宝珠，适新加坡定居，他们父辈定居新加坡（原谱第101页）。

十一、百恢公（高山北岭）世系谱

1. 第二十五世（北岭十二世），秋官公，世利公之长子，生一子：道瑜，迁南洋（原谱第158页）。

2. 第二十六世（北岭十三世），道坤公，水弟公之长子，迁居南洋（原谱第158页）。

3. 第二十六世（北岭十三世），道细公，水弟公之次子，迁居南洋（原谱第158页）。

4. 第二十六世（北岭十三世），道茂公，水弟公之三子，迁居南洋

(原谱第 158 页)。

5. 第二十五世（北岭十二世），代详公，世顺公之次子，生一子：道坤，迁南洋（原谱第 162 页）。

6. 第二十六世（北岭十三世），道坤公，代详公之子，迁南洋住（原谱第 162 页）。

十二、孔兴（三山赤安）公世系图谱

1. 第二十五世（赤安六世），吓姑公，文斋公之次子，年青时移居马来西亚谋生（原谱第 536 页）。

60

莆田《福建省莆田玉湖系澄海思成堂陈氏族谱》

澄海颖川陈氏始祖尧卿公，字帝臣，号玉湖，南宋高宗绍兴进士，自福建兴化府莆田县玉湖乡莅潮开基辟望，八百余载，已传三十余世。《福建省莆田玉湖系澄海思成堂陈氏族谱》以澄邑颖川玉湖派系陈氏思成堂为核心，以莆田玉湖祖祠五大房系为纽带。

《福建省莆田玉湖系澄海思成堂陈氏族谱》，陈华青主编，精装本，澄海颖川陈氏海内外宗亲联谊会 1997 年编印。

迁居南洋记录

一、庸夫祖 太椽祖 龙田系

1. 第二十六世，植昌，文模三子，居新加坡（原谱第 4 页）。
2. 第二十七世，成业，鼎三之子，居泰国（原谱第 4 页）。
3. 第二十七世，春进，陈年之子，居泰国（原谱第 4 页）。
4. 第二十七世，朝进，奴仔之子，居泰国（原谱第 4 页）。
5. 第二十六世，泰章，文鹏之子，居泰国（原谱第 9 页）。

二、庸夫祖 太禄祖 市巷系

1. 第二十六世，海章，文炎三子，居泰国（原谱第 17 页）。
2. 第二十四世，番葛，利裕公次子，居南洋（原谱第 23 页）。
3. 第二十四世，天存、天贞，利福公之子，居南洋（原谱第 23 页）。
4. 第二十四世，贞仔，利乙公次子，居南洋（原谱第 23 页）。
5. 第二十五世，喜荣，瑞贞之子，居南洋（原谱第 23 页）。
6. 第二十五世，文通、文清、文雄，逢贞之子，居南洋（原谱第 25

页）。

7. 第二十六世，木秋，文合次子，居新加坡（原谱第 27 页）。

8. 第二十六世，啁章，文光次子，居泰国（原谱第 29 页）。

9. 第二十七世，嘉瑞，廷章长子，居泰国（原谱第 31 页）。

10. 第二十六世，应章，文五三子，居泰国（原谱第 33 页）。

11. 第二十六世，声河，文联长子，居星洲（原谱第 43 页）。

12. 第二十七世，声亮，声进次子，居星洲（原谱第 43 页）。

13. 第二十六世，鸿昌，文臣三子，居泰国（原谱第 46 页）。

14. 第二十七世，炎锐，应宜之子，居新加坡（原谱第 46 页）。

15. 第二十六世，亚扁，来福长子，居泰国（原谱第 51 页）。

16. 第二十六世，和尚，来成次子，居泰国（原谱第 51 页）。

17. 第二十三世，利渊公，良友公四子，居实叻（新加坡）（原谱第 53 页）。

18. 第二十四世，松贞，利荣公三子，居泰国（原谱第 54 页）。

19. 第二十六世，耀民、耀辉，文修之子，居泰国（原谱第 54 页）。

20. 第二十五世，文雄（延昭、延忠、延德、延平），富贞之子，居泰国（原谱第 55 页）。

21. 第二十五世，泰浩，越贞长子，居泰国（原谱第 56 页）。

22. 第二十五世，文品，古钱之子，居泰国（原谱第 66 页）。

23. 第二十六世，玉章，文正之子，居泰国（原谱第 66 页）。

24. 第二十七世，华轼，大章之子，居安南（原谱第 66 页）。

25. 第二十七世，陈廉，大伯之子，居泰国（原谱第 67 页）。

26. 第二十七世，德倍，仕楷长子，居泰国（原谱第 68 页）。

27. 第二十七世，德坤，仕楷五子，居泰国（原谱第 68 页）。

28. 第二十八世，立厚，德明长子，居泰国（原谱第 68 页）。

29. 第二十七世，仲望，乐书次子，居泰国（原谱第 69 页）。

30. 第二十五世，怀德，舜贞次子，居泰国（原谱第 72 页）。

31. 第二十六世，炳城、木城，祠德之子，居泰国（原谱第 72 页）。

32. 第二十七世，华奎，岳秋之子，居泰国（原谱第 76 页）。

33. 第二十五世，天哆，陈祝三子，居泰国（原谱第 77 页）。

34. 第二十七世，华潮，思典之子，居泰国（原谱第 80 页）。

35. 第二十八世，裕国，华发次子，居泰国（原谱第 81 页）。

36. 第二十五世，景山，程贞次子，居泰国（原谱第 83 页）。

37. 第二十五世，阿狗，二贞次子，居泰国（原谱第 83 页）。

38. 第二十三世，利庚公，西园公三子，居泰国（原谱第 85 页）。

39. 第二十六世，宏举，克信次子，居新加坡（原谱第 85 页）。

40. 第二十七世，华炳、华松，宏亮之子，居安南（越南）（原谱第 85 页）。

41. 第二十三世，利维公、利庚公，西园公之子，居泰国（原谱第 86 页）。

42. 第二十七世，伟平，树章之子，居泰国（原谱第 89 页）。

43. 第二十六世，天平，锦生之子，居泰国（原谱第 90 页）。

44. 第二十六世，有大，银生长子，居泰国（原谱第 90 页）。

45. 第二十五世，木有，贞农之子，居泰国（原谱第 92 页）。

46. 第二十二世，来进公，元四公次子，居泰国（原谱第 93 页）。

47. 第二十三世，木谦公，来得公长子，居泰国（原谱第 93 页）。

48. 第二十四世，喜林，锡荣公长子，居安南（越南）（原谱第 93 页）。

49. 第二十四世，辉全，利睿公六子，居实叻（新加坡）（原谱第 95 页）。

50. 第二十五世，宽荣，裕钦长子，居实叻（原谱第 95 页）。

51. 第二十五世，镇成，绍钦五子，居泰国（原谱第 95 页）。

三、庸夫祖 太禄祖 埔美系

1. 第十八世，学图公，心金公长子，居新加坡（原谱第 98 页）。

2. 第二十六世，传芝，丰庆功次子，居泰国（原谱第 110 页）。

3. 第卅世，松石，松亭之子，居印尼（原谱第 110 页）。

4. 第二十六世，如泉，毅三子，居泰国（原谱第 120 页）。

5. 第二十七世，合春，富鼠次子，居泰国（原谱第 121 页）。

6. 第二十七世，炳良，富城之子，居泰国（原谱第 122 页）。

7. 第二十八世，俊松，炳真长子，居泰国（原谱第 122 页）。

8. 第二十八世，俊藩、俊雄、俊美、俊平、俊迎，有兆之子，居泰国（原谱第 123 页）。

9. 第二十八世，俊利、俊昭，炳蟹之子，居泰国（原谱第123页）。

10. 第二十七世，炳睿、炳烔，富裕之子，居泰国（原谱第124页）。

11. 第二十七世，耀千，富长子，居泰国（原谱第124页）。

12. 第卅世，庆友，利有次子，居实叻（新加坡）（原谱第125页）。

13. 第二十八世，允龙、允兴，合意之子，居泰国（原谱第130页）。

14. 第二十七世，金芝，富才三子，居泰国（原谱第131页）。

15. 第二十九世，扬明，义胜之子，居泰国（原谱第134页）。

16. 第二十八世，耀国，振盛长子，居新加坡（原谱第136页）。

17. 第二十五世，来福、来喜、来德，丁全之子，居泰国（原谱第137页）。

18. 第二十七世，宏利，朝有三子，居泰国（原谱第137页）。

19. 第二十八世，名雄，木歆长子，居泰国（原谱第137页）。

四、实轩公东阳公系

1. 第二十九世，俊通、俊先，振国之子，居实叻（新加坡）（原谱第157页）。

2. 第二十八世，振坤，华存五子，居实叻（原谱第161页）。

3. 第二十六世，木松，和林次子，居泰国（原谱第172页）。

4. 第二十五世，开炳，永瑞次子，居实叻（原谱第174页）。

5. 第卅世，质纯、亿纯，木发之子，居泰国（原谱第177页）。

6. 第二十七世，四孙，宪章四子，居实叻（原谱第183页）。

7. 第二十八世，维宣、维泉，六孙之子，居安南（原谱第183页）。

五、实轩公我州公系

1. 第二十七世，华云，敬发之子，居安南（原谱第192页）。

2. 第二十六世，芝深，文之子，居实叻（越南）（原谱第198页）。

3. 第二十七世，作千、作万、作存，式章六子，居越南（原谱第200页）。

4. 第二十八世，可润，作初长子，居越南（原谱第200页）。

5. 第二十八世，国强，有茂之子，居实叻（越南）（原谱第217页）。

6. 第二十八世，舜腾，捷耀之子，居实叻（越南）（原谱第219页）。

六、敬轩公系

1. 第二十五世，文财、文宝，哆贞之子，居实叻（新加坡）（原谱第230页）。

2. 第二十六世，荣章，文堂次子，居马来西亚（原谱第230页）。

3. 第二十五世，财金，声贞五子，居实叻（新加坡）（原谱第231页）。

七、巽轩公系

1. 第二十七世，程祥、千祥，德林之子，居实叻（原谱第233页）。

2. 第二十六世，俊松，文命三子，居泰国（原谱第237页）。

3. 第二十七世，俊豪，义天长子，居泰国（原谱第244页）。

4. 第二十九世，益怀，应光长子，居泰国（原谱第250页）。

5. 第二十九世，三庆，应添三子，居实叻（新加坡）（原谱第252页）。

6. 第二十八世，应壮，华美三子，居实叻（新加坡）（原谱第253页）。

7. 第二十九世，四弟，应赠四子，居实叻（新加坡）（原谱第255页）。

8. 第卅世，伟傺、伟文，别人之子，居实叻（新加坡）（原谱第255页）。

9. 第二十九世，益群，应莱之子，居泰国（原谱第260页）。

10. 第二十六世，大章，文业长子，居泰国（原谱第271页）。

11. 第二十五世，文旺，居泰国（原谱第271页）。

12. 第二十八世，锦湖，汉钊次子，居泰国（原谱第276页）。

13. 第二十七世，松映，镇合三子，居新加坡（原谱第278页）。

14. 第二十七世，捷松，汉章之子，居泰国（原谱第280页）。

15. 第二十七世，马，永喜长子，居实叻（原谱第288页）。

16. 第二十六世，汝河，文亮次子，居泰国（原谱第295页）。

17. 第二十六世，俊炎，如松三子，居泰国（原谱第295页）。

18. 第二十七世，居歆，彬章次子，居新加坡（原谱第296页）。

19. 第二十六世，章禄，文林长子，居泰国（原谱第 304 页）。

20. 第二十七世，若娟，秀千次子，居泰国（原谱第 304 页）。

21. 第二十七世，春源、春福，章鹏之子，居马来西亚（原谱第 304 页）。

22. 第二十六世，茂生，得合长子，居泰国（原谱第 310 页）。

八、东隐祖十二世仙溪公三子雅谅公

1. 第二十六世，义辉，铲四子，居实叻（新加坡）（原谱第 314 页）。

九、东隐祖二房知还公系

1. 第二十八世，维浩、维彬，霈华之子，居泰国（原谱第 317 页）。
2. 第二十七世，华杰，臣章次子，居泰国（原谱第 318 页）。
3. 第二十八世，荣国，华才之子，居泰国（原谱第 318 页）。
4. 第二十八世，来国，华秉次子，居新加坡（原谱第 318 页）。
5. 第二十五世，文荣，智贞次子，居泰国（原谱第 319 页）。
6. 第二十六世，实章，文耀长子，居泰国（原谱第 322 页）。
7. 第二十七世，和智，立章之子，居泰国（原谱第 322 页）。

十、东隐祖三房义乡公系

1. 第二十四世，开枝，利州公三子，居泰国（原谱第 331 页）。

十一、象圆祖长房武齐祖系

1. 第二十四世，四妹，娘赐公长子，居泰国（原谱第 335 页）。
2. 第二十五世，耀之，阿鳖长子，居泰国（原谱第 338 页）。
3. 第二十六世，德生，李忠长子，居泰国（原谱第 338 页）。
4. 第二十五世，文吕，喜亮之子，居泰国（原谱第 356 页）。
5. 第卅世，愈强，阿鹅长子，居泰国（原谱第 358 页）。
6. 第卅世，智盛、永盛，才河之子，居印尼（原谱第 358 页）。
7. 第卅一世，梦蛟，秋盛长子，居印尼（原谱第 358 页）。
8. 第二十九世，齐松，友贤之子，居马来西亚（原谱第 359 页）。
9. 第二十七世，树隆，华二长子，居泰国（原谱第 360 页）。

10. 第二十八世，炳逵，虎臣三子，居泰国（原谱第 360 页）。

11. 第卅世，立与，慎谦之子，居安南（越南）（原谱第 361 页）。

12. 第二十八世，朝国，居安南（原谱第 363 页）。

13. 第二十八世，渭如，华春四子，居实叻（原谱第 364 页）。

14. 第二十八世，国松，永绵次子，居实叻（原谱第 365 页）。

15. 第二十八世，国清、国泉，三贞二十八代孙，居新加坡（原谱第 367 页）。

16. 第二十八世，坤国，华大之子，居泰国（原谱第 369 页）。

17. 第卅世，耀宗，富谦之子，居泰国（原谱第 369 页）。

18. 第二十九世，慎雄，开国长子，居泰国（原谱第 370 页）。

19. 第二十八世，谦国、荣国，华得之子，居泰国（原谱第 371 页）。

20. 第二十五世，文龙、文福，合裕之子，居泰国（原谱第 374 页）。

21. 第二十七世，春源，章鹏四子，居马来西亚（原谱第 377 页）。

22. 第二十七世，家才，章禄之子，居泰国（原谱第 377 页）。

十二、象圆祖二房愚齐祖系

1. 第二十七世，炳辉，卓茂长子，居实叻（新加坡）（原谱第 386 页）。

2. 第二十七世，硕如，卓藩三子，居实叻（新加坡）（原谱第 386 页）。

3. 第二十七世，长贵，富章长子，居新加坡（原谱第 386 页）。

4. 第二十八世，国信，喜标之子，居马来西亚（原谱第 386 页）。

5. 第二十七世，华加、华良，大章之子，居泰国（原谱第 388 页）。

6. 第二十四世，列贞、国贞，利添公之子，居泰国（原谱第 389 页）。

7. 第二十四世，金泉，利茂公之子，居泰国（原谱第 389 页）。

8. 第二十六世，顺福，文山之子，居实叻（新加坡）（原谱第 389 页）。

9. 第二十六世，耀藩，义通四子，居泰国（原谱第 394 页）。

10. 第二十七世，华民，韩章长子，居泰国（原谱第 395 页）。

11. 第二十五世，来义，和文五子，居泰国（原谱第 400 页）。

12. 第二十五世，文光，孟贞四子，居泰国（原谱第 401 页）。

13. 第二十六世，仕昭，文楚三子，居实叻（新加坡）（原谱第403页）。

14. 第二十五世，大盛，朝贞长子，居实叻（新加坡）（原谱第404页）。

15. 第二十五世，锦全，三贞次子，居泰国（原谱第404页）。

16. 第二十六世，树章，永良次子，居泰国（原谱第405页）。

17. 第二十六世，桂章，绍炎之子，居泰国（原谱第405页）。

18. 第二十七世，镇昭，木章之子，居安南（越南）（原谱第405页）。

19. 第二十六世，财林，陈立之子，居泰国（原谱第406页）。

20. 第二十六世，湖林、常林，耀欣之子，居泰国（原谱第407页）。

21. 第二十七世，笃恭，来河之子，居泰国（原谱第408页）。

22. 第二十四世，炳远，利公之子，居泰国（原谱第409页）。

23. 第二十五世，文江，二贞之子，居泰国（原谱第409页）。

24. 第二十五世，崇龙，二块长子，居泰国（原谱第413页）。

25. 第二十七世，伟华、伟明，清标之子，居泰国（原谱第415页）。

26. 第二十五世，振豪，永贞之子，居实叻（新加坡）（原谱第420页）。

27. 第二十六世，锦章，文杰之子，居泰国（原谱第423页）。

28. 第二十六世，三枝，文绵长子，居泰国（原谱第426页）。

29. 第二十四世，阿牛，诗顺公三子，居泰国（原谱第427页）。

30. 第二十四世，文彬，利六公之子，居实叻（新加坡）（原谱第427页）。

31. 第二十五世，海明，明贞长子，居泰国（原谱第427页）。

32. 第二十五世，文哲，得昌之子，居新加坡（原谱第427页）。

33. 第二十五世，文俊，礼贞四子，居安南（越南）（原谱第428页）。

34. 第二十七世，建群、建帮，步青之子，居越南（原谱第431页）。

35. 第二十五世，文芳、文忠，宏俊之子，居实叻（新加坡）（原谱第432页）。

36. 第二十七世，华贵，章次子，居新加坡（原谱第434页）。

37. 第二十七世，华才，二章长子，居新加坡（原谱第434页）。

38. 第二十七世，伟存，长章次子，居新加坡（原谱第435页）。

39. 第二十八世，江梅，伟泉长子，居实叻（新加坡）（原谱第 435 页）。

40. 第二十八世，江全，伟泉四子，居实叻（新加坡）（原谱第 435 页）。

41. 第二十九世，慎训，开秋长子，居新加坡（原谱第 436 页）。

42. 第二十五世，文弟，森贞之子，居马来西亚（原谱第 442 页）。

43. 第二十七世，梅佛，坤章长子，居新加坡（原谱第 445 页）。

44. 第二十九世，敬耀，良国长子，居新加坡（原谱第 445 页）。

61

莆田《军城金墩黄氏祖谱》

军城金墩位于福建莆田市。中庸公为宋进士，自巩溪徙莆之城西（即兴化军城今旧西门西衙后头对境雷山巷），为军城黄氏始祖。军城金墩黄氏可分为七大房：黄松（泉州安平）、黄权（泉州潘湖）、黄樌（黄石沙坂）、黄柳（黄石沙堤）、黄梨（仙游钟山）、黄棣（黄石清江）、黄梧（新度后墩）。当代“金墩黄”分布在海内外贤哲甚盛，南洋地区的有菲律宾、新加坡、印度尼西亚等地。

莆田《军城金墩黄氏祖谱》，由军城金墩黄氏祖谱文史研究会、宗亲会、祖祠董事会编印，2000—2010 年续修。

迁居南洋记录

1. 第十六世，高升，正秋三子，徙暹罗国望国街（原谱第 116 页）。

2. 第十六世，高拱，正秋四子，徙暹罗国望国街（原谱第 116 页）。

3. 第十七世，伯流，高升四子，徙柬埔寨南荣城（原谱第 117 页）。

4. 第十七世，伯枰，高升六子，子二，长钟瑞，徙缅甸，次钟端，分泰国文莱黄厝（原谱第 117 页）。

5. 第十八世，光景，伯爰次子，子三，长进钟，次进蹄，季文彬，随父居沙捞越古晋市（马来西亚）（原谱第 117 页）。

6. 第十八世，鸿恩，伯爰子三子，徙居菲律宾（原谱第 117 页）。

7. 第十九世，进权，监生长子，徙居越南金塔里（原谱第 118 页）。

8. 第十九世，进怀，监生次子，徙居越南国安南郡金塔里（原谱第 118 页）。

9. 第十九世，进扁，监生三子，子二，长文记，徙居印尼雅加达次文食（原谱第 118 页）。

10. 第十九世，进鼙，锡来四子，随义父司同仲涵往印尼三宝垄（原谱第118页）。

11. 第十九世，进铎，锡来五子，徙新加坡珍珠山（原谱第118页）。

12. 第十九世，进钟，光景长子，子二，泽潘、泽湖，徙居印尼邑洋中三宝垄黄家社（原谱第118页）。

13. 第十九世，进掌，天台次子，徙居菲律宾吕宋岛黄家社（原谱第119页）。

14. 第二十世，朝食，进扁之子，随父徙居沙涝越古晋市（马来西亚）（原谱第119页）。

15. 第二十世，朝撰，金菊三子，子一坡，侨居菲律宾小吕宋黄家社（原谱第119页）。

16 第二十世，朝起，金鱼次子，年少往菲岛马尼拉黄家社（原谱第119页）。

17. 第二十世，朝生，进勉长子，侨居菲律宾小吕宋黄家社（原谱第119页）。

18. 第二十世，朝粘，进勉三子，侨居菲律宾吕宋岛（原谱第120页）。

62

宁德《明洋许氏宗谱》

明洋，现为宁德市古田县大桥镇管辖的一个行政村，分上、下明洋，下明洋为许氏家园。明洋许氏是高阳郡望族中的分支。入闽始祖许令环公于唐末弃官，随王（王绪、王潮、王审知）由河南固始入闽，于建州府关康镇（今政和县）梧桐村开基，其后代伯富公、伯豪公于明嘉靖年间由杉洋镇珠洋村迁移到此，繁衍不息。清年间，三房顺埜公六子中有四兄弟及长房一部分迁居离村五里的哈竹尾自然村开发。民国年间，明洋许氏始下南洋，有近百人侨居海外。

宁德《明洋许氏宗谱》由明洋许氏宗谱编写组编，2013 年 12 月印刷。

迁居南洋记录

一、福房壹桂公世系

1. 第十五世，汀州，自庄三子，侨居马来西亚（原谱第 53 页）。

二、禄房行德公次子上理支系

1. 第十四世，自官、自平，民光之次子及三子，侨居泰国（原谱第 66 页）。

三、禄房行仁公七子上聘支系

1. 第十四世，月桂，民仪长女，侨居马来西亚（原谱第 88 页）。
2. 第十四世，自忠，民仪长子，侨居马来西亚（原谱第 89 页）。
3. 第十五世，力善、力成、力全、安哪、力美，自忠之子，侨居马来西亚（原谱第 87 页）。

四、禄房行邦公三子上闾支系

1. 第十三世，家拳，长恭长子，侨居马来西亚（原谱第110页）。

五、寿房顺垫公长子（居哈竹尾）上珖支系

1. 第十三世，香容，焕奎长女，侨居泰国，桃容，焕奎次女，侨居马来西亚（原谱第122页）。

2. 第十三世，福成，清喜三子，侨居马来西亚槟榔屿槟城二奶巷36号，1947年回国，妣林玉莲，1927年侨居马来西亚（原谱第122页）。

3. 第十四世，自盐，福成长子，出生于马来西亚槟榔屿槟城二奶巷36号，1947年回国（原谱第123页）。

4. 第十四世，自尧，福成次子，出生于马来西亚槟榔屿槟城二奶巷36号，1947年回国（原谱第123页）。

六、寿房顺垫公次子（居哈竹尾）上雕支系

1. 第十三世，陆容，清桂女，侨居马来西亚（原谱第130页）。

2. 第十三世，民记，清桂长子，侨居马来西亚诗巫（原谱第130页）。

3. 第十三世，吞用，清桂次子，侨居马来西亚（原谱第128页）。

4. 第十三世，福利，清桂三子，侨居马来西亚峇都（原谱第130页）。

5. 第十四世，自楼，民记长子，侨居马来西亚（原谱第128页）。

6. 第十四世，兰花、梅花、春娇、冬娇、翠娇，民记之女，侨居马来西亚（原谱第128页）。

7. 第十四世，自颜，吞用嗣子，原福利次子，侨居马来西亚峇都（原谱第131页）。

8. 第十四世，自升、自平、自和、自群、自同，福利之子侨居马来西亚（原谱第128页）。

9. 第十四世，尝月、爱月、莲月、宝月，福利之女，侨居马来西亚（原谱第128页）。

10. 第十四世，慈基，侨居马来西亚（原谱第132页）。

11. 第十五世，安宁，自芳长子，侨居泰国（原谱第132页）。

12. 第十五世，立东、立西、立光、立盛、立德，自楼之子，侨居马

来西亚（原谱第 133 页）。

13. 第十五世，云英、立凤，自楼之女，侨居马来西亚（原谱第 128 页）。

14. 第十五世，力香，自颜之女，侨居马来西亚（原谱第 133 页）。

15. 第十五世，力敬、力开，自升之子，侨居马来西亚（原谱第 133 页）。

16. 第十五世，力花，自升之女，侨居马来西亚（原谱第 128 页）。

17. 第十五世，力莉，自平之女，侨居马来西亚（原谱第 128 页）。

18. 第十五世，力燕，自和之女，侨居马来西亚（原谱第 128 页）。

19. 第十五世，永安，元安，慈基之子，侨居马来西亚（原谱第 134 页）。

20. 第十六世，更强、美玲、美珍、美萍，立东之子，侨居马来西亚（原谱第 128 页）。

21. 第十六世，更合、更仕，立西之子，侨居马来西亚成邦江（原谱第 135 页）。

22. 第十六世，更丰、更顺，立光之子，侨居马来西亚成邦江（原谱第 135 页）。

23. 第十六世，更辉、更梁，立盛之子，侨居马来西亚成邦江（原谱第 135 页）。

24. 第十六世，萍萍，立盛之女，侨居马来西亚成邦江（原谱第 135 页）。

25. 第十六世，欣莹、许秦，立德之女，侨居马来西亚成邦江（原谱第 135 页）。

26. 第十六世，光逸、光顺，永安之子，侨居马来西亚（原谱第 135 页）。

27. 第十六世，光靖、光颉，元安之子，侨居马来西亚（原谱第 135 页）。

七、寿房顺垫公四子上琚（居哈竹尾）支系

1. 第十三世，红娣，清法次子，侨居马来西亚，（原谱第 144 页）。

2. 第十四世，自友，自易，红娣之子，侨居马来西亚（原谱第 145

页）。

3. 第十五世，立光、立辉、立贤、立强、立信，自友之子，侨居马来西亚（原谱第 143 页）。

4. 第十五世，素珍、秀珍、桂珍，自友之女，侨居马来西亚（原谱第 143 页）。

5. 第十六世，佩兰、更兴，立光之子，侨居马来西亚（原谱第 143 页）。

6. 第十六世，更亮、更云、更旺、佩豪，立辉之子侨居马来西亚（原谱第 147 页）。

7. 第十六世，更顺、更利，立贤之子，侨居马来西亚（原谱第 147 页）。

8. 第十六世，更兴，立光子，侨居马来西亚（原谱第 147 页）。

9. 第十六世，佩兰，立光女，侨居马来西亚（原谱第 147 页）。

63

厦门《新江邱曾氏族谱》

新江（新垵）在厦门市海沧区新阳街道中部，马銮湾南岸，因驻地新垵得名。南宋德祐元年（1275 年），晋江曾会次子曾公亮裔孙曾光焯，举家随南宋皇帝从晋江择居同安县之嘉禾里（今属厦门市）曾厝垵，为曾厝垵开基祖。元朝末年，曾光焯第五代裔孙曾明避乱从鹭岛曾厝垵迁同安十八都山平洪（今厦门市第一农场山边洪）入赘邱家，为新江邱曾氏开基祖。

新江处于将龙江下游入海口，仅仅毗邻著名的厦门海港。据《新江邱曾氏族谱》记载，新江人从十六世纪就陆续出洋，先辈们从马銮湾水路漂洋过海，远至东南亚一带谋生。起初是西班牙人所占领的菲律宾吕宋（马尼拉），尤其是明朝嘉靖至万历年间（1522—1620 年），出洋者较多，如八世的邱世派于嘉靖六年（1527 年）六月二十日巳时因往文莱国卒于彼处。清朝统一台湾后，随着海禁的开放，多往荷属交留吧（印尼雅加达）及马六甲等地。迄十八、十九世纪，新江邱氏族人多往泰国、缅甸、新加坡和马来半岛的马六甲、吉打及槟榔屿，其中以槟榔屿数量最多。《新江邱曾氏族谱》外迁裔孙统计表明，从明嘉靖六年（1527 年）新江第一人移民南洋的文莱始，到族谱有明文记载的同治丁卯年（1867 年）止，期间的 340 年内，族谱有明文记载的邱氏族人下南洋者共计 2226 人，移居国家和地区达 32 个之多。

厦门《新江邱曾氏族谱》分上下两册，由新江邱曾氏族谱（续编）编委会编，2014 年印刷。

迁居南洋记录

一、孟乾公（六世）房谱

1. 第十一世，业伟，思成三子，居吕宋（原谱第 237 页）
2. 第十八世，银凤公，华性公之子，葬在槟榔屿（原谱第 239 页）。
3. 第十七世，华流公，埈谟公次子，葬在槟榔屿（原谱第 240 页）。
4. 第十六世，埈春，煌倩公长子，往吕宋（原谱第 243 页）。
5. 第十六世，埈壁，煌君公三子，往吕宋（原谱第 243 页）。
6. 第十七世，华水，埈远公长子，往槟城（原谱第 244 页）。
7. 第十七世，和尚，埈远公次子，往吕宋（原谱第 244 页）。
8. 第十七世，华奇，埈个公次子，往吧东（原谱第 244 页）。
9. 第十七世，华恩公，埈个公长子，公氏俱在槟榔屿（原谱第 244 页）。
10. 第十七世，华望，埈义公次子，往屿（原谱第 245 页）。
11. 第十七世，仕滚公，埈延公之子，往屿（原谱第 246 页）。

（一）模国公（十四世）裔谱（惠佐）

12. 第十七世，华全，埈江公五子，葬在亚齐（原谱第 247 页）。
13. 第十七世，青龙，埈江公长子，葬在番邦（原谱第 247 页）。
14. 第十六世，埈持公，煌选公次子，葬在槟榔屿（原谱第 248 页）。
15. 第十八世，台六，华智公长子，往槟榔屿（原谱第 248 页）。
16. 第二十一世，知新，思仰公次子，居新加坡（原谱第 249 页）。
17. 第二十二世，如琇，如琦，如璁，如玲，如琨，知新公女，皆适新加坡（原谱第 249 页）。

（二）模乾公（十四世）家谱（曰林房）

18. 第十六世，埈诚公，煌敬公长子，葬在柬埔寨（原谱第 253 页）。
19. 第十八世，台旺公，华题公长子，葬在槟榔屿（原谱第 253 页）。
20. 第十六世，埈扰，煌尊公次子，葬在吕宋（原谱第 253 页）。
21. 第十六世，华竹，煌琴公入嗣子，葬在安南（原谱第 254 页）。
22. 第十六世，埈阵公，煌琴公长子，葬在槟榔屿（原谱第 254 页）。

23. 第十七世，华合公，埈岱公子，葬在实叻（新加坡）（原谱第255页）。

（三）模凤公（十四世）裔谱（惠佐）

24. 第十六世，埈武，煌庇公长子，往吕宋（原谱第257页）。

25. 第十七世，华岁，埈宁公四子，往槟榔屿（原谱第257页）。

26. 第十七世，华达，埈宁公五子，在土瓦（原谱第257页）。

27. 第十八世，台抱公，华寮公四子，往槟城（原谱第257页）。

28. 第十七世，华硕公，埈锦公次子，葬在土瓦（原谱第258页）。

29. 第十七世，华昆，埈鹤公五子，葬在土瓦（原谱第259页）。

30. 第十七世，华绿，埈振公长子，葬在吕宋（原谱第259页）。

（四）模安公（十四世）裔谱（曰林房）

31. 第十六世，埈林，煌实公次子，往番邦（原谱第265页）。

32. 第十七世，华轩，埈景公长子，葬在番邦（原谱第265页）。

33. 第十八世，台炮公，华换公之子，葬在屿（原谱第266页）。

34. 第十七世，华映，埈诰公四子，葬在屿（原谱第266页）。

35. 第十七世，华若公，埈当公次子，葬在马六甲（原谱第267页）。

36. 第十七世，华赤公，埈狗公次子，葬在槟榔屿（原谱第268页）。

（五）模及公（十四世）裔谱（曰森房）

37. 第十七世，光然公，江候公次子，葬在番邦（原谱第270页）。

38. 第十七世，永秀公，江候公三子，葬在吕宋（原谱第270页）。

39. 第十七世，光甫公，妈从公长子，葬在槟榔屿（原谱第270页）。

40. 第十七世，华信公，妈从公入嗣子，卒葬在屿（原谱第270页）。

41. 第十七世，诵诗公，埈俭公之子，葬在槟榔屿（原谱第270页）。

二、拱乾公（六世）海长房谱

42. 第十八世，台云，天麟公次子，葬在色垄（原谱第289页）。

43. 第十七世，华源公，意诚公次子，葬在土瓦（原谱第289页）。

44. 第十八世，台习，华草公长子，葬在控扣（原谱第289页）。

45. 第十七世，华记公，埈雪公入嗣子，葬在土瓦（原谱第290页）。

46. 第十七世，华对公，埈群公长子，葬在土瓦（原谱第290页）。

47. 第十一世，怀富，瞻公之子，往吕宋（原谱第291页）。

48. 第十八世，桃柳公，华叶公之子，葬在龙雾（原谱第 293 页）。

49. 第十一世，允绍公，惟育公长子，卒在吕宋（原谱第 293 页）。

50. 第十六世，秉诚公，煌西公长子，葬在马六甲（原谱第 295 页）。

51. 第十七世，华首公，秉诚公长子，葬在槟榔屿（原谱第 295 页）。

52. 第十七世，华波公，埈养公之子，葬在槟榔屿（原谱第 297 页）。

53. 第十七世，华拜、华且，埈亨公之子，葬在槟榔屿（原谱第 298 页）。

54. 第十七世，华兴，埈亨公三子，葬在三宝垄（原谱第 298 页）。

55. 第十五世，煌祖公，模赉长子，葬在马六甲（原谱第 298 页）。

56. 第十六世，埈坤公，煌壮公长子，葬在槟城（原谱第 298 页）。

57. 第十七世，华冬，埈坤公长子，葬在槟榔屿（原谱第 298 页）。

58. 第十七世，华堑、华美，埈录公之子，往槟榔屿（原谱第 298 页）。

59. 第十七世，华笨公，埈录公长子，葬在槟榔屿（原谱第 298 页）。

60. 第十六世，埈望公，煌壮公三子，葬在槟城（原谱第 299 页）。

61. 第十七世，华塔，埈望公次子，往槟城（原谱第 299 页）。

62. 第十七世，华立，总寡公长子，往槟城（原谱第 299 页）。

63. 第十六世，埈疑公，焯怜公之子，葬在槟城（原谱第 299 页）。

64. 第七世，文贤公，拱乾公三子，葬在许垄尾（原谱第 301 页）。

65. 第十六世，芳敏，煌里公次子，葬马六甲（原谱第 302 页）。

66. 第十七世，华九公，芳荣公长子，葬在屿乌社（原谱第 302 页）。

67. 第十七世，华意，芳艺公次子，葬在槟榔屿（原谱第 303 页）。

68. 第十七世，华商，芳艺公三子，往槟城（原谱第 303 页）。

69. 第十世，乔云，德辉公次子，在交趾经纪（原谱第 304 页）。

70. 第十六世，埈旬公，煌助公之子，葬在番邦（原谱第 304 页）。

（一）模弼公（十四世）裔谱（向北）

71. 第十八世，主楚公，佛生公三子，葬在槟榔屿（原谱第 306 页）。

72. 第十九世，嫦娥，君旺公长子，往槟榔屿（原谱第 306 页）。

73. 第十八世，银智公，崇夹公次子，葬在槟榔屿（原谱第 306 页）。

（二）模意公（十四世）裔谱（向北）

74. 第十七世，翰林公，埈壮公入嗣子，葬在吕宋（原谱第 309 页）。

75. 第十九世，衡叹，听龙公之子，葬在槟城（原谱第309页）。
76. 第十七世，伯寮，埈转公五子，葬在吕宋蕉棒（原谱第309页）。
77. 第十八世，台拨公，夸生公次子，葬在毛淡棉（原谱第310页）。
78. 第十九世，则庆公，台拨公次子，葬在槟城（原谱第310页）。
79. 第十八世，台摅公，夸生公三子，葬在毛淡棉（原谱第310页）。
80. 第十九世，衡营公，台掇公四子，葬在槟榔屿（原谱第310页）。
81. 第十八世，台遇，路能公四子，葬在槟榔屿（原谱第310页）。
82. 第十九世，衡灿，台蓝公三子，葬在吕宋（原谱第310页）。
83. 第十八世，台文公，路能公次子，葬在槟榔屿（原谱第311页）。
84. 第十九世，衡九，台判公长子，葬在槟榔屿（原谱第311页）。
85. 第十七世，陈皮公，埈杰公入嗣子，葬在丹著（原谱第311页）。
86. 第十八世，满堂公，陈皮公长子，葬在是叻（实叻）（原谱第311页）。
87. 第二十二世，妈成，清溪公三子，居印尼（原谱第313页）。
88. 第二十二世，咨咨、武吉，继杉公之子，居仰光（原谱第316页）。

（三）模富公（十四世）裔谱（槟城）

89. 第十六世，埈作、埈禄，煌郡公之子，往番邦（原谱第317页）。
90. 第十七世，华抱公，埈领公长子，卒葬在土瓦（原谱第317页）。
91. 第十八世，台珠公，华抱公次子，葬在槟榔屿（原谱第317页）。
92. 第十七世，华栋公，埈领公次子，葬在万隆（原谱第317页）。
93. 第十八世，台章公，华栋公之子，往槟城（原谱第317页）。
94. 第十六世，埈仕公，煌佛公长子，葬在丹老（原谱第318页）。

（四）模明公（十四世）裔谱（上宅）

95. 第十七世，华江，埈思公长子，葬在土瓦（原谱第320页）。
96. 第十七世，华武，埈勋公入嗣子，卒葬在土瓦（原谱第320页）。
97. 第十六世，顺正公，煌荣公长子，葬在槟城（原谱第320页）。
98. 第十七世，天乞公，顺正公次子，葬在槟城（原谱第320页）。
99. 第十七世，青龙公，埈昌公长子，葬在槟榔屿（原谱第321页）。
100. 第十八世，台教，青龙公次子，葬在土瓦（原谱第321页）。
101. 第十八世，台锦，青龙公三子，葬在番邦（原谱第321页）。

102. 第十七世，华苞公，埈昌公四子，葬在屿（原谱第321页）。

（五）模庄公（十四世）裔谱（上宅）

103. 第十六世，埈柔，东彩公长子，往柬埔寨（原谱第326页）。

104. 第十七世，华坤公，埈佑公长子，葬在土瓦（原谱第326页）。

105. 第十七世，华池公，埈佑公三子，葬在毛淡棉（原谱第327页）。

106. 第十八世，台齐公，华养公长子，葬在仰光山（原谱第327页）。

107. 第十七世，华兴公，埈缓公长子，葬在毛淡棉（原谱第327页）。

108. 第十七世，华敛公，埈缓公三子，葬在丹老（原谱第328页）。

109. 第十八世，台水公，华敛公次子，葬在槟榔屿（原谱第328页）。

110. 第十七世，华虎公，埈笑公之子，葬在毛淡棉（原谱第329页）。

111. 第十六世，埈叶公，颇琢公次子，葬在番氏（原谱第329页）。

112. 第二十二世，谨治，衡远公长女，居槟城（原谱第330页）。

113. 第二十二世，布治，衡远公次女，居仰光（原谱第330页）。

114. 第二十二世，环治，衡远公三女，居新加坡（原谱第330页）。

115. 第二十二世，武渊，继珍公之子，往新加坡（原谱第334页）。

116. 第二十二世，国葵，寿南公之女，居马来西亚（原谱第334页）。

117. 第二十二世，美琪、美惠，继明公之女，嫁槟城（原谱第334页）。

118. 第二十世，谦谦、娟娟，韵珊公之女，居新加坡（原谱第338页）。

119. 第二十一世，南原，思挺公之女，居印尼（原谱第339页）。

120. 第二十一世，仑、岳，思握公之子，居新加坡（原谱第339页）。

121. 第二十世，思淡，吉星公次子，居马来西亚（原谱第341页）。

122. 第十九世，衡饵，玉磐次子，往槟城（原谱第343页）。

123. 第二十世，魁迎公，郁文公长子，居槟城（原谱第344页）。

（六）模惜公（十四世）裔谱（上宅）

124. 第十七世，晖光，乾元公三子，葬在槟榔屿（原谱第351页）。

125. 第十八世，仲潭，初绸公长子，往槟城（原谱第351页）。

126. 第十八世，宽凉公，昆仑公次子，葬在槟榔屿（原谱第351页）。

127. 第十九世，松青公，台插公五子，在土瓦尤氏（原谱第352页）。

128. 第十六世，埈昶公，煌育公之子，葬槟榔屿（原谱第352页）。

129. 第十七世，华菊公，垵昶公长子，葬在槟榔屿（原谱第 352 页）。

130. 第十七世，三潮，合顺公三子，葬在槟榔屿（原谱第 352 页）。

131. 第十七世，华九公，合顺公次子，葬在屿（原谱第 353 页）。

132. 第十八世，深泉公，四跳公长子，葬在槟榔屿（原谱第 353 页）。

133. 第十七世，五跮公，合顺公五子，葬在槟榔屿（原谱第 353 页）。

134. 第十六世，合得公，煌体公次子，葬在槟榔屿（原谱第 353 页）。

135. 第十七世，春本公，合得公长子，葬在屿（原谱第 353 页）。

136. 第十八世，瑞明公，春本公长子，葬在番邦（原谱第 353 页）。

137. 第十七世，自珍公，合得公三子，葬在槟榔屿（原谱第 353 页）。

138. 第十八世，佛刊公，自珍公入嗣子，葬在槟榔屿（原谱第 354 页）。

139. 第十八世，台简，余庆公长子，葬在毛淡棉（原谱第 354 页）。

（七）模秋公（十四世）裔谱（连基祖）

140. 第十五世，天老，模秋公三子，葬在番邦（原谱第 355 页）。

141. 第十七世，妈超公，光维公长子，葬在屿（原谱第 355 页）。

142. 第十七世，应佳公，垵水公长子，葬在番邦班控（原谱第 356 页）。

143. 第十七世，博学公，垵水公三子，葬在槟榔屿猫抵（原谱第 356 页）。

144. 第十六世，完胤公，天有公次子，葬在槟榔屿（原谱第 357 页）。

145. 第十七世，景昌公，完胤公长子，葬在巴东（原谱第 357 页）。

146. 第十九世，衡映，新赞公三子，居仰光（原谱第 361 页）。

147. 第二十一世，汉柏、汉玉、汉如，思仁之子，居仰光（原谱第 361 页）。

148. 第二十一世，继荣，思聪次子，居新加坡（原谱第 363 页）。

（八）模夏公（十四世）裔谱（连基祖）

149. 第十六世，兴嗣公，得意公长子，葬在槟榔屿（原谱第 365 页）。

150. 第十六世，汉凌公，得意公次子，葬在槟榔屿（原谱第 366 页）。

151. 第十七世，智惠公，汉凌公次子，葬在槟榔屿（原谱第 367 页）。

152. 第十六世，垵营公，春风公入嗣子，葬在毛淡棉（原谱第 367 页）。

153. 第十七世，南攀公，埈营公长子，葬在屿（原谱第367页）。

154. 第十七世，光恩，传祖公长子，葬在槟榔屿（原谱第368页）。

155. 第十七世，随逸公，传祖公次子，卒葬在槟榔屿（原谱第368页）。

156. 第十八世，启后，清建公之子，葬在槟榔屿（原谱第369页）。

157. 第十七世，开发公，三冉公长子，葬在槟榔屿（原谱第370页）。

（九）模蓝公（十四世）裔谱（槟城）

158. 第十五世，煌齐公，模蓝公三子，葬在番邦（原谱第376页）。

（十）模石公（十四世）裔谱（槟城）

159. 第十六世，埈狮公，煌茂公三子，葬在吉礁（原谱第380页）。

160. 第十六世，华赛公，埈国公长子，葬在槟榔屿（原谱第380页）。

161. 第十七世，华坪公，埈兰公四子，往槟城（原谱第381页）。

162. 第十七世，华梅公，埈兰公五子，往槟城（原谱第381页）。

（十一）模扶公（十四世）裔谱（海长房）

163. 第十七世，顶仁公，天钧公入嗣次子，葬在马六甲（原谱第384页）。

164. 第十六世，三辰公，起佐公三子，葬在马六甲（原谱第384页）。

（十二）模生公（十四世）裔谱（槟城）

165. 第十七世，焕章，天义公长子，葬在是叻（实叻）（原谱第386页）。

（十三）模瑶公（十四世）裔谱（棋厝）

166. 第十八世，羹献，瑞龙公次子，往槟榔屿（原谱第391页）。

167. 第十八世，翰音公，瑞龙公三子，葬在吕宋（原谱第391页）。

168. 第十八世，壹牛，水来公四子，葬在槟榔屿（原谱第391页）。

169. 第二十世，思逊公，衡靖公长子，葬在槟城（原谱第392页）。

170. 第十九世，三鼓公，毓秀公四子，葬在槟城（原谱第392页）。

171. 第二十世，恭富公，仲突公长子，葬在槟城（原谱第393页）。

172. 第十九世，天送公，月照公长子，葬在吕宋（原谱第393页）。

173. 第十九世，衡东公，燕尔公长子，葬在槟榔屿（原谱第394页）。

174. 第十九世，衡□，台石公之子，往槟榔屿（原谱第395页）。

175. 第十六世，埈蚊公，煌深公四子，葬在吉礁（原谱第396页）。

176. 第十九世，光喜公，台藏公之子，葬在槟榔屿（原谱第 396 页）。
177. 第十八世，台碧公，江园公长子，葬在槟榔屿（原谱第 396 页）。
178. 第十七世，永钟公，埈泥公长子，卒葬在番邦（原谱第 396 页）。
179. 第十八世，宣和、河汉，永钟公之子，居槟榔屿（原谱第 396 页）。
180. 第十七世，伯禄公，埈泥公次子，葬在番邦（原谱第 396 页）。
181. 第十九世，衡恰公，柳绿公长子，葬在槟榔屿（原谱第 397 页）。
182. 第十八世，台雪公，华茗公次子，葬在槟榔屿（原谱第 398 页）。
183. 第十七世，华肆公，埈伦公四子，葬在槟榔屿（原谱第 398 页）。
184. 第十九世，衡春，台乞公入嗣子，葬在龙雾（原谱第 399 页）。
185. 第二十三世，鼎爵，文英公六子，居槟城（原谱第 411 页）。

（十四）模进公（十四世）裔谱（槟城等地）

186. 第十八世，台瑞，宽锭公二子，葬在槟榔屿（原谱第 417 页）。
187. 第十八世，赵云公，宽锭公长子，葬在槟榔屿（原谱第 417 页）。
188. 第十八世，台种公，宽锭公入嗣子，葬在吕宋（原谱第 418 页）。
189. 第十八世，台秋公，宽视公长子，葬在槟榔屿（原谱第 418 页）。
190. 第十八世，台香公，宽视公次子，葬在槟榔屿（原谱第 418 页）。
191. 第十八世，子章公，显祖公长子，葬在槟榔屿（原谱第 418 页）。
192. 第十七世，琼华公，埈福公三子，葬在吕宋（原谱第 418 页）。
193. 第十九世，宁武、宁生，德意公之子，往吕宋（原谱第 419 页）。
194. 第十九世，金田，光柔公次子，葬在槟城（原谱第 419 页）。
195. 第十九世，填补公，吾老公长子，葬在宋脚（原谱第 419 页）。
196. 第十八世，求登公，昭宝公长子，葬在槟城（原谱第 420 页）。
197. 第十七世，文泮公，攀隆公次子，往槟榔屿（原谱第 420 页）。
198. 第十五世，煌朗公，模进公三子，葬交留吧（原谱第 420 页）。
199. 第十八世，忠义公，万德公长子，葬在仰光（原谱第 420 页）。
200. 第十八世，天河公，祈安公长子，葬在是力（实叻）（原谱第 421 页）。
201. 第十八世，妈正公，彩云公三嗣子，葬在槟城（原谱第 421 页）。
202. 第十八世，天来公，彩云公四嗣子，葬在吕宋（原谱第 421 页）。

（十五）模科公（十四世）裔谱（槟城等地）

203. 第十八世，辛未、辛巳、辛秋、辛酉、辛成、辛金，华終之子，皆在槟城（原谱第 423 页）。

204. 第十五世，煌锦，模科公长子，葬在吕宋（原谱第 423 页）。

205. 第十八世，明月公，于今公次子，葬在槟城（原谱第 424 页）。

206. 第十九世，渊庭，功书公之子，葬在番邦（原谱第 424 页）。

207. 第十七世，台烈，可见公次子，葬在槟城（原谱第 424 页）。

208. 第十八世，台爱公，可见公长子，葬在槟城（原谱第 425 页）。

209. 第十七世，华亲公，埈杜公三子，卒葬在槟榔屿（原谱第 425 页）。

210. 第十八世，仲生公，华亲公次子，葬在槟城（原谱第 425 页）。

211. 第十八世，台管公，正德公长子，葬在槟城（原谱第 427 页）。

212. 第十七世，华膑公，埈约公次子，葬在槟榔屿（原谱第 428 页）。

213. 第十七世，华和公，埈约公四子，葬在屿（原谱第 428 页）。

三、拱辰公（六世）海二房谱

214. 第十六世，埈泥，煌埚公长子，葬在槟榔屿（原谱第 454 页）。

215. 第十七世，华行，埈泥入嗣子，往槟榔屿（原谱第 454 页）。

216. 第十七世，华填，埈石公次子，往槟榔屿（原谱第 455 页）。

217. 第十六世，梅这公，煌快公之子，葬在槟城（原谱第 455 页）。

218. 第十四世，模恬，泽续公三子，交留吧（原谱第 455 页）。

219. 第十六世，文璜公，煌香公次子，往槟城（原谱第 456 页）。

220. 第十六世，埈合公，煌元公之子，往加央（原谱第 457 页）。

221. 第十四世，模檀公，泽善公长子，葬在交留吧万丹（原谱第 457 页）。

222. 第十七世，光恨公，崇唱公之子，葬在番邦（原谱第 458 页）。

223. 第十八世，文缉公，光恨公入嗣子，葬在毛淡棉（原谱第 458 页）。

224. 第十八世，厅郊公，光恨公次嗣子，葬在槟榔屿（原谱第 458 页）。

225. 第十五世，煌雅公，模魏公之子，葬在槟榔屿（原谱第 459 页）。

226. 第十六世，沓便，煌雅公之子，往槟榔屿（原谱第 459 页）。

（一）模金公（十四世）裔谱（槟城）

227. 第十六世，埈祖公，煌班公四子，葬在槟榔屿（原谱第 460 页）。

228. 第十七世，龙发公，埈祖公入嗣子，卒葬在番邦（原谱第460页）。

229. 第十七世，华然公，埈亲公入嗣子，葬在槟城（原谱第461页）。

230. 第十九世，衡全，台便公长子，葬在槟城（原谱第461页）。

（二）模颛公（十四世）裔谱（槟城）

231. 第十五世，煌祝公，模颛公三子，葬在番邦（原谱第464页）。

232. 第十六世，水生公，煌祝公之子，葬在槟城（原谱第464页）。

（三）模桓公（十四世）裔谱（后埕内）

233. 第十六世，埈赞公，煌绕公次子，往槟城（原谱第467页）。

234. 第十七世，允抱公，埈赞公次子，葬在槟榔屿（原谱第468页）。

235. 第十六世，福才公，煌绕公三子，葬在槟城（原谱第468页）。

236. 第十七世，乌扶公，福才公长子，葬在吧东（原谱第468页）。

237. 第十七世，华合公，福才公三子，葬在吧东（原谱第468页）。

238. 第十九世，颗谨公，台拱公三子，往槟城（原谱第468页）。

239. 第十七世，天养公，明珠公入嗣长子，在吧东（原谱第468页）。

240. 第十九世，埈梨公，台于公长子，往槟城（原谱第469页）。

241. 第二十一世，浩原，如山公次子，居印尼（原谱第474页）。

242. 第二十一世，硕星，如山公八子，居马来西亚（原谱第474页）。

243. 第二十一世，继兴，笙韵公五子，往新加坡（原谱第478页）。

244. 第二十一世，丽霞，笙韵公之女，居新加坡（原谱第478页）。

245. 第二十一世，亚元，亚藕公次子，居马来西亚（原谱第480页）。

246. 第二十一世，水莲，亚藕公之女，居马来西亚（原谱第480页）。

（四）模愿公（十四世）裔谱（后埕内）

247. 第十七世，华舜公，光明公长子，葬在槟榔屿（原谱第482页）。

248. 第十八世，源添，华舜公四子，葬在槟榔屿（原谱第482页）。

249. 第十八世，源捷公，华舜公长子，葬在槟榔屿（原谱第482页）。

250. 第十八世，源亨公，漏饷公入嗣长子，往槟城（原谱第482页）。

251. 第十六世，埈就公，煌振公次子，葬在槟城（原谱第483页）。

（五）模正公（十四世）裔谱（泽纯）

252. 第十九世，两美，台奈公之子，居马来西亚（原谱第486页）。

253. 第十九世，清水，台奈公之子，居缅甸（原谱第486页）。

254. 第十九世，玉珠，台奈公之女，居缅甸（原谱第486页）。

255. 第十七世，华达，埈平公次子，葬在番邦（原谱第486页）。

256. 第十七世，华大公，埈平公长子，葬在番邦（原谱第487页）。

257. 第十七世，锦安公，埈华公三子，葬在槟榔屿（原谱第487页）。

258. 第十七世，华列公，埈著公三子，葬在槟榔屿（原谱第488页）。

259. 第二十一世，沧江、沧石、亚摇，元生公之子，居印尼（原谱第497页）。

260. 第二十世，沓猪，河清次子，往印尼（原谱第499页）。

261. 第二十世，思基公，源松公长子，居新加坡（原谱第501页）。

（六）模敬公（十四世）裔谱（海二房）

262. 第十七世，华顺公，埈敖公之子，葬在槟榔屿（原谱第510页）。

263. 第十六世，埈荣公，煌篆公长子，葬在番邦（原谱第510页）。

264. 第十七世，瑞珍，俊荣公之子，往番邦（原谱第510页）。

265. 第十六世，埈树公，煌琎公长子，葬在吉礁（原谱第510页）。

266. 第十八世，台整公，华桃公三子，往槟榔屿（原谱第510页）。

267. 第十七世，甜公，埈木公次子，葬在槟榔屿（原谱第510页）。

268. 第十七世，逢时公，埈木公三子，葬在槟榔屿（原谱第510页）。

269. 第十九世，朝直公，台添公次子，往吧城（原谱第511页）。

（七）模奭公（十四世）裔谱（秀才公）

270. 第十七世，德叶公，埈迁公次子，葬在是力（实叻）山（原谱第516页）。

271. 第十六世，埈琼公，煌玺公次子，葬在吉礁（原谱第516页）。

272. 第十八世，光审公，华穿公长子，葬在槟榔屿（原谱第516页）。

273. 第十八世，光蟳公，华穿公五子，葬在仰光（原谱第516页）。

274. 第十八世，光沙公，华柳公入嗣子，葬在仰光（原谱第517页）。

275. 第十七世，华省公，埈细公入嗣次子，葬在槟榔屿（原谱第517页）。

276. 第十六世，埈异公，煌兼公长子，葬在加央（原谱第518页）。

277. 第十七世，武松，埈异公次子，往槟榔屿（原谱第518页）。

278. 第十八世，台益公，华出公长嗣子，葬在槟榔屿（原谱第519页）。

279. 第十六世，埈党公，煌兼公三子，葬在加央（原谱第519页）。

280. 第十七世，新波公，埈党公入嗣长子，葬在三宝垄（原谱第519页）。

281. 第十七世，华商公，埈夏公次子，葬在三宝垄（原谱第520页）。

282. 第十七世，华逐公，埈夏公长子，葬在槟榔屿（原谱第520页）。

283. 第十九世，大敢，仁选公入嗣长子，葬在槟城（原谱第520页）。

284. 第十八世，仁策公，淑齐公长子，葬在三宝垄（原谱第521页）。

285. 第十七世，光彩公，埈雨公长子，葬在咬留吧（原谱第522页）。

286. 第十八世，大存公，光彩公长子，葬在三宝垄（原谱第522页）。

287. 第十六世，开泰公，煌殿公次子，往槟城（原谱第524页）。

288. 第十七世，文重公，开泰公入嗣次子，居三宝垄（原谱第524页）。

289. 第十九世，恒逢公，台廉公三子，往槟城（原谱第525页）。

290. 第十九世，启种公，仁雍公次子，往槟城（原谱第526页）。

291. 第十八世，荣叠公，武砖公三子，往槟城（原谱第528页）。

（八）模庄公（十四世）裔谱（海二房）

292. 第十七世，伯扶公，埈奇公入嗣子，葬在槟榔屿（原谱第538页）。

293. 第十八世，允织公，绍兴公次子，葬在仰光（原谱第538页）。

294. 第十七世，良仿公，宁利公长子，葬在槟榔屿（原谱第538页）。

295. 第十八世，以攀，良仿公入嗣次子，葬在槟榔屿（原谱第538页）。

296. 第十八世，以云公，良宾公四子，葬在槟榔屿（原谱第539页）。

297. 第十七世，良赞公，宁利公五子，葬在槟榔屿（原谱第539页）。

298. 第十七世，应经，斐然公之子，往槟城（原谱第539页）。

（九）模容公（十四世）裔谱（泽棉顶厝）

299. 第十六世，煌煖公，煌求公入嗣子，葬在槟城（原谱第541页）。

300. 第十六世，瓜飑，煌德公之子，葬在槟城（原谱第541页）。

301. 第十七世，华春公，光忝长子，葬在槟榔屿（原谱第541页）。

302. 第十七世，华逢公，光忝公次子，葬在毛淡棉（原谱第541页）。

303. 第十六世，书传公，煌德公三子，葬在槟城（原谱第542页）。

304. 第十七世，时老，埈悦公长子，葬在是力（实叻）（原谱第543页）。

305. 第十七世，随代，埈悦公次子，葬在蓬仔（原谱第543页）。

306. 第十七世，永壳公，埈悦公入嗣三子，在吧东（原谱第543页）。

307. 第十六世，埈育公，煌明公次子，葬在马六甲（原谱第543页）。

308. 第十六世，埈欢公，煌明公三子，葬在槟城（原谱第543页）。

309. 第十八世，笔砚公，永略公长子，葬在吧东（原谱第543页）。

310. 第十五世，煌三公，模容公四子，葬麻六甲（原谱第543页）。

311. 第十七世，金重、金带，埈笑公之子，往槟城（原谱第543页）。

312. 第十六世，埈吅公，煌三公次子，葬在槟城（原谱第543页）。

（十）模振公（十四世）裔谱（同安埭头）

313. 第十六世，渊聘，煌章公次子，葬在番邦（原谱第547页）。

314. 第十五世，煌锦，模振公四子，卒葬在吕宋（原谱第547页）。

315. 第十七世，廷沙公，埈池公三子，往槟城（原谱第548页）。

316. 第十七世，廷魁公，埈池公长子，葬在槟榔屿（原谱第548页）。

317. 第十七世，忠仕，埈发公之子，往槟城（原谱第548页）。

318. 第十七世，华标公，埈容公长子，葬在槟榔屿（原谱第548页）。

319. 第十八世，恒用公，允波公之子，往槟城（原谱第549页）。

（十一）模登公（十四世）裔谱（泽绵）

320. 第十六世，天启公，煌诰公次子，往槟城（原谱第560页）。

321. 第十七世，万诵，大启公长子，卒葬在槟榔屿（原谱第560页）。

322. 第十七世，莱光，天祥公次子，往槟城（原谱第560页）。

323. 第十六世，天降公，煌诰公四子，葬在丹老（原谱第560页）。

324. 第十六世，天从公，煌诰公六子，葬在槟城（原谱第560页）。

325. 第十七世，七再，天从公七子，往槟城（原谱第560页）。

326. 第十六世，天化公，煌诰公七子，葬在槟城（原谱第561页）。

327. 第十七世，高蛟，天养公三子，葬在是力（实叻）（原谱第561页）。

328. 第十七世，高桐公，天养公次子，葬在槟榔屿（原谱第561页）。

329. 第十六世，天注公，煌诰公九子，往交留吧直葛（原谱第561页）。

330. 第十六世，天爵公，煌诰公十一子，葬在丹绒（原谱第 561 页）。

331. 第十八世，登峤公，湖画公四子，居槟城（原谱第 564 页）。

332. 第十八世，登仕公，湖画公六子，居槟城（原谱第 566 页）。

333. 第十八世，登梯公，湖画公七子，居槟城（原谱第 568 页）。

334. 第十八世，登镇公，湖画公八子，居槟城（原谱第 569 页）。

335. 第二十世，玉枝、玉叶、玉智，神广公之女，皆嫁印尼（原谱第 570 页）。

336. 第二十世，思庸公，神广公次子，居印尼棉兰（原谱第 570 页）。

337. 第二十一世，丽芬、丽芳、丽香，思庸公之女，嫁印尼（原谱第 570 页）。

338. 第十九世，荣坤，玉瑧公三子，居印尼（原谱第 573 页）。

339. 第二十世，思宏，荣华公长子，居仰光（原谱第 573 页）。

340. 第二十世，征莹，荣稀公三女，嫁菲律宾（原谱第 573 页）。

341. 第二十世，日新公，欲皆公长子，居槟城（原谱第 575 页）。

（十二）模育公（十四世）裔谱（海二房）

342. 第十七世，华聪公，埈喜公入嗣子，葬在槟榔屿（原谱第 577 页）。

343. 第十六世，埈祐公，煌祖公次子，葬在井里汶（原谱第 578 页）。

344. 第十五世，煌宗公，模育公次子，葬在柬埔寨（原谱第 578 页）。

345. 第十七世，华科公，埈谨公三子，葬在槟榔屿（原谱第 578 页）。

（十三）模禧公（十四世）裔谱（槟城）

346. 第十七世，华恕公，埈株公次子，往槟榔屿（原谱第 581 页）。

347. 第十七世，华富公，埈株公三子，葬在吧东（原谱第 581 页）。

348. 第十九世，登榜公，光道公之子，居槟城（原谱第 581 页）。

349. 第十七世，华夏公，埈赐公长子，葬在槟榔屿（原谱第 581 页）。

350. 第十八世，宇益公，华夏公入嗣子，葬在槟榔屿（原谱第 581 页）。

351. 第十七世，华菊公，埈景公入嗣次子，往槟榔屿（原谱第 582 页）。

352. 第十七世，华顺公，埈十公入嗣次子，葬在吧东（原谱第 582 页）。

353. 第十六世，埈兴公，煌旺公长子，葬槟城（原谱第582页）。

354. 第十七世，增典公，埈兴公入嗣子，葬在槟榔屿（原谱第583页）。

355. 第十六世，埈秋公，煌旺公次子，往槟城（原谱第583页）。

356. 第十七世，华信公，埈水公入嗣子，葬在槟榔屿（原谱第583页）。

357. 第十五世，煌翰公，模禧公三子，往马六甲（原谱第584页）。

358. 第十六世，江山公，煌翰公长子，往马六甲（原谱第584页）。

359. 第十八世，光前公，华富公入嗣子，往槟城（原谱第587页）。

（十四）模锦公（十四世）裔谱（槟城）

360. 第十八世，台熟公，华石公三子，葬在屿（原谱第594页）。

361. 第十八世，台泉，华权公三子，葬在槟榔屿（原谱第594页）。

362. 第十九世，河祥公，台轻公长子，葬在槟城（原谱第594页）。

363. 第十七世，华习公，埈义公三子，俱葬在屿（原谱第594页）。

364. 第十八世，得心公，华习公次子，葬在龙雾（原谱第594页）。

365. 第十九世，衡报公，光色公之子，往槟城（原谱第595页）。

（十五）模芁公（十四世）裔谱（墩派）

366. 第十七世，华挹公，埈栽公长子，葬在槟榔屿（原谱第598页）。

367. 第十八世，和顺，华挹公之子，卒于槟榔屿（原谱第598页）。

368. 第十七世，华镜公，埈栽公三子，葬在槟榔屿（原谱第598页）。

369. 第十九世，衡从公，台追公长子，葬在槟城（原谱第599页）。

370. 第十八世，台见公，华日公次子，葬在槟榔屿（原谱第599页）。

371. 第十八世，台晨公，华乘公次子，葬在槟榔屿（原谱第600页）。

372. 第十八世，三泮公，华羿公次子，往槟城（原谱第600页）。

373. 第十八世，尚宗公，华慎公长子，往槟城（原谱第601页）。

374. 第十七世，华信、华辅，埈抱公之子，往槟城（原谱第601页）。

375. 第十八世，台房公，华举公长子，葬在吧东（原谱第601页）。

（十六）模至公（十四世）裔谱（下曾埕）

376. 第十五世，煌节公，模至公长子，葬在交留吧（原谱第613页）。

377. 第十五世，煌带公，模至公次子，葬在番邦（原谱第613页）。

378. 第十七世，华领公，埈骞公长子，葬在马六甲（原谱第613页）。

379. 第十七世，华醮公，埈骞公四子，葬在槟榔屿（原谱第614页）。

380. 第十八世，元祥公，华登公长子，葬在槟榔屿（原谱第614页）。

（十七）模南公（十四世）裔谱（下河）

381. 第十四世，模南公，泽善公七子，葬在番邦（原谱第618页）。

382. 第十七世，华田公，光音公长子，葬在槟榔屿（原谱第618页）。

383. 第十七世，宝泉，埈连公三子，往槟城（原谱第657页）。

384. 第十七世，光旦公，埈连公长子，葬在槟榔屿（原谱第657页）。

385. 第十九世，金虎公，天溪公次子，葬在槟榔屿（原谱第657页）。

386. 第十八世，聪良公，贵和公长子，葬在党尔（原谱第658页）。

387. 第十七世，华燕，埈狗公五子，往安南（越南）（原谱第659页）。

四、拱埈公（六世）海四房谱

388. 第十七世，华足公，埈姐公次子，葬在三宝垄（原谱第667页）。

389. 第十五世，煌钟公，模助公四子，葬在吧东（原谱第668页）。

390. 第十六世，埈篆，煌钟公三子，往槟榔屿（原谱第668页）。

391. 第十五世，煌南公，模助公五子，葬在吧东（原谱第669页）。

392. 第十六世，埈迎公，煌南公次子，葬在吧东（原谱第669页）。

393. 第十五世，煌叶公，模助公六子，葬在马六甲（原谱第669页）。

394. 第十六世，埈云公，煌玉公长子，葬在槟榔屿（原谱第670页）。

（一）埈赵公（十四世）裔谱（苏埭墘）

395. 第十五世，煌耀，模赵公次子，葬在马六甲（原谱第671页）。

396. 第十七世，华晓公，埈青公次子，葬在番邦董尔（原谱第671页）。

（二）模畅公（十四世）裔谱（槟城）

397. 第十六世，埈请公，煌蟾公长子，葬在槟榔屿（原谱第672页）。

398. 第十七世，德兴，埈榜公之子，在槟榔屿（原谱第673页）。

399. 第十六世，清风公，煌成公长子，葬在槟榔屿（原谱第673页）。

400. 第十六世，文理、文璧、文再，煌道公之子，往槟榔屿（原谱第673页）。

401. 第十六世，文琴公，煌道公长子，葬在槟榔屿（原谱第674页）。

五、拱宇公（六世）海五房谱

402. 第十七世，振山，妈富公次子，葬在槟榔屿（原谱第688页）。

403. 第十四世，模壮，毓起公之子，往吕宋（原谱第690页）。

404. 第十六世，埈山公，煌备公之子，葬在槟榔屿（原谱第693页）。

405. 第十七世，华晚，埈山公之子，葬在番邦（原谱第693页）。

406. 第十七世，登杰，埈拱公次子，葬在仰光（原谱第693页）。

407. 第十五世，煌智、煌忠，模场公之子，葬在柬埔寨（原谱第697页）。

408. 第十六世，埈约公，煌永公三子，葬在槟城（原谱第697页）。

409. 第十七世，华定公，埈佐公之子，往槟榔屿（原谱第697页）。

410. 第十五世，煌才、煌泉、煌贤，模拟公之子，往番邦（原谱第697页）。

（一）模英公（十四世）裔谱（巷内）

411. 第十八世，台超，华寿公长子，葬在槟榔屿（原谱第698页）。

412. 第十八世，台常公，华寿公五子，葬在槟榔屿（原谱第699页）。

413. 第十八世，台显公，华硬公长子，卒葬在槟榔屿（原谱第700页）。

414. 第十八世，台明公，华硬公四子，葬在槟榔屿（原谱第704页）。

（二）模蓝公（十四世）裔谱（巷内）

415. 第十八世，台念公，华近公次子，葬在番邦（原谱第707页）。

416. 第十七世，华沃公，埈在公入嗣子，葬在番邦（原谱第707页）。

417. 第十七世，锦水公，埈记公入嗣子，葬在槟榔屿（原谱第709页）。

418. 第十八世，光算公，锦水公长子，葬在槟榔屿（原谱第709页）。

419. 第十九世，衡石，台汀公次子，葬在吕宋（原谱第709页）。

420. 第十六世，埈羊公，煌庆公次子，葬在马六甲（原谱第710页）。

（三）模榜公（十四世）裔谱（海仔下）

421. 第十七世，清九公，埈悻公三子，葬在吕宋（原谱第718页）。

422. 第十七世，清标公，埈悻公五子，葬在吕宋（原谱第719页）。

423. 第十六世，埈面公，煌左公次子，葬在吕宋新山（原谱第719

页）。

424. 第十七世，天送、天赏，埈面公之子，葬在吕宋（原谱第719页）。

425. 第十七世，华会公，埈泰公三子，葬在槟榔屿（原谱第720页）。

426. 第十八世，等元，华珍公次子，葬在吕宋（原谱第720页）。

427. 第十六世，埈株，煌位公次子，葬在吕宋新山（原谱第721页）。

428. 第十七世，华靖，埈宗公次子，葬在吕宋（原谱第721页）。

429. 第十六世，埈辉公，煌位公四子，葬在番邦（原谱第721页）。

430. 第十六世，埈切公，煌论公长子，葬在槟城（原谱第722页）。

431. 第十七世，华要公，埈切公长子，葬在吕宋新山（原谱第722页）。

432. 第十七世，华帆公，埈要公次子，葬在吕宋（原谱第722页）。

433. 第十九世，明波、明元，台达公之子，居槟城（原谱第722页）。

（四）模密公（十四世）裔谱（槟城、台湾）

434. 第十六世，埈富，煌探公四子，往槟城（原谱第724页）。

435. 第十七世，华礼公，埈喜公长子，葬在槟榔屿（原谱第725页）。

436. 第十九世，振元，台恨公入嗣次子，往槟城（原谱第725页）。

437. 第十七世，添福公，埈益公长子，葬在槟榔屿（原谱第725页）。

438. 第十八世，宣藤公，添福公长子，葬在槟榔屿（原谱第725页）。

439. 第十七世，添螺公，埈益公三子，葬在槟榔屿（原谱第726页）。

440. 第十七世，添泗公，埈益公四子，葬在仰光（原谱第726页）。

441. 第十九世，衡同，宁要公长子，葬在丹老（原谱第726页）。

442. 第十七世，添进公，埈益公五子，葬在槟榔屿（原谱第726页）。

443. 第十七世，添筹，埈堂公之子，葬在槟榔屿（原谱第726页）。

444. 第十六世，埈强公，煌探公五子，葬在槟榔屿（原谱第726页）。

445. 第十七世，华生，埈强公长子，葬在番邦（原谱第726页）。

446. 第十七世，华壹、华令，埈强公之子，葬在槟榔屿（原谱第726页）。

447. 第十七世，华绸，埈强公三子，葬在土瓦（原谱第726页）。

448. 第十七世，华盛，埈强公六子，葬在丹老（原谱第726页）。

（五）模贶公（十四世）裔谱（槟城）

449. 第十六世，埈名，煌让公四子，往槟城（原谱第727页）。

450. 第十六世，埈术公，煌让公长子，葬在槟城（原谱第 727 页）。

451. 第十七世，华标，埈术公之子，葬在槟榔屿（原谱第 727 页）。

452. 第十七世，成裕公，埈香公长子，往槟榔屿（原谱第 728 页）。

453. 第十七世，成协公，埈香公次子，葬在椰子屿（原谱第 728 页）。

（六）模聘公（十四世）裔谱（海墘角）

454. 第十八世，明章，华惜公次子，葬在槟榔屿（原谱第 731 页）。

455. 第十八世，定鞭，华惜公四子，葬在龙雾（原谱第 731 页）。

456. 第十八世，明德公，华惜公长子，葬在槟榔屿（原谱第 732 页）。

457. 第十八世，台艳、台胜，华赏公之子，葬在仰光（原谱第 732 页）。

458. 第十七世，三阳公，埈严公次子，往槟榔屿（原谱第 732 页）。

459. 第十七世，华蜂公，埈严公三子，葬在槟榔屿（原谱第 732 页）。

460. 第十七世，华羡公，埈严公六子，葬在槟榔屿（原谱第 732 页）。

461. 第十六世，埈填公，煌笃公三子，葬在番邦（原谱第 732 页）。

462. 第十六世，埈正公，煌笃公四子，葬在槟城（原谱第 733 页）。

463. 第十七世，华笑公，埈正公长子，葬在槟榔屿（原谱第 733 页）。

464. 第十八世，台从，华荣公长子，葬在槟榔屿（原谱第 733 页）。

465. 第十八世，台朝，华弁公三子，葬在槟榔屿（原谱第 733 页）。

466. 第十七世，华修公，埈题公入嗣子，葬在槟榔屿（原谱第 734 页）。

467. 第十八世，台音，华修公入嗣长子，居马来西亚（原谱第 734 页）。

468. 第十六世，埈衡公，埈罕公五子，葬在番邦下州府（原谱第 735 页）。

469. 第十七世，华玉公，埈衡公入嗣子，葬在屿（原谱第 735 页）。

470. 第十八世，明会公，华惜公三子，往槟城（原谱第 735 页）。

471. 第十八世，牛根公，华惜公五子，往槟城（原谱第 736 页）。

472. 第十九世，衡阵公，台极公长子，居缅甸（原谱第 740 页）。

473. 第二十一世，文斌，思能之子，居缅甸（原谱第 740 页）。

（七）模裔公（十四世）裔谱（林东）

474. 第十七世，吟诗公，埈涨公入嗣子，葬在槟榔屿（原谱第 741

页）。

475. 第十七世，华笼公，埈盏公长子，葬在番邦（原谱第 742 页）。

476. 第十七世，梓乾公，学习公入嗣子，葬在屿（原谱第 742 页）。

477. 第十九世，衡分，台冰公次子，居仰光（原谱第 743 页）。

（八）模遣公（十四世）裔谱（林东）

478. 第十六世，埈路公，煌沉公长子，葬在槟城（原谱第 746 页）。

479. 第十六世，埈缘公，煌吴公次子，葬在槟城（原谱第 746 页）。

480. 第十七世，华情公，埈缘公次子，葬在槟榔屿（原谱第 747 页）。

481. 第十六世，埈商公，煌脱公长子，葬在槟城（原谱第 747 页）。

482. 第十六世，埈对公，煌脱公次子，葬在槟城（原谱第 748 页）。

483. 第十七世，华埭公，埈墨公长子，葬在槟榔屿（原谱第 748 页）。

484. 第十六世，埈田公，煌芬公之子，葬在槟城（原谱第 749 页）。

485. 第十八世，合元公，华求公长子，葬在槟榔屿（原谱第 752 页）。

486. 第十八世，登春公，传宙公入嗣子，往槟城（原谱第 755 页）。

（九）模便公（十四世）裔谱（巷内石壁）

487. 第十六世，埈纵公，煌能公次子，葬在槟城（原谱第 756 页）。

488. 第二十世，盆，衡溅公之女，嫁马来西亚（原谱第 758 页）。

（十）模帝公（十四世）裔谱（巷内石壁）

489. 第十六世，埈白，煌勇公六子，葬在土瓦（原谱第 759 页）。

490. 第十六世，埈仲公，煌勇公四子，葬在槟城（原谱第 760 页）。

491. 第十八世，乃时公，漏成公三子，往槟城（原谱第 761 页）。

（十一）模森公（十四世）裔谱（南洋）

492. 第十六世，埈株，煌添公三子，葬在槟榔屿（原谱第 763 页）。

493. 第十七世，天来公，埈晟公次子，葬在槟榔屿（原谱第 763 页）。

494. 第十七世，得旺公，埈婴公之子，葬在土瓦（原谱第 763 页）。

495. 第十六世，埈弼公，煌位公五子，葬在槟城（原谱第 764 页）。

496. 第十六世，埈宙公，煌位公六子，葬在槟城（原谱第 764 页）。

497. 第十五世，煌夺公，模森公五子，葬在槟城（原谱第 764 页）。

498. 第十六世，埈阵公，煌夺公长子，葬在丹老（原谱第 764 页）。

六、世敏公（八世）门长房谱

499. 第十六世，埈禄，煌炎公之子，往交留吧（原谱第 786 页）。

500. 第十六世，埈饱，煌炎公之子，葬三宝垄（原谱第786页）。

501. 第十七世，永市，埈范公长子，葬在槟榔屿（原谱第786页）。

502. 第十八世，光芋，永闽公长子，葬在三宝垄（原谱第786页）。

503. 第十八世，大他，永漂公次子，葬在番邦（原谱第787页）。

504. 第十六世，埈把、埈桃，斐郎公之子，往番邦（原谱第787页）。

505. 第十六世，埈限公，煌铜公长子，葬在番邦（原谱第789页）。

506. 第十六世，埈掌公，煌及公次子，葬在吧（原谱第790页）。

507. 第十八世，雪香公、绿竹公，草木公之子，葬在番邦（原谱第790页）。

508. 第十七世，坤弟，埈圣公之子，葬在番邦（原谱第790页）。

509. 第十八世，福来，华燇公之子，往番邦（原谱第790页）。

510. 第十七世，和永，埈烈公之子，葬在番邦（原谱第790页）。

511. 第十七世，华泰公，埈点公长子，葬在番邦（原谱第791页）。

512. 第十八世，光瑶，华升公长子，往番邦（原谱第791页）。

513. 第十五世，虽尾公，模条公次子，葬在交留吧（原谱第791页）。

514. 第十六世，埈南，煌祥公三子，往番邦（原谱第792页）。

515. 第十五世，宗得公，秉贤公长子，葬在番邦（原谱第793页）。

516. 第十九世，新从，光株公次子，葬在番邦（原谱第794页）。

517. 第二十世，思德，新掌公之子，生在番邦（原谱第794页）。

518. 第二十一世，随田、随三，思务公之子，生在番邦（原谱第794页）。

519. 第十六世，大锦公，煌豁公次子，葬在交留吧（原谱第795页）。

520. 第十九世，衡育，台才公之子，在槟城（原谱第795页）。

521. 第十八世，台竹公，华颇公入嗣子，葬在三宝垄（原谱第796页）。

522. 第十七世，华高，埈狗公长子，葬在龙雾（原谱第796页）。

523. 第十七世，华吉，埈狗公五子，往番邦（原谱第796页）。

524. 第十八世，台旺，华有公次子，往番邦（原谱第796页）。

525. 第十七世，华乖，大赞公次子，葬在番邦（原谱第797页）。

526. 第十八世，台东，华位公长子，往番邦（原谱第797页）。

527. 第十七世，华在公，天造公长子，葬在番邦（原谱第797页）。

528. 第十八世，台露、台唱，华篮公之子，葬在番邦（原谱第 798 页）。

529. 第十七世，华抱公，埈兴公入嗣子，葬在槟榔屿（原谱第 799 页）。

530. 第十八世，台登公，华抱公长子，葬在槟榔屿（原谱第 799 页）。

531. 第十七世，天赐，起凤公之子，往番邦（原谱第 800 页）。

532. 第十四世，模倍，元爵公次子，葬吧东（原谱第 800 页）。

533. 第十七世，华川公，埈讲公之子，葬在番仔州府培蚋（原谱第 800 页）。

534. 第十五世，煌隆，模喜公四子，葬在番邦（原谱第 801 页）。

535. 第十六世，埈生，煌隆之子，往番邦（原谱第 801 页）。

536. 第十六世，埈巧公，煌叹公次子，往槟榔屿（原谱第 802 页）。

537. 第十五世，煌灿公，模晚公入嗣子，葬在番邦（原谱第 802 页）。

538. 第十六世，正朝公，煌灿公之子，在番邦身故（原谱第 802 页）。

539. 第十六世，埈水，太宗公次子，往番邦（原谱第 802 页）。

540. 第十五世，煌众公，模忽公入嗣子，葬在番邦（原谱第 803 页）。

541. 第十六世，妈山公，煌篸公入嗣子，葬在番邦（原谱第 803 页）。

542. 第十六世，埈振公，煌尚公次子，葬在番邦（原谱第 803 页）。

543. 第十六世，埈渚公，煌尚公三子，葬在番邦（原谱第 803 页）。

544. 第十六世，作士公、清盘公，煌回公之子，葬在番邦（原谱第 804 页）。

545. 第十六世，云归公，煌回公三子，葬在三宝垄（原谱第 804 页）。

546. 第十五世，煌垒公，模昭公长子，葬在番邦（原谱第 804 页）。

547. 第十七世，妈兰，元童公长子，葬在槟榔屿（原谱第 804 页）。

548. 第十六世，元贞公，煌垒公次子，葬在槟城（原谱第 805 页）。

549. 第十七世，荣山公，元贞公长子，葬在槟榔屿（原谱第 805 页）。

550. 第十五世，煌全公，模昭公次子，葬在番邦（原谱第 805 页）。

551. 第十六世，埈牛公，煌全公长子，葬在番邦（原谱第 805 页）。

552. 第十六世，埈悦公，煌全公次子，往番邦（原谱第 805 页）。

553. 第十七世，荆州公，方善公长子，葬在番邦（原谱第 806 页）。

554. 第十六世，学第公，煌起公入嗣子，葬在交留吧（原谱第 806

页）。

555. 第十七世，光缉，守石公之子，葬在番邦（原谱第 806 页）。

556. 第十七世，光恩，妈漏公之子，往番邦（原谱第 807 页）。

557. 第十六世，登郎，煌堪公四子，葬在三宝垄（原谱第 807 页）。

558. 第十七世，和尚、宗镇，亦兴公之子，葬在槟榔屿（原谱第 807 页）。

559. 第十五世，煌通公，模森公长子，往三宝垄（原谱第 808 页）。

560. 第十六世，夷则，煌通公之子，往三宝垄（原谱第 808 页）。

561. 第十七世，宫音公，黄钟公长子，葬在三宝垄（原谱第 808 页）。

562. 第十五世，龙满公，模森公三子，葬在番邦（原谱第 808 页）。

563. 第十五世，煌钻公，模森公四子，葬在三宝垄（原谱第 808 页）。

564. 第十六世，四六，煌钻公之子，往番邦（原谱第 808 页）。

565. 第十六世，炽进公，煌钻公次子，葬在三宝垄（原谱第 808 页）。

566. 第十七世，红雹公，炽进公嗣子，葬在三宝垄（原谱第 808 页）。

567. 第十六世，蕤宾公，煌通公四子，葬在三宝垄（原谱第 809 页）。

568. 第十七世，玉凤，蕤宾公次子，葬在井里汶（原谱第 809 页）。

（一）道诚公（十五世）裔谱（向西）

569. 第十五世，道诚公，模强公之子，与妣葬在屿（原谱第 811 页）。

570. 第十八世，应琳，赞照公之子，往番邦（原谱第 811 页）。

571. 第十八世，应心，赞墨公之子，往番邦（原谱第 811 页）。

572. 第十八世，应淡，赞德公之子，往槟榔屿（原谱第 811 页）。

573. 第十七世，治箴，集三公之子，葬在番邦（原谱第 811 页）。

574. 第十九世，如岳公，光饮公五子，葬在槟城（原谱第 813 页）。

575. 第十六世，五豹公，道诚公五子，葬在交留吧（原谱第 813 页）。

576. 第十八世，中散公，温祐公四子，葬在番邦（原谱第 814 页）。

（二）煌鏐公（十五世）裔谱（山骨头）

577. 第十八世，郡演公，根源公长子，葬在番邦（原谱第 818 页）。

578. 第十八世，郡沾公，根源公次子，葬在三宝垄（原谱第 818 页）。

579. 第十九世，克组、克绵，郡沾公之子，葬番邦（原谱第 818 页）。

580. 第十八世，沥川，相光公之子，葬在垄（原谱第 818 页）。

581. 第十八世，涌川公，相光公长子，葬在番邦（原谱第 818 页）。

582. 第十八世，济川公，相光公三子，葬在交留吧（原谱第818页）。

583. 第十八世，汭川公，相光公六子，葬在吕宋（原谱第819页）。

584. 第十七世，极泉公，埈院公长子，葬在三宝垄（原谱第819页）。

585. 第十九世，沛然，极泉公次子，葬在三宝垄（原谱第819页）。

586. 第二十世，可见、古人、为学、次第，如茂公之子，皆往番邦（原谱第819页）。

587. 第十七世，桂和公、栖和公，埈降公之子，葬在番邦（原谱第820页）。

588. 第十九世，衡琛，烁然公三子，往番邦（原谱第820页）。

（三）煌璥公（十五世）裔谱（山骨头）

589. 第十七世，华桔，天沃公三子，往番邦（原谱第821页）。

590. 第十八世，宏昌，机老公四子，葬在三宝垄（原谱第822页）。

591. 第十八世，宽柔公，机老公次子，葬在苏禄（原谱第822页）。

592. 第十八世，寝郎公，机老公九子，卒在三宝垄（原谱第823页）。

593. 第十八世，安静公，机老公长子，葬在三宝垄（原谱第823页）。

594. 第二十二世，武汉、武续，以龙公之子，住槟城（原谱第823页）。

（四）煌鼎公（十五世）裔谱（南洋各国）

595. 第十七世，华□、华□，埈明公之子，往番邦（原谱第827页）。

596. 第十八世，台祥公，华卿公三子，葬在槟榔屿（原谱第828页）。

597. 第十九世，衡角，台祥公三子，往安南（原谱第828页）。

598. 第十八世，台瑞、台良，华国公之子，往番邦（原谱第828页）。

599. 第十八世，台照公，华国公长子，葬在番邦（原谱第828页）。

600. 第十九世，衡涯，台庆公之子，往番邦（原谱第828页）。

601. 第十七世，元亮公，埈寮公长子，葬在咬留吧（原谱第828页）。

602. 第十八世，台勤、台桃，元亮公之子，往番邦（原谱第828页）。

603. 第十九世，衡紫，玉郡公次子，往番邦（原谱第828页）。

604. 第十八世，台株，华纵公次子，往番邦（原谱第829页）。

605. 第十九世，文东，台狮公次子，往番邦（原谱第829页）。

606. 第十九世，万盛公，台杰公长子，葬在吕宋（原谱第829页）。

（五）煌团公（十五世）裔谱（向西旧厝）

607. 第十八世，折辨公，生高公次子，葬在番邦（原谱第830页）。

608. 第十八世，台思公，有功公长子，葬在槟榔屿（原谱第 831 页）。

609. 第十八世，台忠公，有功公次子，葬在吕宋（原谱第 831 页）。

610. 第十八世，打石公，生高公长子，葬在番邦（原谱第 831 页）。

（六）煌瑚公（十五世）裔谱（楼后）

611. 第二十世，光碖公，振胜公入嗣子，葬在槟城（原谱第 836 页）。

612. 第十九世，荣夏公，总岭公次子，葬在槟城（原谱第 837 页）。

（七）煌恋公（十五世）裔谱（门长房）

613. 第十八世，读生公，仲炁公长子，葬在番邦（原谱第 844 页）。

614. 第十九世，清龙公，台捞公长子，葬在槟城（原谱第 844 页）。

615. 第十七世，华敬公，埈弼公三子，葬在番邦（原谱第 844 页）。

616. 第十八世，登照公，华玉公次子，葬在槟榔屿（原谱第 844 页）。

617. 第十八世，光赐，华源公四子，葬在槟榔屿（原谱第 845 页）。

618. 第十八世，光龙公、光景公，华源公之子，葬在番邦（原谱第 845 页）。

（八）煌陈公（十五世）裔谱（楼井房）

619. 第十七世，华雪，天禄公六子，葬在番邦（原谱第 847 页）。

620. 第十七世，华箴公，天禄公三子，葬在槟榔屿（原谱第 849 页）。

621. 第十九世，石老，台秋公之子，往番邦（原谱第 849 页）。

622. 第十八世，台兰公，华绍公四子，葬在番邦（原谱第 849 页）。

623. 第十八世，台鹏公，华绍公五子，卒葬在番邦（原谱第 850 页）。

624. 第十七世，华云公，天禄公五子，葬在屿（原谱第 850 页）。

625. 第十七世，华海公，天送公长子，葬在番邦（原谱第 850 页）。

626. 第十八世，台赛公，华钦公长子，葬时番邦（原谱第 850 页）。

627. 第十七世，华瑞公，天送公三子，葬在番邦（原谱第 850 页）。

628. 第十七世，华江公，天送公六子，葬在槟榔屿（原谱第 851 页）。

629. 第十九世，贞宁，芳盛公长子，往番邦（原谱第 851 页）。

630. 第十八世，光科公，古法公入嗣子，葬在番邦（原谱第 851 页）。

631. 第十八世，光舜公，克镜公四子，葬时番邦（原谱第 852 页）。

632. 第二十二世，招治，金水公之女，住印尼（原谱第 855 页）。

（九）煌蔼公（十五世）裔谱（槟城等地）

633. 第十六世，育手公，煌蔼公长子，葬在交留吧（原谱第 856 页）。

634. 第十八世，凤萧公，如铁公长子，葬在番邦（原谱第 857 页）。

（十）煌万公（十五世）裔谱（楼前）

635. 第十五世，煌万公，模奇公次子，葬在马六甲（原谱第 858 页）。

636. 第十七世，华琴公，埈文公长子，葬在屿（原谱第 859 页）。

637. 第十八世，台彭公，华琴公长子，葬在番邦（原谱第 859 页）。

638. 第十八世，台恭公，华琴公次子，葬在槟榔屿（原谱第 859 页）。

639. 第十七世，华插公，埈文公七子，葬在番邦（原谱第 860 页）。

640. 第十九世，水膝，守田公次子，居仰光（原谱第 860 页）。

641. 第二十一世，番帮，庄瓶公长子，居南洋（原谱第 861 页）。

642. 第二十一世，汉生公，赐仔公次子，往菲律宾（原谱第 863 页）

（十一）煌蹇公（十五世）裔谱（下溪仔）

643. 第十八世，登宏公，汉池公五子，葬在槟榔屿（原谱第 866 页）。

644. 第十八世，传却公，汉溪公入嗣次子，葬在番邦（原谱第 866 页）。

645. 第十八世，登吉公，汉溪公入嗣三子，葬在槟榔屿（原谱第 866 页）。

646. 第十八世，登晋公，汉宇公八子，葬在槟榔屿（原谱第 867 页）。

647. 第十八世，传受公，汉候公长子，葬在槟榔屿（原谱第 868 页）。

648. 第十八世，登科公，汉溪公入嗣长子，葬在井里汶（原谱第 869 页）。

（十二）煌彬公（十五世）裔谱（下溪仔）

649. 第十五世，煌彬公，模快公嗣子，葬在番邦（原谱第 870 页）。

650. 第十八世，光台公，华日公次子，葬在番邦（原谱第 870 页）。

651. 第十七世，华婴公，埈清公次子，葬在槟榔屿（原谱第 870 页）。

（十三）煌聚公、煌誉公（十五世）裔谱（门长房）

652. 第十七世，和气，埈专公五子，往番邦（原谱第 872 页）。

653. 第十七世，华连公，埈专公次子，卒葬在仰光（原谱第 872 页）。

（十四）格直公（十五世）裔谱（下溪仔）

654. 第十七世，华旺，文定公之子，往番邦（原谱第 876 页）。

655. 第十八世，明从，华宁公次子，往番邦（原谱第 876 页）。

656. 第十七世，华汉公、华杰公，文定公之子，葬在番邦（原谱第

876页)。

657.第十八世，广生公，华汉公入嗣子，往三宝垄(原谱第876页)。

658.第十八世，广道公，华杰公次子，往三宝垄(原谱第877页)。

659.第十七世，德水公、厘姑公，文案公之子，葬在番邦(原谱第877页)。

660.第十七世，坎水公，文案公次子，葬在三宝垄(原谱第877页)。

661.第十七世，华伯公、其水公，文滨公嗣子，葬在番邦(原谱第877页)。

662.第十八世，广实公，华伯公入嗣子，往槟城(原谱第878页)。

(十五)等龙公(十五世)裔谱(后厅仔)

663.第十八世，水静公，登果公长子，往番邦(原谱第881页)。

664.第十八世，荐宗公，登训公次子，葬在番邦(原谱第882页)。

665.第十七世，登标公，埈彦公三子，葬在番邦(原谱第882页)。

666.第十七世，华吟公，埈举公次子，葬在番邦(原谱第883页)。

667.第十九世，永裕公，含玉公长子，葬在仰光(原谱第883页)。

668.第十七世，华惠公，埈举公三子，葬在番邦(原谱第883页)。

669.第十七世，宗派，埈抛公次子，往番邦(原谱第883页)。

670.第十八世，红锦公，宗衍公之子，葬在番邦(原谱第883页)。

671.第十八世，应渺公，光远公次子，葬在槟榔屿(原谱第884页)。

672.第十八世，应珍公，光远公三子，葬在高吧(原谱第884页)。

673.第十八世，应瑞公，光远公五子，往三宝垄(原谱第884页)。

674.第十九世，正忠，应堆公长子，葬在番邦(原谱第884页)。

675.第十九世，正源，应复公之子，葬在番邦(原谱第884页)。

676.第十八世，应疆公，光伟公五子，葬在番邦(原谱第885页)。

677.第十八世，应翁公，光伟公六子，葬在槟榔屿(原谱第885页)。

678.第十八世，应沁公，华本公三子，葬在槟榔屿(原谱第885页)。

679.第十八世，应泼公，华栋公次子，葬在马辰(原谱第886页)。

680.第十八世，应念公，美景公次子，葬在番邦(原谱第887页)。

681.第十八世，应璜公，达尊公三子，葬在槟榔屿(原谱第887页)。

(十六)待绿公(十五世)裔谱(门长房)

682.第十七世，拱顺，文郁公次子，葬在番邦(原谱第896页)。

683. 第十八世，传心公，拱贵公长子，葬在槟榔屿（原谱第896页）。

684. 第十七世，拱扒公，文秉公长嗣子，葬在番邦（原谱第896页）。

685. 第十八世，传地公，拱扒公入嗣子，往三宝垄（原谱第896页）。

686. 第十七世，金谋，文振公三子，葬在番邦（原谱第897页）。

（十七）煌埈公（十五世）裔谱（向东）

687. 第十七世，有益公，东老公长子，葬在吧城（原谱第901页）。

688. 第十八世，台智，有益公之子，往暹罗（原谱第901页）。

（十八）煌修公（十五世）裔谱（印尼）

689. 第十六世，埈桧公，煌修公长子，葬在番邦（原谱第902页）。

690. 第十七世，水连、新祈，埈桧公之子，葬在番邦（原谱第902页）。

691. 第十六世，埈艳公，煌修公三子，葬在番邦（原谱第904页）。

692. 第十七世，紫南，埈艳公次子，往番邦（原谱第904页）。

（十九）聪明公（十五世）裔谱（南洋各国）

693. 第十六世，意汀公，聪明公长子，葬在三宝垄（原谱第905页）。

694. 第十七世，光长公，意汀公三子，葬在三宝垄（原谱第905页）。

695. 第十七世，光篪公，意汀公五子，葬在三宝垄（原谱第906页）。

696. 第十七世，光腾公，意汀公六子，葬在三宝垄（原谱第906页）。

697. 第十八世，起运公，光照公次子，葬在吧城（原谱第907页）。

698. 第十八世，启逸公，光照公三子，葬在垄（原谱第907页）。

699. 第十七世，光烈公，克让公次嗣子，葬在三宝垄（原谱第907页）。

（二十）河清公（十五世）裔谱（向东）

700. 第十六世，大德公，河清公三子，葬在三宝垄（原谱第908页）。

701. 第十七世，义理公，川流公次子，葬在三宝垄（原谱第909页）。

702. 第十七世，可畏公，川流公三子，葬在咬留吧（原谱第909页）。

703. 第十七世，育阔公，川流公五子，葬在屿（原谱第909页）。

704. 第二十一世，继达，思根公之子，往槟城（原谱第910页）。

705. 第二十一世，继团、继腾，思根公之子，往新加坡（原谱第910页）。

706. 第二十一世，宝华，思根公之女，槟城（原谱第910页）。

（二十一）光英公（十五世）裔谱（门长房）

707. 第十七世，笃行公，天球公长子，葬在垄（原谱第 911 页）。

708. 第十七世，叶根公，天球公三子，葬在三宝垄（原谱第 912 页）。

709. 第十八世，高耀公，威仪公长子，往槟城（原谱第 912 页）。

七、世科公（八世）门三房谱

710. 第十七世，荣宁，埈恬之子，葬在番邦（原谱第 933 页）。

711. 第十七世，华狮，埈全公三子，葬在番邦（原谱第 934 页）。

712. 第十七世，华尚公，埈全公长子，葬在番邦（原谱第 934 页）。

713. 第十七世，妈养，埈觉公之子，往番邦（原谱第 934 页）。

714. 第十七世，华大，埈熊公次子，葬在番邦（原谱第 935 页）。

715. 第十八世，台蚶，华大之子，往三宝垄（原谱第 935 页）。

716. 第十七世，此铜，埈雄公三子，往番邦（原谱第 935 页）。

717. 第十八世，光贴，华路公四子，往三宝垄（原谱第 936 页）。

718. 第十九世，衡松公，光到公长子，往槟城（原谱第 936 页）。

八、世畴公（八世）屿房谱

719. 第十七世，晚来，埈勇公次子，往番邦（原谱第 946 页）。

720. 第十五世，煌楠，模组公长子，葬在吧城（原谱第 947 页）。

721. 第十七世，赐安，埈左公长子，往番邦（原谱第 947 页）。

722. 第十八世，光金、光墀，华仲公之子，往番邦（原谱第 947 页）。

723. 第十六世，庭训，煌江公之子，往番邦（原谱第 947 页）。

724. 第十七世，其照，聪赛公三子，葬在加央（原谱第 947 页）。

725. 第十七世，观厚公，聪赛公长子，葬在宋脚（原谱第 948 页）。

726. 第十八世，登科，华纯公之子，往番邦（原谱第 948 页）。

727. 第十六世，埈保，煌万公次子，往番邦（原谱第 948 页）。

728. 第十七世，梅生、叶生，埈助公之子，俱往番邦（原谱第 948 页）。

729. 第十六世，埈漏，煌甲公之子，往番邦（原谱第 949 页）。

730. 第十六世，谦泰公，煌略公次子，往槟城（原谱第 950 页）。

731. 第十四世，模柑公，泽瑞公次子，葬三宝垄（原谱第 950 页）。

732. 第十七世，神保公，妈力公长子，葬在槟榔屿（原谱第951页）。

733. 第十七世，楚王公，妈力公三子，葬在槟榔屿（原谱第951页）。

734. 第十六世，埈保，煌苏公之子，葬在番邦（原谱第952页）。

735. 第十六世，埈溪公，煌苏公长嗣子，葬在槟榔屿（原谱第952页）。

736. 第十七世，寅宫、妈朝，埈卿公之子，往番邦（原谱第952页）。

737. 第十八世，台作，定光公之子，往番邦（原谱第952页）。

738. 第十五世，煌岳公，模芳公五子，在马六甲身故（原谱第953页）。

739. 第十七世，凌云公，天恩公之子，葬在屿（原谱第953页）。

740. 第十七世，光常，锦知公长子，往番邦（原谱第954页）。

741. 第十六世，埈胜，煌栋公次子，往番邦（原谱第954页）。

742. 第十八世，田岸，华粪之子，往番邦（原谱第954页）。

743. 第十七世，华迁，埈曲公三子，往番邦（原谱第954页）。

744. 第十五世，元郎公，模歌公入嗣子，葬在马六甲（原谱第955页）。

745. 第十六世，埈壹，元郎公次子，葬在番邦（原谱第955页）。

746. 第十五世，言郎公，模灿公五子，葬在柬埔寨（原谱第955页）。

747. 第十六世，埈来，煌柔公之子，往番邦（原谱第956页）。

748. 第十六世，埈好，煌远公四子，往番（原谱第956页）。

749. 第十四世，模让公，元标公次子，葬在吧城（原谱第960页）。

750. 第十五世，煌昙公，模吉公次子，葬在吕宋（原谱第962页）。

751. 第十七世，华发，埈孟公次子，往番邦（原谱第962页）。

752. 第十七世，华楼，埈儿公子，往番邦（原谱第963页）。

753. 第十七世，华漂，妈生公长子，往番邦（原谱第963页）。

754. 第十六世，埈进，月池公三子，往番邦（原谱第963页）。

755. 第十七世，华与，埈强公长子，往番邦（原谱第964页）。

756. 第十七世，未生，埈慰公之子，往番邦（原谱第964页）。

757. 第十六世，埈喜公，长晏公三子，葬在吧东（原谱第965页）。

（一）煌本公（十五世）裔谱（屿房）

758. 第十八世，光朝公，长生公长子，生卒在番邦（原谱第967页）。

759. 第十八世，光贬公，长生公三子，往番邦（原谱第 967 页）。

760. 第十七世，华彭公，竹林公三子，葬在吕宋（原谱第 967 页）。

761. 第十七世，四海、宁感、茂才，藕贤公之子，皆往番邦（原谱第 967 页）。

762. 第十七世，华闪公，允贤公次子，葬在槟榔屿（原谱第 967 页）。

（二）煌错公（十五世）裔谱（洋宅）

763. 第十八世，台田公，华虎公长子，葬在槟榔屿（原谱第 969 页）。

764. 第十九世，衡帆，从新公之子，往番邦（原谱第 970 页）。

765. 第十八世，文滔公，华然公入嗣三子，葬在番邦（原谱第 970 页）。

766. 第十二九世，光忠，文章公之子，往番邦（原谱第 970 页）。

767. 第十八世，台养，华候公长子，葬在番邦（原谱第 971 页）。

（三）煌江公（十五世）裔谱（槟城）

768. 第十七世，庭训，宗元公之子，往番邦（原谱第 981 页）。

769. 第十七世，其照，聪赛公三子，葬在加央（原谱第 981 页）。

770. 第十七世，观厚公，聪赛公长子，葬在宋脚（原谱第 981 页）。

771. 第十八世，登科，聪赛公四子，往槟城（原谱第 982 页）。

772. 第十八世，登科公，华纯公四子，往槟城（原谱第 982 页）。

（四）煌眼公（十五世）裔谱（洋宅三）

773. 第十七世，新佑，王光公之子，往番邦（原谱第 983 页）。

774. 第十七世，汉章公，才郎公长子，卒在番邦（原谱第 983 页）。

（五）煌瑶公（十五世）裔谱（南洋、台湾）

775. 第十九世，衡露、衡云，金凤公之子，皆往番邦（原谱第 988 页）。

776. 第十七世，文骞，埈三公入嗣子，往番邦（原谱第 989 页）。

777. 第十七世，华猛公，埈赵公次子，葬在马六甲（原谱第 989 页）。

778. 第十八世，如意，台贵公之子，往番邦（原谱第 989 页）。

779. 第十七世，华图，埈满公次子，葬在番邦（原谱第 989 页）。

780. 第十八世，台忠，华阵公次子，往番邦（原谱第 989 页）。

（六）煌把公（十五世）裔谱（洋宅长）

781. 第十七世，华塔公，武当公入嗣子，葬在番邦（原谱第 992 页）。

782. 第十九世，荣山，大爷公之子，往番邦（原谱第992页）。

783. 第十八世，番出公，华起公四子，葬在槟榔屿（原谱第992页）。

784. 第十八世，有容公，华额公三子，葬在槟榔屿（原谱第993页）。

785. 第十八世，台桃公，华娲公次子，葬在槟榔屿（原谱第993页）。

786. 第十六世，埈水公，煌把公四子，往番无娶（原谱第994页）。

787. 第十七世，根尚公，埈水公入嗣子，葬在番邦（原谱第994页）。

（七）煌要公（十五世）裔谱（槟城）

788. 第十六世，埈幼，煌要公四子，葬在槟城（原谱第994页）。

（八）煌贵公（十五世）裔谱（五房）

789. 第十七世，华贺、华沙、华八，附新公之子，葬在番邦（原谱第10002页）。

790. 第十八世，台染公，华且公长子，卒葬在槟榔屿（原谱第1002页）。

791. 第二十一世，继贤，思忠公次子，居缅甸（原谱第1003页）。

（九）煌托公（十五世）裔谱（屿房）

792. 第十七世，华在，埈极公之子，往番邦（原谱第1005页）。

793. 第十七世，华让公，埈澳公四子，葬在番邦日里地（原谱第1006页）。

（十）煌助公（十五世）裔谱（槟城）

794. 第十五世，煌助公，模参公五子，往槟城（原谱第1007页）。

（十一）煌亨公（十五世）裔谱（槟城）

795. 第十七世，华樣公，埈超公长子，葬在番邦（原谱第1008页）。

796. 第十七世，心爱公，埈援公嗣子，葬在番邦（原谱第1008页）。

（十二）煌润公（十五世）裔谱（五房）

797. 第十八世，佛林，华慨公四子，往番邦（原谱第1010页）。

798. 第十七世，招恳公，骑鲸公次子，葬在番邦（原谱第1010页）。

799. 第十七世，赤赞，广寒公三子，往番邦（原谱第1010页）。

800. 第十六世，书田公，煌润公三子，葬在槟城（原谱第1010页）。

801. 第十七世，万兴，书田公之子，往番邦（原谱第1010页）。

802. 第十七世，华应公，书田公长子，葬在番邦（原谱第1011页）。

803. 第二十一世，银地公，水籦公四子，居槟城（原谱第1014页）。

（十三）煌乾公（十五世）裔谱（槟城）

804. 第十八世，百老，源泉公之子，往番邦（原谱第1017页）。

805. 第十七世，四海公，明佳公次子，葬在三宝垄（原谱第1017页）。

806. 第十六世，明山公，煌乾公次子，葬在槟城（原谱第1018页）。

807. 第十七世，心地公，明山公长子，居槟榔屿（原谱第1018页）。

808. 第十六世，明管公，煌乾公三子，往槟城（原谱第1018页）。

809. 第十七世，团圆公，明管公长子，葬在番邦（原谱第1018页）。

（十四）煌忠公（十五世）裔谱（槟城）

810. 第十六世，埈察，煌忠公五子，往番邦（原谱第1023页）。

（十五）煌烱公（十五世）裔谱（屿房）

811. 第十六世，埈厚公，煌烱公三子，葬在番邦（原谱第1024页）。

812. 第十六世，埈西公，煌烱公四子，葬在番邦（原谱第1024页）。

（十六）煌燇公（十五世）裔谱（槟城）

813. 第十七世，华枣公，埈明公长子，葬在番邦（原谱第1026页）。

814. 第十七世，华乖公，埈明公次子，往槟城（原谱第1026页）。

815. 第十六世，武彝公，煌燇公三子，葬在番邦（原谱第1026页）。

（十七）煌旋公（十五世）裔谱（槟城）

816. 第十六世，埈刊公，煌旋公四子，葬在番邦（原谱第1028页）。

九、文容公（七世）井房谱

817. 第十六世，埈撼、埈坪、埈赐，光昱公之子，往槟榔屿（原谱第1074页）。

818. 第十五世，挑选、明德，模慧公之子，往番邦（原谱第1075页）。

819. 第十七世，华栽公，埈协公入嗣子，葬在番邦（原谱第1076页）。

820. 第十七世，华达，埈掌公之子，往丹著（原谱第1076页）。

821. 第十六世，永科，汉禹公五子，往屿（原谱第1077页）。

822. 第十五世，煌胆公，模聪公长子，葬在槟城（原谱第1077页）。

823. 第十五世，煌把，模流公三子，往槟榔屿（原谱第1077页）。

824. 第十一世，好奇，维梁公长子，往吕宋无回（原谱第1079页）。

（一）煌应公（十五世）裔谱（槟城、台湾）

825. 第十六世，翻章，煌应公次子，葬在番邦（原谱第1080页）。

826. 第十八世，光任公，华听公次子，葬在槟榔屿（原谱第1081页）。

827. 第十九世，衡醮公，台执公三子，葬在槟城（原谱第1081页）。

828. 第十九世，衡注，台桔公长子，葬在槟城（原谱第1081页）。

829. 第十八世，台达公，华固公入嗣子，葬在槟榔屿（原谱第1081页）。

830. 第十八世，台仕公，华菓公入嗣长子，葬在槟榔屿（原谱第1081页）。

831. 第十九世，衡水，光斗公之子，往槟城（原谱第1081页）。

（二）煌承公（十五世）裔谱（南洋各国）

832. 第十五世，煌承公，模慧公长子，葬在吕宋（原谱第1083页）。

833. 第十七世，文杰、文炳、文博、文钊，埈妙公之子，往番邦（原谱第1083页）。

834. 第十七世，文宗公，埈妙公五子，卒葬在屿（原谱第1083页）。

835. 第十八世，荣宗，华沙公长子，往槟榔屿（原谱第1084页）。

（三）煌宝公（十五世）裔谱（南洋各国）

836. 第十七世，文圈公，淑兴公四子，葬在槟榔屿（原谱第1086页）。

837. 第十六世，善与公，煌宝公次子，葬在槟榔屿（原谱第1086页）。

（四）煌盏公（十五世）裔谱（南洋各国）

838. 第十六世，埈候公，煌盏公三子，往番邦（原谱第1087页）。

839. 第十六世，埈七，煌盏公七子，葬在槟城（原谱第1087页）。

840. 第十七世，华排，埈七之子，葬在丹荖（原谱第1087页）。

841. 第十八世，台鞍公，华虎公入嗣子，葬在番邦（原谱第1088页）。

842. 第十七世，华栗公，埈漏公四子，葬在吕宋（原谱第1088页）。

843. 第十七世，华老，埈喜公次子，葬在槟榔屿（原谱第1088页）。

844. 第十七世，华就公、华育，埈喜公之子，葬在丹荖（原谱第1088页）。

(五) 煌治公（十五世）裔谱（槟城、新垵井头）

845. 第十五世，煌治公，模督公嗣子，葬在槟城（原谱第1089页）。

(六) 煌埈公（十五世）裔谱（槟城）

846. 第十五世，煌峻公，和明公之子，往槟城（原谱第1091页）。

十、文富公（七世）梧房谱

847. 第十六世，埈禄公，煌端公次子，葬在咬留吧（原谱第1104页）。

848. 第八世，世派公，文富公三子，葬在汶莱国（原谱第1104页）。

849. 第十六世，埈藩公，煌赵公长子，葬在井里汶（原谱第1107页）。

850. 第十八世，台听公，华浦公入嗣子，葬在是力（实叻）（原谱第1107页）。

851. 第十七世，华六、华七，埈殿公之子，葬在槟榔屿（原谱第1107页）。

852. 第十七世，华布公，埈殿公三子，葬在槟榔屿（原谱第1108页）。

853. 第十七世，华都公，埈见公入嗣子，葬在槟榔屿（原谱第1108页）。

854. 第十六世，埈文，焯聪公之子，往番邦（原谱第1108页）。

855. 第十四世，泽酉公，宸科公次子，卒葬在番邦（原谱第1110页）。

856. 第十六世，埈攘公，煌交公长子，葬在番邦（原谱第1111页）。

857. 第十七世，华狮公，埈裕公长子，葬在屿（原谱第1111页）。

858. 第十六世，埈旦、埈选，煌高公之子，往番邦（原谱第1111页）。

859. 第十七世，肇拱、肇基，德兴公之子，葬在槟榔屿（原谱第1112页）。

860. 第十七世，肇赛公，德兴公长子，葬在宋脚（原谱第1112页）。

861. 第十八世，紫薇，肇赛公长子，葬在槟榔屿（原谱第1112页）。

862. 第十七世，肇邦公，德兴公次子，葬在屿（原谱第1112页）。

863. 第十六世，如葛，煌咸公四子，往番邦（原谱第1113页）。

864. 第十七世，元信公，如在公入嗣子，葬在槟榔屿（原谱第1113页）。

865. 第十七世，元杏，埈陟公次嗣子，葬在番（原谱第1113页）。

866. 第十八世，文举，勃然公长子，往高吧（原谱第1113页）。

867. 第十七世，元政，如霞公五子，葬在屿（原谱第1113页）。

868. 第十七世，宗兰、宗耀、宗亭，埈全公之子，皆往槟城（原谱第1114页）。

869. 第十五世，煌质公，待妈公长子，葬在加央（原谱第1115页）。

870. 第十六世，阿江，煌质公之子，葬在宋脚（原谱第1115页）。

871. 第十六世，四五，煌质公之子，葬在屿（原谱第1115页）。

872. 第十六世，埈冯公，煌质公长子，卒葬在番邦龙雾（原谱第1115页）。

873. 第十五世，煌坪公，待妈公次子，葬在番邦（原谱第1116页）。

874. 第十七世，华勃公，埈治公之子，葬在屿（原谱第1116页）。

875. 第十五世，煌钦公，佛印公之子，葬在吉礁（原谱第1116页）。

876. 第十六世，埈响，煌钦公长子，往槟榔屿（原谱第1116页）。

877. 第十七世，中元公，煌钦公次子，葬在屿（原谱第1116页）。

878. 第十七世，德忍、德艳公，中元公之子，往番邦（原谱第1116页）。

879. 第十六世，明月，贤文公之子，往番邦（原谱第1117页）。

880. 第十六世，埈坪公，煌佇公入嗣子，葬在屿（原谱第1117页）。

881. 第十六世，埈桃公，煌偏公入嗣子，葬在屿（原谱第1117页）。

882. 第十五世，文远公，模房公次子，葬在加央（原谱第1118页）。

883. 第十六世，埈菊公，煌连公入嗣子，葬在槟榔屿（原谱第1119页）。

884. 第十六世，埈赐公，煌杞公之子，葬高吧（原谱第1119页）。

885. 第十五世，煌兴公，模卢公次子，葬在番邦（原谱第1120页）。

886. 第十六世，埈仰公，煌虞公长子，葬在槟城（原谱第1120页）。

（一）模甲公（十四世）裔谱（山口空）

887. 第十七世，光水、光赛，埈从公之子，往槟榔屿（原谱第 1123 页）。

888. 第十八世，台赏公，华领公长子，葬在槟榔屿（原谱第 1124 页）。

889. 第十八世，四吉公，华领公入嗣子，葬在番邦（原谱第 1124 页）。

890. 第十八世，光惟公，华耀公长子，往槟城（原谱第 1124 页）。

891. 第十八世，台晚公，光华公之子，葬在番邦（原谱第 1125 页）。

892. 第十八世，台彭公，光夜公长子，葬在槟榔屿（原谱第 1126 页）。

893. 第十八世，台圆公，华耀公三子，往槟城（原谱第 1128 页）。

（二）模伸公（十四世）裔谱（三岭席）

894. 第十八世，台溪，华裕公三子，往马六甲（原谱第 1130 页）。

895. 第十七世，华葱，埈西公三子，往柬埔寨（原谱第 1130 页）。

896. 第十八世，和德，华忠公长子，往番邦（原谱第 1131 页）。

897. 第十八世，挺隆，华忠公次子，往马六甲（原谱第 1131 页）。

898. 第十八世，祯祥公，华思公三子，往番邦（原谱第 1131 页）。

899. 第十七世，华念公，埈西公五子，葬在实力（实叻）（原谱第 1131 页）。

900. 第十八世，台渊，华恕公长子，往马六甲（原谱第 1131 页）。

901. 第十七世，华迎、华庆，埈清公之子，往槟榔屿（原谱第 1132 页）。

902. 第十七世，华晓，埈芸公四子，葬在槟榔屿（原谱第 1133 页）。

903. 第十八世，台湾公，华寄公四子，葬在槟榔屿（原谱第 1133 页）。

904. 第十七世，华成公，埈芸公四子，葬在屿（原谱第 1133 页）。

905. 第十七世，华拉，埈宽公次子，葬在番邦（原谱第 1133 页）。

906. 第十七世，华图，埈宽公三子，葬在马六甲（原谱第 1133 页）。

907. 第十九世，衡庐公，台生公之子，葬在槟城（原谱第 1135 页）。

（三）模试公（十四世）裔谱（山口空）

908. 第十六世，埈对，煌泰公次子，葬在番邦（原谱第 1142 页）。

909. 第十七世，华杏公，竣珍公长子，葬在番邦（原谱第 1142 页）。

910. 第十七世，华田，尚权公五子，葬在槟榔屿（原谱第 1142 页）。

911. 第十八世，文龙公，华利公次子，往槟城（原谱第 1146 页）。

912. 第二十一世，进福、进禄、进耀，金源公之子，居槟城（原谱第 1147 页）。

913. 第十八世，德裕公，华存公三子，往槟城（原谱第 1148 页）。

（四）模蜚公（十四世）裔谱（三岭席）

914. 第十五世，煌照，模蜚公四子，往交留吧（原谱第 1150 页）。

915. 第十六世，竣斋、竣别，煌昂公之子，往马六甲（原谱第 1150 页）。

916. 第十六世，竣辑公，煌昂公长子，葬在马六甲三宝井山（原谱第 1150 页）。

917. 第十七世，华同、华情公，竣辑公之子，葬在马六甲（原谱第 1150 页）。

918. 第十八世，光起公，华情公次子，往槟城（原谱第 1150 页）。

919. 第十六世，竣莅公，煌义公长子，葬在屿（原谱第 1150 页）。

920. 第十七世，华爱、华却，竣述公之子，往马六甲（原谱第 1150 页）。

921. 第十八世，台老，华爱之子，往槟城（原谱第 1150 页）。

922. 第十七世，华绍，竣述公之子，往槟榔屿（原谱第 1150 页）。

923. 第十六世，竣添公，煌义公三子，往马六甲（原谱第 1151 页）。

924. 第十八世，清元公，华成公三子，葬在番邦（原谱第 1151 页）。

925. 第十八世，台三公，清和公长子，葬在槟榔屿（原谱第 1151 页）。

926. 第十八世，台六公，清和公三子，葬在三宝垄（原谱第 1152 页）。

927. 第十八世，台培、台坡公，德昌公之子，葬在高吧（原谱第 1152 页）。

928. 第十七世，华章，竣凉公长子，往番邦（原谱第 1153 页）。

929. 第十八世，台滔公，华乌公之子，葬在高渊（原谱第 1153 页）。

930. 第十五世，煌伟公，模蜚公五子，葬交留吧（原谱第 1153 页）。

931. 第十六世，埈尧公、埈思公，煌伟公次子，葬在马六甲（原谱第1153页）。

932. 第十八世，光肴公，华情公长子，居槟城（原谱第1154页）。

933. 第十八世，台佐公，德意公次子，葬在马六甲（原谱第1158页）。

934. 第十九世，稍慰公，台佐公入嗣子，居槟城（原谱第1159页）。

935. 第十八世，妈延公，华连公入嗣长子，往槟城（原谱第1160页）。

（五）煌焕公（十五世）裔谱（槟城等地）

936. 第十八世，台扁公，华壹公子，葬在丹老（原谱第1162页）。

937. 第十七世，华壁公，埈程公次子，葬在实力（实叻）（原谱第1163页）。

938. 第十八世，台鲁公，华谐公三子，居槟城（原谱第1163页）。

939. 第十八世，安然公，华谐公四子，居槟城（原谱第1164页）。

940. 第十八世，台情公，华璧公长子，居槟城（原谱第1164页）。

（六）煌强公（十五世）裔谱（槟城等地）

941. 第十六世，埈阵，煌强公之子，葬在槟榔屿（原谱第1166页）。

942. 第十八世，台琏公，金印公长子，葬在吕宋（原谱第1167页）。

943. 第十七世，华喜公，叶顺公三子，葬在屿（原谱第1167页）。

944. 第十八世，成科，华喜公入嗣次子，葬槟榔屿（原谱第1167页）。

945. 第十八世，元甲公，华喜公入嗣三子，葬在吕宋（原谱第1168页）。

946. 第十六世，迎来公，煌强公三子，葬在番乌鬼屿（原谱第1168页）。

947. 第十七世，华安，迎来公次子，往槟榔屿（原谱第1168页）。

948. 第十七世，华粪公，迎来公三子，葬在屿（原谱第1168页）。

949. 第十七世，高帕公，万山公五子，葬在屿（原谱第1169页）。

950. 第十七世，华清，福海公之子，葬在槟榔屿（原谱第1169页）。

951. 第十七世，金朝公，福海公入嗣子，葬在吕宋（原谱第1169页）。

952. 第十八世，台厘公，金朝公长子，葬在吕宋（原谱第1169页）。

953. 第十七世，水根公，福海公三子，葬在屿（原谱第1169页）。

954. 第十八世，允漏公，水根公之子，葬在槟榔屿（原谱第1169页）。

955. 第十八世，台力公，金财公入嗣子，往槟城（原谱第1170页）。

（七）煌在公（十五世）裔谱（上丘庵头）

956. 第十八世，朝约公，章兴公三子，往槟城（原谱第1178页）。

957. 第十八世，光求公、光桃公，振龙公之子，往槟城（原谱第1182页）。

958. 第十八世，协成公，华相公次子，往槟城（原谱第1188页）。

959. 第二十一世，铁民，赐福公次子，居印尼（原谱第1197页）。

（八）模檀公（十四世）裔谱（上丘庵头）

960. 第十七世，华霁，埈修公次子，往毛淡棉（原谱第1202页）。

961. 第十七世，华旺，埈修公三子，往屿（原谱第1202页）。

962. 第十八世，文举公，华淡公长子，葬在番邦（原谱第1202页）。

963. 第十七世，华恕，埈钦公长子，往槟榔屿（原谱第1203页）。

964. 第十七世，华荣，埈惟公长子，往槟榔屿（原谱第1203页）。

965. 第十八世，台成公，华吉公三子，往槟城（原谱第1204页）。

966. 第十九世，衡能、衡宾，台盛公之子，往槟城（原谱第1205页）。

（九）煌报公（十四世）裔谱（梧房）

967. 第十六世，埈卫公，煌报公长子，葬在马六甲（原谱第1209页）。

968. 第十八世，台晚公，华众公长子，葬在番邦（原谱第1209页）。

969. 第十八世，天分，华川公三子，葬在通扣（原谱第1209页）。

970. 第十八世，振祥，华坚公次子，葬在吕宋（原谱第1209页）。

971. 第十九世，衡实，振初公长子，葬在槟城（原谱第1210页）。

972. 第十八世，天厚公，华皮公入嗣子，葬在高吧（原谱第1210页）。

973. 第十八世，真龙公，华节公次子，葬在通扣（原谱第1210页）。

974. 第十七世，华寿公，埈朋公次子，葬在屿（原谱第1210页）。

975. 第十八世，台墙公，华尔公入嗣子，葬在番邦（原谱第 1210 页）。

976. 第十七世，华相公，埈朋公四子，葬在槟榔屿（原谱第 1211 页）。

977. 第十六世，埈竹公，煌报公五子，葬在马六甲（原谱第 1211 页）。

978. 第十七世，华勇公，埈醮公之子，葬在屿（原谱第 1211 页）。

979. 第十八世，清夺公，华勇公三子，葬在槟榔屿（原谱第 1211 页）。

（十）煌江公（十五世）裔谱（上丘庵头）

980. 第十七世，华备，埈政公三子，葬在毛淡棉（原谱第 1213 页）。

981. 第十七世，华纳公，埈政公长子，葬在吕宋（原谱第 1213 页）。

982. 第十六世，埈解公，煌江公三子，葬在吕宋（原谱第 1213 页）。

983. 第十八世，登科公，华纳公入嗣子，往槟城（原谱第 1214 页）。

（十一）煌泽公（十五世）裔谱（上丘庵头）

984. 第十七世，华邦公，埈谄公四子，葬在槟榔屿（原谱第 1216 页）。

985. 第十七世，华笃、华攒，埈骄公之子，葬在屿（原谱第 1216 页）。

986. 第十七世，华赐，埈骄公三子，葬在三宝垄（原谱第 1216 页）。

987. 第十八世，嘉禄公，华泰公次子，葬在槟榔屿（原谱第 1216 页）。

988. 第十六世，埈问公，煌泽公四子，葬在安南国（原谱第 1217 页）。

989. 第十七世，大纯公，埈问公长子，葬在滂仔（原谱第 1217 页）。

（十二）模杻公（十四世）裔谱（山口空）

990. 第十七世，华株，埈拟公之子，葬在番邦（原谱第 1221 页）。

991. 第十八世，妈捻公，华审公四子，葬在槟榔屿（原谱第 1221 页）。

（十三）模桢公（十四世）裔谱（三岭席）

992. 第十七世，华逊，边来公四子，往槟城（原谱第 1227 页）。

993. 第十八世，台义，华卑公入嗣子，往番邦（原谱第1227页）。

994. 第十七世，华分，青云公长子，葬在屿（原谱第1227页）。

995. 第十八世，妈待，华生公长子，往槟城（原谱第1227页）。

（十四）模枫公（十四世）裔谱（下周）

996. 第十七世，华马公，大庞公次子，葬在屿（原谱第1229页）。

997. 第十七世，华喜，埈孟公长子，葬在槟榔屿（原谱第1230页）。

998. 第十七世，华掌，埈樵公三子，葬在缅甸毛淡棉（原谱第1230页）。

999. 第十六世，埈路、埈假，煌炫公之子，往番邦（原谱第1230页）。

1000. 第十七世，华同公，埈言公长子，葬在槟榔屿（原谱第1230页）。

（十五）模桥公（十四世）裔谱（梧房）

1001. 第十七世，华份公，埈眼公入嗣次子，葬在吕宋（原谱第1233页）。

1002. 第十六世，埈岭，煌名公之子，往寔力（原谱第1234页）。

（十六）模言公（十四世）裔谱（梧房）

1003. 第十四世，模言公，泽元公四子，葬在交留吧（原谱第1235页）。

1004. 第十七世，华份公，治国公长子，葬在屿（原谱第1236页）。

1005. 第十六世，埈策公，煌勑公三子，葬在屿（原谱第1236页）。

1006. 第十五世，煌讲，模运公之子，葬在马六甲（原谱第1238页）。

1007. 第十六世，埈代，煌讲公之子，卒葬在番邦（原谱第1238页）。

1008. 第十七世，华狗公，埈燕公次子，葬城吕宋（原谱第1238页）。

（十七）模敬公（十四世）裔谱（槟城等地）

1009. 第十六世，埈陀，煌宋公次子，卒葬在番邦（原谱第1239页）。

1010. 第十七世，平恩，埈陀公入嗣子，葬在屿（原谱第1239页）。

1011. 第十六世，埈院，煌宋公五子，往屿身故（原谱第1239页）。

1012. 第十八世，天德公，初吉公入嗣子子，往番邦（原谱第1240页）。

1013. 第十七世，华蒲公，埈长公长子，葬在屿（原谱第1240页）。

1014. 第十七世，老得公，埈部公长子，葬在槟榔屿（原谱第 1241 页）。

1015. 第十七世，华还，埈树公长子，往槟城（原谱第 1241 页）。

1016. 第十七世，华阵公，埈豆公长子，葬在安南（越南）（原谱第 1241 页）。

1017. 第十七世，华兰，埈田公长子，往吕宋身故（原谱第 1242 页）。

1018. 第十七世，服生，埈田公三子，葬在番邦（原谱第 1242 页）。

1019. 第十七世，华亨公，埈田公次子，葬在屿（原谱第 1242 页）。

1020. 第十八世，天寿公，华川公四子，往槟城（原谱第 1242 页）。

（十八）煌琦公（十五世）裔谱（上丘庵头）

1021. 第十八世，台仲，猜良公长子，往暹罗（原谱第 1245 页）。

1022. 第十八世，炳乾公，华沃公长子，葬在槟榔屿（原谱第 1245 页）。

1023. 第十八世，素瀼，华勇公入嗣子，往番邦（原谱第 1245 页）。

1024. 第十七世，华款公，文龙公五子，葬在槟榔屿（原谱第 1246 页）。

1025. 第十八世，彩元公，伯达公长子，葬在槟榔屿（原谱第 1246 页）。

1026. 第十七世，佛乞公，国英公四子，葬在屿（原谱第 1247 页）。

1027. 第十七世，伯轩，埈料公次子，葬在屿（原谱第 1247 页）。

1028. 第十六世，埈和公，煌琦公六子，葬在槟榔屿（原谱第 1248 页）。

1029. 第十七世，仕力公，埈和公长子，卒葬在槟榔屿（原谱第 1248 页）。

1030. 第十八世，福员公，仕伦公入嗣子，葬在槟榔屿（原谱第 1248 页）。

（十九）煌益公（十五世）裔谱（山口空）

1031. 第十七世，昆荣公，廉清公长子，葬在马六甲（原谱第 1250 页）。

1032. 第十七世，昆玉公，廉清公次子，葬在槟榔屿（原谱第 1250 页）。

1033. 第十八世，应东公，昆玉公次子，葬在槟榔屿（原谱第1250页）。

1034. 第十八世，应时公，昆荣公长子，葬在槟榔屿（原谱第1251页）。

(二十) 煌目公（十四世）裔谱（山口空）

1035. 第十五世，煌目公，模诵公四子，葬在番邦（原谱第1254页）。

1036. 第十七世，华眼，宗华公长子，葬在槟榔屿（原谱第1254页）。

1037. 第十七世，以生、笃生，埈贵公之子，葬在番邦（原谱第1255页）。

1038. 第十七世，广能公，埈协公次子，葬在屿（原谱第1255页）。

1039. 第十八世，子张公，广盛公次子，往槟城（原谱第1256页）。

(二十一) 煌恒公（十五世）裔谱（下周）

1040. 第十七世，天图，埈夸公次子，往槟榔屿（原谱第1262页）。

1041. 第十八世，台添公，天养公入嗣子，葬在槟榔屿（原谱第1262页）。

1042. 第十七世，天贺公，埈铁公三子，葬在槟榔屿（原谱第1263页）。

1043. 第十八世，载通公，天七公长子，葬在槟榔屿（原谱第1263页）。

1044. 第十七世，天降公，埈匹公长子，葬在槟榔屿（原谱第1264页）。

1045. 第十六世，埈霜公，煌恒公四子，葬在三宝垄（原谱第1264页）。

(二十二) 模侃公（十四世）裔谱（槟城等地）

1046. 第十七世，元赞，埈赏公三子，葬在槟榔屿（原谱第1266页）。

1047. 第十七世，元假、元起，埈赏公之子，葬在番邦（原谱第1266页）。

1048. 第十八世，台楼公，元起公入嗣子，葬在高吧（原谱第1267页）。

1049. 第十七世，元朝，埈品公三子，葬在宋脚（原谱第1267页）。

1050. 第十八世，元琴公，埈品公次子，葬在屿（原谱第1267页）。

1051. 第十六世，天想公，元琴公三子，葬在槟榔屿（原谱第 1267 页）。

1052. 第十六世，埈风，煌略公之子，卒葬在屿（原谱第 1267 页）。

1053. 第十五世，承祖公，模侃公四子，葬在番邦（原谱第 1267 页）。

1054. 第十六世，埈漏，承祖公四子，往土瓦（原谱第 1267 页）。

1055. 第十七世，金带公，张位公之子，葬在屿（原谱第 1267 页）。

1056. 第十八世，台曰，金带公之子，往番邦（原谱第 1267 页）。

1057. 第十七世，循便，宗庆公长子，葬在屿（原谱第 1268 页）。

（二十三）模勋公（十四世）裔谱（槟城等地）

1058. 第十六世，大财公，煌好公长子，葬在马六甲（原谱第 1271 页）。

1059. 第十七世，华标、华金，长流公之子，葬在槟榔屿（原谱第 1271 页）。

1060. 第十六世，华石、华甫，三谈公之子，葬在番邦（原谱第 1272 页）。

1061. 第十八世，和尚公，华狗公长子，往槟城（原谱第 1272 页）。

十一、文渊公（七世）榕长房谱

1062. 第十七世，怀鲁、龙眼，埈朝公之子，往番邦（原谱第 1294 页）。

1063. 第十二世，胤商，良莹公长子，贩吕宋无回（原谱第 1295 页）。

1064. 第十五世，煌雄公，模兴公之子，葬在槟榔屿（原谱第 1295 页）。

1065. 第十七世，华省公，埈三公长子，葬在槟榔屿（原谱第 1295 页）。

1066. 第十七世，心念公，埈义公之子，葬在槟榔屿（原谱第 1296 页）。

1067. 第十六世，埈壹，煌狮公之子，葬在番邦（原谱第 1296 页）。

1068. 第十八世，清发，其彩公长子，葬在槟榔屿（原谱第 1296 页）。

（一）模广公（十四世）裔谱（榕长房）

1069. 第十七世，华揞，埈读之子，往番邦无回（原谱第 1299 页）。

1070. 第十八世，台此，华海公四子，往槟城（原谱第1299页）。

1071. 第十八世，台赞，华铜公入嗣子，往番邦（原谱第1300页）。

1072. 第十七世，文瑞公，埈柔公长子，葬在番邦（原谱第1300页）。

1073. 第十七世，文庆公，埈柔公次子，往番邦（原谱第1300页）。

1074. 第十八世，台现公，华铜公入嗣子，葬在槟榔屿（原谱第1301页）。

（二）模敬公（十四世）裔谱（榕长房）

1075. 第十七世，华蔼，埈美公次子，往番邦（原谱第1303页）。

1076. 第十八世，台推公，光全公次子，葬在丹老（原谱第1303页）。

1077. 第十六世，埈允公，煌棍公次子，葬在番邦陆沙线埭面（原谱第1304页）。

1078. 第十七世，华好，埈允公次子，往番邦（原谱第1304页）。

1079. 第十七世，华寿、华信，埈卿公之子，葬在番邦（原谱第1304页）。

1080. 第十七世，华位公，埈卿公三子，葬在番邦丹著（原谱第1305页）。

1081. 第十九世，崇禧公，厚德公次子，葬中槟城（原谱第1305页）。

1082. 第十七世，光鎑公，埈礼公四子，葬在槟榔屿（原谱第1306页）。

1083. 第十七世，华樟公，埈降公次子，葬在槟榔屿（原谱第1306页）。

1084. 第十八世，两伦公，华崇公长子，葬在槟榔屿（原谱第1306页）。

1085. 第十八世，入德公，光断公四子，往槟城（原谱第1307页）。

十二、文绰公（七世）榕二房谱

1086. 第十五世，煌士公，模印公长子，葬在吕宋（原谱第1312页）。

1087. 第十五世，日晓公，模正公入嗣子，葬在番邦（原谱第1313页）。

1088. 第十六世，六一公，日晓公次嗣子，后往番邦（原谱第1313页）。

1089. 第十六世，埈巷，煌盾公次子，葬在番邦钱澳（原谱第 1315 页）。

1090. 第十七世，华赐，埈巷之子，往番邦（原谱第 1315 页）。

1091. 第十七世，埈蠑、华世，埈乾公之子，葬在槟榔屿（原谱第 1315 页）。

1092. 第十七世，华笼，埈乾公之子，卒葬在色垄（原谱第 1315 页）。

1093. 第十七世，华探公，埈乾公长子，葬在槟榔屿（原谱第 1315 页）。

1094. 第十六世，埈进公，永禄公次子，葬在屿（原谱第 1316 页）。

1095. 第十六世，光集公，佳亨公之子，葬在屿（原谱第 1316 页）。

1096. 第十六世，埈桃公、埈我公，煌发公之子，葬在柬埔寨金塔（原谱第 1318 页）。

1097. 第十五世，夺魁，煌实公次子，葬在咬留吧（原谱第 1318 页）。

1098. 第十六世，吉彪，鹤鸣子，往番邦（原谱第 1318 页）。

1099. 第十六世，埈春，煌改之子，葬在槟榔屿（原谱第 1319 页）。

1100. 第十七世，华汀，埈路公次子，葬在槟榔屿（原谱第 1319 页）。

1101. 第十八世，台送，华顺公入嗣子，往番邦（原谱第 1319 页）。

1102. 第十六世，埈寡，煌向公三子，往番邦（原谱第 1319 页）。

1103. 第十七世，华佐公，埈觉公之子，卒葬在槟榔屿（原谱第 1320 页）。

1104. 第十八世，台祯，华佐公之子，葬在槟榔屿（原谱第 1320 页）。

1105. 第十四世，模杭公，埈发公四子，葬暹罗网番邦（原谱第 1320 页）。

1106. 第十四世，模帝，宇泽公三子，葬在槟榔屿（原谱第 1321 页）。

1107. 第十世，道誉公，魁理公长子，贩吕宋殁彼地（原谱第 1322 页）。

（一）模茂公（十四世）裔谱（榕二房）

1108. 第十九世，佛赐公，辉观公之子，葬在交留吧（原谱第 1331 页）。

1109. 第十八世，台生公，太岩公次子，葬在马六甲（原谱第 1331 页）。

1110. 第十九世，天牛公，肇光公三子，葬在槟城（原谱第1331页）。

1111. 第十九世，元亨，台尊公之子，葬在番邦（原谱第1331页）。

1112. 第十八世，登权公，华斐公长子，葬在马六甲（原谱第1332页）。

1113. 第十九世，衡及公，登权公长子，葬在槟城（原谱第1332页）。

1114. 第二十一世，继不，思耸公长子，葬在番邦吧东（原谱第1332页）。

1115. 第二十世，英光公，登宇公长子，皆葬在槟城（原谱第1332页）。

1116. 第十八世，派俊，华仪公长子，葬在番邦（原谱第1332页）。

1117. 第十八世，衡添，派俊公之子，往交留吧（原谱第1332页）。

1118. 第十九世，赞言，青云公之子，往槟城（原谱第1333页）。

1119. 第十九世，三才公，先永公次子，葬在槟城（原谱第1333页）。

1120. 第二十世，友朋公，衡九公长子，葬在屿（原谱第1333页）。

1121. 第十七世，华在公，景川公五子，葬在番邦（原谱第1333页）。

1122. 第十八世，惠逵公，华在公长子，葬在番邦（原谱第1334页）。

1123. 第十八世，惠荣公，华在公次子，葬在槟榔屿（原谱第1334页）。

1124. 第十八世，台皆公、台已公，华耀公之子，葬在番邦（原谱第1334页）。

1125. 第十七世，华八公，景川公七子，葬在马六甲（原谱第1334页）。

1126. 第二十世，思迈公，倚竹公三子，葬在屿（原谱第1335页）。

1127. 第十八世，令使，文韬公子，葬在马六甲（原谱第1335页）。

1128. 第十八世，台经公，华宽公三子，葬在槟榔屿（原谱第1335页）。

1129. 第十九世，衡斉公，台经公长子，葬在槟城（原谱第1336页）。

1130. 第十九世，衡远公，台经公次子，葬在吕宋苏展（原谱第1336页）。

1131. 第十九世，为政公、允中公，台赤公之子，葬在槟城（原谱第1336页）。

1132. 第十九世，光品公，台茅公三子，葬在槟城（原谱第 1337 页）。

1133. 第十九世，其连公，台提公次子，葬在交留吧（原谱第 1337 页）。

1134. 第十九世，其蜂公，台提公三子，葬在槟城（原谱第 1337 页）。

1135. 第十八世，台软公，华礼公长子，葬在番邦（原谱第 1338 页）。

1136. 第十九世，有彩公，台老公长子，葬在槟城（原谱第 1338 页）。

1137. 第十九世，玉露公，乌檀公长子，葬在番邦（原谱第 1339 页）。

1138. 第二十世，文元公，玉露公长子，葬在屿（原谱第 1339 页）。

1139. 第十八世，乌楠公，华智公三子，葬在马六甲（原谱第 1339 页）。

1140. 第十九世，其山公，仓禀公长子，葬在井里汶（原谱第 1339 页）。

1141. 第十七世，华贺公，景诗公长子，葬在番邦（原谱第 1340 页）。

1142. 第十八世，文雷，华贺公长子，卒葬在番邦（原谱第 1340 页）。

1143. 第二十世，抱龙公，其夺公长子，葬在槟城（原谱第 1340 页）。

1144. 第十九世，其奢公，禄郡公次子，葬在槟城（原谱第 1340 页）。

1145. 第二十世，如泥公，有恭公入嗣子，葬在槟城（原谱第 1341 页）。

1146. 第十八世，台老公，华而公长子，葬在槟榔屿（原谱第 1342 页）。

1147. 第二十世，思雪公，衡肯公长子，葬在槟城（原谱第 1342 页）。

1148. 第十九世，衡明公，台勇公次子，葬在槟城（原谱第 1342 页）。

1149. 第二十世，思成公，衡明公之子，葬在槟城（原谱第 1342 页）。

1150. 第十九世，妈暖，台党公次子，葬在是力（实叻）（原谱第 1342 页）。

1151. 第十九世，协力公，台党公长子，葬在是力（实叻）（原谱第 1343 页）。

1152. 第二十世，思就公，协力公长子，葬在槟城（原谱第 1343 页）。

1153. 第十九世，衡月，台品公长子，往马六甲（原谱第 1343 页）。

1154. 第十九世，衡本，台品公次子，往槟城（原谱第 1343 页）。

1155. 第二十世，妈传公，衡曲公之子，葬在是力（实叻）（原谱第

1343 页）。

1156. 第十九世，衡奇公、衡满公、衡逊公，台豉公之子，葬在槟城（原谱第 1343 页）。

1157. 第十九世，衡法，台衔公三子，往是力（实叻）（原谱第 1344 页）。

1158. 第二十世，思合公，衡杞公次子，葬在是力（实叻）（原谱第 1344 页）。

1159. 第十八世，台平公，华壮公五子，葬在马六甲（原谱第 1345 页）。

1160. 第二十世，思典公，衡伦公三子，葬在槟城（原谱第 1347 页）。

1161. 第十九世，里仁公，台涨公次子，葬在番邦（原谱第 1347 页）。

1162. 第十八世，台程公，华实公次子，葬在三宝垄（原谱第 1348 页）。

1163. 第十九世，妈生公，台别公次子，葬在槟城（原谱第 1348 页）。

1164. 第二十世，思武公，妈生公长子，葬在槟城（原谱第 1348 页）。

1165. 第二十世，思让公，妈生公次子，葬在是力（实叻）（原谱第 1348 页）。

1166. 第二十世，思仕公，衡民公长子，葬在槟城（原谱第 1349 页）。

1167. 第十七世，华僩公，埈佳公次子，葬在番邦沙弄（原谱第 1349 页）。

1168. 第十九世，衡柬、衡荫，台一公之子，葬在是力（实叻）（原谱第 1349 页）。

1169. 第十九世，衡菊公，台二公入嗣子，葬在槟城（原谱第 1349 页）。

1170. 第十八世，台尚公，华江公五子，葬在槟榔屿（原谱第 1350 页）。

1171. 第十九世，衡耀公，台尚公长子，葬在吕宋（原谱第 1350 页）。

1172. 第十六世，埈步，煌贞公长子，葬在咬留吧（原谱第 1350 页）。

1173. 第十六世，埈恩公，煌贞公次子，葬在番邦（原谱第 1350 页）。

1174. 第十八世，台严公，华志公次子，卒葬在安南（越南）（原谱第 1351 页）。

1175. 第十九世，衡萍，台严公长子，往槟城（原谱第1351页）。

1176. 第十九世，允钳，台芳公次子，往槟城（原谱第1351页）。

1177. 第十九世，允栋公，台芳公长子，葬在毛淡棉（原谱第1351页）。

1178. 第十九世，允树公，台雪公次子，葬在槟城（原谱第1352页）。

1179. 第十七世，华诵公，埈岸公长子，葬在马六甲（原谱第1352页）。

1180. 第十九世，光羡公，台厂公长子，往槟城（原谱第1353页）。

1181. 第十九世，中秋公，台厂公四子，葬在槟城（原谱第1354页）。

1182. 第二十三世，清芬，顺吉公长女，居新加坡（原谱第1356页）。

1183. 第十九世，崇行公，台再公次子，葬在亚齐（原谱第1358页）。

1184. 第二十世，启藩公，崇行公次子，葬在亚齐（原谱第1358页）。

1185. 第十八世，台恰公，华裕公长子，葬在马六甲（原谱第1360页）。

1186. 第十八世，弘模公，华绵公四子，葬在槟榔屿（原谱第1361页）。

1187. 第十九世，其盛公，弘模公长子，居槟城（原谱第1361页）。

1188. 第二十世，宝宁公，其盛公长子，葬在槟城（原谱第1362页）。

1189. 第十九世，其昌公，弘模公次子，葬在番邦（原谱第1362页）。

1190. 第十九世，其行公，弘模公三子，葬在槟城（原谱第1363页）。

1191. 第十九世，衡麟，台纯公三子，葬是力（实叻）（原谱第1364页）。

1192. 第十九世，衡运，台纯公七子，往是力（实叻）（原谱第1364页）。

1193. 第二十世，思钳公，衡抱公长子，葬在吕宋（原谱第1364页）。

1194. 第二十世，思潘公，衡抱公次子，葬在吕宋（原谱第1364页）。

1195. 第十九世，衡扁公，台纯公次子，葬在番邦（原谱第1364页）。

1196. 第二十世，思通公，衡扁公长子，葬在是力（实叻）（原谱第1364页）。

1197. 第十九世，衡恒公，台纯公四子，往槟城（原谱第1365页）。

1198. 第二十世，思莱公，衡恒公三子，葬在槟城（原谱第1365页）。

1199. 第十九世，衡头公，台纯公六子，葬在槟城（原谱第1365页）。

1200. 第十八世，台郁公，华卿公长子，葬在槟城（原谱第1366页）。

(二) 模筹公（十四世）裔谱（榕二房）

1201. 第十八世，光荣，兴祖公次子，往番邦（原谱第1370页）。

1202. 第十七世，兴国公，埈辉公次子，葬在番邦罔知（原谱第1370页）。

1203. 第十六世，埈光，煌白公三子，葬在番邦（原谱第1371页）。

1204. 第十九世，木瓜，台陶公长子，往槟城（原谱第1371页）。

1205. 第十八世，光任公，吉士公长子，葬在马六甲（原谱第1372页）。

1206. 第十六世，埈命、埈富，煌荐公之子，葬在番邦（原谱第1372页）。

1207. 第十七世，梓露公，埈彭公之子，葬在槟榔屿（原谱第1372页）。

1208. 第十七世，锡督公，埈石公之子，葬在槟榔屿（原谱第1372页）。

1209. 第十七世，华夏，埈假公五子，葬在槟榔屿（原谱第1373页）。

1210. 第十七世，华叠公，埈假公长子，葬在吧东（原谱第1373页）。

1211. 第十八世，妈涼公，华叠公嗣子，葬在槟榔屿（原谱第1373页）。

1212. 第十八世，乌若公、台陆公，华昂公长子，葬在槟榔屿（原谱第1374页）。

1213. 第十九世，衡举，台分公长子，往番邦（原谱第1374页）。

1214. 第十九世，清标公，台视公三子，葬在槟城（原谱第1376页）。

(三) 模荫公（十四世）裔谱（山口空）

1215. 第十七世，华甲公，埈钦公长子，葬在马六甲（原谱第1379页）。

1216. 第十九世，衡雍，台绰公长子，居马六甲（原谱第1380页）。

1217. 第十八世，台兴公，华甲公四子，葬在马六甲（原谱第1380页）。

1218. 第十九世，果明公，壬葵公入嗣子，葬在槟城（原谱第1380

页）。

1219. 第十九世，衡宙公，凌云公四子，葬在仰光（原谱第1382页）。

1220. 第二十世，思枞公，衡彭公次子，葬在槟榔屿（原谱第1383页）。

1221. 第十九世，衡露公，凌汉公次子，葬在槟城（原谱第1383页）。

1222. 第十七世，华砖公，埈奉公三子，葬在马六甲（原谱第1383页）。

1223. 第二十世，思茶，妈爱公次子，往槟榔屿身故（原谱第1384页）。

1224. 第十九世，如珍，清水公次子，往槟城（原谱第1384页）。

1225. 第二十世，思菊公，如株公入嗣子，葬在槟榔屿（原谱第1384页）。

1226. 第十八世，光远公，华砖公三子，葬在马六甲（原谱第1384页）。

1227. 第十九世，王候公，光远公长子，葬在爻留吧（原谱第1384页）。

1228. 第十九世，克勤公，光远公次嗣子，葬在槟城（原谱第1384页）。

1229. 第十九世，衡瘁公，青山公长子，葬在槟城（原谱第1384页）。

1230. 第十九世，衡孕公，青山公次子，葬在是力（实叻）（原谱第1385页）。

1231. 第十七世，华猛公，埈奉公四子，葬在马六甲（原谱第1385页）。

1232. 第十九世，临风，振溪公长子，往番邦（原谱第1385页）。

1233. 第十九世，临时，振溪公次子，往是力（实叻）（原谱第1385页）。

1234. 第十八世，振兴公，华猛公三子，葬在是力（实叻）（原谱第1385页）。

1235. 第十九世，联升公，振龙公次子，葬在槟城（原谱第1386页）。

1236. 第十七世，文腾公，埈奉公五子，葬在马六甲（原谱第1386页）。

1237. 第十七世，文陆公，埈奉公六子，葬在番邦（原谱第1386页）。

1238. 第十九世，衡狗公，台晏公长子，卒葬在马六甲（原谱第1387页）。

1239. 第二十世，思铨公、燕青公，衡养公之子，葬在吕宋（原谱第1387页）。

1240. 第十八世，台翰公，华定公次子，葬在马六甲（原谱第1388页）。

1241. 第十九世，衡侍，台翰公长子，往槟城（原谱第1388页）。

1242. 第十九世，衡玉公，台翰公次嗣子，葬在是力（实叻）（原谱第1388页）。

1243. 第十九世，衡尚公，台寿公长子，葬在是力（实叻）（原谱第1388页）。

1244. 第十八世，台沛公，华定公四子，葬在是力（实叻）（原谱第1389页）。

1245. 第二十世，思财公，硕儒公长子，葬在槟榔屿（原谱第1392页）。

1246. 第十八世，凌回公，华石公四子，葬在宋脚（原谱第1394页）。

1247. 第十九世，光惹，凌回公长子，居槟城（原谱第1394页）。

（四）模德公（十四世）裔谱（榕二房）

1248. 第十六世，埈天公，煌奇公次子，葬在吕宋（原谱第1397页）。

1249. 第十八世，邦春公，华盛公长子，葬在槟榔屿（原谱第1398页）。

1250. 第十九世，光冉，邦春公之子，往槟城（原谱第1398页）。

1251. 第十八世，邦杰公，华盛公次子，卒在番邦（原谱第1398页）。

1252. 第十八世，玉磬公，甲生公长子，葬在槟榔屿（原谱第1398页）。

1253. 第十八世，通喜，华永公次子，葬在番邦（原谱第1399页）。

1254. 第十七世，台甫，华日公四子，往槟城（原谱第1400页）。

1255. 第十八世，台于公，华次公五子，葬在槟榔屿（原谱第1402页）。

1256. 第十九世，有朋公，杞柳公长子，葬在吕宋（原谱第1405页）。

（五）模隆公（十四世）裔谱（榕二房）

1257. 第十九世，佛护公，三盘公长嗣子，葬在仰光（原谱第1413页）。

1258. 第十八世，三草公，华德公次子，葬在吕宋（原谱第1413页）。

1259. 第十九世，光色公、古镜公，其从公之子，葬在槟城（原谱第1413页）。

1260. 第二十世，占鳌公，胜合公三子，葬在槟榔屿（原谱第1414页）。

1261. 第十七世，华艺公，埈喜公三子，葬在槟榔屿（原谱第1414页）。

1262. 第十九世，紫勋公，登科公长子，葬在槟城（原谱第1415页）。

1263. 第十八世，鹤荣，华求公长子，卒葬在番邦（原谱第1415页）。

1264. 第十六世，忠信公，煌陈公次子，葬在马六甲（原谱第1416页）。

1265. 第十七世，亦章公，忠信公长子，葬在槟榔屿（原谱第1416页）。

1266. 第二十世，嗣续公，连捷公长子，往槟城（原谱第1420页）。

1267. 第二十世，嗣绾公，连捷公次子，往槟城（原谱第1421页）。

（六）模进公（十四世）裔谱（五角）

1268. 第十七世，逐水公，埈肖公三子，往是力（实叻）（原谱第1423页）。

1269. 第十七世，华派公，长庚公长嗣了，葬在丹著（原谱第1424页）。

1270. 第十八世，台躬公，光前公嗣子，葬在槟榔屿（原谱第1425页）。

1271. 第十九世，衡古公，启芳公三子，往槟城（原谱第1426页）。

1272. 第二十一世，天赐，宗仔公长子，居缅甸（原谱第1429页）。

（七）模和公（十四世）裔谱（榕二房）

1273. 第十六世，埈淮，埈昭公长子，往番邦（原谱第1433页）。

1274. 第十五世，煌佐公，模和公五子，葬在番邦（原谱第1433页）。

1275. 第十六世，应麟公，煌佐公之子，葬在马六甲（原谱第1433

页)。

1276. 第十七世,华顺公,埈麟公长子,葬在番邦丹荖(原谱第 1433 页)。

1277. 第十五世,煌伋公,模和公七子,葬在马六甲(原谱第 1433 页)。

1278. 第十六世,士就公,煌佚公长子,葬在槟榔屿(原谱第 1433 页)。

1279. 第十七世,妈钳,士就公次子,往番邦(原谱第 1433 页)。

(八)模元公(十四世)裔谱(榕二房)

1280. 第十八世,台深公,华盛公三子,葬在是力(实叻)(原谱第 1435 页)。

1281. 第十七世,华墨公,埈和公三子,葬在槟榔屿(原谱第 1435 页)。

1282. 第十七世,华典,埈培公三子,往番邦(原谱第 1436 页)。

1283. 第十七世,华谅、华促公,埈培公之子,葬在槟榔屿(原谱第 1436 页)。

(九)模尊公(十四世)裔谱(榕二房)

1284. 第十六世,埈及,煌载公次子,往马六甲无回(原谱第 1437 页)。

1285. 第十七世,华日,埈彦公长子,葬在柬埔寨(原谱第 1438 页)。

1286. 第十七世,华通公,埈彦公次子,葬在番邦(原谱第 1438 页)。

1287. 第十八世,台掌公,华通公长子,葬在槟榔屿(原谱第 1438 页)。

1288. 第十八世,登杰公,华通公嗣次子,葬在是力(实叻)(原谱第 1438 页)。

1289. 第十八世,登盏公,华章公七子,葬在槟榔屿(原谱第 1439 页)。

(十)模涌公(十四世)裔谱(南洋各国)

1290. 第十六世,埈西,煌党公次子,往槟榔屿(原谱第 1440 页)。

1291. 第十七世,华葵,埈眼公之子,葬在槟榔屿(原谱第 1440 页)。

1292. 第十六世,埈士,煌得公长子,往番邦(原谱第 1440 页)。

1293. 第十六世，埈株，煌妆公长子，葬在屿（原谱第1441页）。

（十一）模月公（十四世）裔谱（东社）

1294. 第十六世，埈源，煌欺公三子，往番邦（原谱第1442页）。

1295. 第十七世，华旺公，埈锡公长子，葬在番邦（原谱第1442页）。

1296. 第十七世，华寅，埈锡公次子，卒葬在吧东（原谱第1442页）。

1297. 第十七世，冠隆公，江珠公五子，卒葬在仰光（原谱第1443页）。

（十二）模宣公（十四世）裔谱（东社）

1298. 第十七世，华市公，埈秀公之子，葬在槟榔屿（原谱第1445页）。

1299. 第十七世，华进，五才公长子，葬在槟榔屿（原谱第1445页）。

1300. 第十八世，银河公，华春公长子，葬在仰光（原谱第1446页）。

十三、文翰公（七世）榕三房谱

1301. 第十世，二侪，魁馥公次子，贩吕宋无回（原谱第1471页）。

1302. 第十世，可宗，魁健公四子，贩吕宋，没彼处（原谱第1471页）。

十四、震乾公（六世）房谱

1303. 第十八世，冉然，光庇公之子，葬在番邦（原谱第1485页）。

1304. 第十七世，华年，埈楚公三子，葬在番邦（原谱第1486页）。

1305. 第十六世，埈宝公，煌界公四子，葬在咬留吧（原谱第1486页）。

1306. 第十四世，模愿，坧瀚公六子，往吕宋（原谱第1488页）。

1307. 第十八世，台扶，华爱公之子，往是力（实叻）（原谱第1489页）。

1308. 第十五世，煌榜公，模回公次子，往吕宋海中没（原谱第1490页）。

1309. 第十六世，埈进公，煌向公次子，葬在番邦（原谱第1491页）。

1310. 第十二世，尔渊公，国馨公四子，葬在吕宋（原谱第1492页）。

1311. 第十九世，喜成，登梅公次子，葬在槟榔屿（原谱第1493页）。

1312. 第十七世，华尿公，天赐公入嗣子，葬在屿万章（原谱第1498页）。

1313. 第十四世，模翰公，坵泮公次子，葬在交留吧（原谱第1499页）。

1314. 第十四世，模董公，坵泮公三子，葬在交留吧詹城（原谱第1499页）。

1315. 第十一世，国强公，君佐公次子，葬吕宋（原谱第1500页）。

1316. 第十七世，天旺公，妈谅公长嗣子，葬在三宝垄（原谱第1501页）。

1317. 第十六世，华炳，煌晓公长子，葬在马六甲（原谱第1502页）。

1318. 第十六世，华氊，煌晓公次子，葬在槟榔屿（原谱第1502页）。

1319. 第十七世，华来，光道公长子，葬在槟榔屿（原谱第1503页）。

1320. 第十七世，华虎公，埈道公次子，葬在番邦槟榔屿（原谱第1503页）。

1321. 第十八世，台志，清求公长子，葬在番邦（原谱第1503页）。

1322. 第十七世，秋香公、冬菊公，埈禄公之子，葬在槟榔屿（原谱第1505页）。

1323. 第十一世，向高公，君达公长子，葬在吕宋（原谱第1508页）。

（一）世欢公（十四世）裔谱（田房）

1324. 第十六世，埈绒公，煌胆公子，葬在吕宋（原谱第1513页）。

1325. 第十六世，埈维公，煌胆公三子，葬在宋脚（原谱第1514页）。

1326. 第十八世，台转公，华象公长子，葬在槟榔屿（原谱第1514页）。

（二）世联公（十四世）裔谱（田房）

1327. 第十五世，煌义公，世联公次子，葬在交留吧（原谱第1516页）。

1328. 第十七世，华广，埈灿公次子，葬在番邦登加卢（原谱第1516页）。

1329. 第十八世，大灶，华广入嗣子，葬在槟榔屿（原谱第1516页）。

1330. 第十七世，华精，埈灿公三子，葬在吧东（原谱第1516页）。

（三）恭使公（十四世）裔谱（田房）

1331. 第十七世，尖峰公，埈我公长子，葬在三宝垄交留吧（原谱第

1518页）。

1332. 第十九世，光带，八代公次子，往番邦（原谱第1518页）。

1333. 第十八世，心念公，尖峰公次子，葬在交留吧（原谱第1518页）。

1334. 第十九世，豁然，心念公入嗣子，葬在槟城（原谱第1518页）。

1335. 第十七世，神剑，埈奇公次子，在槟榔屿（原谱第1518页）。

1336. 第十九世，衡棕公，愈扬公入嗣子，卒在吧东鬼仔闽（原谱第1518页）。

1337. 第十七世，在田公，埈慰公长子，葬在槟榔屿（原谱第1519页）。

1338. 第十八世，石泉公，在田公之子，葬在吧东（原谱第1519页）。

（四）模管公（十四世）裔谱（田房）

1339. 第十六世，宁省，煌镇公入嗣子，葬在安南（越南）（原谱第1523页）。

1340. 第十六世，埈桃公，照元公长子，葬在暹罗米脚（原谱第1523页）。

1341. 第十六世，埈建公，王览公长子，葬在咬留吧（原谱第1523页）。

1342. 第十六世，宁川、宁贤、宁圣，程禹公之子，往槟城（原谱第1524页）。

1343. 第十六世，宁利公，程禹公长子，往番，葬在土瓦（原谱第1524页）。

1344. 第十七世，联登公，藏密公次子，葬在屿（原谱第1525页）。

1345. 第十七世，长怿公，藏密公六子，葬在屿猫抵万章（原谱第1525页）。

1346. 第十六世，良宾公，完瑞公五子，葬在毛淡棉（原谱第1526页）。

1347. 第十七世，华淑，聪明公三子，葬在屿（原谱第1532页）。

1348. 第十七世，华算，聪明公五子，葬在吧东（原谱第1532页）。

1349. 第十八世，妈商，华已公次子，葬在毛淡棉（原谱第1532页）。

1350. 第十七世，华壮公，聪明公次子，葬在槟榔屿（原谱第1533

页）。

1351. 第十八世，台吉公、台赛公，华种公之子，葬在番邦（原谱第1533页）。

（五）诰粮公（十四世）裔谱（田房）

1352. 第十九世，有量、有财，淇水公之子，在番邦（原谱第1536页）。

1353. 第十七世，华卯公，埈志公三子，葬在槟榔屿（原谱第1536页）。

1354. 第十八世，存心，华族公四子，葬在槟榔屿（原谱第1537页）。

1355. 第十七世，华祐公，若思公三子，葬在槟榔屿（原谱第1537页）。

1356. 第十八世，天恩公，华祐公长子，卒葬在槟榔屿（原谱第1537页）。

（六）模君公（十四世）裔谱（槟城）

1357. 第十六世，妈诚公，自然公长子，葬在实力（实叻）（原谱第1538页）。

1358. 第十七世，华石，秋桂公长子，葬在槟榔屿（原谱第1538页）。

（七）模珠公（十四世）裔谱（田房）

1359. 第十九世，光根，台赐公之子，葬槟城（原谱第1541页）。

1360. 第十七世，华迎公，埈简公四子，葬在槟榔屿（原谱第1541页）。

（八）模笑公（十四世）裔谱（槟城）

1361. 第十七世，甚德，逢春公长子，葬在吧东（原谱第1542页）。

1362. 第十五世，文玉公，模笑公次子，葬在吕宋（原谱第1542页）。

（九）田房上祖待考者裔谱

1363. 第二十世，思明、思安，文土公之子，住槟城（原谱第1545页）。

十五、文道公（五世）二房谱（惠佐）

1364. 第十七世，华这，埈钳入嗣子，往槟榔屿（原谱第1633页）。

1365. 第十六世，埈带公，煌福公次子，葬在番邦（原谱第1633页）。

1366. 第十七世，华沙，埈带公次子，往槟榔屿（原谱第 1633 页）。

1367. 第十五世，煌灿公，模随公次子，葬在番邦（原谱第 1633 页）。

1368. 第十六世，埈见公，煌灿公之子，葬在番邦（原谱第 1633 页）。

1369. 第十五世，煌斗公，模随公三子，葬在番邦（原谱第 1633 页）。

1370. 第十六世，埈谋公，煌派公入嗣子，葬在实力（实叻）本山（原谱第 1635 页）。

1371. 第十五世，尧舜，粪土公次子，俱在屿妖（原谱第 1636 页）。

1372. 第十三世，泽相公，钟要公次子，葬在加留吧（原谱第 1637 页）。

1373. 第十四世，发家公，泽相公之子，葬交留吧（原谱第 1637 页）。

1374. 第十六世，埈广公、埈灿公，煌受公之子，（原谱第 1638 页）。

1375. 第十六世，埈焕，煌爱公三子，往槟榔屿，（原谱第 1644 页）。

1376. 第十六世，埈岸公，煌爱公四子，葬在屿（原谱第 1645 页）。

（一）冀生公（十三世）裔谱（山头）

1377. 第十六世，文义公，煌姜公长子，葬在柬埔寨望勃株（原谱第 1648 页）。

1378. 第十七世，华庞公，文礼公长子，葬在柬埔寨（原谱第 1648 页）。

1379. 第十六世，应角公，天根公长子，葬在柬埔寨望勃株（原谱第 1650 页）。

1380. 第十七世，昊宗公，应斗公三子，葬在井里汶（原谱第 1651 页）。

1381. 第十七世，盛宗公，应斗公五子，葬在安南乌安（原谱第 1651 页）。

（二）鲁得公（十三世）裔谱（山头）

1382. 第十七世，应祥，埈恰公三子，葬在马辰（原谱第 1669 页）。

1383. 第十九世，光葵，台寻公次子，往槟城（原谱第 1669 页）。

1384. 第十六世，埈派公，煌槿公长子，葬在吕宋（原谱第 1670 页）。

1385. 第十九世，衡教公，天和公长子，往番邦卒在吕宋（原谱第 1670 页）。

1386. 第十九世，四美公，云雾公次子，往番卒，葬在吕宋（原谱第

1671 页)。

1387. 第十八世，台钳公，妈寿公次子，葬在吕宋（原谱第 1672 页)。

1388. 第十八世，宝藏公，朝想公入嗣子，葬在吕宋（原谱第 1672 页)。

1389. 第十九世，四印公，宝藏公三子，葬在安南（原谱第 1673 页)。

1390. 第十七世，兰桂公，埈涌公四子，葬在吕宋（原谱第 1673 页)。

1391. 第十八世，台狮公，兰桂公长子，葬在吕宋（原谱第 1673 页)。

1392. 第十五世，煌杼公，模担公三子，葬在交留吧（原谱第 1673 页)。

1393. 第十六世，埈池公，煌杼公次子，卒葬在吕宋（原谱第 1673 页)。

1394. 第十七世，神保公，埈泽公长子，葬在咬留吧（原谱第 1674 页)。

1395. 第十八世，衡湛、独步，神保公之子，皆往三宝垄（原谱第 1674 页)。

1396. 第十八世，台宙，华旺公入嗣子，葬在是力（实叻）（原谱第 1674 页)。

1397. 第十七世，华喜公，埈溺公三子，葬在吕宋（原谱第 1677 页)。

1398. 第十九世，衡笑，台侍公次子，葬在吕宋（原谱第 1677 页)。

1399. 第十九世，衡岸公，台侍公四子，葬在吕宋（原谱第 1677 页)。

1400. 第十九世，台齐公，续祖公长子，葬在番邦（原谱第 1680 页)。

1401. 第十九世，衡琼，台晓公之子，葬在番邦（原谱第 1680 页)。

1402. 第十八世，台聘公，续祖公四子，葬在槟榔屿（原谱第 1681 页)。

1403. 第十八世，台闻，华奋公长子，葬在三宝垄（原谱第 1681 页)。

1404. 第十六世，埈沺，煌椎公五子，葬在马六甲（原谱第 1683 页)。

1405. 第十七世，华盾，埈汧公五子，葬在马六甲三宝山井山（原谱第 1683 页)。

1406. 第十九世，衡选公，台溪公长子，葬在吧东（原谱第 1684 页)。

1407. 第十七世，可畏公，埈汧公六子，葬在番邦（原谱第 1685 页)。

1408. 第十九世，如湛公，光世公次嗣子，葬在三宝垄（原谱第 1688

页）。

1409. 第十九世，衡建，台庆公之子，往槟城（原谱第 1690 页）。

1410. 第十九世，衡梗公，台流公长子，往槟城（原谱第 1692 页）。

1411. 第二十世，翻身公，衡梗公次子，卒葬在吕宋（原谱第 1692 页）。

1412. 第十九世，衡遴公，台侍公长子，往槟城（原谱第 1693 页）。

（三）泽胜公（十三世）裔谱（大岑）

1413. 第十八世，孟道公，妈喜公长子，居槟城（原谱第 1707 页）。

（四）泽玉公（十三世）裔谱（大岑）

1414. 第十六世，埈乞公，锦琼公三嗣子，葬在屿（原谱第 1709 页）。

1415. 第十七世，三芽，埈乞公长子，葬在槟榔屿（原谱第 1709 页）。

1416. 第十六世，埈七，锦朝公七子，葬在实力（实叻）（原谱第 1709 页）。

1417. 第十七世，有德，埈七入嗣子，往三宝垄（原谱第 1709 页）。

1418. 第十六世，埈断公，锦朝公长子，葬在实力（实叻）（原谱第 1709 页）。

1419. 第十七世，光智公，埈断公长子，葬在三宝垄（原谱第 1709 页）。

1420. 第十六世，埈瑞公，锦朝公五子，往三宝垄，葬在槟屿（原谱第 1709 页）。

1421. 第十四世，国进公，泽玉公三子，葬在实力（实叻）（原谱第 1710 页）。

1422. 第十六世，埈沙公，煌治公长子，葬在屿（原谱第 1710 页）。

（五）泽熙公（十三世）裔谱（槟城等地）

1423. 第十五世，煌聘公、煌院公，模候公之子，葬在是力（实叻）山（原谱第 1716 页）。

（六）泽玩公（十三世）裔谱（岑房）

1424. 第十五世，煌本公、煌善公、煌夏公，模郡公六子，葬在是力（实叻）（原谱第 1718 页）。

1425. 第十七世，海外，埈要公入嗣长子，葬在番邦提力（原谱第 1718 页）。

（七）泽换公（十三世）裔谱（大岑）

1426. 第十六世，妈荫公三子，葬在槟榔屿（原谱第 1719 页）。

1427. 第十五世，妈内公，模义公三子，葬在槟城（原谱第 1719 页）。

1428. 第十六世，埈妆公，妈荣公入嗣子，葬在槟榔屿（原谱第 1719 页）。

（八）泽连公（十三世）裔谱（大岑）

1429. 第十五世，煌允，模求公次子，葬在丹老（原谱第 1721 页）。

1430. 第十五世，煌猪公，模求公长子，葬在槟城（原谱第 1722 页）。

1431. 第十六世，文琴公，煌猪公之子，往槟榔屿（原谱第 1722 页）。

1432. 第十五世，煌泥公，模暨公次子，葬槟榔屿（原谱第 1722 页）。

1433. 第十五世，煌褅公，模暨公三子，葬槟榔屿（原谱第 1723 页）。

1434. 第十六世，埈陈，煌箸公长子，葬在实力（实叻）（原谱第 1723 页）（实叻）。

1435. 第十六世，安然公，煌研公长子，葬在屿（原谱第 1723 页）。

1436. 第十五世，煌俊、煌雪、煌梅、煌结，模敕公之子，往槟榔屿（原谱第 1724 页）。

（九）泽会公（十三世）裔谱（大岑）

1437. 第十五世，煌东，弄璋公次子，往槟榔屿（原谱第 1725 页）。

1438. 第十五世，煌谐公，弄璋公长子，葬在番邦（原谱第 1725 页）。

1439. 第十六世，淑风公，煌水公次子，葬在屿（原谱第 1726 页）。

1440. 第十五世，天华公，石降公长子，葬在吕宋（原谱第 1726 页）。

1441. 第十五世，天约公，世降公次嗣子，葬在吕宋（原谱第 1726 页）。

1442. 第十六世，埈悦公，天约公之子，葬在槟榔屿（原谱第 1726 页）。

1443. 第十五世，煌剑公，模数公长子，葬在槟榔屿（原谱第 1726 页）。

1444. 第十六世，春来，煌剑公长子，往槟城（原谱第 1726 页）。

1445. 第十六世，春雨，煌剑公次子，往安南（越南）（原谱第 1726 页）。

1446. 第十五世，煌锭公，模数公四子，葬在番邦（原谱第 1726 页）。

1447. 第十六世，竣杂公，煌锭公入嗣子，往槟榔屿（原谱第 1726 页）。

十六、新垵同宗邱氏族谱

1448. 第四世，芳各，连石公次子，居新加坡（原谱第 1740 页）。

64

广东《布新杨氏族谱》

布新位于广东省梅州市丰顺县丰良镇，是九龙嶂下一个小山村。杨氏广东始祖云岫公，唐中和进士，曾任朝阳太守。明洪武年间，道恭公因避难携眷从梅县南迁到布新下洋入户，已有六百余年，子孙昌盛。

广东梅州《布新杨氏族谱》由丰顺布新杨氏族谱编纂组编，梅县程江彩色印刷厂 2003 年印刷。

迁居南洋记录

1. 第一百零一世，线英，信立长女，随女侨居泰国（原谱第 57 页）。

2. 第一百零一世，亮生，信立长子，侨居泰国（原谱第 58 页）。

3. 第一百零一世，信宏，智馨长子，侨居泰国（原谱第 63 页）。

4. 第一百世，信彩，智绍之子，到泰国谋生（原谱第 64 页）。

5. 第一百零一世，福平、榕平、云平、银平、和平，信宏之子，居泰国（原谱第 67 页）。

6. 第一百零一世，玉莲，信宏之子，居泰国（原谱第 67 页）。

7. 第九十七世，义声，仁良长子，壮年赴马来西亚（原谱第 93 页）。

8. 第九十八世，周海公，义声长子，赴马来西亚（原谱第 94 页）。

9. 第九十八世，周取公，义声次子，年青赴马来西亚，中年回国（原谱第 94 页）。

10. 第九十八世，周金公，义声三子，年青赴马来西亚，后遣回唐山（原谱第 94 页）。

11. 第九十八世，周江、周河、义声三子、四子，幼年赴马来西亚（原谱第 94 页）。

12. 第九十九世，智钢，周海之子，侨居马来西亚（原谱第 97 页）。

13. 第九十九世，智杏，周金之子，生于马来西亚，后随父回乡（原谱第 97 页）。

14. 第九十九世，国平，周江之子，侨居马来西亚（原谱第 97 页）。

15. 第九十九世，天开，周河之子，侨居马来西亚（原谱第 97 页）。

16. 第九十九世，智渊，源华六子，全家赴马来西亚（原谱第 108 页）。

17. 第一百世，南生，智渊次子，侨居泰国（原谱第 110 页）。

18. 第一百世，享生、仕生、统生，智渊之子，侨居新加坡（原谱第 110 页）。

19. 第一百世，和权，信械长子，兄弟在马来西亚柔佛州从事眼镜商业（原谱第 113 页）。

20. 第一百世，治生，智渊六子，治生贸易私人有限公司热带鱼进出口商，马来西亚南洋贸易鱼场董事，新加坡丰顺会馆董事副文教（原谱第 111 页）。

21. 第九十九世，智时，礼宁长子，过南洋谋生（原谱第 150 页）。

22. 第一百零一世，世镜，为村长子，赴新加坡（原谱第 170 页）。

23. 第一百世，为提，继创四子，赴新加坡（原谱第 192 页）。

65

广东《潮州魏氏族谱》

魏氏入潮史在宋末元初。当时，定居福建省莆田的太常寺博士魏文懿生有三子，长子魏廷壁于宋宁宗嘉定八年（公元1215年）来潮州任通判。嘉熙元年（公元1237年），次子魏廷弼来潮州任刺史。由于战乱，任满后都寄居潮州。明代郑和下西洋之后，地处沿海的魏氏开始和南洋各国进行贸易往来，发展成一个颇具规模的航海航运家族。仅居住在澄海富砂村的魏西斋一家就拥有可直驶向南洋诸国的大船18艘，被称为“航海公”。定居庵埠的魏氏人家不单拥有大船，还自建码头，建有仓库和货栈。澄海魏氏、庵埠魏氏和揭阳魏氏皆因开展对南洋各国的贸易往来而成为当地首富。明宪宗成化六年（公元1470年），朝廷对潮州所谓的“走私”活动严厉取缔，魏氏在此次事件中损失惨重，魏氏把这件事情称为“航海案”。潮州魏氏是较早与外部世界接触的一个氏族，早在元代，他们在出海航行中，因遇风船被刮到婆罗洲，得当地人帮助，建造了更适合远洋航驶的大船，开始有了魏氏子孙侨居南洋各国的种种故事。

《潮州魏氏族谱》由潮州魏氏族谱编委会编纂，魏兴伟主编，潮州市现代展览有限公司策划、印制，精装本，2006年5月出版。

迁居南洋记录

一、南涸池世系

1. 第二十一世，世馨，傅烈之子，旅泰（原谱第55页）。

二、府前街东安里世系

2. 第二十四世，龙福，兴权之子，过继，现居新加坡（原谱第70

页）。

3. 第二十三世，兴益，侠生五子，居泰国（原谱第 71 页）。

三、北门外花窗顶（前院）世系

4. 第二十一世，成楷，传铭之子，旅泰（原谱第 73 页）。

5. 第二十二世，咸，世之子，旅泰（原谱第 73 页）。

6. 第二十二世，海坤、日坤，成典之子，旅泰（原谱第 73 页）。

7. 第二十三世，汉阳，任木之子，旅泰（原谱第 73 页）。

四、北门外花窗顶（后院）

8. 第二十五世，创成、创二、创三、创四，炳坤之子，旅泰（原谱第 77 页）。

五、庵埠世系

9. 第二十六世，世雄，传书之子，居新加坡（原谱第 85 页）。

六、通判公裔孙十世简重始创潮州七枞松世系

10. 第二十三世，俊兴，炳龙之子，旅泰（原谱第 127 页）。

11. 第二十三世，茂潮，倬南之子，居新加坡（原谱第 128 页）。

七、辜厝巷世系

12. 第二十五世，叶姑，魏昭之子，旅泰（原谱第 139 页）。

八、高斗乡世系

13. 第二十三世，魏兵，达名之子，居南洋（原谱第 147 页）。

14. 第二十二世，魏鑫，魏绪之子，居南洋（原谱第 149 页）。

15. 第二十三世，魏狗、魏福，礼英之子，居南洋（原谱第 149 页）。

16. 第二十三世，锡波、锡坚，礼述之子，居南洋（原谱第 150 页）。

17. 第二十三世，列光，魏墙之子，居南洋（原谱第 151 页）。

18. 第二十三世，俊极、俊国、俊太、俊民、俊安，礼乐之子，居南洋（原谱第 151 页）。

19. 第二十四世，谦民，镇昌之子，居南洋（原谱第152页）。

20. 第二十二世，魏松，魏厚之子，过继居南洋（原谱第153页）。

21. 第二十三世，魏泗，魏根之子，过继居南洋（原谱第153页）。

22. 第二十一世，唐楚，魏义之子，居南洋（原谱第154页）。

23. 第二十二世，礼桂、礼强，顺良之子，居南洋（原谱第154页）。

24. 第二十五世，琴利，魏添之子，居南洋（原谱第157页）。

25. 第二十四世，谦介、谦足，魏汤之子，居南洋（原谱第159页）。

26. 第二十四世，永信、永正，四用之子，居南洋（原谱第159页）。

27. 第二十五世，逊荀，永丰之子，居南洋（原谱第160页）。

28. 第二十五世，金聪、金成、金弟、金勇，谦慧之子，居南洋（原谱第160页）。

29. 第二十六世，俊明，逊志之子，居南洋（原谱第160页）。

30. 第二十五世，名宋、逊习，魏长之子，居南洋（原谱第160页）。

31. 第二十五世，兆省、兆城、兆贤，新科之子，居南洋（原谱第160页）。

九、官目石乡世系

32. 第二十五世，魏表，魏印之子，居南洋（原谱第161页）。

33. 第二十五世，锦团，魏尧之子，居南洋（原谱第162页）。

34. 第二十五世，魏管、魏稳、魏定、魏营，成浩之子，居南洋（原谱第165页）。

35. 第二十五世，东水，成通之子，居南洋（原谱第165页）。

36. 第二十六世，志三、永强，魏讲之子，居南洋（原谱第165页）。

37. 第二十六世，锦添、锦盛，魏杰之子，居南洋（原谱第166页）。

38. 第二十六世，魏进、魏乐、魏壁，慕武之子，居南洋（原谱第167页）。

39. 第二十五世，加丰、魏铜，名泽之子，居南洋（原谱第168页）。

40. 第二十六世，民二、民三，树珍之子，居南洋（原谱第168页）。

41. 第二十四世，名一，大全之子，居南洋（原谱第169页）。

42. 第二十五世，庆旺，魏勤之子，居南洋（原谱第169页）。

43. 第二十六世，伟生，传如之子，居南洋（原谱第171页）。）

44. 第二十四世，成赞，大针之子，居南洋（原谱第 172 页）。

45. 第二十四世，运华，大住三子，居南洋（原谱第 172 页）。

46. 第二十五世，魏镇，成振之子，居南洋（原谱第 172 页）。

47. 第二十三世，大款，尚明之子，居南洋（原谱第 173 页）。

48. 第二十四世，长清、长楷，大款之子，居南洋（原谱第 173 页）。

49. 第二十四世，名念、名记，大然之子，居南洋（原谱第 174 页）。

50. 第二十三世，新电、实茂、永钦，启梯之子，居南洋（原谱第 176 页）。

51. 第二十五世，长逸，魏禄之子，居南洋（原谱第 177 页）。

52. 第二十五世，景如，魏初之子，居南洋（原谱第 178 页）。

53. 第二十三世，永乐，启映之子，居南洋（原谱第 179 页）。

54. 第二十三世，永江，启悦之子，居南洋（原谱第 179 页）。

55. 第二十四世，成豪，永迟之子，居南洋（原谱第 180 页）。

十、深坑乡世系

56. 第二十五世，魏炮，松溪之子，居南洋（原谱第 184 页）。

57. 第二十五世，国生、国静，乃惜之子，居南洋（原谱第 186 页）。

58. 第二十三世，让仕，魏标之子，居南洋（原谱第 187 页）。

59. 第二十四世，书房，让保之子，居南洋（原谱第 189 页）。

十一、犁头尖乡世系

60. 第二十一世，魏兴，魏顺之子，居南洋（原谱第 193 页）。

61. 第二十一世，魏毫，魏南之子，居南洋（原谱第 193 页）。

十二、埔仔乡世系

62. 第二十三世，魏同，魏明之子，居南洋（原谱第 196 页）。

63. 第二十四世，名电，魏涌之子，居南洋（原谱第 197 页）。

64. 第二十五世，魏孝、魏盈，魏达之子，居南洋（原谱第 197 页）。

65. 第二十五世，逊国，名礼之子，居南洋（原谱第 197 页）。

66. 第二十三世，大向，魏陂之子，居南洋（原谱第 198 页）。

十三、乌岽狮头脚乡世系

67. 第二十四世，魏扇，天送之子，居南洋（原谱第199页）。

68. 第二十五世，树荣，名本之子，居南洋（原谱第199页）。

69. 第二十六世，建初、建光、建国、建亲、建忠、建平，逊才之子，居南洋（原谱第199页）。

十四、峙溪世系

70. 第十三世，再声，添来之子，旅泰（原谱第211页）。

71. 第十四世，纪宗，文墨之子，旅越（原谱第211页）。

72. 第十五世，协来、协发，旅泰（原谱第212页）。

73. 第十五世，庆为、荣茂，元春之子，旅泰（原谱第213页）。

74. 第十五世，惜弟，女，旅泰（原谱第215页）。

75. 第十七世，镇平，旭祥之子，旅泰（原谱第215页）。

76. 第十七世，治平，旭娘之子，旅泰（原谱第215页）。

77. 第十六世，作何、作森，顺因之子，旅泰（原谱第216页）。

78. 第十五世，上林，四怀公之子，旅泰（原谱第219页）。

79. 第十五世，赞金功，旅泰（原谱第221页）。

80. 第十七世，乙省，两全之子，旅泰（原谱第225页）。

81. 第十七世，步元、耀元，三全之子，旅泰（原谱第225页）。

82. 第十二世，振权、振炳，家枞之子，旅泰（原谱第227页）。

83. 第十三世，振贵，集登之子，旅泰（原谱第227页）。

84. 第十五世，先宁、先威，顺列之子，旅泰（原谱第229页）。

85. 第十四世，汉海、克德，集岸之子，旅泰（原谱第229页）。

86. 第十四世，承深，集柬之子，旅泰（原谱第229页）。

87. 第十六世，桂生，先汉之子，旅泰（原谱第232页）。

88. 第十六世，步佳、从佳，先毅之子，旅泰（原谱第232页）。

89. 第十六世，玉声、桂声，先坚之子，旅泰（原谱第233页）。

90. 第十六世，付泉，先琳之子，旅越（原谱第235页）。

91. 第十六世，玉成，友鹏之子，居越，子女众多（原谱第236页）。

92. 第十六世，玉顺，友略之子，旅泰（原谱第237页）。

93. 第十六世，玉象、玉树，先孚之子，旅泰（原谱第238页）。

94. 第十五世，顺才，承器之子，旅泰（原谱第239页）。

95. 第十四世，大二，集仁之子，旅泰（原谱第240页）。

96. 第十六世，克全，瑞贞之子，旅泰（原谱第240页）。

97. 第十六世，大兴，国香之子，旅居马来西亚（原谱第241页）。

98. 第十三世，太欣，旅泰（原谱第242页）。

97. 第十五世，海胜，怡如之子，旅新加坡（原谱第243页）。

98. 第十五世，掌昌，旅泰（原谱第245页）。

99. 第十五世，亚胜，旅泰（原谱第245页）。

100. 第十五世，楚国，锦和之子，旅泰（原谱第249页）。

101. 第十六世，立广，万森之子，旅居新加坡（原谱第255页）。

102. 第十五世，振声，木掌之子，旅泰（原谱第256页）。

103. 第十五世，振沛，金周之子，旅泰（原谱第256页）。

104. 第十五世，楚生、楚溪，两木之子，旅泰（原谱第257页）。

105. 第十五世，少华，两周之子，旅泰（原谱第257页）。

106. 第十五世，先哲，两池之子，旅泰（原谱第257页）。

107. 第十五世，大安，承邑之子，旅泰（原谱第260页）。

108. 第十六世，乔木，茂德之子，旅泰（原谱第263页）。

109. 第十六世，庆新、庆裕、庆华，茂祥之子，旅泰（原谱第263页）。

110. 第十四世，荣嘉，双报之子，旅泰（原谱第264页）。

111. 第十四世，树发，登朝之子，旅泰（原谱第266页）。

112. 第十五世，周德、周亮，永全之子，旅泰（原谱第269页）。

113. 第十四世，万城，炳义之子，旅泰（原谱第271页）。

114. 第十五世，富教、富礼、文龙、文麟，万钟之子，旅泰（原谱第272页）。

115. 第十四世，万发、万安，豬盛之子，旅泰（原谱第273页）。

116. 第十四世，万兴，豬奴之子，旅泰（原谱第273页）。

117. 第十四世，国良，植兰之子，旅越（原谱第274页）。

118. 第十四世，国深、国池，植江之子，旅泰（原谱第274页）。

119. 第十四世，国文，植审之子，旅泰（原谱第274页）。

120. 第十五世，志勇、志光、志明，浩然之子，旅新加坡（原谱第279页）。

121. 第十五世，炳侠，赞虞之子，旅新加坡夭折（原谱第279页）。

122. 第十四世，壁安，琢芝之子，旅泰（原谱第283页）。

123. 第十五世，仁侠、英侠、英敏，承高之子，旅泰（原谱第283页）。

124. 第十四世，亚鹿，开甲之子，旅泰（原谱第284页）。

125. 第十四世，亚象，开甲之子，旅越（原谱第284页）。

126. 第十六世，楚生，怀国之子，旅泰（原谱第285页）。

127. 第十四世，宝林、宝田，貓古之子，旅泰（原谱第287页）。

128. 第十四世，承豪，集咏之子，旅泰（原谱第287页）。

129. 第十五世，先正，承波之子，旅泰（原谱第287页）。

130. 第十四世，加俊、加明，旅泰（原谱第288页）。

131. 第十五世，英才、英海，植怀之子，旅泰（原谱第288页）。

十五、后井乡、富足乡世系

132. 第二十一世，高良，国定之子，旅居泰国（原谱第325页）。

133. 第二十二世，平钦，鸿耀之子，居南洋（原谱第351页）。

十六、埔美乡、南泉坑、渡军坪世系

134. 第二十二世，漳州，傅升之子，旅泰（原谱第362页）。

135. 第二十三世，娘牵，启笔之子，居新加坡（原谱第362页）。

136. 第二十三世，潮基，新明之子，旅居柬埔寨（原谱第363页）。

137. 第二十三世，茂得、茂昭，新闻之子，居越南（原谱第365页）。

138. 第二十二世，云章，传洁之子，旅泰（原谱第366页）。

139. 第二十二世，新眼、可记，传卿之子，旅泰（原谱第366页）。

140. 第二十二世，振坤、益坤，传函之子，旅泰（原谱第366页）。

141. 第二十二世，炳坤、启坤，传函之子，居越南（原谱第366页）。

142. 第二十二世，麻雀、平益、平飞，传立之子，旅泰（原谱第370页）。

143. 第二十三世，任杰，弟赌之子，旅泰（原谱第370页）。

144. 第二十二世，启鹏，传意之子，旅泰（原谱第 371 页）。

145. 第二十一世，传气，国财之子，旅泰（原谱第 372 页）。

146. 第二十一世，传树，国圣之子，旅泰（原谱第 375 页）。

147. 第二十二世，新登、新禄，传臣之子，旅泰（原谱第 375 页）。

148. 第二十二世，新情，传训之子，旅泰（原谱第 377 页）。

149. 第二十二世，平流，传家之子，旅泰（原谱第 378 页）。

150. 第二十三世，茂贤，新宏之子，旅泰（原谱第 378 页）。

151. 第二十三世，茂煌，新宏之子，居越南（原谱第 379 页）。

152. 第二十二世，平岩、平心，传利之子，旅泰（原谱第 384 页）。

153. 第二十三世，茂轩，平益之子，旅泰（原谱第 385 页）。

154. 第二十四世，育庭，茂龙之子，旅泰（原谱第 385 页）。

155. 第二十四世，友良，茂上之子，旅泰（原谱第 386 页）。

156. 第二十四世，国贤，丙记之子，旅泰（原谱第 386 页）。

157. 第二十二世，平治，传忠之子，旅居越南（原谱第 394 页）。

158. 第二十四世，亚马，茂满之子，居越南（原谱第 397 页）。

159. 第二十二世，新史、新积，传德之子，旅泰（原谱第 398 页）。

160. 第二十二世，英东，天就之子，旅越（原谱第 404 页）。

161. 第二十三世，振廷，平泉之子，旅泰（原谱第 422 页）。

162. 第二十三世，瑞成，平宜之子，旅泰（原谱第 422 页）。

163. 第二十二世，平球，传鹏之子，旅泰（原谱第 424 页）。

164. 第二十一世，两举、两仁，如琢之子，旅居新加坡（原谱第 425 页）。

165. 第二十一世，高杰，文造之子，旅泰（原谱第 426 页）。

66

广东《梅县彭氏族谱》

梅县，始建于秦朝，北宋开宝四年（971 年），改敬州为梅州。民国元年（1912 年）废除州府制，梅州改称梅县，下辖梅州镇，1979 年梅州镇由区级升格为县级称梅州市，1983 年称梅县市（梅县＋县级梅州市），1988 年广东实行市管县体制之后，梅县成为梅州市下辖的一个县，2013 年 10 月之后梅县成为梅州市下辖的一个区叫梅县区。

彭因黄帝八世孙籛铿封国于彭城（今江苏徐州）而得姓，距今三千余年。由于战乱，后裔转徙迁移南下，宋神宗元丰年间，庐陵吉水跃公次子延年公官潮州致仕后隐居揭阳浦口，乃彭氏入粤始祖。十二世君达公（即均远公，丰顺盛子公之六子）于明洪武十六年（1383 年）迁入梅州，为梅州彭氏开基祖。

《梅县彭氏族谱》由梅县彭氏族谱编修委员会编，梅县程江彩色印刷厂 2000 年印刷。

迁居南洋记录

一、梅县梅南镇谷洞坦斋公派下善士公世系

1. 第二十八世，云盛，世木次子，侨居泰国（原谱第 96 页）。

2. 第二十三世，榆山，枫山，弘淑之子，侨居南洋（原谱第 98 页）。

3. 第二十五世，裕成、裕玉、裕石、裕松，世文之子，侨居南洋（原谱第 98 页）。

4. 第二十七世，有祥，琳秀长子，侨居泰国（原谱第 99 页）。

5. 第二十八世，铮金、春金，海良之子，侨居泰国（原谱第 100 页）。

6. 第二十七世，奎林，元兴之子，侨居南洋（原谱第 101 页）。

7. 第二十八世，坚城，日林之子，侨居南洋（原谱第101页）。

二、梅县荷泗镇东坑尾坦斋公派下哲士公世系

1. 第二十七世，金生，文凤长子，侨居泰国（原谱第103页）。

2. 第二十八世，其光、炳光、佛光，金生之子，侨居泰国（原谱第103页）。

3. 第二十七世，球盛，文祥三子，侨居泰国（原谱第104页）。

4. 第二十八世，国强，球盛长子，侨居泰国（原谱第105页）。

三、梅县南口镇小沙葵哲士公派下及云公世系

1. 第二十八世，水盛，兴泉之子，侨居缅甸（原谱第106页）。

2. 第二十九世，国伦、国杰、国俊、国僖、国仪、国仁，水盛之子，侨居南洋（原谱第106页）。

四、蕉岭县新铺镇樟坑尾君达公派下子成公世系

1. 第十七世，彬明，桂文之子，侨居印尼（原谱第115页）。

2. 第十六世，丙盛，可文四子，侨居缅甸仰光（原谱第114页）。

3. 第十六世，华盛，可文五子，侨居马来西亚金宝埠（原谱第114页）。

4. 第十七世，露生，仕二之子，侨居印度（原谱第113页）。

5. 第十八世，汉华，洪兴之子，侨居南洋大北咖（原谱第111页）。

6. 第十八世，振锋，新兴之子，侨居南洋（原谱第116页）。

7. 第十七世，佛寿，福三之子，旅居南洋（原谱第120页）。

8. 第十七世，佛燕，火秀古之子，旅南洋谋生（原谱第120页）。

9. 第十七世，松三，烟贤三子，侨居印尼爪哇（原谱第121页）。

10. 第十八世，增坤，松三之子，侨居印尼爪哇（原谱第121页）。

五、梅县石扇镇吉九夆子成公派下文玖公世系

1. 第十六世，云昌，升梅长子，侨居南洋（原谱第124页）。

2. 第十六世，松昌，升南三子，侨居南洋（原谱第126页）。

六、梅城下市洗脚塘（水打伯公）君达公派下昆台公世系

1. 第十九世，秉国，熙光次子，侨居泰国（原谱第134页）。
2. 第二十世，钖爵，秉均之子，侨居印尼（原谱第133页）。
3. 第十九世，秉生，楼光之子，侨居泰国（原谱第135页）。
4. 第十七世，森源，财旺长子，侨居印尼（原谱第137页）。
5. 第十八世，锦昌、榕昌，森源之子，侨居印尼（原谱第137页）。
6. 第十七世，柯源，财旺三子，侨居印尼（原谱第137页）。
7. 第十六世，道旺，享龄次子，侨居印尼（原谱第138页）。
8. 第十七世，新源，财旺四子，侨居泰国（原谱第138页）。
9. 第十七世，拔源，勤旺之子，全家侨居泰国（原谱第138页）。

七、梅城十字街老彭屋君达公派下德松公世系

1. 第十七世，凯昌，腾卿次子，侨居印尼（原谱第155页）。
2. 第十八世，烺恩、煜恩、璞恩、贡恩、韶恩，禧昌之子，侨居南洋（原谱第155页）。
3. 第十六世，福荣，立庆之子，侨居印尼椰加达（原谱第155页）。
4. 第十八世，育光、育明，国颂之子，侨居南洋（原谱第156页）。
5. 第十七世，乾基，聪成次子，侨居南洋（原谱第156页）。
6. 第十八世，高粦，接然之子，侨居南洋（原谱第156页）。
7. 第十七世，运然，侨居南洋（原谱第156页）。

八、梅城市塘唇君达公（均远）派下少奇公世系

1. 第十七世，喜文，来保之子，侨居新加坡（原谱第159页）。
2. 第十八世，秀珍、金珍、莉珍，喜文之女，侨居新加坡（原谱第159页）。
3. 第十九世，坤元、康元，广健之子，侨居南洋（原谱第159页）。
4. 第十八世，广达、广林、广平，耿文之子，侨居新加坡（原谱第159页）。
5. 第十八世，万珍、有珍、瑞珍，彬文之女，侨居新加坡（原谱第159页）。

6. 第十九世，坤元、康元，广健之子，侨居南洋（原谱第 159 页）。

7. 第十九世，满珍，广健小女，侨居马来西亚（原谱第 159 页）。

8. 第十八世，广威，殿文之子，侨居新加坡（原谱第 159 页）。

9. 第十八世，广提，浩文长子，侨居新加坡（原谱第 159 页）。

10. 第十九世，情元、海元、样元，广提之子，侨居新加坡（原谱第 159 页）。

11. 第十九世，开元，广烈之子，侨居越南（原谱第 161 页）。

12. 第十八世，兴兰，赞文之子，侨居缅甸仰光（原谱第 164 页）。

13. 第十八世，乾发，崇文之子，侨居印尼（原谱第 164 页）。

14. 第十九世，敬元，乾发之子，侨居印尼（原谱第 164 页）。

15. 第十七世，达文，善保三子，侨居印尼（原谱第 168 页）。

九、梅城三角塘（曾井）君达公派下以楠公世系

1. 第二十世，国华，淦泉之子，侨居南洋（原谱第 172 页）。

十、梅城十甲尾君达公派下维沛公世系

1. 第十八世，炳经，载熙之子，侨居缅甸（原谱第 173 页）。

2. 第十九世，绍宏，炳经之子，侨居缅甸（原谱第 173 页）。

3. 第二十世，国良、国民、国建、国材，绍宏之子，侨居缅甸（原谱第 173 页）。

4. 第十九世，绍丰、绍泉，炳谋之子，侨居泰国（原谱第 174 页）。

5. 第十八世，炳权，淦熙之子，侨居新加坡（原谱第 175 页）。

16. 第十九世，绍书，炳招之子，旅居印尼（原谱第 176 页）。

17. 第十九世，绍怀，炳文之子，侨居泰国（原谱第 177 页）。

18. 第十八世，炳池，松熙之子，侨居泰国（原谱第 177 页）。

十一、梅城程江桥头君达公派系下维智公世系

19. 第十八世，声彝，开延次子，侨居印尼（原谱第 178 页）。

20. 第十九世，绍兴，仰彝长子，侨居印尼（原谱第 178 页）。

21. 第二十世，志华、展华，颂兴之子，侨居印尼（原谱第 180 页）。

22. 第十七世，捷延，仲卿之子，侨居印尼（原谱第 180 页）。

23. 第十八世，超彜、登彜，捷延之子，侨居印尼（原谱第 180 页）。

24. 第十九世，超彜之女，侨居印尼（原谱第 180 页）。

25. 第十八世，敬彜、淦彜、金彜，选延之子，侨居南洋（原谱第 181 页）。

26. 第十八世，益彜，水延之子，侨居泰国（原谱第 184 页）。

27. 第十八世，运彜、裕彜，石延之子，旅居印尼（原谱第 185 页）。

28. 第十八世，活彜、页彜，章延之子，侨居印尼（原谱第 185 页）。

29. 第十八世，通彜，访延之子，侨居印尼（原谱第 185 页）。

30. 第十九世，铭兴、钧兴、绵兴、志兴、键兴、铨兴，国彜之子，旅居印尼（原谱第 185 页）。

十二、梅城长巷子君达公派下维瑞公世系

1. 第二十一世，小莉、小莲、小兰、小美、小瑛、小珍，超华之女，侨居泰国（原谱第 186 页）

2. 第二十世，超华，禄兴之子，侨居泰国（原谱第 186 页）。

3. 第二十世，元妹，禄兴之子，侨居泰国（原谱第 186 页）。

4. 第十九世，丽云，文生之女，侨居印度（原谱第 188 页）。

5. 第十九世，钧兴，棉生之子，居仰光（原谱第 189 页）。

6. 第十八世，远云，浩康长女，侨居泰国（原谱第 190 页）。

7. 第十七世，泮生，新康之子，侨居印尼（原谱第 190 页）。

十三、梅县扶贵曹□下君达公派下正凡公世系

1. 第十六世，炳华、焕华、煜华，德荣之子，侨居南洋（原谱第 191 页）。

2. 第十八世，绍南，国乾之子，侨居新加坡（原谱第 192 页）。

3. 第十八世，绍基、绍扬，国彬之子，侨居新加坡（原谱第 192 页）。

十四、梅江区三角镇泮坑君达公派下我凡公世系

1. 第十八世，兆高，仁郎之子，侨居印尼（原谱第 194 页）。

2. 第十八世，兆连，通郎之子，侨居印尼（原谱第 195 页）。

3. 第十八世，兆番，宣郎之子，侨居印尼（原谱第 196 页）。

4. 第十九世，学文、维文、柏文，兆番之子，侨居印尼（原谱第 196 页）。

5. 第十八世，兆来，楫郎之子，侨居泰国（原谱第 197 页）。

6. 第十八世，兆安，寿郎之子，侨居印尼（原谱第 197 页）。

7. 第十九世，旭文，兆安之子，侨居印尼（原谱第 197 页）。

8. 第二十一世，晓文、时文，兆安之子，侨居印尼（原谱第 198 页）。

9. 第十九世，昶文、晃文、曦文，兆定之子，侨居印尼（原谱第 198 页）。

10. 第二十世，德祥、森祥、尧祥，昶文之子，侨居印尼（原谱第 198 页）。

11. 第二十一世，广焱，庆祥之子，侨居印尼（原谱第 198 页）。

12. 第十八世，兆振，捷郎之子，侨居印尼（原谱第 198 页）。

13. 第十九世，育文，兆标之子，侨居印尼（原谱第 199 页）。

14. 第二十世，光兴、国兴、万兴、荣兴、新兴、发兴、亮兴、昌兴、辉兴，育文之子，侨居印尼（原谱第 199 页）。

十五、梅县石扇镇中和君达公派下潜公上彭世系

1. 第十八世，金福、新福，鼎麟之子，侨居印尼（原谱第 203 页）。

2. 第十八世，银福，相麟之子，侨居印尼，五十年代回国（原谱第 204 页）。

3. 第十八世，桃福、海福，相麟之子，侨居印尼（原谱第 204 页）。

4. 第十八世，全福，相麟之子，生三女，均侨居印尼（原谱第 205 页）。

5. 第十八世，锦福，杞麟之子，侨居印尼（原谱第 206 页）。

6. 第十七世，增隆，协兴之子，侨居印尼（原谱第 208 页）。

7. 第十八世，清娇、满娇，礼隆之女，侨居印尼（原谱第 214 页）。

十六、大坪下村彭屋儒连公世系

1. 第二十世，广泉，佛佑之子，侨居马来西亚（原谱第 222 页）。

2. 第二十一世，明创、明根，天送之子，侨居马来西亚（原谱第 224 页）。

3. 第二十一世，伟宏、伟安、伟贤，振来之子，侨居马来西亚（原谱第 224 页）。

4. 第二十世，华强，友祥之子，生二女，侨居马来西亚（原谱第 224 页）。

5. 第二十世，国强，友祥之子，生一男，侨居马来西亚（原谱第 225 页）。

6. 第二十世，伟强，友祥之子，生二男，侨居马来西亚（原谱第 225 页）。

7. 第十九世，添祥，运辉之子，马来西亚病故（原谱第 225 页）。

十七、梅县大坪镇三台村黎坑里仲英公派下华台公世系

1. 第十八世，火辉，良振三子，往南洋（原谱第 236 页）。

2. 第二十世，泉安、维安，德富之子，侨居印尼有后裔（原谱第 229 页）。

3. 第二十世，荣安，凤粦之子，侨居印尼，生八子（原谱第 231 页）。

4. 第十九世，河粦，源辉之子，侨居印尼（原谱第 232 页）。

5. 第十九世，德瑚，清辉之子，侨居印尼（原谱第 233 页）。

6. 第二十一世，真隆，文安之子，侨居印尼（原谱第 233 页）。

7. 第二十世，国安、国富，德才之子，侨居泰国（原谱第 238 页）。

8. 第十九世，德昌，阿福之子，往南洋（原谱第 239 页）。

9. 第二十世，□，德标之子，在泰国（原谱第 243 页）。

10. 第十八世，淡粦，良俊之子，侨居马来西亚（原谱第 244 页）。

11. 第十八世，金华，金粦三子，居泰国（原谱第 245 页）。

67

广东《孙氏族谱（广东梅州）》

孙氏，可上溯至轩辕黄帝，源出姬姓。唐末有四十一世祖百将公孙诩，引兵闽越，戡乱有功，被唐僖宗封为东平侯，屯治江西宁都，后定居该地。传至四十五世祖七郎公等人迁居福建宁化石壁村。五十二世契全公，由闽入粤，定居兴宁东厢堡官亭，为兴宁孙氏开基始祖。兴宁，广东省下辖县级市，隶属梅州市，位于广东省东北部。兴宁是华侨之乡，旅居海外的华侨和港澳台同胞50多万人。

广东梅州《孙氏族谱》由孙氏族谱编委会编纂，1995年印刷出版。

迁居南洋记录

一、南口、瑶上、旺仙片世系

1. 第二十二世，桐发，柏霖之子，居印尼（原谱第41页）。
2. 第二十二世，云发，柏霖之子，居印尼（原谱第41页）。
3. 第二十二世，振发，柏霖之子，居印尼（原谱第41页）。
4. 第二十二世，远发，柏霖之子，居印尼（原谱第41页）。
5. 第二十二世，幼发，柏霖之子，居印尼（原谱第41页）。
6. 第二十四世，承祖，希明之子，居印尼（原谱第41页）。
7. 第二十四世，承沧，希明之子，居印尼（原谱第41页）。
8. 第二十三世，德民，远发之子，居印尼（原谱第42页）。
9. 第二十三世，荣升，远发之子，居印尼（原谱第42页）。
10. 第二十二世，元发，质彬之子，居印尼（原谱第42页）。
11. 第二十二世，祥发，质彬之子，居印尼（原谱第42页）。
12. 第二十二世，明发，质彬之子，居印尼（原谱第42页）。

13. 第二十二世，锦坤，克修之子，居印尼（原谱第 42 页）。
14. 第二十二世，钟明，克修之子，居印尼（原谱第 42 页）。
15. 第二十二世，洪发，克修之子，居印尼（原谱第 42 页）。
16. 第二十二世，景发，克修之子，居印尼（原谱第 42 页）。
17. 第二十二世，平发，克修之子，居印尼（原谱第 42 页）。
18. 第二十二世，满发，克修之子，居印尼（原谱第 42 页）。
19. 第二十二世，运发，克修之子，居印尼（原谱第 42 页）。
20. 第二十三世，洋阳，元发之子，居印尼（原谱第 42 页）。
21. 第二十三世，定祥，元发之子，居印尼（原谱第 42 页）。
22. 第二十三世，广明，明发之子，居印尼（原谱第 42 页）。
23. 第二十三世，义明，明发之子，居印尼（原谱第 42 页）。
24. 第二十三世，富连，锦坤之子，居印尼（原谱第 42 页）。
25. 第二十三世，美英，锦坤之女，居印尼（原谱第 42 页）。
26. 第二十三世，运金，钟明之子，居印尼（原谱第 42 页）。
27. 第二十三世，佛生，平发之子，居印尼（原谱第 42 页）。
28. 第二十二世，鼎洪，其汉嗣子，往南洋，未详（原谱第 50 页）。
29. 第二十三世，坤荣，绍洪次子，居马来西亚（原谱第 52 页）。
30. 第二十三世，云华，绍洪四子，居马来西亚（原谱第 52 页）。
31. 第二十三世，金兴，镜洪次子，居马来西亚（原谱第 52 页）。
32. 第二十三世，榕兴，顺洪次子，居马来西亚（原谱第 53 页）。
33. 第二十二世，荣洪，其玉次子，居马来西亚（原谱第 53 页）。
34. 第二十三世，文良，金胜之子，居马来西亚（原谱第 54 页）。
35. 第二十三世，文权，金胜之子，居马来西亚（原谱第 54 页）。
36. 第二十 三世，文杰，金胜之子，居马来西亚（原谱第 54 页）。
37. 第二十二世，相元，其明长子，往南洋（原谱第 56 页）。
38. 第二十二世，添寿，其辉之子，往南洋（原谱第 57 页）。
39. 第二十二世，荣昌，玉珊长子，往洋卒止（原谱第 57 页）。
40. 第二十二世，添盛，亚育次子，居马来西亚（原谱第 58 页）。
41. 第二十二世，况盛，亚育四子，居马来西亚（原谱第 58 页）。

二、径心旺仙堂片世系

1. 第十九世，焕松，云辉三子，新加坡广东兴宁同乡会会长（原谱第61页）。

2. 第二十世，应梅，可权长子，新加坡大学毕业，新加坡日本民航证券交易所任职（原谱第61页）。

3. 第二十世，惠梅，可权次子，新加坡大学毕业，新加坡航空公司驻台湾办事处副经理（原谱第61页）。

4. 第二十世，望梅，可权三子，新加坡大学毕业，新加坡工程建筑师（原谱第61页）。

三、黄坑（仲贵）片世系

1. 第二十一世，远平，载仁之子，居泰国（原谱第65页）。

2. 第二十一世，国平，载仁之子，居泰国（原谱第65页）。

3. 第二十世，秋光，森华之子，全家居泰国（原谱第66页）。

4. 第二十世，裕香，森华之女，全家居泰国（原谱第66页）。

5. 第二十世，志衡，坤华之子，全家居泰国（原谱第66页）。

6. 第二十世，志刚，坤华之子，全家居泰国（原谱第66页）。

7. 第二十世，志明，坤华之子，全家居泰国（原谱第66页）。

8. 第二十世，志达，坤华之子，全家居泰国（原谱第66页）。

9. 第十八世，运发，添郎之子，往南洋（原谱第67页）。

10. 第十九世，林祥，金华之子，金华父子俱往泰国（原谱第70页）。

11. 第十九世，丙招，进生长子，生四子：孙源、孙德、孙兴、孙元，定居泰国（原谱第70页）。

12. 第十八世，桂生，天来三子，一子一女，俱往泰国（原谱第71页）。

四、白石片世系

1. 第二十一世，晋福，桂荣长子，居泰国（原谱第76页）。

2. 第二十三世，棠华，远荣三子，居泰国（原谱第77页）。

3. 第二十三世，汉华，远荣四子，居泰国（原谱第77页）。

4. 第二十一世，鼎扬，岳生之子，生三子五女，立子木胜，定居泰国（原谱第 81 页）。

5. 第二十世，永昌，荣秀次子，居泰国（原谱第 82 页）。

6. 第二十世，昆昌，进秀三子，居马来西亚（原谱第 82 页）。

7. 第二十一世，桃彝，元昌三子，居马来西亚（原谱第 82 页）。

8. 第二十一世，财彝，元昌四子，居马来西亚（原谱第 82 页）。

9. 第二十一世，伟强，田昌长子，居马来西亚（原谱第 82 页）。

10. 第二十一世，伟雄，田昌次子，居泰国（原谱第 82 页）。

11. 第二十世，丙章，玉文长子，居泰国（原谱第 83 页）。

12. 第二十世，耀安，玉传长子，居泰国（原谱第 83 页）。

13. 第二十一世，天福，钦秀次子，居泰国（原谱第 83 页）。

14. 第二十世，耀珠，玉传三子，居泰国（原谱第 84 页）。

15. 第十九世，善随，紫香三子，逝于泰国（原谱第 85 页）。

16. 第二十世，忠荣，晋康四子，居泰国（原谱第 86 页）。

17. 第二十一世，进发，新林之子，居泰国（原谱第 88 页）。

18. 第二十二世，宏盛，进发长子，居泰国（原谱第 88 页）。

19. 第二十二世，宏兴，进发次子，居泰国（原谱第 88 页）。

20. 第十九世，银彝，柯郎次子，居马来西亚（原谱第 90 页）。

21. 第二十世，毕杨，昆彝之子，居马来西亚（原谱第 90 页）。

22. 第二十世，振英，元彝长子，居南洋（原谱第 90 页）。

23. 第十九世，耀祥，增庆长子，居马来西亚（原谱第 93 页）。

24. 第二十世，秀梅，珍祥之女，居马来西亚（原谱第 93 页）。

五、珊田（觉庆）片世系

1. 第二十一世，增华，其文次子，居印尼（原谱第 98 页）。

2. 第二十二世，桂贞，荣华次子，居泰国（原谱第 99 页）。

3. 第二十世，水坤，云生次子，居马来西亚（原谱第 105 页）。

4. 第十三世，佩璋，荣宗五子，过南洋（原谱第 107 页）。

5. 第十四世，衍祈，佩璋长子，过南洋（原谱第 107 页）。

6. 第十四世，衍穆，佩璋次子，过南洋（原谱第 108 页）。

7. 第十九世，胜康，鼎生之子，过南洋（原谱第 108 页）。

六、珊田（觉饶）片世系

1. 第十八世，鑫英，秉权四子，过南洋（原谱第 118 页）。
2. 第十八世，振环，秉珠长子，在吉隆坡（原谱第 119 页）。
3. 第十九世，伟权，振环长子，居吉隆坡（原谱第 119 页）。
4. 第二十世，文暹，震元长子，居泰国（原谱第 128 页）。
5. 第二十世，文茂，捷元长子，居泰国卒（原谱第 128 页）。

七、务坑片世系

1. 第二十世，碧方，其文长子，在南洋（原谱第 145 页）。
2. 第二十世，炳方，其文次子，在南洋（原谱第 145 页）。
3. 第二十世，庆方，其文三子，在南洋（原谱第 145 页）。
4. 第二十世，朋方，其文四子，在南洋（原谱第 145 页）。
5. 第二十世，云方，其文五子，在南洋（原谱第 145 页）。
6. 第十九世，季安，丁秀三子，往南洋（原谱第 146 页）。
7. 第二十一世，就安，善祥次子，居泰国（原谱第 150 页）。
8. 第二十一世，治国，善祥五子，居泰国（原谱第 150 页）。
9. 第二十一世，治万，善祥六子，居泰国（原谱第 150 页）。
10. 第二十一世，治廉，善祥十二子，居泰国（原谱第 151 页）。
11. 第二十一世，治礼，善祥十三子，居泰国（原谱第 151 页）。
12. 第二十一世，治安，发祥长子，泰国卒（原谱第 151 页）。
13. 第二十世，贞祥，焕龙三子，居巴城（原谱第 151 页）。
14. 第二十世，运祥，焕龙四子，居泰国（原谱第 151 页）。
15. 第二十世，云兴，颀生四子，居泰国（原谱第 153 页）。
16. 第二十世，日康，锦连长子，往洋（原谱第 156 页）。
17. 第二十世，云康，锦连之子，往洋（原谱第 156 页）。
18. 第二十二世，水祥，日康长子，居泰国（原谱第 156 页）。
19. 第十九世，锦国，玉栋之子，往洋（原谱第 156 页）。
20. 第十九世，锦官，玉栋次子，往洋（原谱第 157 页）。
21. 第二十世，风粦，锦文之子，往洋（原谱第 157 页）。
22. 第二十世，均粦，锦文之子，往洋（原谱第 157 页）。

23. 第二十世，琼香，锦福之子，往洋（原谱第 157 页）。

24. 第十九世，锦通，玉谟之子，妣潘氏，往洋（原谱第 157 页）。

25. 第二十一世，妙云，邵彬长子，居泰国，二子、三女、二孙、三孙女，全定居泰国（原谱第 158 页）。

26. 第十八世，二满，八满之子，往南洋（原谱第159 页）。

27. 第十八世，三满，八满之子，往南洋（原谱第 159 页）。

28. 第十八世，富郎，焕魁之子，往洋未回（原谱第 159 页）。

29. 第十九世，伯（百）郎，庆华长子，居新加坡（原谱第 160 页）。

30. 第十九世，锦彩，玉栋长子，往洋（原谱第 160 页）。

31. 第二十世，添源，伯（百）郎长子，居新加坡（原谱第 160 页）。

32. 第二十世，添发，百（伯）郎次子，居新加坡（160 页）。

33. 第二十世，永来，伯（百）郎之子，居新加坡（原谱第 160 页）。

34. 第二十世，红妹，伯（百）郎之子，居新加坡（原谱第 160 页）。

八、圩下排片世系

1. 第十九世，开华，道玉次子，早年往南洋未回（原谱第 174 页）。

2. 第十八世，怀郎，双贵之子，往洋止（原谱第 182 页）。

3. 第十八世，火郎，昌贵之子，往洋，未详（原谱第 183 页）。

九、务坑（法明一）片世系

1. 第十九世，汉林，其中长子，往泰国（原谱第 196 页）。

2. 第二十世，贵来，日祥三子，其后代全居印尼勿里洞（原谱第 196 页）。

3. 第十九世，琼林，政中次子，居泰国。配罗福英，儿子：海华、国华，二女：玉珍（夭）、美珍。续×氏立一子：强华，居泰国。福英母子于 1949 年夏由泰国回家（原谱第 200 页）。

4. 第十八世，运中，若兰之子，早年往泰国，六子：映山、映华、映浩、映金，四女：利香、利兰、利浩、利金，全居泰国首都（原谱第 202 页）。

5. 第十八世，运添，若廉长子，往洋（原谱第 202 页）。

6. 第十八世，震中，若谟之子，往南洋（原谱第 205 页）。

7. 第十八世，培中，若谟之子，往南洋（原谱第 205 页）。

8. 第十九世，均林，琼中次子，六子：兰方、桂方、传方、国方、文方、德方。二女：水妹、友妹。均林早年往马来西亚，其子女均在该地居住（原谱第 205 页）。

9. 第十八世，宏通，往马来西亚（原谱第 211 页）。

10. 第十八世，宏旺，往马来西亚（原谱第 211 页）。

十、务坑（法明二）片世系

1. 第十九世，桂添，富城之子，早年为印尼华侨（原谱第 217 页）。

十一、黄坑神下片世系

1. 第十七世，有文、有亮，宗显之子，往洋未回（原谱第 232 页）。

十二、龙田、泥陂片世系

1. 第十六世，佑南，坤禄五子，居越南（原谱第 249 页）。
2. 第十六世，佑华，坤禄六子，居越南（原谱第 249 页）。
3. 第十六世，宝春，坤福次子，居越南（原谱第 249 页）。
4. 第十六世，佛香，炳灵之子，居越南（原谱第 251 页）。

68

广东《熊氏族谱》

梅州位于广东省东北部，闽粤赣三省交界之地。熊氏源于楚国（今湖北省江陵县），梅州熊氏开基祖为熊凤仪（字克仰），元朝奉议大夫，应天府同知。梅州熊氏多分布于梅城周边的城东、程江、石扇、梅西、大坪、南口、径义、畲江、梅南、西阳、城北、白宫、丙村、西郊、长沙、三角、东郊等17个乡镇。

广东梅州《熊氏族谱》由续修熊氏族谱理事会、编委会编纂，梅州市印刷厂制版印刷，1996年出版。

迁居南洋记录

一、梅城大河唇熊屋　尚珠公裔

1. 第二十世，万荣，标胜长子，居泰国不详（原谱第77页）。

2. 第二十世，享发，英胜五子，居泰国不详（原谱第78页）。

二、龙丰铁路下　尚珠公裔

3. 第二十世，思荣公，卓石次子，居越南不详（原谱第79页）。

4. 第二十世，焕荣，卓石三子，过继东街村熊运梁嗣子，居泰国不详（原谱第79页）。

三、畲坑熊屋凹　世贵公裔

5. 第二十世，开发公，成林三子，后裔侨居印尼（原谱第82页）。

6. 第二十世，连发公，坤林次子，侨居印尼（原谱第82页）。

7. 第二十世，安发公，坤林三子，后裔侨居印尼（原谱第82页）。

8. 第二十世，鼎盛公，秀开三子，配刘氏，后裔侨居马来西亚（原谱第 82 页）。

9. 第二十世，立贤公，秀兴次子，配叶氏，生二子：水泉、水华，后裔侨居坤甸、马来西亚（原谱第 82 页）。

10. 第二十世，金生公，振才长子，配叶氏，后裔侨居泰国（原谱第 82 页）。

11. 第二十一世，鼎方公，三传三子，生一子炳林，后裔侨居泰国（原谱第 82 页）。

12. 第二十一世，云开，逵宾三子，配刘氏，生五子二女：英华、德华、振华、强华、康华、女清华、秀华，侨居马来西亚（原谱第 83 页）。

13. 第二十一世，庆发，逵宾四子，配罗梅华，生三子二女：引华、少真、满福、昭荣、宜珍，侨居马来西亚（原谱第 83 页）。

14. 第二十一世，记生，鼎煌长子，侨居马来西亚（原谱第 83 页）。

15. 第二十一世，庆华，鼎煌次子，侨居马来西亚（原谱第 83 页）。

16. 第二十一世，妙华，鼎煌三子，侨居马来西亚（原谱第 83 页）。

17. 第二十一世，启华，鼎煌四子，侨居马来四亚（原谱第 83 页）。

18. 第二十一世，炳生公，盛带长子，侨居印尼（原谱第 83 页）。

19. 第二十一世，水泉，立贤长子，侨居马来西亚（原谱第 83 页）。

20. 第二十一世，水华，立贤次子，侨居马来西亚（原谱第 84 页）。

21. 第二十二世，炳林，鼎方之子，侨居泰国（原谱第 84 页）。

22. 第二十二世，佛善公，金方次子，侨居泰国（原谱第 84 页）。

23. 第二十二世，瑞华公，连发长子，配魏氏，后裔侨居马来西亚（原谱第 84 页）

24. 第二十二世，英华，云开长子，侨居马来西亚（原谱第 84 页）。

25. 第二十二世，德华，云开次子，侨居马来西亚（原谱第 84 页）。

26. 第二十二世，振华，云开三子，侨居马来西亚（原谱第 84 页）。

27. 第二十二世，强华，云开四子，侨居马来西亚（原谱第 84 页）。

28. 第二十二世，康华，云开五子，侨居马来西亚（原谱第 84 页）。

29. 第二十二世，引华，庆发长子，配李亚绸，生一子志新一女蔼玲，侨居马来西亚（原谱第 84 页）。

30. 第二十二世，少真，庆发次子，配富波，生一子志杰，一女赏云，侨居马来西亚（原谱第 84 页）。

31. 第二十二世，满福，庆发三子，配印度妹，生一女美丽，侨居马来西亚（原谱第 84 页）。

32. 第二十二世，云廷，新发长子，侨居泰国（原谱第 85 页）。

33. 第二十二世，云安，新发次子，侨居泰国（原谱第 85 页）。

34. 第二十二世，云相，新发三子，侨居泰国（原谱第 85 页）。

35. 第二十三世，文明，佛运次子，生一子天福，侨居泰国（原谱第 85 页）。

36. 第二十三世，文通，佛运三子，侨居泰国（原谱第 85 页）。

37. 第二十三世，文林，佛运四子，侨居泰国（原谱第 85 页）。

38. 第二十三世，文波，佛运五子，侨居泰国（原谱第 85 页）。

39. 第二十三世，文彬，佛运六子，侨居泰国（原谱第 85 页）。

40. 第二十三世，文勇，佛运七子，侨居泰国（原谱第 85 页）。

41. 第二十三世，志昌，汶金长子，侨居马来西亚（原谱第 86 页）。

42. 第二十三世，国锋，汶金次子，侨居马来西亚（原谱第 86 页）。

43. 第二十三世，圣才，汶金三子，侨居马来西亚（原谱第 86 页）。

44. 第二十三世，龙，英华之子，侨居马来西亚（原谱第 86 页）。

45. 第二十三世，志新，引华之子，侨居马来西亚（原谱第 86 页）。

46. 第二十三世，志杰，少真之子，侨居马来西亚（原谱第 86 页）。

四、畲坑合溪村　世贵公裔

47. 第二十一世，丙荣，佛松之子，居马来西亚（原谱第 95 页）。

48. 第二十二世，真德公，连喜次子，配刘氏，子二：镜清、镜辉，华裔侨居新加坡（原谱第 95 页）。

49. 第二十三世，镜清，真德长子，居新加坡（原谱第 96 页）。

50. 第二十三世，镜辉，真德次子，居新加坡（原谱第 96 页）。

51. 第二十世，耀延公，金发次子，一女：玉兰，居马来西亚三合港（原谱第 97 页）。

52. 第二十世，纪祥，去南洋，不详（原谱第 97 页）。

53. 第二十世，来喜，居泰国，不详（原谱第 98 页）。

54. 第二十世，丁和，居新加坡，不详（原谱第 98 页）。

五、畲坑杨梅坑　世贵公裔

55. 第十八世，兴珍公，达丁之子，子二：应祥、云祥，居泰国，不详（原谱第 99 页）

56. 第十九世，发祥公，兴操三子，配刘氏，子二，居马来西亚，不详。嗣孙一，志芳（原谱第 99 页）。

57. 第二十世，华荣公，日祥次子，居泰国，不详（原谱第 99 页）。

58. 第二十世，胜荣，日祥三子，居泰国，不详，女翠玲（原谱第 99 页）。

59. 第二十世，焕章，日祥嗣子，子五：绍英、绍付、绍宗、绍兴、绍宏，全家泰国华裔，不详（原谱第 99 页）。

60. 第二十世，鼎祥，和满次子，配谢氏，子二，居泰国不详，嗣子运和（原谱第 99 页）。

六、畲坑义和楼　世光公裔

61. 第二十世，仕郎公，庆庭之子，配刘氏，子五：娘带（已失）、佛带（居马不详）、佛凤、佛生、佛娘（出嗣）（原谱第 103 页）。

62. 第二十世，福庆公，而对之子，配范氏，子三：洪生（已失）、开娘、鸿喜（居大吡叻不详）（原谱第 103 页）。

63. 第二十世，文清公，官泰长子，配叶氏，子一：新祥嗣二：木胜、发祥，继李氏，子三：吉祥、坤祥、炳祥、吉祥、坤祥，居马来西亚，不详（原谱第 103 页）。

64. 第二十世，承煌公，立进次子，子一清泉，居新加坡，不详（原谱第 104 页）。

65. 第二十世，蔺荣公，立长长子，居新加坡，不详（原谱第 104 页）。

66. 第二十世，章荣公，立长次子，迁居新加坡，不详（原谱第 104 页）。

67. 第二十世，仲荣公，立长四子，配黄氏合葬石圹砦。子三：春涛、伟基、伟乾，继马氏，子六：烈涛、鸿涛、平涛、联涛、玉涛、福平。马氏，所生六子，居马来西亚，不详（原谱第 104 页）。

68. 第二十世，炎标公，来生长子，子一：任昌，居马来西亚（原谱第104页）。

69. 第二十一世，云鼎公，月馨嗣子，配杨氏，子二：寿坤、寿荣，居马来西亚（原谱第104页）。

70. 第二十一世，佛生公，仕郎三子，居新加坡，不详（原谱第104页）。

71. 第二十一世，庆禄公，祥元四子，配陈氏，子四，居印尼泗水，不详（原谱第105页）。

72. 第二十一世，奎秀公，高元长子，配罗氏，子一，焕添，居新加坡不详（原谱第105页）。

73. 第二十一世，荣荣公，淇元之子，配李氏，子三：木标、焕维（已失）、焕招，居泰国，不详（原谱第105页）。

74. 第二十一世，善彝公，慎元长子，配李氏，子三：添林、添华、添 ，居新加坡，不详（原谱第105页）。

75. 第二十一世，璋彝公，慎元长子，配杨氏，子三：道生、炎生、洪生居马来西亚，不详（原谱第105页）。

76. 第二十一世，济生公，坤元四子，字文海配廖、李、李子四：定中、定泰、定模。定球，居泰国（原谱第106页）。

77. 第二十一世，锦铨，炳元长子，配郭氏，居泰国，不详（原谱第106页）。

78. 第二十一世，毓享，俊元三子，配赖氏，一子焕光，毓洵、毓通、毓仁，居泰国，不详（原谱第106页）。

79. 第二十一世，毓海公，承宠长子，居新加坡，不详（原谱第106页）。

80. 第二十一世，清泉公，承煌之子，居新加坡，不详（原谱第106页）。

81. 第二十一世，毓才公，承锦之子，配谢民，子二：云开、联开，长子新加坡不详，次子联开出嗣（原谱第106页）。

82. 第二十一世，群英公，桂荣长子，配古氏，子四：正声、亮声、哨声（已走失）、汗声，迁居印尼（原谱第106页）。

83. 第二十一世，春祥公，怀生之子，配谢氏，子六，居印尼，不详

（原谱第 106 页）。

84. 第二十一世，森林，善生之子，配黄氏，居新加坡，不详（原谱第 106 页）。

85. 第二十一世，焕祥公，新荣之子，配李氏，子二：福昌、禄昌，居泰国，不详（原谱第 106 页）。

86. 第二十一世，玉连公，锦才长子，配姚氏，子三：子良、子明、子文，居泰国，不详（原谱第 106 页）。

87. 第二十一世，任昌，炎标之子，居马来西亚（原谱第 107 页）。

88. 第二十二世，官进公，云娘长子，福添嗣孙，字佛郎，配罗氏，子一维英，子三：志英、杜英、豪英所生三子，居印尼（原谱第 107 页）。

89. 第二十二世，焕清公，德福四子，配宋氏，子二：伦钦、韶钦，居新加坡，不详（原谱第 108 页）。

90. 第二十二世，海秀公，毓丰之子，配刘氏，子五：亮钦、杜钦、联钦、萱钦、振钦，居新加坡，不详（原谱第 108 页）。

90. 第二十二世，焕琪公，育谭长子，子三：永华、〇〇、〇〇，女二：琼芬、秋芬，居缅甸，不详（原谱第 108 页）。

91. 第二十二世，定欣公，德生长子，配罗氏，子四。林祥、清祥、珍祥、吉祥，二女：筹威、柳，泰国定居（原谱第 108 页）。

92. 第二十二世，定湘公，德生次子，配李菊妹，子一：金祥，女一：莲芳。居泰国（原谱第 108 页）。

93. 第二十二世，定伟，德生三子，配田季金，子四：潘、柏坤、柏枝、淑力潘，居泰国（原谱第 109 页）。

94. 第二十二世，定烈公，高生长子，配刘氏，子二：海祥、何祥，居泰国（原谱第 109 页）。

95. 第二十二世，定忠，济生长子，配胡氏，子一：嘉琳，居泰国（原谱第 109 页）。

96. 第二十二世，定泰，济生次子，配符，子一：琼琳，居泰国（原谱第 109 页）。

97. 第二十二世，定模，济生三子，居泰国（原谱第 109 页）。

98. 第二十二世，云开，毓才长子，居新加坡，不详（原谱第 109 页）。

99. 第二十二世，正声，群英长子，配李兰芳，子一：裕丰，女一：淑慧，居印尼（原谱第 109 页）。

100. 第二十二世，亮声，群英次子，配杨玉金，子一：裕微，女二：淑玲、慧娟，居印尼（原谱第 109 页）。

101. 第二十二世，伟声，湘元三子，配肖亚美，子二：裕康、裕宁。居印尼华裔，（原谱第 109 页）。

102. 第二十二世，德声，湘元四子，配李俏玲，子一：裕雄，女一：慧霞。印尼华裔（原谱第 109 页）。

103. 第二十二世，锦发，育嵩嗣子，居新加坡，不详（原谱第 110 页）。

104. 第二十二世，木彝公，鼎荣之子，配叶氏，子六，居马来西亚，不详（原谱第 110 页）。

105. 第二十三世，秋祥，锦涛之子，侨居马来西亚（原谱第 111 页）。

106. 第二十三世，尧钦，焕林长子，配叶香梨，子四：其发、兴发、建发、亚发，女二：玉珍、玉玲，居新加坡（原谱第 111 页）。

107. 第二十三世，森钦，焕林次子，配黄育英，子三：德发、见发、顺发，女一：梅珍，居新加坡（原谱第 111 页）。

108. 第二十三世，汶钦，焕林四子，配房桃荣，子二：西门、约翰，居新加坡（原谱第 112 页）。

109. 第二十三世，仁钦，焕超次子，配李氏，子三，泰发、义发、三发，居新加坡（原谱第 112 页）。

110. 第二十三世，泉生，焕熙次子，配黄顺华，四女。秀珍，居新加坡、秀莲，居美国、秀云，居伦敦、秀兰，居新加坡（原谱第 112 页）。

111. 第二十三世，清祥，定欣次子，字清翔号斑星熊配邓淑贤，子一：俊华，女一。秋兰，居泰国（原谱第 113 页）。

112. 第二十三世，祯祥，定歆三子，配伟芑，子一：划兰，一女：拉森，居泰国（原谱第 113 页）。

113. 第二十三世，吉祥，定歆四子，配阿速，子一：史慈达，女一：蜡枝。居泰国（原谱第 113 页）。

114. 第二十三世，金祥，定湘之子，配卜白，子五；厄别黍、厄别财、厄别难、厄别辣、厄别山，居秦国（原谱第 113 页）。

115. 第二十三世，潘，定伟长子，一子：淑连，一女：伸他特，居泰国（原谱第113页）。

116. 第二十三世，柏坤，定伟次子，女三：湾他西、湾里潘、关，居泰国（原谱第113页）。

117. 第二十三世，柏枝，定伟三子，居泰国（原谱第113页）。

118. 第二十三世，淑力潘，定伟四子，居泰国（原谱第113页）。

119. 第二十三世，嘉琳，定忠之子，居泰国（原谱第113页）。

120. 第二十三世，琼琳，定泰之子，居泰国（原谱第113页）。

121. 第二十三世，裕丰，正声之子，居印尼（原谱第114页）。

122. 第二十三世，裕康，伟声长子，居印尼（原谱第114页）。

123. 第二十三世，裕宁，伟声次子，居印尼（原谱第114页）。

124. 第二十四世，金华，福祥次子，配梁官水，子四：志高、志强、志明、志发，出嗣；女一，瑞萍。居新加坡（原谱第115页）。

125. 第二十四世，德华，福祥三子，配黄凤萍，嗣子志发，居新加坡（原谱第115页）。

126. 第二十四世，其发，尧钦长子配叶，居新加坡（原谱第115页）。

127. 第二十四世，兴发，尧钦次子，居新加坡（原谱第115页）。

128. 第二十四世，建发，尧钦三子，居新加坡（原谱第115页）。

129. 第二十四世，亚发，尧钦四子，居新加坡（原谱第115页）。

130. 第二十四世，德发，淼钦长子，居新加坡（原谱第115页）。

131. 第二十四世，见发，淼钦次子，居新加坡（原谱第115页）。

132. 第二十四世，顺发，淼钦三子，居新加坡（原谱第115页）。

133. 第二十四世，西门，汶钦长子，居新加坡（原谱第115页）。

134. 第二十四世，约翰，汶钦次子，居新加坡（原谱第115页）。

135. 第二十四世，泰发，仁钦长子，居新加坡（原谱第115页）。

136. 第二十四世，义发，仁钦次子，居新加坡（原谱第115页）。

137. 第二十四世，三发，仁钦三子，居新加坡（原谱第115页）。

138. 第二十四世，俊华，清祥之子，居泰国（原谱第116页）。

139. 第二十四世，划兰，珍祥之子，居泰国（原谱第116页）。

140. 第二十四世，史慈达，吉祥之子，居泰国（原谱第116页）。

141. 第二十四世，淑莲，潘之子，居秦国（原谱第116页）。

142. 第二十四世，厄别悉，金祥长子，子二：山特、背，女二：AB、烈（原谱第116页）。

143. 第二十四世，厄别才，金祥次子，居泰国，子一：淑拉旁，女一：诺差拉（原谱第116页）。

144. 第二十四世，厄别难，金祥三子，居泰国（原谱第116页）。

145. 第二十四世，厄别辣，金祥四子，居泰国（原谱第116页）。

146. 第二十四世，厄别山，金祥五子，居泰国（原谱第116页）。

147. 第二十五世，志高，金华长子，配张秀珠，二女：怡惠、恃惠，居新加坡（原谱第117页）。

148. 第二十五世，志强，金华次子，配胡美莲，子一：坤煌，居新加坡（原谱第117页）。

149. 第二十五世，志明，金华三子，配沈惠芝，子一：凌汗，居新加坡（原谱第117页）。

150. 第二十五世，志发，德华丽子，居新加坡（原谱第117页）。

七、东郊乡龙峰凹下　兰公裔

151. 第二十五世，耿贤，启祥之子，居新加坡（原谱第118页）。

152. 第二十五世，淑拉旁，厄别才之子，居泰国（原谱第118页）。

153. 第二十五世，山特，厄别悉长子，居泰国（原谱第118页）。

154. 第二十五世，背，厄别悉次子，居泰国（原谱第118页）。

155. 第二十六世，坤煌，志强之子，居新加坡（原谱第118页）。

156. 第二十六世，凌汉，志明之子，居新加坡（原谱第118页）。

157. 第二十世，炳芳公，钰彜三子，配黄氏，子四：坤鑫、东鑫、仕鑫、易鑫，居印尼（原谱第118页）。

158. 第二十一世，坤鑫，炳芳长子，居印尼（原谱第118页）。

159. 第二十一世，东鑫，烟芳次子，居印尼（原谱第118页）。

160. 第二十一世，仕鑫，炳芳三子，居印尼（原谱第118页）。

161. 第二十一世，裕鑫，炳芳四子，居印尼（原谱第118页）。

162. 第二十二世，福昌，森元之子，配梁氏，子六：汉华、友华、敬华、铜华、新华、继华，居泰国（原谱第118页）。

163. 第二十三世，清华，居泰国（原谱第119页）。

164. 第二十三世，兴华，居泰国（原谱第 119 页）。

165. 第二十三世，雄华，居泰国（原谱第 119 页）。

166. 第二十三世，淑吉，居泰国（原谱第 119 页）。

167. 第二十三世，清吉，居泰国（原谱第 119 页）。

168. 第二十四世，伟臣，居泰国（原谱第 119 页）。

169. 第二十四世，栋臣，居泰国（原谱第 119 页）。

170. 第二十四世，金臣，居泰国（原谱第 119 页）。

171. 第二十四世，繁臣，居泰国（原谱第 119 页）。

172. 第二十四世，钦臣，居泰国（原谱第 119 页）。

173. 第二十四世，德臣，居泰国（原谱第 119 页）。

174. 第二十四世，国臣，居泰国（原谱第 119 页）。

175. 第二十四世，银臣，居泰国（原谱第 119 页）。

176. 第二十四世，利臣，居泰国（原谱第 119 页）。

177. 第二十四世，梅臣，居泰国（原谱第 119 页）。

八、东郊乡龙丰十队杨排坑熊屋　兰公裔

178. 第二十一世，绍基公，金寿长子，配潘氏，子一：宜才，女一：添秀。继洪氏，子五：宜昌、宜新、宜添、宜发、宜满；女三：清秀、福秀、美秀，居印尼（原谱第 119 页）。

九、梅南巢布坝　思义公裔

179. 第十八世，旺文公，下房裔，子一：淡云，居泰国（原谱第 121 页）。

180. 第十八世，彬源公，上房，配室叶、陈氏，子三：泉华、开华、春华，侨居马来西亚（原谱第 121 页）。

后记

闽粤两省地处中国东南沿海地区，历史上有出洋下海讨生活的传统，成为下南洋人口最多的省份。最早下南洋的闽粤人，他们之中的绝大多数是最普通的蝼蚁之民，为了生存不得不踏上漂洋之路，很多客死南洋或丧生在冲突与屠杀之中，不过幸存下来的移民都是富于冒险和进取精神的优秀分子，最终通过努力奋斗，取得了令世人瞩目的成就，为当地的经济开发和社会进步做出了贡献。在卷帙浩瀚的闽粤各姓族谱中，蕴含着这方面的大量信息，记载了一个个“唐山过番”的感人故事。这些族谱是海外华侨华人追本溯源、寻根问祖的重要依据，也是研究华侨华人历史重要的参考文献。本书选取了闽粤六十多部族谱资料，从中摘录其族人迁移南洋的记载，包括姓名、世系、子嗣、迁居地等，以期为读者研究南洋华侨华人历史提供一份原始资料，帮助学界进一步深入推动这方面的研究。

全书共55万字，分工如下：苏黎明负责全书编排、体例设计、选取族谱，以及撰写导言和各族谱简介，其余各族谱的摘录由吴绮云、陈彬强、张惠萍分别完成，其中吴绮云完成由泉州《汾阳龙山谱》至泉州《阜阳苏氏族谱》的摘录，约23万字；陈彬强完成由泉州《惠安玉坂王氏族谱》至漳州《诏安甲洲陈氏族谱》的摘录，约15万字，其余部分由张惠萍完成，约15万字。初稿完成后由苏黎明统稿，各主编和副主编共同完成最后的编校工作。

衷心感谢闽南文化基地林华东教授、吴力群研究馆员和厦门大学出版社蒋东明社长和薛鹏志主任的关心和帮助，以及泉州师范学院王万盈教授对本书出版的大力支持。

由于编者水平有限，疏漏、错误之处难免，恳请广大读者批评指正。

编　者

2020年12月